KB272911

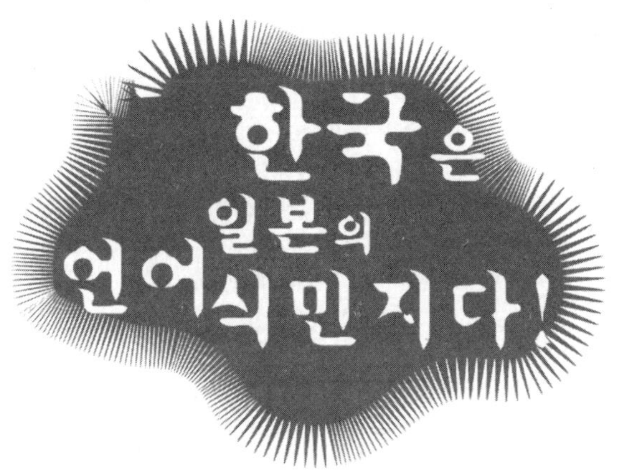

저자 최 성 철

문무사

책머리에

통신 수단의 발달로 지구촌은 영어라는 언어로 통일(공용어가)되려는 기운이 가득하다. 따라서 영어를 잘 해야만 무한 경쟁 속에서 살아 남을 수 있다는 강박 관념이 우리의 마음을 짓누르고 있는 것이 현실이다.

이러한 상황 속에서 유난히도 교육열이 높은 우리나라의 학부모들은 앞으로 영어를 잘 하지 못하면 무한 경쟁 속에서 자기네 아이들이 뒤떨어질까 봐 조기 유학을 보내는가 하면, 아예 자식 교육을 위해서 이민을 가는 극단적인 행위도 마다하지 않는다. 우리 민족성은 [어루:머넘 폳(alumunum pot)]이라고 어느 학자가 혹평한 적이 있는데, 이 평은 과연 틀린 말은 아닌 것 같다. 남이 하니까 나는 뒤질세라 물불 가리지 않고 와르르 따라하는 일부 국민성을 누가 말리겠는가. 가까운 일본을 보자! 자기네가 세계에서 두 번째로 부자 나라이면서도 막대한 돈을 써야하는 조기 유학을 보내는 부모들이 얼마나 있는가 말이다. 그만큼 그들은 민족의 주체성을 지키고 자기네 방식대로 살아가면서 세계를 일본화하려는 야망을 가지고 있는 것이다.

또한 더욱 한심스러운 것은 아예 영어를 모국어로 하자는 얼빠진 주장을 하는 친구도 있는데, 그 친구 영어 실력이 어느 정도인지는 모르겠으나 이런 친구들처럼 사대주의 사상에 젖은 사람은 조상이 어느 나라 사람인지 묻고 싶다. 이런 친구는 과거 일본에 나라를 팔아먹은 친일 매국노들과 다를 바 없으며, 한글 파동 때 된소리 'ㄹㄹ'을 없애 버린 친일 매국 어용 한글학자들과 무엇이 다르겠는가?

우리의 영어 구사 능력의 취약점은 발음에 있는 것이다. 만일, 된소리 'ㄹㄹ'을 없애지 않고, 우리의 외래어 표기법(문교부 고시 제85-11호)대로 외래어 표기를 하였더라면 우리는 영어 발음이 취약하다는 소리를 듣지 않았을 것이다. 그랬다면 우리는 아이들을 조기 유학을 보낸다든지, 이민을 간다든지 하는 어리석은 짓은 하지 않았을 것이다.

지금 우리 학생들이 학교에서 배우고 있는 영어 발음은 거의 모두가 일본식 영어 발음으로 배우기 때문에 발음이 취약한 것이다. 우리나라의 모든 교과서는 일본식 영어 발음으로 표기된 나라 이름이나 지명, 인명, 과학 등의 용어가 99%를 차지하고 있다. 그것은 우리가 만들어 놓은 외래어 한글 표기법을 준수하지 않고 일본식 영어 발음을 그대로 모방해서 썼기 때문인 것이다. 만약 이러한 영어 발음들을 우리 외래어 표기법을 준수해서 고쳐서 쓴다면, 물론 몇 가지 보완해야 할 문제가 없지는 않지만, 거의 70-80%는 원래의 영어 발음에 접근할 수 있다고 확신하며, 발음이 취약하다는 소리는 듣지 않았을 것이라고 확신한다. 그만큼 우리 한글은 세계 만방에 자랑할 만큼 우수한 문자인 것이다.

필자는 항상 이토록 우수한 한글을 가지고 영어나 기타의 외국어의 발음을 표기할 방법이 없을까 하는 점에 대하여 연구해 왔다. 10년 이상의 세월이 흐르고 드디어 필자의 생각으로는 거의 완벽하다고 생각되는 방법을 만들어 냈다고 자부하면서, 미약한 점은 여러 방면의 전문가들의 의견을 들어 수정 및 보완해 나간다면 우리 한글로 완벽하게 외래어 발음을 문자로 표기하는 세계 최초의 문자가 될 수 있을 것이다. 그리고 이 방법을 쓴다면 영어뿐만 아니라 세계의 어떠한 언어도 우리 한글로 표기될 수 있을 것이다.

동시에 이 책이 우리 국민들에게 일본식 영어 발음 퇴치에 도움이 되어 우리 주변에서 일본식 영어 발음이 뿌리뽑히는 데 기여하기를 간절히 소망한다. 우리 주변에서 일본식 영어 발음이 뿌리뽑히지 않는 한 우리나라는 진정한 광복을 맞이했다고 할 수는 없다고 생각한다.

앞으로 사계 모든 전문가들은 물론 온 국민 여러분의 각별한 관심이 있기를 기대한다.

필자의 소견을 이해하고 선뜻 출판에 응해준 문무사 김범수 대표와 편집인 여러분에게 진심으로 감사드리며, 10여년간 연구하는 동안 묵묵히 음으로 양으로 성원을 아끼지 않으면서 여러가지 [아이디:어(idea)]를 제공해 준 우리 가족들에게 감사의 정을 표한다.

저 자

차 례

한국은
일본의
언어식민지다!

Ⅰ. 총 론

1. 언어와 문자

언어란 정해진 소리로 상대방에게 자기 의사를 전달하는 수단으로서 '말'을 이르는 것이며, 문자라고 하는 것은 이러한 언어를 정해진 기호를 써서 나타내는 것으로 '글자'를 이르는 것이다.

지금 이 지구상에는 수많은 인종들이 살고 있으며 각기 자기들 나름대로의 언어와 문자를 가지고 있는데, 어떤 인종들은 언어는 있으나 문자가 없는 인종도 있다. 여하튼 인류는 어떤 형태로든 언어를 가지고 있지 않은 인종은 존재하지 않는 것이다.

문자의 발달은 그 민족의 역사를 기록하게 되었고, 또한 문자는 그 민족의 문화 척도를 가늠할 수 있는 버람이터(barometer)가 되는 것이다. 또한 언어와 문자는 그 나라의 국력에 비례하여 힘을 발휘하며 발전하는 것이라 생각한다. 한때 우리나라는 국력이 쇠퇴하여 일본 제국주의 지배 아래 있으면서 우리의 말과 글인 한글을 잃을 뻔하였다.

만일 일본이 제2차 세계대전에서 패망하지 않았다면 우리는 일본 제국주의의 소위 내선일체라는 미명 아래 자행되었던 한글 말살정책으로 인하여 영원히 우리말과 한글을 잃고 말았을 것이다. 이렇듯 한 나라의 언어와 문자는 그 나라의 국력에 비례하여 발전하거나 쇠퇴하는 것이다.

지금 미국은 세계의 경찰국가라는 위치에 있으며, 그들의 언어와 문자인 영국말과 글이 바야흐로 세계 공용어로서의 위치를 다져가고 있는 것이다. 미국이라는 나라는 원래 영국의 청교도들이 신대륙인 어메리커(America) 대륙으로 이주하여 세운 나라이며, 독립전쟁을 통하여 영국으로부터 독립한 나라이므로 언어와 문자는 영어를 사용하는 것이다. 이 영어가 미국의 국력 신장으로 세계 공용어로서의 위치를 차지해 가고 있는 것이다.

일본으로부터 광복을 찾은 우리나라는 그간 6.25전쟁을 치르는 등 갖은 수난을 겪으면서도 우리 국민들의 피와 땀으로 경제를 부흥시켜 우리의 국력은 크게 신장되었고, 우리의 말과 한글이 세계적으로 알려지게 되었다. 최근에는 세계적으로 우수한 대학들이 앞다투어 한국어과를 신설하여 한국어와 한글을 가르치고 있는 것이다. 이러한 현상은 그만큼 우리의 국력이 신장되었다는 것을 증명하는 것이다.

한 나라의 언어와 문자는 그 나라의 얼굴인데, 세계에 존재하는 모든 문자는 그 문자가 언제, 누구에 의해서 만들어졌는지에 대한 기록이 전무하다. 그러나 우리의 한글은 조선시대 세종대왕께서 집현전 학사들에게 명하여 한글을 창제하도록 하여 반포하였다고 역사에 기록되어 있는 세계 유일무이의 유성 문자이다. 즉, 한글은 그 어떤 소리도 문자로 표기할 수 있는 우수한 문자인 것이다.

2. 한국어의 현주소

일본 제국주의자들이 제2차 세계대전에서 패망하지 않고 승전국이 되었더라면 아마도 우리는 우리의 말과 글을 영원히 잃고 일본말과 일본글로 말하고 쓰지 않으면 안 되었을지도 모른다.

그런데 일본으로부터 해방된 지 반세기가 넘는 현시점에서도 우리는 일본말을 아무런 스스럼없이 쓰고 있는 현실을 보면 너무나 가슴이 아프다.

지금 우리는 일본말을 마치 우리말인 양 스스럼없이 쓰고, 심지어는 영어까지도 영어의 발음을 무시한 일본식 영어를 그대로 모방하여 쓰고 있는데 대하여 반성하거나, 고쳐 쓰려고 노력해 본 적이 없었다.

예를 들면, '우돈'이니, '오뎅'이니, '사시미'니 하는 말들은 순수한 일본말들인데, 우리는 이러한 말들을 마치 우리말인 것처럼 아무런 부담 없이 쓰고 있는 것이다. '우돈'이라는 말은 일본글의 'ウトン'이고, '오뎅'은 'オテン'이며, '사시미'는 'サシミ'라는 순수한 일본말인 것이다.

이런 말들을 우리는 일상생활에서 마치 우리말인 것처럼 자연스럽게 쓰고 있는 것이 우리말의 현주소이다.

그뿐만이 아니고 영어로부터 일본말로 변질된 말이나, 영어의 발음을 무시하고 일본식으로 발음하고 있는 영어를 그대로 모방하여 쓰고 있는 것이다.

예를 들어 영어인 'Asia'라는 단어를 살펴보도록 하자.

'Asia'라는 단어의 발음기호를 보면 [eiʒə, eiʃə]로 되어 있는데, 이것은 [에이줘] 또는 [에이쉬]로 발음해야 되는 것인데 우리는 이것을 어떻게 발음하고 있는가?

일본인들은 [アジア(아지아)]라고 발음하고 있는데 우리도 [아시아]라고 발음하고 있지 않은가 말이다. 우리는 이것을 마치 당연한 것처럼 [아시아]라고 쓰고 있는 것이다.

또한 '아파트'라는 말이 많이 쓰이고 있는데, 이 말은 영어의 'apart*ment'가 일본말로 변질된 말인 것이다. 즉, 'apart*ment'라는 말의 뒷 음절의 명사 어미인 '-ment'가 잘려 나가고 'apart'만 남겨져서 일본말 'アパト(아빠또)'로 변질된 영어인 것이다. 엄밀히 말하자면 'apart'이라는 단어는 부사나 형용사이며, 이것이 명

사가 되려면 명사 어미인 '-ment'가 붙어야 되는데, 이 명사 어미를 떼어버리고 그냥 명사로 쓰고 있는 것이다. 이것을 우리는 '아파트'라고 쓰고 있는데, 일본말의 '아빠또'와 무엇이 다르다는 말인가?

'아파트'라는 말과 '아빠또'가 근본적으로 다른 점이 있다면 지적해 보라. 단지, 우리는 '파트'라는 소리를 낼 수 있고, 또한 문자도 가지고 있으므로 '아파트'라고 했을 뿐이고, 일본 사람들은 '파'나 '트' 소리를 내지 못할 뿐만 아니라 글자도 없으므로 '아빠또'라고 할 수밖에 없는 실정이어서 '아빠또'라고 하는 것을 그대로 모방해서 '아파트'라고 하는 것에 지나지 않고 무엇이란 말인가?

만일 미국이나 영국에 가서 한국에 한번도 와 보지 못한 사람들에게 '아파트'라고 말한다면 알아들을 사람이 과연 몇 명이나 될까?

그 사람들은 명사 어미가 없는 'apart'로 이해하고 부사나 형용사로서의 뜻을 생각할 것이며, 결코 우리가 생각하는 '공동 주택'이라는 개념은 생각하지 못할 것이다.

여담이지만, 우리는 미국이라 할 때 '美國'이라고 '아름다울 미'자를 쓰는데, 일본사람들은 미국을 '米國'으로 해서 [쌀미]자를 쓴다. 그 이유는 미국이라는 나라를 쌀 먹듯이 먹어 치우겠다는 뜻이 담겨져 있다는 말도 있다. 그래서 그런지는 몰라도 이렇듯 일본 사람들은 영어를 자기네 멋대로 잘라먹는 식으로 해서 자기네 편한 대로 쓰고 있는 것이다. 이러한 행태는 그 나라 언어에 대한 모독이라고 생각한다.

우리는 우수한 역사를 가진 민족으로서의 긍지를 살려 이렇듯 무례한 행위에 동조하는 행위는 삼가는 것이 옳을 것이다.

'apart*ment'의 발음기호를 살펴보면 [əpάːrtmənt]이다. 이것은 [어팥먼트]로 발음한다는 뜻인데, 여기에서 마지막 음절인 '먼트'를 떼어버린다 해도 '어팥'으로 발음을 해야 할 것임에도 불구하고 '아빠또'라고 발음할 수밖에 없는 일본인들의 속사정을 들여다보도록 하자.

일본 사람들은 '어' 소리를 내지 못하는데, '어'에 가장 가까운 말이 '아'밖에는 없기 때문에 'ア(아)'로 발음하는 것이며, 다른 한편으로 생각해보면 일본인들은 철자 'a'는 특수한 경우를 제외하고는 모두 'ア(아)'로 발음을 한다는 규칙이 있는 것이다.

철자 'a'는 여러 가지로 발음되는 모음으로서 '아', '애', '어', '에이' 등등으로 상황에 따라 다양하게 발음되는 까다로운 모음이다. 이렇듯 다양하게 발음이 변하는 데 비하여 일본 사람들은 이 철자 'a'의 발음을 'ア(아)'나 또는 극히 드물게 'エイ(에이)'의 두 가지로밖에는 발음을 하지 못한다.

　그러나 우리는 이 모든 소리를 낼 수 있고, 또한 문자로 표기할 수 있는데도 불구하고, 일본사람들이 그렇게 하니까 그렇게 하는 것이 당연한 것인 것처럼 그대로 모방해서 쓰고 있으니 이야말로 우리의 언어가 일본의 언어 식민지라는 사실이 증명된 것이 아닌가?

　우수한 말과 한글을 가지고 있으면서도 남의 말을 모방해서 써야만 하는 주체의식이 결여된 한심한 작태가 아닌가?

　특히나 국민의 대표로 뽑힌 국회의원이 국정을 논하는 국회의사당 단상에서, 그것도 전국으로 생중계 되는 단상에서 '안꼬(アンコ) 없는 찐빵이니……' 운운하면서 공공연히 일본말을 서슴지 않고 쓰고 있는 작태를 볼 때 과연 이 나라가 진정 일본으로부터 해방된 것인가 하는 의심이 들기도 하였다.

　다행히도 그 의원은 국민의 심판을 받고 낙선되었지만…….

3. 우리의 문제점

첫째. 제도적인 문제점

　앞에서도 언급하였지만 우리나라는 36여년 이상을 일본의 지배를 받으면서 우리말과 글을 잃고 일본말을 해야 하였고, 일본글을 써야만 했었다. 불행중 다행으로 일본의 패망으로 우리는 해방이 되어 우리말과 글을 되찾았으나, 나라가 두 동강이가 나서 남과 북으로 갈라지게 되었다.

　남쪽에는 대한민국 정부가 수립되었고 북쪽에는 공산주의 정부가 수립되었다. 북쪽의 사정에 대해서는 잘 알 수 없으나, 남쪽에 수립된 정부는 일본식 교육을 받은 사람들이 정계는 물론이고, 언론계, 학계, 문화계 등등 모든 분야를 망라하여 너무나 많은 자리를 차지하게 되었다.

　이런 상황이었으므로 우리나라는 정치, 경제, 사회, 문화 등등 모든 분야에 걸쳐 우리의 체질에 맞게 혁명적인 제도 개혁을 이루지 못하고 일본이 만들어 놓은 제도나 관습들을 그대로 모방하여 쓰게 되었던 것이다.

　이들 제도들 중에서 크게 잘못된 제도가 한 가지 있는데, 그것은 다름 아닌 한글학회의 소위 '한글 맞춤법 통일안'이라는 것을 지적하고 싶다.

　필자는 국문학자도 아니고 더구나 영문학자도 아닌, 그저 평범한 국민이다.

　이러한 필자가 '한글 맞춤법 통일안'이 잘못된 제도라고 감히 말한다는 것은 합당한 이유가 있기 때문이다. 필자의 생각으로는, '한글 맞춤법 통일안'이란 것은 한글의 맞춤법이나 문법 등을 정리 정돈하여 쓰도록 하자는 법안인 것으로 알고 있다. 이러한 제도 개혁은 그 당시 우리 한글에는 꼭 필요한 개혁이었음은 인정하지만, 다른 한편 한글 발전에는 치명적인 상처를 입혔다는 사실을 지적하고 싶다.

그것은 된소리 'ᄙ'이 한글에서 자취를 감추게 되었다는 사실이다.

우리 한글에 된소리 'ᄙ'이 있었다는 사실을 아는 독자가 과연 얼마나 되며, 우리 한글에서 없어지게 된 사연을 아는 독자가 과연 얼마나 되겠는가? 필자는 이 글자가 우리 한글에서 없어진 것은 과거 일본의 한글 말살 정책의 흔적이라고 단언하고 싶다.

대한민국 정부가 수립되고 나서 친일파들이 득세를 하였다는 사실은 한글학계에도 영향을 미치는 결과가 되어, 된소리 'ᄙ'을 없애자는 친일 어용 한글학자들과 이를 반대하는 순수 애국 한글학자들간에 다툼이 있었는데 결국은 친일 어용 한글학자들의 승리로 마침내 된소리 'ᄙ'이 우리 한글에서 자취를 감추는 비운을 맞이하게 되었던 것이다.

그러면 필자가 어째서 된소리 'ᄙ'을 없애는데 찬성한 한글학자들을 친일 어용 한글학자들로 매도하느냐 하면, 일본 사람들은 된소리라고는 'ᄈ'행의 글자, 즉 'ᄈ, ᄈ, 뿌, ᄈ, 뽀'라는 소리밖에는 내지 못한다.

그러나 우리 한글은 'ㄴ, ㅁ, ㅇ, ㅊ, ㅋ, ㅌ, ㅍ, ㅎ' 등과 같이 애초부터 된소리가 없는 말 이외에는 모두 자음을 겹쳐 쓰는 방식으로 된소리를 표기할 수 있는 글이다. 그러니까 일본식 교육을 받은 그 당시의 어용 한글학자들이 생각하기에는 된소리 'ᄙ'이 필요치 않은 글자로 보였거나, 심하게 말하자면 일본 사상에 깊이 물들어 이 글자를 없애는 데 일조를 한 것이 아닌가 하는 추측이 가능하기 때문이다.

물론, '한글 맞춤법 통일안'이 한글 발전에 기여한 공로가 지대하다는 것은 인정하지만 현실적으로 보면 이 된소리 'ᄙ'을 없앰으로 인하여 한글의 발전이 퇴보하였다는 사실을 학회 관계 학자들은 깨달아야 할 것이다.

왜냐하면 지금 우리는 급변하는 세계화 시대에서 영어를 쓰지 않으면 안되는 시대에 살고 있는데, 영어를 제대로 구사하려면 우선 당장 시급한 문제가 'L'과 'R'을 표기해 구별해서 발음해야 하는데 그 구별을 할 수 없게 만들었기 때문이다.

한 가지 예를 들어보면, 현행 한글 맞춤법에 따라 'leader'와 'reader'라는 단어를 한글로 표기한다면 다같이 '리더'로 표기하는 수밖에 다른 도리가 없다. 이렇게 '리더'로 표기해 놓으면 'leader'를 말하는 것인지 'reader'를 말하는 것인지 도무지 분간이 되지 않는 것이다.

만일 'leader'를 나타낸 표기라면 '리더'로 해 놓고 읽을 때는 된소리로 해서 '리더'로 읽으라는 것인데 이런 억지가 어디에 있단 말인가?

또한 이것은 우리 한글이 의성 문자라는 장점을 크게 손상시키는 처사인 것이다. 이렇게 'L'과 'R'을 구별하는 데 있어서 지극히 필요한 글자가 된소리 'ㄹㄹ'인데 이러한 모순이 발생할 수 있다는 것조차 예상하지 못하고 없앴다는 것은 과연 옳은 판단이었을까?

이와 같은 제도적 장치로 인하여 야기되는 문제를 하루라도 빨리 고치는 것이 제일 시급한 문제라고 생각한다. 이런 점에서 '한글 맞춤법 통일안'은 한글 발전에 크나큰 장애 요소를 내포하고 있다는 사실을 인식하고 한글학회의 학자들은 된소리 'ㄹㄹ'을 되살리는 운동에 앞장을 서서 지난 날의 오명을 씻어내야만 할 것이라 생각한다.

한편 북한의 한글 변천 과정은 잘 모르겠지만, 다만 된소리 'ㄹㄹ'이 잘 보존되었으면 하는 기대가 크다.

또한 한글학회에서는 외래어 표기법(문교부 고시 제85-11호)이라는 것을 만들어 놓고도 모든 외래어들이 그 표기법대로 표기되지 않고 일본식 발음으로 표기된 말들을 수수방관하고 있으니 진정 한글을 사랑하고 연구하는 사람들이 모인 단체인지 의심스럽기까지 하다.

둘째. 관습적인 의식의 문제점

다음으로 우리에게 문제가 되는 것은 모든 사고방식을 일본 의존적으로 생각하는 관습적인 의식이 뇌리에 뿌리를 박고 있다는 것이다.

물론 일본이라는 나라는 우리나라와 지리적으로 가깝고 왕래가 많으며, 더구나 과거 30여년간이라는 세월동안 그들의 지배를 받았던 경험이 있어서 그런지는 몰라도 일본 사람들이 하는 것은 좋은 것인지 나쁜 것인지 분간도 못하고 무조건 모방하는 사대주의적 사고방식을 가지고 있는 것인지도 모른다.

일본 사람들이 '아빠또'라고 하니까 덩달아서 '아파트'라고 한다든가, 그들이 '아까시아'라고 한다고 해서 아무런 연구나 분석도 하지 않고 맹목적으로 '아카시아'라고 한다든지 하는 어리석은 짓들을 하고 있는 것이다.

특히 국민의 언어 순화에 힘써야 할 언론기관이나 각 방송사에 종사하는 사람들조차 외래어를 마구잡이로 사용하고 있는 실정인데, 제대로 된 외래어를 쓴다면 이해를 해주겠지만 모두가 일본식으로 된 외래어를 그대로 모방해서 쓰고 있으니 도저히 이해해 줄 수가 없는 지경에 이른 것이다.

  언론 기관의 기사나 방송 용어에서 가급적이면 외국어를 사용하지 말고 순수한 우리말로 고쳐 쓰도록 노력해야 할 것이며, 다만 부득이 외국어를 써야 할 경우에는 그냥 무작정 일본식 영어를 쓰지 말고, 그 낱말의 발음기호를 찾아보고, 발음기호에 따른 발음법으로 표기해서 기사를 쓰거나 보도를 하는 노력을 기울여야 할 것이다.

  셋째. 물리적인 문제점

  한글은 소리나는대로 표기하는 세계 유일의 의성문자이다.

  이렇게 우수한 글자임에도 불구하고 불행하게도 소리는 있으되 그 소리를 표기할 문자가 없는 것이 몇 가지 있는데, 이것을 어떻게 지혜롭게 해결하느냐 하는 문제가 제기된다. 이것도 제도적인 문제와 함께 물리적으로 현명하게 처리해야 할 문제이다.

  그러면 지금 한글에 있어서 과연 무엇이 문제인가 하는 것을 살펴보자.

  한글에서 제일 문제가 되는 것은 자음인데, 국제 음성기호의 'f, l, v, ð, θ'와 같은 소리이다. 앞에서 철자 'L'과 'R'에 대해서는 잠깐 언급하였지만 이 글자는 된소리 'ㄹㄹ'을 되살려 쓰면 해결되는 문제이어서 별로 큰 문제가 되는 것은 아니지만, 지금 한글에는 'f, v, ð, θ' 소리에 상당하는 글자가 없는 것이다.

  일본 사람들은 'f'에 대해서는 'ハ(하)' 행의 글자와 모음을 결합해서 어느 정도 해결은 하고 있지만 완전한 발음 표기에는 미흡하다.

  한글학회의 외래어 표기법에서는 'f'를, 모음 앞에서는 'ㅍ'으로, 자음 앞이나 말 끝에 올 때에는 '프'로 한다고 했으며, 'v'는 모음 앞에서는 'ㅂ'으로, 자음 앞이나 말 끝에 올 때에는 '브'로 하며, 'ð'는 모음 앞에서는 'ㄷ'으로, 자음 앞이나 말 끝에 올 때에는 '드'로 하며, 'θ'는 모음 앞에서는 'ㅅ'으로, 자음 앞이나 말 끝에 올 때에는 '스'로 한다고 규정하고 있으나 이들 모두는 실제의 소리와는 거리가 먼 표기법이다. 이 문제에 대해서는 뒤에서 자세히 설명하겠지만, 우선, 'f'는 'ㅍ'의 소리가 아니며, 'v'는 'ㅂ'의 소리도 아니고, 'ð'는 'ㄷ'의 소리가 아니며, 'θ'는 'ㅅ'의 소리가 결코 아니라는 사실이다.

  또 한 가지 문제가 되는 것은 영어 발음에서 '-ə'나 '-ɑ' 등과 같이 'r'이 자음으로 쓰이는 것이 아니고 'r 모음화 음색 변화'를 일으킬 때의 발음을 어떻게 표기하느냐 하는 것이다.

  이 'r 모음화 음색 변화'는 한글에서도 나타나는데, 예를 들면 '닭', '맑은', '밝으니'와 똑같은 현상이다. 이처럼 'r' 다음에 자음이 붙어서 함께 받침이 되는 경우에는 앞에서처럼 한글로 표기하여도 무방하지만, 자음이 붙지 않고 끝나는 경우에는 이 발음을 표기할 방법이 없다. 이러한 모든 물리적인 문제들을 해결할 수만 있다면 적어도 영어 발음에 대한 한글 표기는 거의 완벽하게 이루어질 수가 있을 것으로 생각된다.

4. 문제점의 해결 방법

첫째. 제도적인 문제의 해결 방법

이 문제에 대해서는 '한글 맞춤법 통일안'을 전면적으로 수정 보완하여야 할 것이다.

된소리 'ㄹㄹ'을 되살린다든지, 외래어 표기법에 대한 규정도 수정 보완한다든지 하는 큰 작업을 해야 하는데, 한글학회나 행정부뿐만 아니라 입법부인 국회와 더불어 온 국민이 참여하지 않으면 안되며, 한 개인의 힘으로 해결될 수 있는 문제가 아니므로 필자는 다만 이러한 제도적인 문제들이 있다는 것을 행정부 및 입법부는 물론이거니와 한글학회와 교육부 관계자들에게 지적하여 주고 하루 속히 이러한 제도를 수정 보완하여 줄 것을 강력히 요청하는 것이다.

특히, 한글학회의 관계자들이나 정부 당국자들은 된소리'ㄹㄹ'이 한글에서 없어짐으로 인해서 한글 발전에 얼마나 막대한 지장을 초래하였는가에 대하여 깨달음이 있기를 바라며, 하루속히 된소리 'ㄹㄹ'을 되살려 쓰도록 해 주기를 바란다.

또한 외래어 표기법에 대한 제반 규정도 수정 보완할 필요가 있다고 생각하는데 이 문제에 대해서도 된소리 'ㄹㄹ'과 함께 제도적으로 수정 보완하여 줄 것을 주장한다.

필자는 이러한 제도적인 문제들이 설사 해결되지 않더라도 이 책에서는 모든 문제들을 초월하여 필자의 의지대로 집필할 것임을 밝혀 둔다.

둘째. 관습적인 의식 문제의 해결 방법

이 문제는 사람은 제각기 나름대로의 사고방식을 가지고 있기 때문에 한마디로 해결책을 제시할 수 있는 문제가 아니다.

다만, 보편적으로 보아서 우리 국민들은 남이 무엇을 하면 그것이 자기에게 맞는 것인지 어떤 것인지 알지도 못하면서 무조건 남이 하니까 나도 한다는 식의 맹목적인 모방을 잘하는 경향이 짙다.

일본 사람들이 '아빠또'나 '아까시아'라고 하면, 어째서 그럴까? 과연 그렇게 발음하는 것이 올바른 발음일까 하는 점을 생각해 보지도 않고, 일본 사람들이 그렇게 하니까 우리도 그대로 하면 되겠지 하는 안이한 사대주의적인 사고 방식을 가지고 있기 때문이라고 생각한다. '아파트'나 '아까시아'라고 단정을 내리기 전에 영어 사전을 찾아보고 그 발음기호를 한번만이라도 보았다면 이런 어리석은 일은 일어나지 않았을 것이다.

한글학자들이야 영어를 잘 모르기 때문에 그럴 수도 있을 것이라고 애교로 봐줄 수도 있지만 소위 영어를 전공한 영문학자들조차 일본식 영어 발음을 버젓이 사용하고 있으니 한심하기 그지없는 작태라고 하지 않을 수 없다.

앞으로는 한글학자들과 협의하여 가급적이면 영어를 쓰지 말고 우리말로 쓰는 습관을 기르고, 만부득이 원어를 써야 할 경우에는 그 단어의 발음기호에 따라 표기하는 습관을 길러야 할 것이다. 물론 그렇게 하려면 처음에는 귀찮고 시간 낭비가 많겠지만 국민의 언어 순화의 일익을 담당하고 있다는 자부심을 가지고 솔선해서 모범을 보여 주기 바란다.

셋째. 물리적인 문제의 해결 방법

이 문제는 제도적인 문제와 맞물려서 해결되어야 할 문제이다. 왜냐하면 우선 '한글 맞춤법 통일안'으로 인해서 사라진 된소리 'ㄹㄹ'을 되살려 써야 할 것이며, 한글에 없는 글자를 새로 만들어 써야 하기 때문이다.

나중에 각론에서 자세히 설명하겠지만 이 책에서는 지금 쓰지 않고 있는 글자나, 새로 창안된 글자를 사용하여 영어 발음을 표기하기로 하겠다. 물론 이러한 행위는 실정법에 위배되는 행위이지만 한글의 우수성과 과학성을 세계에 알리는 계기가 되고, 더욱이 우리 국민의 만성적인 외국어, 특히 영어 발음의 취약성을 타파하는 계기가 된다면 보람으로 생각하면서 다음과 같은 '표준 외래어 한글 표기법'이라는 것을 만들었다.

이 책에서는 교육부나 한글학회의 규정에 위배되는 요소가 많을 것으로 생각되지만 오로지 한글의 발전을 위하는 일념 외에는 전혀 다른 뜻이 없다는 것을 밝혀 둔다.

5. 앞으로의 전망

한 나라의 문자는 그 나라의 얼굴이며 문화의 척도를 나타내는 버람이터ㄹ(버롬이터ᵉ/barometer)이다. 오늘날과 같이 급변하는 세계화 속에서 우리는 과연 우리의 말과 글을 올바르게 지키면서 쓰고 있는지 반성해 볼 필요가 있다. 우리는 지난날 36년 이상을 일본의 지배를 받으면서 그들의 한글 말살 정책으로 인해서 일본말을 해야 했고 일본글을 써야만 했었다.

일본이 패망하고 우리는 해방을 맞이하여 우리말과 우리글을 되찾기는 했지만, 친일파 어용 한글학자들에 의해서 된소리 'ㄹㄹ'을 한글에서 없애 버림으로 인해서 일본의 한글 말살정책의 잔재를 만들어 놓은 것과 같은 어리석은 짓을 저지르고 말았다. 더구나 가관인 것은 모든 영어의 한글 표기법에 있어서도 일본식 영어 발음을 그대로 모방하여 쓰고 있는 것이다. 세계에서 영어 발음에 가장 취약한 나라말이 일본말이다. 그런데 우리는 그처럼 영어 발음에 취약한 일본식 발음을 그대로 모방해서 쓰고 있기 때문에 우리도 일본 사람들과 마찬가지로 영어 발음에 취약하다는 소리를 듣고 있는 것이다.

우리는 말과 글에 있어서 결코 영어 발음이나 다른 외국어의 발음을 구사하거나 글로 표기하는 데 있어서 취약점이 없는 과학적으로 우수한 말과 한글을 가지고 있다. 제도적, 물리적으로 묶어 놓은 모든 규제들을 과감히 뜯어고치고 보완한다면 외국어의 한글 표기, 특히 영어의 한글 표기는 물론이고 발음도 거의 완벽하게 표기하고 구사할 수 있을 것이다.

일본 사람들은 거의 100개 이내의 극히 제한된 소리를 나타내는 글자를 가지고 있는데 비해 우리는 자음과 모음을 자유자재로 결합시키면서 갖가지 소리를 만들어 내는 지극히 과학적인 의성 문자를 가지고 있는 것이다. 그럼에도 불구하고 어째서 일본식 영어 발음을 모방해서 쓰면서 영어 발음이 취약한 민족이라는 소리를 들어야 하는가. 그것은 과거 우리 한글학자들이 자기의 본분을 다하지 못하였기 때문이라고 생각한다.

앞으로 이 책을 가지고 영어 발음을 공부하는 사람들은 결코 영어 발음이 취약하다는 소리를 듣지 않게 될 것을 확신하며, 더구나 일본의 언어 식민지로부터 벗어나는 데 기여할 것으로 믿어 의심치 않는다.

Ⅱ. 표준 외래어 한글 표기

국제 음성 기호에 따른 한글 표기를 다음과 같이 정의한다.

1. 순모음(純母音 · Pure Vowels)

[ɑ:] 주로 영국 발음에서 많이 나오는 소리인데, 입을 크게 벌리고 우리말의 [아]를 길게 끌면서 내는 소리다. 한글 표기에서는 모음 [ㅏ:]로 장음 부호를 붙이거나, 또는 같은 모음을 겹쳐 써서 [ㅏㅏ]로 표기한다.

[ɑ] 위의 [ɑ:]를 짧게 끊어서 우리말의 [아] 소리를 내는 소리다. 한글 표기에서는 모음 [ㅏ]로 표기한다.

[e] 우리말의 [에]에 상당하며, 한글 표기에서는 모음 [ㅔ]로 표기한다.

[ɛ:] 우리말의 [애]와 [에] 중간 소리로서 길게 끄는 [에:]에 가까운 소리다. 한글 표기에서는 모음 [ㅔ:]로 장음 부호를 붙이거나, 또는 같은 모음을 겹쳐 써서 [ㅔㅔ]로 표기한다.

[ɛ] 위의 [ɛ:]와 같은 소리이지만, 다만 길게 끄는 소리가 아니라 [에] 소리를 짧게 내는 소리다. 한글 표기로는 모음[ㅔ]로 표기한다.

[æ] 입술을 크게 벌리고 우리말의 [애] 하고 내는 소리다. 한글 표기로는 모음 [ㅐ]로 표기한다.

[i:] 혀를 약간 긴장시키면서 우리말의 [이] 소리를 길게 끄는 소리다. 한글 표기에서는 모음 [ㅣ:]로 하여 장음 부호를 붙여서 표기하거나, 같은 모음을 겹쳐 써서 [ㅣㅣ]로 표기한다.

[i] 혀를 긴장시키지 말고 중앙 가까이 가져가서 우리말의 [이] 소리를 짧게 내는 소리이며, 강음 부호가 없을 때는 우리말의 [에]에 가까운 소리이지만, 한글 표기에서는 전부 모음 [ㅣ]로 표기한다.

[ɔ] 입 안쪽을 넓히고 입술을 크고 둥글게 벌려서 우리말의 [오] 소리를 내는 소리다. 한글 표기로는 모음 [ㅗ]로 표기한다.

[ɔ:] [ɔ]보다는 혀를 약간 올리고 입술도 [ɔ]보다는 조금 좁히고 [오:] 하고 길게 발음한다. 한글 표기로는 모음 [ㅗ:]를 써서 장음 부호를 붙이거나, 같은 모음을 겹쳐 써서 [ㅗㅗ]로 표기한다.

[o] [ɔ]보다는 혀의 위치를 다소 높이고 입도 조금 오므리고 내는 소리로 우리말의 [오]에 가까운 소리다. 한글 표기로는 [ɔ]와 마찬가지로 모음 [ㅗ]로 표기한다.

[ɔ:] 앞의 [ɔ]를 길게 끄는 소리며, 한글 표기로는 모음 [ㅗ:]를 써서 장음부호
를 붙이거나, 또는 같은 모음을 겹쳐 써서 [ㅗ ㅗ]로 표기한다.

[u] 입술을 좁게 오므리고 우리말의 [우] 소리를 내는 소리다. 한글 표기로는
모음 [ㅜ]로 표기한다.

[u:] 혀를 다소 긴장시키고 입 안쪽으로부터 길게 우리말의 [우] 소리를 내는
소리다. 한글 표기로는 모음 [ㅜ:]로 써서 장음 부호를 붙이거나, 또는 같
은 모음을 겹쳐 써서 [ㅜ ㅜ]로 표기한다.

[ʌ] 입을 조금 긴장시키면서 [ə] 소리를 낼 때보다는 다소 혀의 위치를 낮추어
서 우리말의 [어] 소리를 내는 소리다. 한글 표기로는 모음 [ㅓ]로 표기한
다.

[ə] 혀와 입을 자연스러운 상태로 두고 입을 조금 벌리면서 우리말의 [어]를
약하게 내는 소리다. 한글 표기로는 모음 [ㅓ]로 표기한다.

[ər] 미국 발음에서 많이 나오는 소리로서 'r'이 자음이 아닌 반모음으로 변하는
데, 여기에서는 'r 모음화 음색 변화'라고 이름 붙인다. 이 발음은 우리말의
[어] 하면서 [r] 소리의 여운을 남기며 내는 소리인데, 이때에 [r]은 자음이
아니고 모음으로 변해버린다고 해서 필자는 'r 모음화 음색 변화'라고 정의
하였다. 한글 표기로는 'r'이 다른 자음과 함께 받침이 되는 경우에는 '아랫
ㄹ 모음화 음색 변화'라 하여 그 자음과 함께 밑으로 내려가서 받침이 되며,
자음 받침이 없는 경우에는 '윗 ㄹ 모음화 음색 변화'라고 하여 모음 [ㅓ]의
오른편 위에 'ㄹ'을 붙여서(ㅓ²)로 표기하기로 한다. 예를 들면 'park'의 경우
에는 [팕:] 또는 [파앍]이 되며, 'beer'의 경우에는 [비어²]로 표기한다는 뜻이
다.

[ə:] 혀의 중앙을 약간 올리고 입은 '어'보다는 좁히면서 '어'보다 길게 내는 소
리다. 이 소리는 미국 발음에서는 [ə:r] 소리가 된다. 한글 표기로는 모음
[ㅓ:]로 표기하거나, 또는 같은 모음을 겹쳐 써서 [ㅓ ㅓ]로 표기한다.

[ə:r] 이 발음은 [ə:] 발음에 'r'의 여운을 남기면서 길게 발음하는 소리이며, 한
글 표기로 는 [ㅓ²:]로 표기하거나, 또는 같은 모음을 겹쳐 써서 [ㅓ ㅓ²]로
표기한다.

2. 중모음(重母音 · Diphthongs)

중모음이란 두 개의 서로 다른 모음이 겹쳐져 표기되는 경우를 말하는데, 이
경우에는 처음의 모음은 똑똑하게 발음하지만 다음 것은 그 모음으로 이동하는

방향을 가리키면서 희미하게 발음하는 것이다.

[ai] 우리말의 [아이]에 가까운 소리인데 [a]는 혀의 위치가 낮으며 [ɑ:] 소리보다는 앞쪽에서 나는 소리다. 이 발음은 우리말의 [아이]가 아니고 처음의 [ㅏ]는 똑똑하게 [아] 하고 발음을 하면서 연이어서 [이] 소리로 옮겨가는 듯한 기분으로 희미하게 [이] 하고 발음하는 것이다. 한글 표기로는 모음 [ㅏ ㅣ]로 해서 모음 [ㅣ]를 [ㅏ] 모음보다 작은 글자로 표기한다.

[au] 우리말의 [아우]에 가까운 소리로 앞에서처럼 [a] 소리는 정확하게 [아] 하고 발음하지만 [우] 소리는 [아]에서 [우]로 소리가 옮겨지는 듯한 기분으로 희미하게 [우] 하고 발음하는 것이다. 한글 표기로는 모음 [ㅏ ㅜ]로 해서 모음 [ㅜ]를 [ㅏ] 모음보다 작은 글자로 표기한다.

[ei] 우리말의 [에이]에 가까운 소리이며, [e] 소리는 [에] 하고 똑똑하게 발음하고 [이] 소리는 마치 [에]에서 [이]로 옮겨지는 듯한 기분으로 희미하게 내는 소리다. 한글 표기로는 모음 [ㅔ ㅣ]로 해서 모음 [ㅣ]를 모음 [ㅔ]보다 작은 글자로 표기한다.

[ɔi] 우리말의 [오이]에 가까운 소리이며, [ɔ] 소리는 [오] 하고 정확하게 발음하고 마치 [이]로 옮겨가는 듯한 기분으로 가볍게 [이] 하고 내는 소리다. 한글 표기는 모음 [ㅗ ㅣ]로 해서 모음 [ㅣ]를 모음 [ㅗ]보다 작은 글자로 표기한다.

[ou] 우리말의 [오우]에 가까운 소리이며, [o] 소리는 [오] 하고 똑똑하게 발음하고 연이어서 [우]로 옮겨가는 듯한 기분으로 희미하게 [우] 하고 발음하는 것이다. 한글 표기로는 모음 [ㅗ ㅜ]로 해서 모음 [ㅜ]를 모음 [ㅗ]보다 작은 글자로 표기한다.

[iə] 우리말의 [이어]에 가까운 소리며, [i] 소리는 똑똑하게 [이] 하고 발음하고 연이어서 [어]로 옮겨가는 듯한 기분으로 희미하게 [어] 하고 발음하는 것이다. 한글 표기로는 모음 [ㅣ ㅓ]로 표기하며 모음 [ㅓ]는 모음 [ㅣ]보다 작은 글자로 표기한다.

[iər] 앞의 [iə]와 비슷한 발음이지만, 단지 'r'이 'r 모음화 음색 변화'를 한다. [i]의 발음은 똑똑하게 [이] 하고 발음을 하고 연이어서 [어]로 옮겨지는 듯한 느낌으로 [어] 하고 발음하되 'r'의 여운을 남겨야 된다. 한글 표기로는 모음 [ㅣ ㅓᄅ]로 표기하며 모음 [ㅓ]의 오른쪽 윗자리에 'ㄹ'을 붙여서 '윗 ㄹ 모음화 변화'임을 나타내도록 하며 모음 [ㅣ]보다 작은 글자로 표기한다.

[ɛə] 앞의 [ɛ] 항목에서 설명하였듯이 [ɛ] 소리는 [æ]와 [e]의 중간음이지만 우리말의 [에]에 가까운 소리로 한글 표기로는 모음 [ㅔ]로 표기한다고 하였다. 따라서 이것의 발음법은 [에] 소리는 똑똑하게 발음하고 연이어서 [어]쪽으로 이동하는 것과 같은 기분으로 [어] 하고 희미하게 발음하는 것이다. 한글 표기로는 모음 [ㅔ ㅓ]로 표기해서 모음 [ㅓ]를 모음 [ㅔ]보다 작은 글자로 표기한다.

[ɛər] 앞의 [ɛə]가 'r 모음화 음색 변화'한 소리이며, 이것 역시 미국식 발음에서 나오는 발음이다. 첫소리 [ɛ]는 똑똑하게 [에] 하고 발음하고 연이어서 [어]로 옮겨가는 듯한 기분으로 희미하게 발음하면서 'r'의 여운을 남기는 것이다. 한글 표기로는 모음[ㅔ ㅓr]로 해서 모음 [ㅓr]는 모음 [ㅔ]보다 작은 글자로 표기하여 '윗 ㄹ 모음화 음색 변화'임을 나타내어 주도록 한다.

[ɔə] 우리말의 [오어]에 가까운 소리이며 [ɔ]의 발음은 명확하게 [오] 하고 발음하고 연이어서 [어]로 옮겨가는 듯한 기분으로 희미하게 [어] 하고 발음하는 것이다. 이 발음은 보통 장음으로 변화한 [ɔ:]를 쓰는 경우가 많다. 한글 표기로는 모음 [ㅗ ㅓ]로 해서 모음 [ㅓ]를 모음 [ㅗ]보다 작은 글자로 표기한다. 다만 장음으로 변화한 [ɔ:]일 때에는 [ɔ:] 조항에 따른다.

[ɔər] 위의 [ɔə]가 'r 모음화 음색 변화'를 한 소리로서, [ɔ]의 발음은 [오] 하고 명확하게 발음하고 연이어서 [ə]로 옮겨가는 듯한 기분으로 [어r] 하고 'r'의 여운을 남기면서 내는 소리며, 미국 발음에서 나타나는 소리이다. 한글 표기로는 모음 [ㅗ ㅓr]로 해서 모음 [ㅓr]을 모음 [ㅗ]보다 작은 글자로 표기해서 '윗 ㄹ 모음화 음색 변화'임을 나타내어 주도록 한다.

[uə] 우리말의 [우어]에 가까운 소리며, [u]의 발음은 [우] 하고 똑똑하게 발음하고 연이어서 [ə]로 옮겨가는 듯한 기분으로 희미하게 [어] 하는 소리를 내는 것이다. 한글 표기로는 모음 [ㅜ ㅓ]로 해서 모음 [ㅓ]를 모음 [ㅜ]보다 작은 글자로 표기한다.

[uər] 역시 미국 발음에서 많이 나오는 발음으로서, 앞의 [uə]가 'r 모음화 음색 변화'를 한 것이다. 발음은 [u] 발음을 똑똑하게 [우] 하면서 연이어서 [ə]로 옮겨가는 듯한 느낌으로 [어] 하면서 'r'의 여운을 남기면서 발음하는 것이다. 한글 표기로는 모음 [ㅜ ㅓr]로 해서 모음 [ㅓr]를 모음 [ㅜ]보다 작은 글자로 표기한다.

3. 자음(子音 · Consonants)

(1) 파열음(破裂音 · Plosives)

[b] 위 아랫입술을 다물었다가 갑자기 열면서 내는 소리이며 우리말의 [ㅂ]에
상당하는 소리이다. 한글 표기에 있어서는, [b] 다음에 오는 모음과 결합
되어 나오는 소리를 표기할 때에는 한글의 자음 [ㅂ]으로 표기하며, 또한,
[b]가 어떤 말의 받침으로 사용되는 경우에도 한글의 자음 [ㅂ]으로 표기
한다. 특히, [b]의 바로 앞이나 바로 뒤에 다른 자음이 오는 경우에는 그
어느 경우에나 모두 우리말의 [브]로 발음되는 것이므로 한글의 [브]로 표
기하며, 비록 [b] 다음에 모음이 오더라도 발음되지 않는 모음일 경우에는
우리말의 [브]로 발음되는 것이므로 한글의 [브]로 표기한다. 또한, 말 끝
에 와서 [브]로 발음해야 하는 경우에도 [브]로 표기한다.

[d] 혀 끝을 윗잇봄에 가볍게 대고 숨을 순간적으로 끊었다가 갑자기 떼면서
내는 소리이며, 우리말의 [ㄷ]에 상당하는 소리이다. 한글 표기에 있어서
는, [d] 다음에 오는 모음과 결합되어 나오는 소리를 표기할 때에는 한글
의 자음 [ㄷ]으로 표기하며, 또한 [d]가 어떤 말의 받침으로 사용되는 경우
에도 한글의 자음 [ㄷ]으로 표기한다. 특히 [d]의 바로 앞이나 바로 뒤에
다른 자음이 오는 경우에는 그 어느 경우에나 모두 우리말의 [드]로 발음
되는 것이므로 한글의 [드]로 표기하며, 비록 [d] 다음에 모음이 오더라도
발음되지 않는 모음일 경우에는 우리말의 [드]로 발음되는 것이므로 한글
의 [드]로 표기한다. 또한 말 끝에 와서 [드]로 발음해야 되는 경우에도
[드]로 표기한다.

[g] 혀의 뒤 끝면을 입 천장의 뒷면에 살짝 대어 숨을 막았다가 갑자기 떼면서
내는 소리이며, 우리말의 [ㄱ]에 상당하는 소리이다. 한글 표기에 있어서
는, [g] 다음에 오는 모음과 결합되어 나오는 소리를 표기할 때는 한글의
자음 [ㄱ]으로 표기하고, 또한 [g]가 어떤 말의 받침으로 사용되는 경우에
도 한글의 자음 [ㄱ]으로 표기한다. 특히 [g]의 바로 앞이나 바로 뒤에 다
른 자음이 오는 경우에는 그 어느 경우에나 모두 우리말의 [그]로 발음되
는 것이므로 한글의 [그]로 표기하며, 비록 [g] 다음에 모음이 오더라도 발
음되지 않는 모음일 경우에는 우리말의 [그]로 발음되는 것이므로 한글의
[그]로 표기한다. 또한, 말 끝에 와서 [그]로 발음해야 되는 경우에도 [그]
로 표기한다.

[k] 발음은 [g]와 같으며, 우리말의 [ㅋ]에 상당하는 소리다. 한글 표기에 있어서는, [k] 다음에 오는 모음과 결합되어 나오는 소리를 표기할 때는 한글의 자음 [ㅋ]으로 표기하고, 또한 [k]가 어떤 말의 받침으로 사용되는 경우에도 한글의 자음 [ㅋ]으로 표기한다. 특히 [k] 바로 앞이나 바로 뒤에 다른 자음이 오는 경우에는 그 어느 경우에나 모두 우리말의 [크]로 발음되는 것이므로 한글의 [크]로 표기하며, 비록 [k] 다음에 모음이 오더라도 발음되지 않는 모음일 경우에는 우리말의 [크]로 발음되는 것이므로 한글의 [크]로 표기한다. 또한 말 끝에 와서 [크]로 발음되어야 하는 경우에도 [크]로 표기한다.

[p] 발음은 [b]와 같으며, 우리말의 [ㅍ]에 해당하는 소리다. 한글 표기에 있어서는 [p] 다음에 오는 모음과 결합되어 나오는 소리를 표기할 때는 자음 [ㅍ]으로 표기하고, 또한 [p]가 어떤 말의 받침으로 사용되는 경우에도 한글의 자음 [ㅍ]으로 표기한다. 특히 [p]의 바로 앞이나 바로 뒤에 다른 자음이 오는 경우에는 어느 경우에나 모두 우리말의 [프]로 발음되는 것이므로 한글의 [프]로 표기하며, 비록 [p] 다음에 모음이 오더라도 발음되지 않는 모음일 경우에는 우리말의 [프]로 발음되는 것이므로 한글의 [프]로 표기한다. 또한 말 끝에 와서 [프]로 발음되어야 하는 경우에도 [프]로 표기한다.

[t] 발음법은 [d]와 같으며, 우리말의 [ㅌ]에 상당하는 소리다. 한글 표기에 있어서는, [t] 다음에 오는 모음과 결합되어 나오는 소리를 표기할 때는 한글의 자음 [ㅌ]으로 표기하고, 또한 [t]가 어떤 말의 받침으로 사용되는 경우에도 한글의 자음 [ㅌ]으로 표기한다. 특히 [t]의 바로 앞이나 바로 뒤에 다른 자음이 오는 경우에는 그 어느 경우에나 모두 우리말의 [트]로 발음되는 것이므로 한글의 [트]로 표기하며, 비록 [t] 다음에 모음이 오더라도 발음되지 않는 모음일 경우에는 우리말의 [트]로 발음되는 것이므로 한글의 [트]로 표기하며, 또한 말 끝에 와서 [트]로 발음되어야 하는 경우에는 [트]로 표기한다. 그런데 [t] 다음에 [r]이라는 자음이 올 때에는 [트]가 아니라 [츄]로 발음되므로 한글의 [츄]로 표기한다. 또한 발음기호상으로 [ts]가 되는 경우에는 [트스]가 아니라 한글의 자음 [ㅊ]으로 발음되는 것이므로 [ㅊ]으로 표기한다.

(2) **설측음**(舌側音 · Lateral)

[l] 혀 끝을 윗잇몸에 가볍게 댓다가 떼면서 내는 소리며 우리말의 된소리 '`ㄹㄹ`'

에 상당하는 소리로서 '한글 맞춤법 통일안'에 의해서 지금은 쓰지 않고 있는 글자이지만 이 책에서는 이 글자를 되살려 쓰기로 한다. 처음에는 다소 생소하겠지만 'r'의 발음과 구별하기 위해서는 절대로 필요한 글자이다. 한글 표기에 있어서는 'l' 다음에 오는 모음과 결합하여 나오는 소리를 표기할 때에는 한글의 자음 [ㄹㄹ]로 표기하고, 또한 'l'이 어떤 말의 받침이 되는 경우에는 한글의 [ㄹ]로 표기하며, 된소리 [ㄹㄹ]은 쓰지 않는다. 특히 'l'의 바로 앞이나 바로 뒤에 다른 자음이 오는 경우에는 그 어느 경우에도 [르]로 발음되는 것이므로 한글의 [르]로 표기한다.

(3) 비음(鼻音 · Nasals)

[m] 입을 다물었다가 열면서 코로 내는 소리이며, 우리말의 자음 [ㅁ]에 해당하는 소리이다. 한글 표기에 있어서는 [m] 다음에 오는 모음과 결합하여 나오는 소리를 표기할 때에는 한글의 자음 [ㅁ]으로 표기하고, 또한 [m]이 어떤 말의 받침이 되는 경우에도 한글의 자음[ㅁ]으로 표기한다. 특히 [m]의 바로 앞이나 바로 뒤에 다른 자음이 오는 경우에는 그 어느 경우에도 [므]로 발음되는 것이므로 한글의 [므]로 표기한다. 또한 발음되지 않는 모음이 올 때에도 우리말의 [므]로 발음되는 것이므로 한글의 [므]로 표기한다.

[n] 혀 끝을 윗잇몸에 댓다가 떼면서 코로 내는 소리이며, 한글의 자음 [ㄴ]에 상당하는 소리이다. 한글 표기에 있어서는, [n] 다음에 오는 모음과 결합하여 나오는 소리를 표기할 때에는 한글의 자음 [ㄴ]으로 표기하며, 또한 [n]이 어떤 말의 받침이 되는 경우에도 자음[ㄴ]으로 표기한다. 특히, [n]의 바로 앞이나 바로 뒤에 다른 자음이 오는 경우에는 그 경우에도 [느]로 발음되는 것이므로 한글의 [느]로 표기한다.

[ŋ] 우리말의 [응]에 상당하는 끝소리인데, 전부 끝에 붙어서 받침이 되는 소리이다. 한글 표기로는 받침 끝소리인 [ㅇ]으로 표기하며, 이것은 자음 [ㅇ]으로는 쓰지 못하는 것이 특징이다.

(4) 마찰음(摩擦音 · Fricatives)

[f] 윗니와 아랫입술 사이로 공기를 가볍게 불어 내면서 그 마찰로 생기는 소리로서 우리는 이 소리를 낼 수는 있는데 불행하게도 이 소리에 상당하는

글자가 없다. 지금 [f]를 한글의 자음 [ㅍ]으로 표기하도록 하고 있는데 엄밀히 말하자면 [ㅎ]에 가까운 말로서 윗니와 아랫입술이 마찰을 일으키면서 [ㅎ] 소리를 내는 소리이다. 지금 한글에는 이 소리에 상당하는 글자가 없으나, 이 책에서는 새로 창안된 [ㄳ]을 [f]에 상당하는 글자로 쓰기로 한다. 한글 표기에 있어서는 [f] 다음에 오는 모음과 결합하여 나오는 소리를 표기할 때는 자음 [ㄳ]으로 표기하고, 또한 [f]가 어떤 말의 받침이 되는 경우에도 자음 [ㄳ]으로 표기한다. 특히 [f]의 바로 앞이나 바로 뒤에 다른 자음이 오는 경우에는 그 어느 것도 [ㄳ]으로 발음되는 것이므로 한글의 [ㄳ]으로 표기한다. 또한 말 끝에 와서 [ㅍ]로 발음되어야 하는 경우에도 [ㅍ]로 표기한다.

[v]   이 소리도 윗니와 아랫입술 사이로 공기를 가볍게 불어 내면서 그 마찰로 생기는 소리인데, [f]는 무성음이고 [v]는 유성음이라는 점이 다르다. 지금까지 한글에는 이 소리에 상당하는 글자가 없어서 한글의 자음 [ㅂ]으로 쓰고 있는데 이것도 엄밀히 말하자면 자음 [ㅂ]에 가깝기는 하지만 소리가 전혀 다르다. 따라서 [b]와 혼동되기 때문에 이 책에서는 새로 창안된 [ㅃ]을 [v]에 상당하는 글자로 쓰기로 한다. 한글 표기에 있어서 [v] 다음에 오는 모음과 결합하여 나오는 소리를 표기할 때는 자음 [ㅃ]으로 표기한다. 특히 [v]의 바로 앞이나 바로 뒤에 다른 자음이 오는 경우에는 그 어느 경우에도 [ㅃ]로 발음되는 것이므로 한글의 [ㅃ]로 표기한다. 비록 [v] 다음에 모음이 오더라도 발음되지 않는 모음일 경우에는 한글의 [ㅃ]로 표기한다. 또한 말 끝에 와서 [ㅃ]로 발음해야 하는 경우에도 [ㅃ]로 표기한다.

[θ]   이 소리는 혀 끝을 윗니와 아랫니로 가볍게 물었다가 혀를 뒤로 당기면서 [ㄷ]에 가까운 소리를 내는 소리이다. '한글 맞춤법 통일안'에 의하면 모음 앞에서는 [ㅅ]으로 하고, 자음 앞이나, 또는 말 끝에 오는 경우에는 [스]로 한다고 되어 있으나 사실 이 소리는 [ㅅ]이나 [스]와는 거리가 먼 소리이며, 거의 [ㄷ]이나 [드]에 가까운 소리라는 사실을 알아야 할 것이다. 또한 이 소리를 표기하는데 [ㅅ]이나 [스]를 쓴다면 [s]와 혼동되어 구별하기가 곤란한 문제도 발생한다. 따라서 이 소리를 나타내는 새로운 글자를 만들어 써야 할 것이다. 현재 한글에서 쓰지 않고 있는 글자에 소리를 붙여서 쓴다면 일거양득이 아닐까 생각한다. 즉 우리 한글에 [△]이라는 글자가 있는데 이것은 어떤 소리를 나타내는 소리인지 분명하지 않다. 이 책에서는 [△] 자를 국제 음성 기호의 [θ] 소리를 붙여서 쓰기로 한다. 한글 표기에 있어서는 [θ] 다음에 오는 모음과 결합하여 나오는 소리를 표기할 때는

자음 [△]으로 표기하고, 또한 [θ]가 어떤 말의 받침이 되는 경우에도 자음 [△]으로 표기한다. 특히 [θ]의 바로 앞이나 바로 뒤에 다른 자음이 오는 경우에는 그 어느 경우에도 [스]로 발음되는 것이므로 한글의 [스]로 표기한다. 비록 [θ] 다음에 모음이 오더라도 발음되지 않는 모음일 경우에는 한글의 [스]로 표기한다. 또한 말 끝에 와서 [스]로 발음되어야 하는 경우에도 [스]로 표기한다.

[ð] 이 소리는 윗니와 아랫니 사이에 혀 끝을 물린 채로 [드]하고 소리를 내는 소리이다. '한글 맞춤법 통일안'에 의하면 모음 앞에서는 [ㄷ]으로 하고, 자음 앞에서는 [드]로 한다고 되어 있으나 사실 이 소리는 [ㄷ]이나 [드]에 가까운 소리이기는 하지만 소리를 내는 방법이 전혀 다르고 또한 [d]는 파열음인데 비해 [ð]는 혀 끝과 위아랫니 사이에서 마찰을 일으켜서 내는 소리이다. 또한 이 소리를 표기하는데 [ㄷ]이나 [드]를 쓴다면 [d]와 혼동이 되어 구별하기가 곤란한 문제도 있다. 따라서 이 소리도 새로운 글자를 만들어 써야 할 것이다. 이 글자도 현재 한글에서 쓰지 않고 있는 글자에 소리를 붙여서 쓴다면 그야말로 일석이조가 될 것이다. 한글에는 [ㆁ]라는 글자가 있었는데 이것도 어떤 소리를 나타냈었는지 분명치 않으며, 지금은 쓰지 않고 있는데, 이 책에서는 이 글자에 [ð] 소리를 붙여서 쓰도록 한다. 한글 표기에 있어서는 [ð] 다음에 오는 모음과 결합하여 나오는 소리를 표기할 때는 [ㆁ]으로 표기하고, 또한 [ð]가 어떤 말의 받침이 되는 경우에도 [ㆁ]으로 표기한다. 특히 [ð]의 바로 앞이나 바로 뒤에 다른 자음이 오는 경우에는 그 어느 것이나 [으]로 발음되는 것이므로 한글의 [으]로 표기한다. 비록 [ㆁ] 다음에 모음이 오더라도 발음되지 않는 모음일 경우에는 한글의 [으]으로 표기한다. 또한 말 끝에 와서 [으]로 발음되어야 하는 경우에도 [으]로 표기한다.

[s] 혀 끝과 윗닛몸 사이로 공기를 불어내면서 그 마찰로 인하여 생기는 소리로서 우리말의 [ㅅ]에 상당하는 소리다. 이 소리는 다소 까다로운 면이 있는데 [s]가 모음과 결합되어 나오는 소리는 거의 전부가 된소리 [ㅆ]으로 나온다. 한글 표기에 있어서는 [s]가 모음과 결합하여 나오는 소리를 표기할 경우에는 반드시 자음 [ㅆ]으로 표기해야 하며 [s] 바로 앞이나 바로 뒤에 자음이 오는 경우에는 그 어느 경우에도 우리말의 [스]로 발음되는 것이므로 한글의 [스]로 표기하며, 비록 [s] 다음에 모음이 오더라도 발음되지 않을 경우에는 한글의 [스]로 표기한다. 또한 말 끝에 와서 [스]로 발음되어야 하는 경우에도 [스]로 표기한다. [s]는 우리말과 달라서 결코 다른

말의 받침이 되는 경우가 없다.

[z]　[s]가 무성 자음이라면 이 [z]은 유성 자음이며, 소리내는 법은 앞의 [s]와 같지만 목으로부터 소리가 나오는 점이 다르며, 우리 한글의 [ㅈ]에 상당하는 소리다. 한글 표기에 있어서는 [z]가 모음과 결합하여 나오는 소리를 표기할 때에는 자음 [ㅈ]으로 표기한다. 또한 [z]의 바로 앞이나 바로 뒤에 다른 자음이 오는 경우나 말 끝에 오는 경우에는 그 어느 경우에나 [즈]로 발음되는 것이므로 한글의 [즈]로 표기하며, 비록 [z] 다음에 모음이 오더라도 발음되지 않는 모음인 경우에는 한글의 [즈]로 표기한다. 또한 말 끝에 와서 [즈]로 발음되어야 하는 경우에도 [즈]로 표기한다. [z]도 우리말과 달라서 결코 다른 말의 받침이 되는 경우가 없다.

[r]　혀 끝을 윗니 안쪽에 살짝 댔다가 떼면서 혀 끝과 윗니 안쪽의 마찰로 생기는 소리며, 이것이야말로 우리말의 [ㄹ]에 상당하는 소리다. 이 소리는 된소리인 [l]과는 반드시 구별되어야 하는 소리인데도 불행하게도 현재 우리 한글에서 된소리 [ㄹㄹ]이 없어짐으로 인해서 [l]의 표기에도 [ㄹ]로 쓰고 있는데 이것은 제도적으로나 물리적으로 하루 속히 시정되어야 할 시급한 문제인 것이다. 한글 표기에 있어서는 [r]이 모음과 결합하여 나오는 소리를 표기할 때에는 자음 [ㄹ]로 표기한다. 또한 [r]의 바로 앞이나 바로 뒤에 다른 자음이 오는 경우에는 그 어느 경우에나 [르]로 발음되는 것이므로 한글의 [르]로 표기하며, 비록 [r] 다음에 모음이 오더라도 발음되지 않는 모음인 경우에는 한글의 [르]로 표기한다. 다만 [r]이 모음화 음색 변화인 경우에는 예외로 한다. [r]은 단독으로 다른 말의 받침이 되는 경우가 없으나 자음이 아닌 'r 모음화 음색 변화'일 경우에는 다른 자음과 함께 받침이 되는 특수한 경우도 있다.

[ʃ]　입을 좁게 오므리면서 혀의 앞면과 경구개의 앞쪽 부분 사이로 공기를 불어내면서 그 마찰로 인하여 나오는 소리이며 우리말의 [슈]에 가까운 소리이다. '한글 맞춤법 통일안'에 의하면 [ʃ]를 모음 앞에서는 [시]로 표기하고, 자음 앞이나 또는 말 끝에 오는 경우에는 [슈] 또는 [시]로 표기한다고 되어 있는데 이것도 전적으로 잘못된 표기법인 것이다. 사실 [ʃ]의 정확한 발음은 [슈]이며 이 [슈] 뒤에 오는 모음과 결합하면 [쉬], [쉐], [슈] 등으로 발음되는 것이 옳은 발음이라고 생각되는데, 이 책에서는 이 원칙에 따르기로 한다. 따라서 한글 표기에 있어서는 [ʃ] 뒤에 오는 모음과 결합하여 나오는 소리를 표기할 때에는 한글의 [쉬], [쉐], [슈] 등으로 표기하며 말 끝에 오는 경우에는 [시]가 아니라 [쉬]로 표기한다. 또한 [ʃ] 바로 앞이나

바로 뒤에 다른 자음이 오는 경우에는 그 어느 경우에도 [슈]로 발음되는 것이므로 한글의 [슈]로 표기한다. 비록 [ʃ] 다음에 모음이 오더라도 발음되지 않는 모음일 경우에는 한글의 [슈] 또는 [쉬]로 표기한다. [ʃ]는 다른 말의 받침이 되는 경우가 없다.

[ʒ] 이 소리는 [ʃ]에 대한 유성음인데 우리말의 [ㅈ]에 가까운 소리다. '한글 맞춤법 통일안'에 의하면 [ʒ]는 모음 앞에서는 [ㅈ]으로, 자음 앞이나 또는 말 끝에 오면 [지]로 표기한다고 하고 있다. 한글 표기에 있어서는 [ʒ] 다음에 오는 모음과 결합하여 내는 소리를 표기할 때에는 한글의 [ㅈ]으로 표기해야 하며, [ʒ]의 바로 앞이나 바로 뒤에 자음이 오는 경우에는 그 어느 경우에도 우리말의 [즈]로 발음되는 것이므로 한글의 [즈]로 표기하며, 비록 [ʒ] 다음에 모음이 오더라도 발음되지 않을 경우에는 한글의 [즈]로 표기한다. [ʒ]는 다른 말의 받침이 되는 경우가 전혀 없다.

[h] 공기로 성대를 마찰시켜서 나오는 무성 자음인데 우리말의 [ㅎ]에 상당하는 소리다.

한글 표기에 있어서는 [h] 다음에 오는 모음과 결합하여 나오는 소리를 표기할 때에는 자음 [ㅎ]으로 표기하고, [h]의 바로 앞이나 바로 뒤에 다른 자음이 오는 경우에는 그 어느 경우에도 [흐]로 발음되는 것이므로 한글의 [흐]로 표기한다. 비록 [h] 다음에 모음이 오더라도 발음되지 않는 모음일 경우에는 한글의 [흐]로 표기한다. [h]도 다른 말의 받침이 되는 경우가 없다.

(5) 파찰음(破擦音 · Affricates)

[tʃ] 파열음에 마찰음이 동반되면서 우리말의 [츄]에 가까운 소리이다. '한글 맞춤법 통일안'에서는 [tʃ]은 모음 앞에서는 [ㅊ]으로, 자음 앞 또는 말 끝에 오는 경우에는 [츠]로 표기한다고 하고 있다. 그러나 엄밀히 살펴보면 [tʃ] 소리는 단순한 [ㅊ] 소리가 아니고 우리말의 [츄]에 가까운 소리다. 한글 표기에 있어서는 [tʃ] 다음에 오는 모음과 결합하여 내는 소리를 표기할 때에는 [춰], [쳐], [츄] 등으로 표기하며 말 끝에 오는 경우에는 [취]로 표기한다. 또한 [tʃ]의 바로 앞이나 바로 뒤에 다른 자음이 오는 경우에는 어느 경우에도 [츄]로 발음되는 것이므로 한글의 [츄]로 표기한다. 비록 [tʃ] 다음에 모음이 오더라도 발음되지 않는 경우에는 [츄] 또는 [취]로 표기한다. [tʃ]는 결코 다른 말의 받침이 되는 경우가 없다.

[ʤ] 이 소리는 [ʧ]는 무성 자음이고 [ʤ]는 유성 자음으로 우리말의 [쥬]에 가까운 소리이다. '한글 맞춤법 통일안'에서는 [ʤ]는 모음 앞에서는 [ㅈ]으로 표기하고 자음 앞이나 또는 말 끝에 오는 경우에는 [즈]로 표기한다고 되어 있는데, 이것도 엄밀히 살펴보면 [ʤ]는 우리말의 [쥬]에 가까운 소리이므로 틀리는 발음인 것이다. 한글 표기에 있어서는 [ʤ] 다음에 오는 모음과 결합하여 내는 소리를 표기할 때에는 [쥐], [줘], [쥬] 등으로 표기하며, 말 끝에 오는 경우에는 [쥐]로 표기한다. 또한 [ʤ]의 바로 앞이나 바로 뒤에 다른 자음이 오는 경우에는 그 어느 것이든 [쥬]로 발음되는 것이므로 한글의 [쥬]로 표기한다. 비록 [ʤ] 다음에 모음이 오더라도 발음되지 않는 모음일 경우에는 [쥬], 또는 [쥐]로 표기한다. [ʤ]도 다른 말의 받침이 되는 경우가 없다.

(6) 반모음(半母音 · Semivowels)

[j] 다른 모음과 결합하여 우리 모음의 [ㅑ], [ㅕ], [ㅛ], [ㅠ], [ㅖ] 등의 소리를 내는 모음이다. 한글 표기에 있어서는 [j]와 결합하는 모음에 따라 모음 [ㅑ], [ㅕ], [ㅛ], [ㅠ], [ㅖ], [ㅒ] 등으로 표기한다.

[*r*] 이 소리는 영어 사전의 발음기호를 보면 글자가 작게 그리고 약간 기울여서 gothic(가싁 또는 고싁)체 글자로 쓰여 있는 것을 무수히 보는데 이것이 바로 'r 모음화 음색 변화'를 나타내고 있는 것이다. 이것은 앞에서 설명한 대로 '윗 ㄹ 모음화 음색 변화'와 '아랫 ㄹ 모음화 음색 변화'의 두 가지로 표기한다. 한글 표기에 있어서는 '윗ㄹ 모음화 음색 변화'의 경우에는 한글의 모음의 오른쪽 위에 ㄹ을 붙여서 [ㅏᄅ], [ㅓᄅ] 등과 같이 표기하며, '아랫 ㄹ 모음화 음색 변화'의 경우에는 한글 모음의 받침으로 써서 [ᄋᆉᆯ], [ᄋᆔᆯ] 등으로 표기한다.

[w] 이것은 자음으로 분류되는 소리지만 발음상으로는 모음이 된다. 우리말의 모음 [ㅜ]에 해당하는 소리인데 [w] 다음에 오는 모음과 결합해서 우리말의 모음 [ㅝ], [ㅟ] 등과 같은 소리를 낸다. 한글 표기에 있어서는 [w]와 결합하는 모음에 따라 우리 한글의 모음 [ㅝ], [ㅟ] 등으로 표기한다.

Ⅲ. 각 론

이제부터 영어 단어를 하나씩 해부해 가면서 어째서 한국이 일본의 언어 식민지인가 하는 점을 지적해 보도록 하겠다.

우선 영어 사전을 보면 영어 단어가 여러 음절로 나뉘어져 있는 것을 볼 수 있다. 예를 들면 'apple'이라는 단어를 찾아보면 'ap*ple'이라고 표기되어 있는 것을 볼 수 있는데, 이것은 'ap'이라는 소리와 'ple'이라는 두 가지 소리로 나뉘어진 다는 것을 뜻하는 것이다. 따라서 이 책에서는 단어를 각 음절로 나누어서 그 소리를 표기하였다. 또한 영어에서는 강음 부호(accent)가 매우 중요한 위치를 차지하므로 발음을 표기하는 데는 고딕(gothic) 글자로 표기하였다. 예를 들면 'ap*ple'의 발음기호는 [æpl]이므로 [앺]과 [플]의 두 음절로 되어 있으며 이 단어의 발음을 나타낼 때에는 앞의 [앺]에 강음 부호가 붙으므로 [앺]으로 해서 고딕 글자로 표기하여 [앺플]로 표기하였고, 그냥 한글 표기를 나타낼 때에는 [앺플]로 표기하였다.

그리고 각론에서 취급할 영어 단어들은 지금 우리 주변에서 많이 사용하고 있는 단어들을 골라서 분석하였는데 우리가 얼마나 많은 영어 발음을 일본식 발음으로 모방하여 쓰고 있는가 하는 점에 대하여 심히 놀라움을 금치 못하리라 생각한다. 이제부터라도 우리의 방식대로 영어를 발음하고 표기해서 영어 발음에 취약한 언어와 글을 가지고 있는 민족이라는 오명을 씻고, 일본의 언어 식민지로부터 벗어나서, 과연 우리는 훌륭한 말과 글을 가진 민족이라는 것에 자부심을 갖기를 바란다.

각론으로 들어가기 전에, 필자는 한글학자도 아니며 또한 영문학자도 아니어서 간혹 미흡한 점이 있을 것으로 생각되지만, 더욱 더 연구하고 전문가들의 조언을 받아 개선 보완해 나갈 것을 약속한다.

aca*cia [əkéiʃə]

단어의 해부

| aca [əkéi] 어케이 | (발음) [어케이쉬] |
| cia [ʃə] 쉬 | 한글 표기 어케이쉬 |

해 설

　최근에 출간된 국어사전을 보면 [아카시아]로 되어 있는데, 70년대에 출간된 <새국어대사전>(신한출판사)에는 [아까시아]라고 되어 있다. 이 사전은 양주동 박사께서 책임 감수한 사전이고, 양주동 박사라면 영어에도 통달하신 분이라고 알려져 있는데 어째서 일본식 발음을 그대로 모방하여 썼는데도 그냥 묵인하였는지 이해할 수가 없다.

　더구나 이해할 수 없는 것은 '한글 맞춤법 통일안'에서 [ə]는 한글의 모음 [ㅓ]를 쓰도록 규정(문교부 고시 제85-11호)을 하여 놓고도 [ə]를 [아]로 표기하였는데도 그 당시의 문교부(지금의 교육부)에서조차 아무런 조치도 없었던 것 같다. 이토록 우리 한글학자들과 정부 당국자들은 우리말의 순화 발전에 소홀하였다는 사실을 여실히 보여주고 있는 것이다.

　철자 'a'는 [ɑ], [ə], [æ], [ei], [ɛə] 등등으로 매우 다양하게 발음되는 모음이다. 그런데 일본말에는 이처럼 다양하게 발음되는 철자 'a'에 대해서 특수한 경우를 제외하고는 전부 [아]로 발음하고, 일본글의 [ア]로 표기하고 있는 것이다.

　왜냐하면 일본말에는 우리말처럼 [아], [어], [애], [에이], [에어] 등과 같이 여러 가지 소리를 내는 소리가 없고, [아(ア)]나 [에이(エイ)]로밖에는 소리를 낼 수가 없는 속깊은 사정이 있는 것이다. 그러한 속사정도 모르고 일본 사람들이 [아까시아(アカシア)]라고 하니까 우리도 그대로 모방해서 [아까시아]로 쓰다가 근래에 와서 [아카시아]로 바꾸어 쓰고 있는 것에 지나지 않는 것이 분명하다. [아까시아]와 [아카시아]가 무엇이 다르단 말인가? 일본식 영어를 그대로 모방하여 쓰고 있는 것이 분명하지 않은가 말이다.

　분명히 [ə]는 [어]로 표기한다라고 규정을 해놓고, 또한 [ei]는 [에이]로 표기한다라고 규정을 해 놓고, 규정을 어긴 표기법에 대해서 아무런 조치도 취하지 않고 버젓하게 활자화해서 쓴다는 것은 그러한 규정은 있으나마나한 규정이 아니고 무엇이란 말인가? 차라리 이 단어를 우리 외래어 표기법에 따라 [어케이셔]라고 하였던들 일본식 발음을 모방했다는 비판만은 모면했을 것이다.

　일본 사람들은 [카] 소리를 내지 못하기 때문에 [까]로 발음하는 것인데, 단지

[까]를 [카]로 바꾸었다고 해서 모방했다는 비판을 면할 수 있겠느냔 말이다. 이 단어를 보면 철자 'a'가 세 개 있는데 맨 처음의 'a'와 마지막의 'a'는 모두 [ə]로 발음되고, 가운데 'a'만은 [ei]로 발음된다. 즉 같은 철자라도 발음할 때는 각각 달라지는데 일본 사람들은 철자 'a'는 특수한 경우를 제외하고는 모두 [아]로 발음하도록 규정하고 있다. 그러므로 첫 음절을 [아게이]로 발음을 할 수 있는데도 불구하고 굳이 [아까]로 발음하는 것이 아닌가 생각되어진다.

차라리 이 단어를 한글로 고쳐 부르기를 제안하겠는데, 이 나무는 큰 가시가 많으므로 '큰가시나무'라고 하고, 이 나무의 꽃을 '큰가시나무 꽃'이라고 우리말로 고쳐 부르는 것이 어떨까.

acad*e*my [əkǽdəmi]

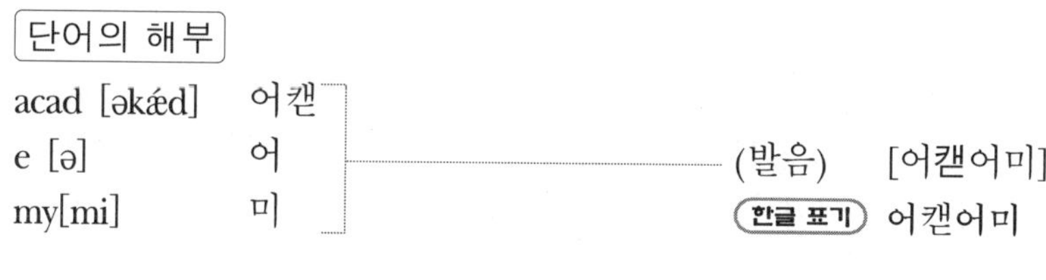

단어의 해부			
acad [əkǽd]	어캔		
e [ə]	어	(발음)	[어캔어미]
my[mi]	미	한글 표기	어캔어미

해 설

첫 음절은 엄밀히 말하자면 [어캔]으로 발음되어야 하고, 둘째 음절의 모음 [ə]는 그냥 [어]로 해서 [어캔어]로 하는 것이 원칙이다. 이때 받침인 'ㄷ'은 그 소리가 자연스럽게 모음 [ㅓ]와 결합되어 [더]라는 소리로 변하므로 [어캐더]라는 소리로 발음되는 것이다.

한글 사전에는 [아카데미]로 되어 있는데 이것도 일본식 발음 [아까데미-(アカデミー)]를 그대로 모방한 것이다. '한글 맞춤법 통일안'의 외래어 표기법에 의한다면 [어캐더미]라고 했어야 옳은 것인데 [아카데미]로 쓰고 있는 것이다.

이것도 결국은 일본식 영어 발음의 모방이 아니고 무엇이겠는가?

또한 일본 사람들은 [애] 소리를 내지 못하고 더구나 철자가 'a'이므로 모두 [아(ア)]로 발음하는 것을 그대로 모방해서 쓰고 있으니 우리가 영어 발음에 취약하지 않다고 한다면 도리어 이상한 일이 아닐 수 없다. 그리고 일본 사람들은 둘째 음절의 [ə]라는 소리를 내지 못한다는 것은 앞에서도 설명하였다.

어쨌든 일본 사람들은 철자 'a'는 전부 [아]로 발음한다는 점을 염두에 둔다면 쉽사리 이해가 될 것이다. 이렇게 언어 불구인 일본 사람들의 발음을 그대로 모방해서 쓰기 때문에 우리가 영어 발음에 취약하다는 소리를 듣고 있는 것이다. 일본식 영어 발음을 그대로 모방해서 쓰고 있는 한 우리는 일본의 언어 식민지에서 벗어나지 못하는 동시에 영어 발음에 취약하다는 소리를 듣게 될 것은 틀림없는 사실이다.

ac*ces*so*ry [æksésəri]

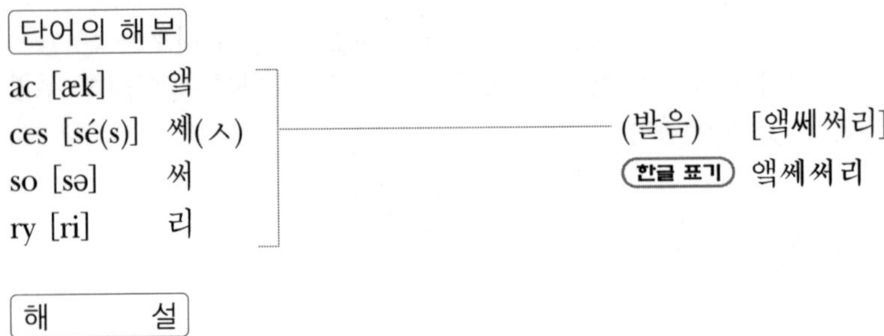

해   설

신한출판사에서 출간한 새국어대사전(양주동 박사 책임 감수)에 [악세서리]와 [액세서리]의 두 가지 모두가 수록되어 있는데 이러한 현상도 문제이다. 이것은 [악세서리]이든 [액세서리]이든 상관이 없다는 뜻인데 이처럼 주체성 없는 무책임한 처사를 어떻게 생각해야 되는지 모르겠다.

일본 사람들의 발음은 [아꾸세사리(アクセサリー)]이다. 일본 사람들은 우리처럼 [악] 하고 받침 발음을 하지 못하기 때문에 [아꾸]라고 발음할 수밖에 없어서 [꾸(ク)]자를 작은 글자로 표기해서 받침의 구실을 하도록 하고 있는 것이다. 따라서 [악세서리]로 표기하는 것은 일본식 영어를 그대로 모방한 것이고, [액세서리]는 일본식 영어 발음을 탈피하고 우리 외래어 표기법에 따른 표기법이라 할 수 있는 것이다.

여기에서는 후자인 [액세서리]가 옳은 발음이며, 다만 음성 기호 [s]는 모음과 결합하면 대체로 된소리로 변하는 경우가 많으므로 된소리 [ㅆ]을 써서 [쎄써]로 표기하는 것이 옳은 발음인 동시에 옳은 표기라 생각한다. 그러나 우리는 [액세서리]라고 하지 않고, 일본식 영어 발음으로 [악쎄싸리]라고 하는 것이 습관화되어 있다는 사실을 부인하지는 못할 것이다.

acet*y*lene [əsétəlí:n, əsétəlin]

단어의 해부

(가) [əsétəlí:n]으로 발음되는 경우

acet [əsét]	어쎌	
y [ə]	어	(발음)　[어쎌어륀:]
lene [lí:n]	륀: (뤼인)	(어쎌어뤼인)

(한글 표기)　어쎌어륀:
또는　어쎌어뤼인

(나) [əsétəlin]으로 발음되는 경우

acet [əsét]	어쎌	
y [ə]	어	(발음)　[어쎌어륀]
lene [lin]	륀	

(한글 표기)　어쎌어륀

해　　설

　이 단어의 일본식 발음은 [아세찌렌(アセチレン)]인데, 우리는 이것을 그대로 모방해서 [아세치렌]이라고도 하며, 일본 발음 그대로 [아세찌렌]이라고도 한다. 그런데 한글 사전에는 [아세틸렌]으로 되어 있는데 여기에서도 역시 맨 앞의 철자 'a'가 [ə]로 발음되어야 함에도 불구하고 [아]로 발음한다는 것과, 둘째 음절의 철자 'y'가 [ə]로 발음되어야 하는데 [이]로 발음한다는 것이 잘못된 일본식 영어 발음인 것이다. 또한 마지막 음절의 'lene'도 분명히 발음기호는 [lí:n] 또는 [lin]으로 되어 있는데도 [렌]으로 표기했다는 것은 완전히 일본식 영어를 그대로 모방했다는 증거인 것이다. 일본 사람들은 철자 'e'는 거의 대부분 [에] 모음으로 발음되는 것으로 인식하고 있는 듯하다.

　발음이 [어쎌어뤼인] 또는 [어쎌어륀]인 것을 [아세틸렌]이라고 발음한다면 이 말을 알아듣는 미국사람이 몇 명이나 되겠는가? 여기에서 한 가지 알아두어야 할 것은 [어쎌어]이냐, [어쎄터]이냐 하는 문제인데, 엄밀히 따진다면 [어쎌어]가 맞으며, 받침인 [ㅌ]이 자연스럽게 [어]로 옮겨지는 기분으로 발음하는 것이 옳은 발음이다.

Achil*les [əkíli:z]

단어의 해부

Achil [əkí(l)]	어킬	
les [li:z]	뤼:즈 (뤼이즈)	

(발음)　　[어킬뤼:즈]
　　　　　(어킬뤼이즈)

한글 표기　어킬뤼:즈
　　　　　또는　어킬뤼이즈

해　　　설

　한글 사전에는 [아킬레스]라고 되어 있는데 이 말도 일본식 영어 발음을 그대로 모방한 것이다. 첫 음절 맨 앞의 철자 'A'가 [ə]로 발음되어야 하는데도 [아]로 표기한다는 것과, 둘째 음절의 철자 'e'가 [i:]므로 [뤼:] 또는 [뤼이] 하고 길게 장음으로 발음되어야 하며, 마지막의 철자 's'는 [z]로 말 끝에 왔으므로 [즈]로 발음되는 것인데, [스]로 표기하는 것도 잘못된 발음이다.

　일본식 발음은 [아끼레스(アキレス)]인데, 우리말 사전에 있는 [아킬레스]와 어떤 차이가 있는지 비교해 보자. 군이 일본말로 이 발음에 가깝게 표기한다면 [아끼리즈(アキリズ)]라고 할 수 있는데도 불구하고, [아끼레스]로 해서 전혀 엉뚱한 발음으로 표기하는 이유를 이해할 수가 없다. 또한 우리는 이것을 아무렇지도 않게 그대로 모방해서 쓰고 있으니 한심한 쪽은 일본이 아니라 바로 우리들이라고 생각한다. 일본은 일본이고, 우리는 우리라는 자주적인 주체성을 찾지 않는 한 우리는 영원한 일본의 언어 식민지로 전락하고 말 것이라는 것을 깨달아야 한다.

ac*ryl [ǽkrəl]

단어의 해부

ac [ǽk]	애크	
ryl [rəl]	럴	

(발음)　　[애크럴]

한글 표기　애크럴

해　　　설

　이 단어의 일본식 발음은 [아꾸리루(アクリル)]인데 우리는 [아크릴]이라고 한다. 만일 명동 한복판에서 [애크럴]이 뭐냐고 묻는다면 선뜻 알아 맞출 사람이 몇 사람이나 될까. 이처럼 우리는 일본식 영어 발음에 너무나 익숙해 있는 것이다.

　한글 사전에도 이 단어를 [아크릴]이라고 표기하고 있는데 어떤 근거에서 이렇게 표기했는지 그 책임을 어디에다 물어야 할까? '한글 맞춤법 통일안'에는 분명히 [æ]는 [애]로 표기하고, [ə]는 [어]로 표기한다라고 규정되어 있는데도 [æ]를 [아]로, [ə]를 [이]로 표기하는 이유가 어디에 있는 것일까. 단지, 일본 사람들이 [아꾸리루]라고 하니까 영어 발음기호는 살펴보지도 않고 우리는 [아크릴]이라고 하면 되겠지 하는 안일하고도 사대주의적인 식민 근성을 표출한 것이 아닐까? 이러한 안일하고도 사대주의적인 식민 근성을 버리지 않는 한 우리는 영원한 일본의 언어 식민지로 추락하고 말 것이라는 사실은 두말할 나위가 없다.

　만일 우리가 만들어 놓은 규정대로 표기한다면 틀림없이 [애크릴]로 표기되었을 터인데 우리가 만들어 놓은 규정조차 지키지 않고 [아크릴]로 표기하고 있으니, 우리는 우리가 만들어 놓은 규정조차 지키지 못하는 열등 국민이란 말인가?

Af*ghan*i*stan [æfgǽnəstǽn]

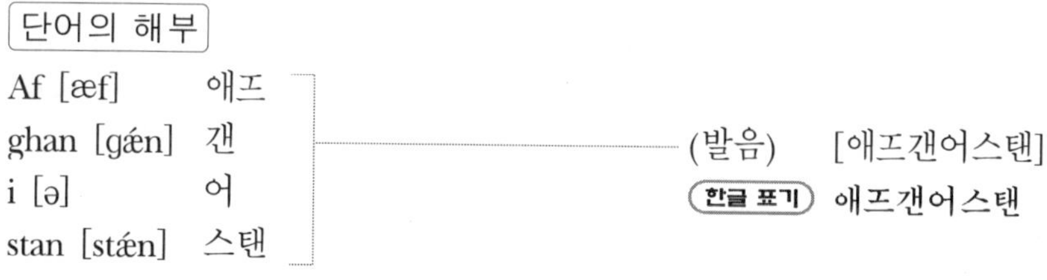

　　해　　　　설

　우리나라 대부분의 교과서에는 나라 이름이나 지명이 일본식 발음으로 표기되어 있는데 실로 큰 문제가 아닐 수 없다.

　모든 사전에는 [아프가니스탄]이라고 표기되어 있는데 이것도 완전한 일본식 영어 [아후가니스단(アフガニスタン)]의 모방인 것이다. '한글 맞춤법 통일안'에 따른다면 [애프개너스탠]으로 표기되어 비록 [f]의 표기가 완벽하지는 못하더라도 영어 발음에 근접할 수 있었는데도 굳이 [아프가니스탄]이라고 하는 이유를 이해할 수가 없다. 우리 한글이 지극히 과학적이라는 극찬을 받고 있는 이유는 자음과 모음을 자유자재로 결합시키면서 어떤 소리라도 표기할 수 있기 때문인데, 이처럼 훌륭한 한글을 가지고 있으면서도 내 것을 팽개치고 남의 것을 모방해서 쓰고 있으니 부끄럽기 짝이 없는 노릇이다.

　'한글 맞춤법 통일안'의 외래어 표기법에만 충실하였더라도 우리는 적어도 영어 발음에 취약하다는 소리는 듣지 않았을 것이다. 첫 음절에서 [프] 대신에 새로 창안된 [ㅍ]를 써서 [f]와 [p]의 발음을 구별하도록 하는 것이 완벽한 영어 발음을 구사하는 데 도움이 될 것이라 믿는다. 비록 처음에는 생소하게 보일는지 몰라도 한글의 [ㅍ]과 생김새가 비슷하므로 곧 친숙해지리라 믿는다. 벽이 하나 허물어져 없어졌기 때문에 바람이 빠지는 소리라고 생각하면 쉽게 연상되리라고 생각된다.

Af*ri*ca [ǽfrikə]

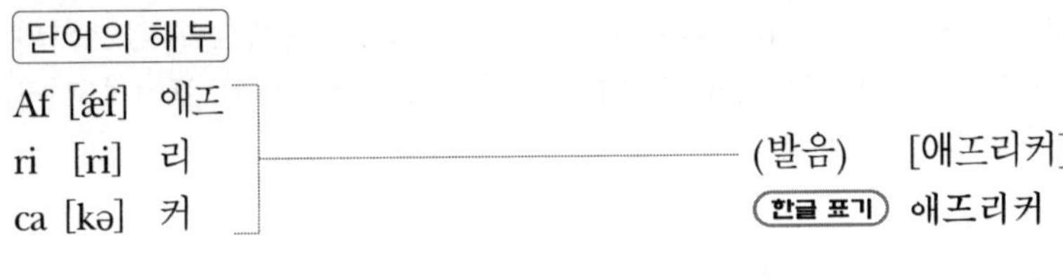

이 단어의 일본식 발음은 [아후리까(アフリカ)]인데 우리는 [아프리카]라고 쓰고 있다. 이것도 일본식 발음을 그대로 모방했음을 여실히 보여 주고 있는데, 만일 이것을 우리의 규정대로 표기한다면 [애프리커]라야 옳은 것이다. 그런데 모든 교과서나 책에는 한결같이 [아프리카]로 표기하고 있으니 과연 우리나라는 후손에게 무엇을 가르치는 나라인지 모르겠다. 비록 자신은 시대를 잘못 타고나서 일본식 교육을 받아서 일본식 영어 발음을 써 왔지만 적어도 후손에게만은 옳은 교육을 시켜야 하겠다는 정신을 가지고 임하였더라면 이러한 과오는 저지르지 않았을 것이다. 정부 당국자들이나 한글학자들은 물론이거니와 기성세대의 모든 국민이 반성해야 할 문제라고 생각한다.

agre*ment [á:greimɑ:nt, əgréimɑ:ŋ]

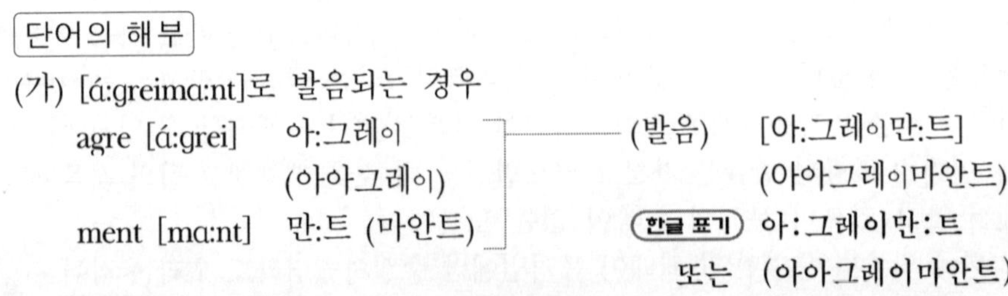

(나) [əgréimaːŋ]으로 발음되는 경우

agre [əgéi]	어그레이		(발음)	[어그레이망:]
ment [maːŋ]	망: (마앙)			(어그레이마앙)

(한글 표기) 어그레이망:
또는 (어그레이마앙)

해   설

이 단어는 프랜스 (또는 프란:스/France) 말이며 외교 용어로 많이 사용되는 말인데, 프랜스 발음으로 [아그레망]이 되는지는 몰라도 영어로는 위에서 보는 바와 마찬가지로 두 가지로 발음되기는 해도 [아그레망]이라고 발음하는 경우는 없다. 일본식 발음으로는 [아구레만(アグレマン)]이라고 하는데 우리도 똑같이 쓰고 있다.

그러면 두 가지로 발음되는 이 발음의 차이점을 살펴보기로 한다.

(가)에서는 첫 음절 'agre'에서 철자 'a'가 [아]로 발음되어 [아그레이]가 되기는 하지만 마지막 음절 'ment'가 [망]이 아니고 [만:트]로 발음되며, (나)에서는 마지막 음절 'ment'가 [망:]으로 발음되기는 하지만 첫 음절 'agre'가 [아그레이]가 아닌 [어그레이]로 발음되어야 하는 것이다. 더욱이 그냥 단순히 [레]가 아니라 [레이]로 발음되어야 한다는 것도 잊지 말아야 한다. 따라서 이 단어는 적어도 영어 발음으로는 [아:그레이만:트]로 발음하든가 아니면 [어그레이망:]으로 발음해야 한다는 것을 알게 되었을 것이다.

air-con*di*tion*er [ɛ'ərkəndíʃənər]

단어의 해부

(가) [ɛ'ərkəndíʃnər]로 발음되는 경우

air [ɛ'ər]	에어ᵉ			
con [kən]	컨			
di [dí]	디		(발음)	[에어ᵉ컨디슌어ᵉ]
tion [ʃn]	슌		(한글 표기) 에어ᵉ컨디슌어ᵉ	
er [ər]	어ᵉ			

(나) [ɛ'ərkəndíʃənər]로 발음되는 경우

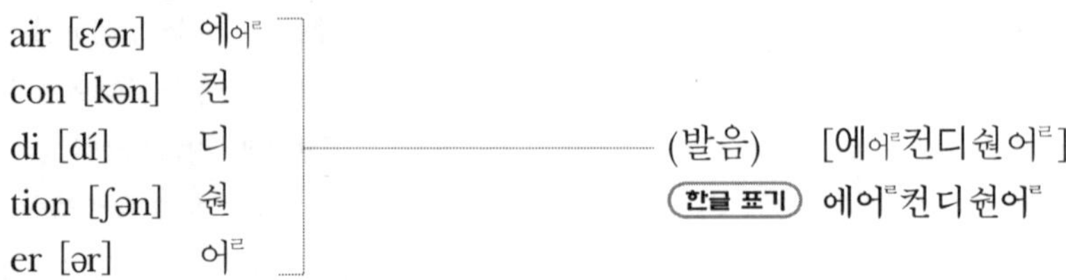

air [ɛ'ər]   에어ᵉ
con [kən]   컨
di [dí]   디
tion [ʃən]   쉰
er [ər]   어ᵉ

(발음)   [에어ᵉ컨디쉰어ᵉ]
한글 표기 에어ᵉ컨디쉰어ᵉ

해   설

이 단어는 두 개의 단어가 결합해서 하나의 뜻을 나타내고 있다는 것은 알고 있으리라 생각한다. 어째서 이 단어를 여기에서 논하느냐 의아하게 여길는지는 모르겠으나, 이 단어는 우리 일상 생활과 밀접한 관계가 있어서 많이 사용되는 말이므로 이 기회에 자세히 알고 쓰도록 하기 위해서이다.

먼저 이 단어의 일본식 발음을 보면, [에아꼰디쇼나ー(エアコンティショナー)]로 발음될 것인데 이것은 영어의 발음과는 차이가 너무 많은데다가 말이 길어서 쓰기가 복잡하니까 앞의 두 음절만 발음해서 [에아꼰]으로 쓰고 있는 것을 우리도 덩달아서 [에아콘] 또는 [에어컨]으로 일본 사람들의 흉내를 내어 일상 생활에서 쓰고 있는 실정이다. 이런 현상은 일본 사람들에게서 많이 나타나는 현상인데 결코 좋은 것이라고 할 수 없다.

일본 사람들은 외래어를 수술해서 자기 나라 말로 만들어 쓰는데 우리는 고작 한다는 것이 우리들이 만들어 놓은 규정도 지키지 않고 남이 만들어 놓은 것을 모방이나 해서 쓰고 있으니 얼마나 부끄러운 일인가. 엉터리 영어를 쓰는 것보다는 아예 우리말로 분명하게 쓰는 버릇을 기르거나, 아니면 올바른 영어를 써야 되겠다.

air*port [ɛ'ərpɔ':rt]

단어의 해부

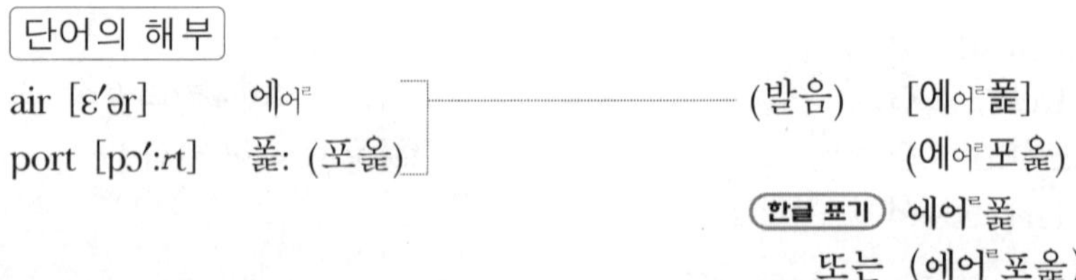

air [ɛ'ər]   에어ᵉ
port [pɔ':rt]   폴: (포올)

(발음)   [에어ᵉ폴]
(에어ᵉ포올)
한글 표기 에어ᵉ폴
또는 (에어ᵉ포올)

│ 해   설 │

해외 여행을 즐기는 사람들이 많아서 이 말을 모르는 사람은 거의 없을 것이다. 이 단어를 [에아포트]라고 발음하는 사람은 일본식 발음을 하고 있는 사람이며, 그나마 [에어 포트]라고 발음하는 사람은 어느 정도 일본식 발음에서 벗어난 듯하지만 엄밀한 의미에서는 완벽한 영어 발음은 아닌 것이다. 언뜻 [t] 앞에 [r]이라는 자음이 왔으므로 [트]로 발음되는 것이 아니냐 하는 의견도 있겠지만, 여기에서 [r]은 자음으로 발음되는 것이 아니라 'r 모음화 음색 변화'로 모음으로 변화하는 것이므로 [t]는 받침이 되어야 하는 것이기 때문에 [풅: (포옽)]으로 발음되어야 하는 것이다. 특히 미국 사람들은 [트]하고 [t]자 발음하기를 무척 꺼려하는 경향이 있기 때문에 가급적이 면 [트] 발음을 하지 않는다.

여기서 장음에 대해 잠깐 설명하겠는데 모든 장음은 반드시 약간 길게 끌어 주면서 발음하는 습관을 길러야 한다. 장음은 영어 발음에서 자칫하면 뜻이 크게 바뀌는 경우가 종종 있으므로 반드시 장음은 장음대로 발음해 주어야 한다.

이 단어의 일본식 발음은 [에아뽀ー도(エアポート)]이다.

Al*a*bama [ǽləbǽmə]

│ 단어의 해부 │

Al [ǽl]   앨르
a [ə]   ㅓ ┐
bama [bǽmə]   배머 ┘   (발음)   [앨러배머]
                                  （한글 표기） 앨러배머

│ 해   설 │

만일 교과서를 편찬할 때 교육부 관계자들이나 학자들이 이미 규정해 놓은 '한글 맞춤법 통일안'의 외래어 표기법에 충실하도록 계도했더라면 우리들의 영어 발음은 그런대로 많이 달라졌을 것이다. 그러나 교육부 관계자들은 그들 나름대로, 학자들은 학자들 나름대로 게으름을 피우고 남의 흉내내기에만 급급하여 오늘날과 같은 어리석음을 저지르고야 말았다.

이 말도 여러 사전에는 [앨라배마]로 표기는 하여 놓고도 실제로는 [알라바마]로 쓰는 경우가 다반사인 실정이다. 왜냐하면 이 말의 일본식 발음이 [아라바마(アラバマ)]이기 때문에 그대로 모방해서 쓰는 사람들이 많기 때문이다. 모

든 것을 뜯어고치려면 여러 가지 어려운 점이 많겠지만 백년대계를 위해서는 지금의 어려움과 다소의 혼란은 감수해야 할 것이다.

Alas*ka [əlǽskə]

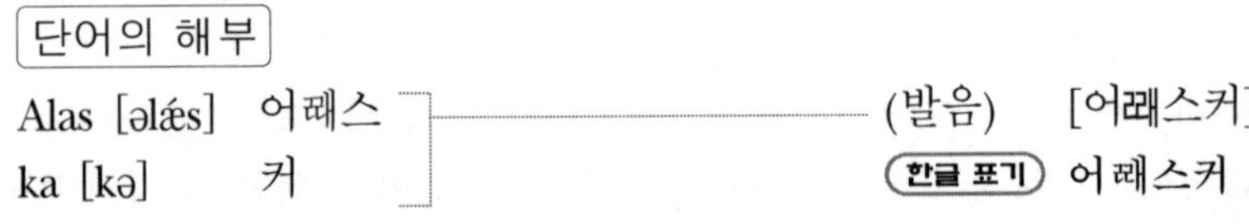

이 단어도 일본식 발음을 탈피하지 못하고 [알래스카]로 표기되어 있는 사전들이 대부분인데, 외래어 표기법에 충실하였더라면 훌륭하게 [얼래스커]로 표기될 수도 있었던 단어이다. 옛말에 '호미로 막을 것을 가래로 막는다'는 속담이 있는데, 어려운 문제들이 산적해 있지만 미래를 위해서는 다소 힘이 들더라도 고쳐 나가야 할 것이다.

일본식 발음으로는 [아라스까(アラスカ)]이므로 [알]이나 [카]로 해서 모두 일본식으로 [ə]를 [아]로 표기한 것이다.

al*bu*min [ǽlbjúːmən]

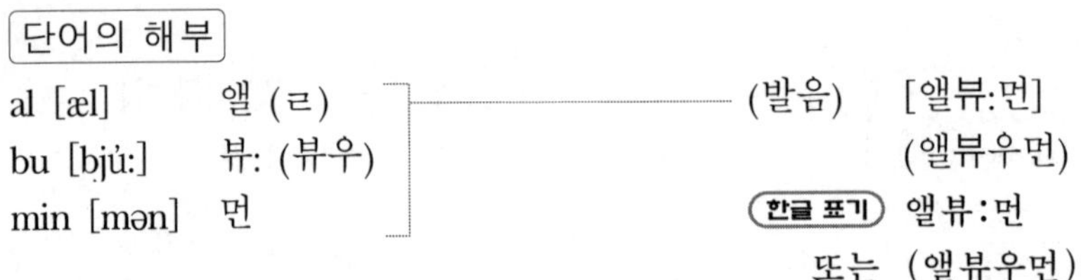

이 단어에 웃지 못할 기막힌 사연이 있는데, 이 단어의 일본식 발음인 [아루부민(アルブミン)] 이라는 약 이름 때문에 생긴 일이다.

필자가 사업 관계로 일본에 자주 다니던 시절에 귀국할 때면 언제나 이 주사약을 꼭 한 병씩 사오곤 하였었다. 그런데 한번은 캔어더(Canada)에 갔다가 마침 이 [알루부민]이라는 약이 생각나서 근처에 있는 드럭스토ㄹ(drugstore)에 가서 [알부민]을 달라고 하였다. 그러자 이 코 큰 아줌마의 눈이 똥그래지면서 고개를 갸우뚱거리며 얼굴을 빤히 쳐다보는 것이 아닌가! 순간 '옳지! 여기는 이민자들이 많아서 영어를 잘하지 못하는 사람도 있겠구나' 싶어서 천천히, 그리고 또박또박 [알-부-민-]하고 친절을 베풀었으나 그 아주머니의 눈은 여전히 말똥말똥이었다. 그러더니 아주머니는 들고 있던 볼:펜(ball-point pen)과 메모우(memo) 용지를 넘겨주면서 써 달라는 것이었다. 필자는 '이 아줌씨가 역시 이민 온 지 얼마 되지 않는 사람이로구나' 생각하면서 'albumin'라고 써주었더니 '오- [앨뷰우먼]'하는 것이 아닌가? 그 소리를 듣고 그때까지만 해도 '이 아줌씨는 'Italy'계 이민자구나' 생각하고 어디서 이민왔느냐고 물었더니, 글쎄 이 아주머니 말이 자기네 할아버지가 이민왔으며, 자기가 태어난 곳은 바로 터런토우(Toronto)라고 했다.

  이 사건으로 인해서 필자는 영어 발음에 대해서 완전히 자신을 잃고 말았다. 속된 말로 공자 앞에서 문자를 쓰다가 망신당한 꼴이 된 것이었다. 숙소에 돌아와서 영어 사전을 찾아서 발음기호를 들여다보고서야 내 발음이 잘못되었음을 알았을 때는 이미 망신당할 것은 다 당한 후였다.

al*co*hol [ælkəhɔ′:l, ǽlkəhɑl]

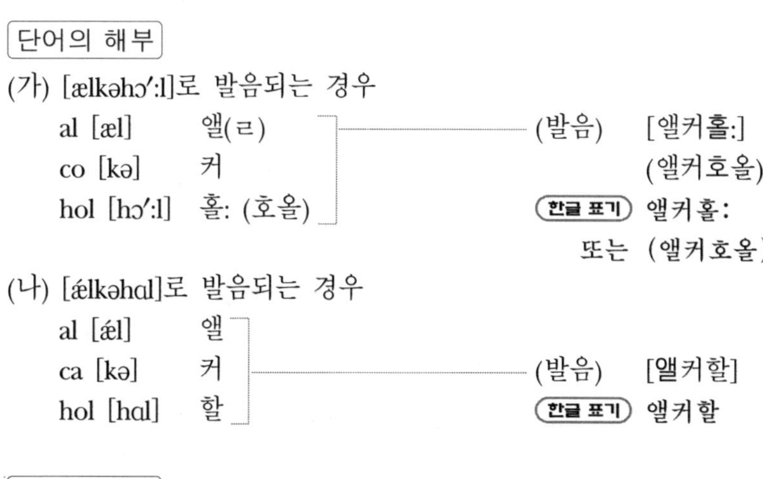

해 설

  우리가 일상적으로 쓰고 있는 발음으로 한다면 [알콜]을 이르는 말인데, 위의 발음법과 어떤 차이가 있는지 비교해 보도록 하자.

  먼저 첫 음절의 'al'은 모두 [æl]로 발음되기는 하지만 강음 부호가 있느냐 없느냐 하는 것에 따라서 맨 마지막 음절의 'hol'의 발음이 [hɔ′:l]과 [hɑl]로 발음이 바뀐다는 사실을 알게 되었을 것이다. 즉 강음 부호가 첫 음절에 붙지 않을 경우에는 맨 마지막 음절의 [ɔ]가 붙으면서 [hɔ́:l]이 되어서 장음 발음이 되며, 첫 음절에 강음 부호가 붙는 경우에는 맨 마지막 음절의 hol은 [hɑl]로 모음의 발음이 변하면서 단음이 되는 것이다. 영어 발음은 강음부호의 위치에 따라 모음이 변화하는 경우가 많으므로 항상 주의하지 않으면 자칫 실수하기가 쉽다. 이처럼 영어의 발음이 까다롭기 때문에 영어가 어렵게 여겨지는 것이다.

이 단어의 일본식 발음은 [아루고루(アルゴル)]인데 우리는 이것을 그대로 모방해서 [알콜]로 쓰고 있는 것이다. 만일 이 단어를 외래어 한글 표기법에 따라 표기했더라면 (가)는 [앨커홀:]이 되었을 것이 고, (나)는 [앨커할]로 표기되었을 것이다.

Al*ex*an*der [ǽligzǽndər, ǽligzɑ́:ndər]

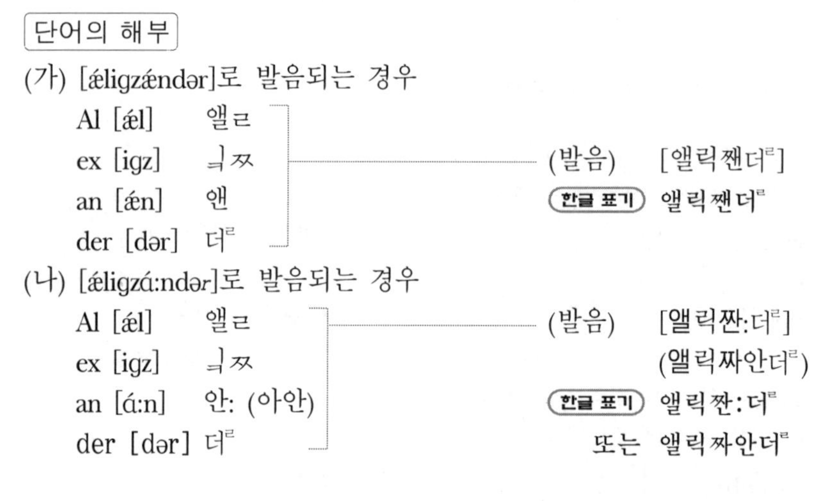

해   설

이 단어를 프랜스(France)어나 기타 다른 나라 말로는 [알렉산더]로 발음하는 나라가 따로 있을는지는 몰라도 적어도 영어 발음으로는 위의 두 가지로 발음된다. 일본식 발음으로는 [아레끼산다(アレキサンダ)]인데, 우리는 [알렉산더]로 쓰고 있다. 분명히 일본식 발음을 그대로 모방해서 쓰고 있음을 보여주고 있다.

(가)를 살펴보면 [앨릭�짼더ᴿ]인데, 첫 음절이나 셋째 음절이 모두 모음 [ㅐ]로 발음되어야 하며, 둘째 음절의 철자 'x'가 [g]와 [z]로 갈라져 발음되어서 [g]는

받침으로, [z]는 다음의 모음 [ㅐ]와 결합하는데 이 모음에 강음 부호가 붙기 때문에 [z]가 된소리 [ㅉ]으로 소리가 변하는 것이다. 그래서 [앨릭짼더ᄅ]로 발음되는 것이고, (나)를 보면 [앨릭짠:더ᄅ] 혹은 [앨릭짜안더ᄅ]인데, 여기에서 셋째 음절의 모음이 비록 [ɑ]로 발음되기는 하지만 장음이어야 한다. 더구나 외래어 한글 표기법에는 [z]을 [ㅅ]으로 표기한다는 규정도 없는데도 [산]으로 표기한다는 것은 외래어 한글 표기법에 어긋날 뿐만 아니라 일본식 발음을 모방했다는 증거인 것이다. 마지막 음절의 발음은 [덜] 하는 것이 아니라 [더] 하면서 [ㄹ]의 여운을 남기면서 발음하는 것이다. 즉 [더] 소리를 내면서 혀 끝을 입 안쪽으로 감아 올리면 되는데, 이때 혀 끝이 입 안의 어느 곳에도 닿아서는 안 되는 것이다.

Al*ge*ria [ældʒíəriə]

단어의 해부

(가) [ældʒíriə]로 발음되는 경우

Al [æl] 앨 (ㄹ)
ge [dʒí] 쮜
ria [riə] 리어

(발음) [앨쥐리어]
한글 표기 앨쮜리어

(나) [ældʒíəriə]로 발음되는 경우

Al [æl] 앨 (ㄹ)
ge [dʒíə] 쮜어
ria [riə] 리어

(발음) [앨쥐어리어]
한글 표기 앨쮜어리어

해 설

신문 잡지에는 물론이거니와 심지어 TV 방송이나 레이디오우(radio) 방송에서도 이 나라 이름을 제대로 표기하거나 불러주는 곳이 없고 전부 일본식 발음으로 표기하거나 발음하고 있는 실정이다. 그러면 지금 우리가 쓰고 있는 [알제리아]라는 발음이 과연 일본식 발음인가 하는 점을 분석해 보도록 하겠다.

이 단어의 일본식 발음은 [아루지에리아(アルジェリア)]인데 우리가 지금 쓰고 있는 [알제리아]와 어떤 점이 다른가? 거듭되는 말이지만 일본 사람들은 [애] 소리를 내지 못하는 언어 불구자들인데 어째서 우리가 그런 것을 따라해야 한단 말인가? 우리는 그 어떤 소리도 낼 수 있고, 글로 표기할 수 있는 우수한 한글을 가진 민족이 아닌가.

al*i*bi [ǽləbai]

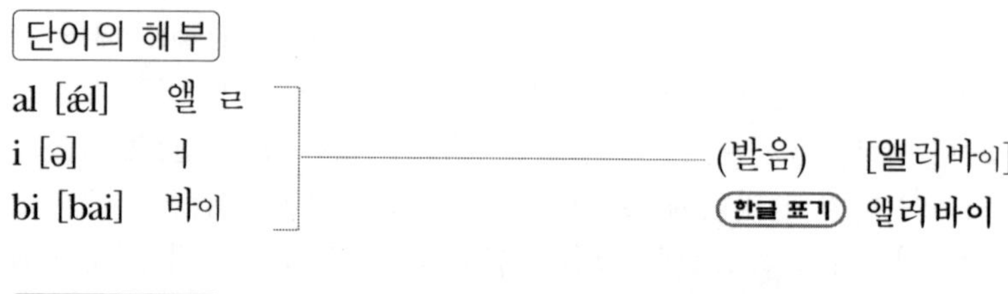

해　　설

우리는 이 단어를 [알리바이]로 쓰고 있는데, 외래어 한글 표기법에 따른다면 [앨러바이]로 해야 된다.

그러면 [알리바이]로 변질된 근거가 어디에 있는가를 찾아가 보도록 하자. 일본 사람들은 이 단어를 [아리바이(アリバイ)]로 발음한다. [알리바이]와 [아리바이]를 비교해 보면 우리가 일본식 발음을 그대로 모방해서 쓰고 있다는 사실이 증명되는 것이다.

al*ka*li [ǽkəlài]

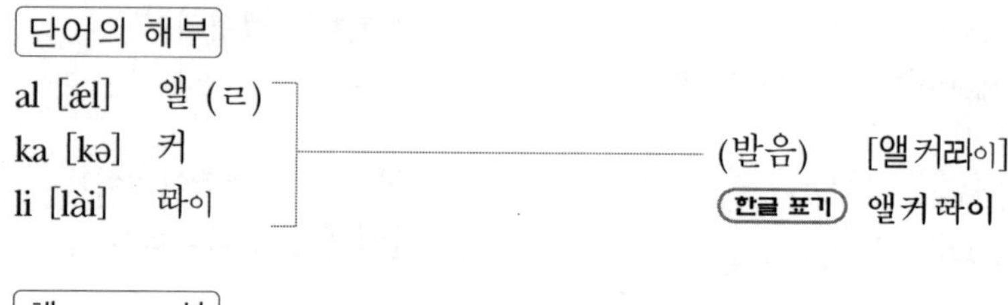

해　　설

우리는 [알칼리]라고 쓰고 있는데, '문교부 고시 제85-11호'에 의한다면 이 단어는 [앨컬라이]로 표기되어야 마땅한데 어째서 [알칼리]로 표기되어야 하는지 교육부 당국자는 물론이고 이 고시를 낳게 한 한글학회에 묻고 싶다. 물론 한글학회에 대해서는 된소리 [ㄹ라]을 없앤 이유도 함께 묻고 싶다.

이 단어의 일본식 발음이 [아루까리(アルカリ)]라는 것쯤은 독자들은 이미 알아차렸을 줄로 믿는다. 이렇듯 일본식 교육을 받았던 우리 학자들은 적어도 고의는 아니더라도 자신도 모르는 사이에 친일 매국 행위를 하였다는 사실과 한글 발전에 큰 과오를 저질렀다는 점에 대하여 깊은 반성과 각성이 있어야 할 것이다.

al*ler*gy [ǽlərʤi]

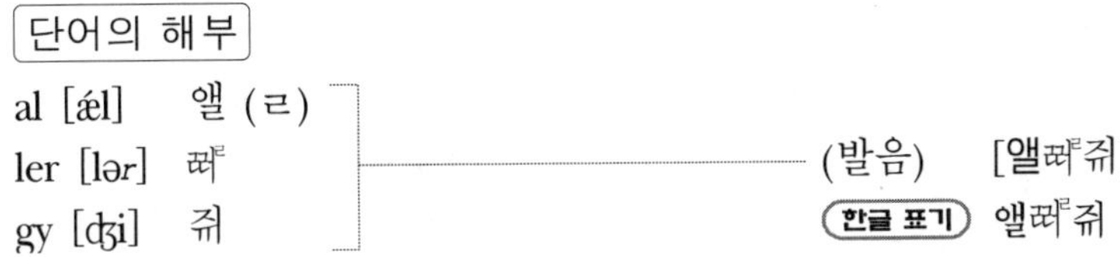

해   설

　필자의 생각으로는 [알레르기]는 독일 발음인 것으로 추측이 되는데, 이 단어를 일본식으로 발음해 보고 비교를 하도록 하겠다.

　일본 사람들은 [아레루기ー(アレルギー)]로 발음할 것임이 틀림없는데, 이것을 우리가 쓰고 있는 [알레르기]와 비교해 보니까 어쩐지 비슷한 감이 있는 것 같은데 독자들은 어떻게 느끼고 있을까?

　이 말도 역시 일본식 발음을 그대로 모방해서 쓰고 있음이 여실히 드러난다. 이 단어의 발음에서 주의해야 할 점은 둘째 음절의 발음인데 [뤄] 하는 소리를 내면서 혀 끝을 입 안쪽으로 감아 올리면서 [ㄹ]의 여운을 남기며 발음해야 한다. 그렇게 되면 자연스럽게 [뤄ᴿ] 하는 소리가 나오는 것이다.

　필자가 캔어더(Canada)에서 살고 있을 때였는데, 친구 하나가 늦은 봄이면 콧물과 재채기를 하면서 무척 고생을 하곤 하였다. 하루는 필자가 그 친구를 놀리느라고 "자네는 어찌된 사람이 꼭 이때만 되면 감기에 걸려서 콧물을 흘리나? 오뉴월 감기는 개도 안 걸린다는데……."라고 했다. 그러자 이 친구 왈 "이 사람아! 나는 감기에 걸린 게 아니라 이맘때만 되면 [앨뤄ᴿ쥐] 때문에 이 고생이라네" 하는 것이었다. 필자는 [앨뤄ᴿ쥐]라는 소리가 무슨 말인지 못 알아듣고 어리둥절한 표정을 짓고 있는데, 이 친구가 하는 말이 "참! 자네한테는 본토 발음으로 말해주면 알아듣지 못하겠구만……. [알레르기] 때문일세! 꽃가루 [알레르기] 말야." 하는 것이었다.

　상대방이 괴로워하는데도 그 친구를 놀려주려다가 도리어 망신만 당하고야 말았으니 마음을 곱게 써야 돌아오는 것도 좋은 것이라는 것을 깨달았다.

al*oe [ǽlou]

해   설

　일본 사람들은 외래어 표기법에 있어서 발음기호를 무시하고 자기들의 편의 대로 규정한 자기들의 방식대로 표기하는 나쁜 습관이 있는데, 그것은 얼마나 자기들 것만을 소중히 여기는가 하는 것을 단적으로 보여주는 것이라고 생각된다. 즉, 실제의 발음이야 어떻든 자기네들이 만들어 놓은 규정에 따라 표기하고 발음한다는 고집이 있는데, 좋게 말한다면 자주성이 강하다고 생각할 수도 있겠지만, 다른 한편 이러한 행태는 다른 사람이야 어떻든 자기네만 편하면 된다는 극단적인 이기주의라고밖에 볼 수 없는 것이다. 물론 자기네들의 언어와 문자가 다른 나라 말의 발음을 정확하게 나타낼 수 없기 때문에 어쩔 수 없이 그런 것 아니겠느냐 하고 동정이 가기도 하지만, 그들은 자만심으로 자기네들의 약점을 감추려는 것에 지나지 않는 것이라고 여겨지는 것은 필자만의 졸견일까?

　어쨌든 일본 사람들은 발음기호를 무시하고 오로지 철자에 따라 자기네들 방식대로 외래어를 표기하고 발음하는데, 예컨대 철자 'a'는 대부분 [아]로, 철자 'e'는 [에], 철자 'i'는 [이], 철자 'o'는 무조건 [오], 철자 'u'는 [우] 등으로 표기하고 있는 것이다. 이것은 이 단어의 일본식 발음을 살펴보면 금방 이해가 될 것이다. 일본 사람들은 이 단어를 [아로에(アロエ)]로 표기하고, 발음하고 있는데 이것의 발음기호는 [ǽlou]이다. 만일 발음기호에 충실한다면 일본식 발음으로라도 [아로우(アロウ)]가 되어 어느 정도 올바른 발음에 접근하는 표기가 되었을 텐데 자기네 고집대로 [아로에(アロエ)]라고 하는 것은 발음기호를 무시한 결과에서 나온 것이다.

　이렇듯 일본 사람들은 자기네 것에 모순이 있음을 알면서도 자기네 것을 소중하게 생각하고 아끼는데, 우리는 우리 것을 소중하게 생각하고 아낄 줄도 모를 뿐만 아니라 남의 흉내만 내면서 백년 대계를 그르치고 있는 것이다. 지금부터라도 좋은 제도는 받아들이고 나쁜 제도는 과감하게 개혁해서 미래를 바로 세워야 할 것이다.

　이 단어의 발음에서 주의해야 할 점은 마지막 음절이 중모음으로 되어 있다는 것이다. 즉, [앨로] 하고 크게 발음하면서 [우]로 소리가 옮겨가는 듯한 기분

으로 가볍게 [우] 하고 발음하는 것이다. 이때 [우] 소리는 상대방에게 들릴 듯
말 듯한 정도의 소리인 것이다.

al*pha*bet [ǽlfəbét, ǽlfəbit]

해 설

우리는 이 단어를 [알파벳]으로 표기하고 있는데 '한글 맞춤법 통일안'의 외래
어 표기법을 적용한다면 [앨퍼벳] 또는 [앨퍼빗]으로 표기되어야 마땅하다.

그런데 이것조차 일본식 발음으로 해서 [알파벳]으로 표기하고 있고, 그렇게
표기하는 것이 당연한 것으로 인식되고 있는 것이 현실이다. 이 단어의 일본식
발음은 [아루후아벳도(アルファベット)]인 것을 감안하면 이 단어도 일본식 발
음을 그대로 모방해서 쓰고 있음이 분명하다.

우리 것을 취하지 않고 남의 것을 모방해서 쓰는 것이 유능한 사람이고, 우리
것을 취해서 우리의 전통을 지키는 사람은 시대에 뒤떨어진 무능한 사람이란
말인가? 우리나라의 지식인들은 일제 시대에 일본식 교육을 받은 사람들이 많
아서 일본식으로 해야만 유능한 지식인 행세를 하던 시절이 있었기 때문이라
생각은 되지만, 자기네들이 만들어 놓은 규정조차 지키지 않고 일본식으로 표
기해야만 하는 속셈은 친일 매국하는 행위가 아니고 무엇이며, 또한 지키지도
않을 규정은 무엇 때문에 만들어 놓았는가. 자신도 모르는 사이에 자신들의 행
위가 친일 매국 행위라는 사실과, 과거 일본의 한글 말살 정책을 일본 사람들
대신에 자기네들이 앞장서서 실천하고 있다는 비판에 대하여서는 어떻게 받아
들이겠는지 묻고 싶다.

Alps [ælps]

단어의 해부

Alps [ælps]　앨(ㄹ)프스 ──────────────── (발음)　[앨프스]
　　　　　　　　　　　　　　　　　　　한글 표기　앨프스

해　　　설

　모든 교과서는 물론이고, 심지어 신문 기사나 TV 또는 레이디오우(radio) 방송에서도 이 단어를 전부 [알프스]로 기사화하여 표기하거나 방송하는데, 이 단어를 [앨프스]라고 표기하거나 발음하는 언너운서ʳ(announcer)는 한 사람도 없다. 만일 어떤 신문에서 [앨프스]라고 표기하거나, [앨프스]로 발음하여 보도하는 언너운서ʳ가 있다면 이상한 눈총을 주거나 속된 말로, '어쭈 놀고 있네' 하는 소리를 하는 사람이 대부분일 것이다. 그것은 자기들이 지금 쓰고 있는 [알프스]라는 말이 잘못된 발음이라는 사실을 모를 뿐만 아니라 모두가 [알프스]로 배웠기 때문에 [앨프스]라고 옳은 발음으로 쓰는 사람이 잘못된 발음을 하고 있다고 여기기 때문이다.
　이 단어의 일본식 발음은 [아루뿌스(アルプス)]인데, 우리가 쓰고 있는 [알프스]와 다른 점이 무엇인가!

al*u*min*i*um [ǽljumíniəm]

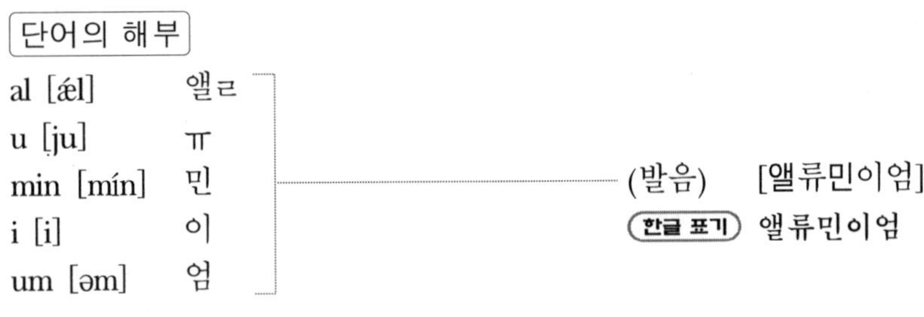

단어의 해부

al [æl]　　앨ㄹ
u [ju]　　유
min [mín]　민　　　　　　　　　　　　(발음)　[앨류민이엄]
i [i]　　　이　　　　　　　　　　　　한글 표기　앨류민이엄
um [əm]　　엄

해　　　설

　이 단어를 우리 규정 외래어 한글 표기법대로 옮겨보도록 하자.
　먼저 발음기호의 [æl]은 [앨ㄹ]이 될 것이고, [ju]는 [유]가 되며, [mín]과 [i]는 각각 [민]과 [이]가 될 것이고, [əm]은 [엄]이 될 것이다. 이것들을 연결하면 [앨류민이엄]으로 되어 아주 완벽한 영어 발음이 된다.
　이 단어의 일본식 발음은 [아루미니우무(アルミニウム)]이다.

al*u*mi*num [ə′lu:mənəm]

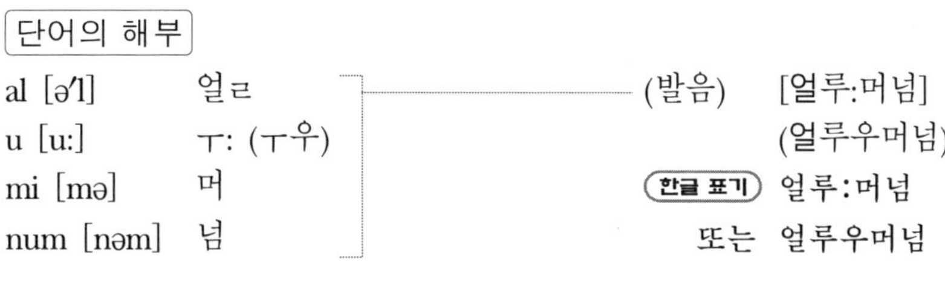

단어의 해부

al [ə′l]	얼ㄹ		(발음)	[얼루:머넘]
u [u:]	ㅜ: (ㅜ우)			(얼루우머넘)
mi [mə]	머		한글 표기	얼루:머넘
num [nəm]	넘			또는 얼루우머넘

해   설

앞의 'aluminium'과 똑같은 단어인데, 미국 사람들은 'aluminium'으로 쓰며, 영국 사람들은 'aluminum'으로 쓴다.

비교적 영국 발음이 미국 발음보다는 덜 까다롭게 여겨지는데, 영국 발음은 [æ]나 [ju]와 같은 발음이 적기 때문이다. 이처럼 영국 발음과 미국 발음이 완연하게 구별되는 경우가 적지 않은데 영국 발음을 미국 발음보다 고급 발음으로 취급하는 것은 아무래도 영어의 본고장은 영국이기 때문이 아닐까.

영국의 입장에서 볼 때 미국이라는 나라는 영국의 청교도들이 신대륙으로 이주하여 세운 나라이므로 우리말로 양반 대접을 해 주지 않는 것만은 사실인 것 같다. 특히 재미있는 것은 캔어더(Canada) 발음과 미국의 발음에 차이가 많다는 것이다. 그렇다고 서로 못 알아들을 정도는 아니고, 캔어더 사람들도 영국 사람들처럼 미국 발음을 방언으로 생각한다는 점이다. 캔어더는 같은 이주민들이라 해도 영국의 영향을 많이 받고 있는 영연방국이므로 미국과는 달리 영국의 영향력이 크게 미치고 있다는 증거이다.

am*a*teur [æməʧúər, æməʧər, æmətər, æmətə′:r]

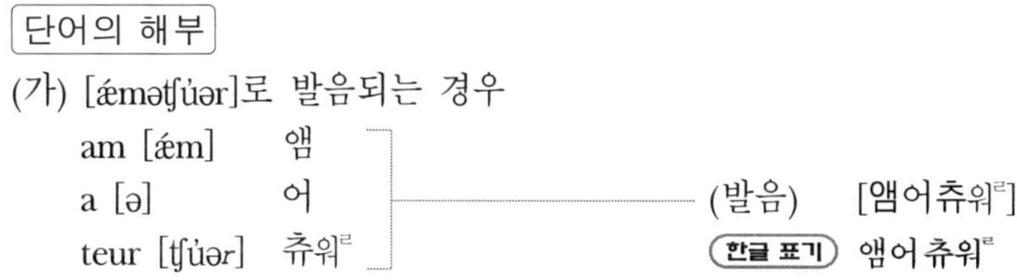

단어의 해부

(가) [æməʧúər]로 발음되는 경우

am [æm]	앰		(발음)	[앰어츄워ㄹ]
a [ə]	어		한글 표기	앰어 츄워ㄹ
teur [ʧúər]	츄워ㄹ			

(나) [ǽmətʃər]로 발음되는 경우

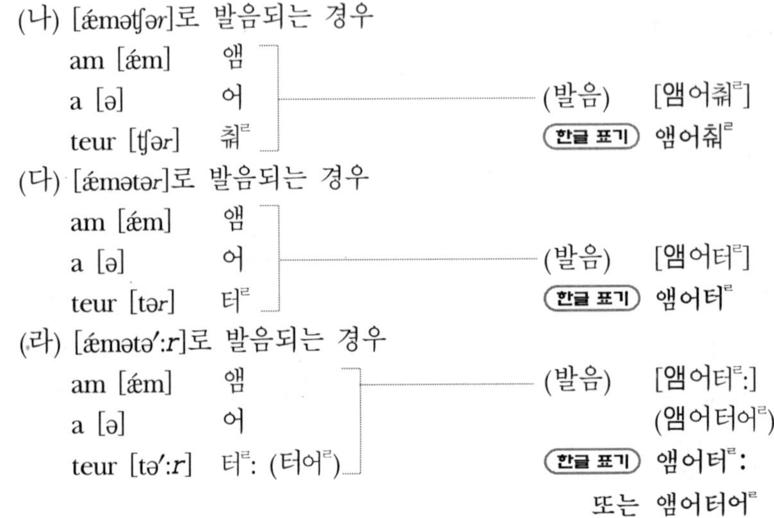

am [ǽm]	앰		(발음)	[앰어취ᴿ]
a [ə]	어		한글 표기	앰어취ᴿ
teur [tʃər]	취ᴿ			

(다) [ǽmətər]로 발음되는 경우

am [ǽm]	앰		(발음)	[앰어터ᴿ]
a [ə]	어		한글 표기	앰어터ᴿ
teur [tər]	터ᴿ			

(라) [ǽmətə′:r]로 발음되는 경우

am [ǽm]	앰		(발음)	[앰어터ᴿ:]
a [ə]	어			(앰어터어ᴿ)
teur [tə′:r]	터ᴿ: (터어ᴿ)		한글 표기	앰어터ᴿ:
				또는 앰어터어ᴿ

해   설

이 단어가 무려 네 가지로 발음된다는 것에 필자도 약간 당황하였다. 우리는 이 단어를 [아마츄어]라고 쓰고 있는데 아무리 살펴봐도 이렇게 발음되는 경우는 눈을 씻고 찾아보아도 없는 것 같다. 첫 음절이 모두 [앰]으로 시작되며 [아]로 시작되는 경우는 없는 것이다.

그렇다면 이 단어의 일본식 발음을 한번 살펴보자. 일본 사람들은 이것을 [아마쮸아(アマチュア)]라고 발음하는데 어쩐지 우리가 쓰고 있는 말과 비슷하다.

우리의 규정에 따른다면, (가)는 [앰어츄어]이고, (나)는 [앰어취]이며, (다)는 [앰어터]이고, (라)는 [앰어터어]로 되어서 어느 것도 [아마츄어]라고는 표기될 수가 없는데도 [아마츄어]로 쓰고 있으니 얼토당토않은 발음으로 말을 하고 있는 것이다.

Am*a*zon [ǽməzán, ǽməzɔ′n, ǽməzən]

단어의 해부

(가) [ǽməzán]으로 발음되는 경우

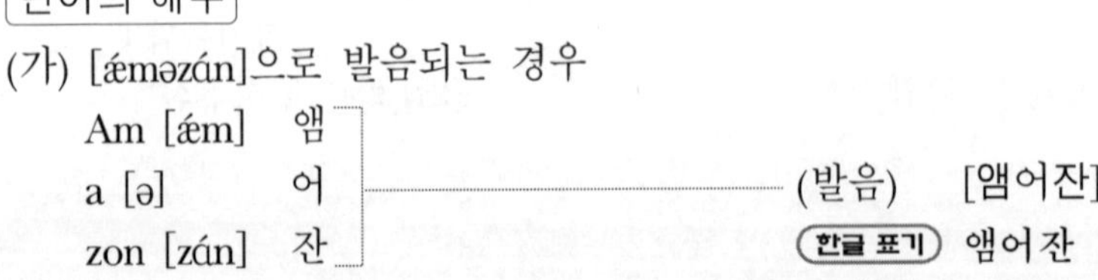

Am [ǽm]	앰		(발음)	[앰어잔]
a [ə]	어		한글 표기	앰어잔
zon [zán]	잔			

(나) [ǽməzɔ́'n]으로 발음되는 경우

(다) [ǽməzn]으로 발음되는 경우

(라) [ǽməzən]으로 발음되는 경우

해 설

이 단어도 네 가지로 발음되는데 어느 것도 [아마존]으로 발음되는 경우는 없다.

이것의 일본식 발음이 [아마존(アマゾン)]인 것을 감안하면 역시 또 모방하여 쓰고 있음을 알게 된다.

이렇듯 우리의 주변에는 일본식 영어가 난무하고 있기 때문에 우리가 영어 발음에 취약하다는 소리를 듣게 되는 것이다. 우리가 이렇게 일본식 영어 발음에 오염되어 있는 한 우리의 영어 발음은 취약할 수밖에 없을 뿐만 아니라 일본의 언어 식민지라는 명예롭지 못한 오명을 씻어버릴 수가 없는 것이다.

우리가 이러한 오명을 씻어 버리려면 일본 말은 더 말할나위도 없거니와 우리 주변에서 쓰이고 있는 일본식 외래어를 말끔히 쓸어버리고 우리 방식대로 외래어를 표기하고 말을 하는 습관을 길러야 할 것이라 생각한다.

그러기 위해서는 정부 당국자들을 위시하여 학자, 언론인들은 물론 우리 국민 모두가 일치 단결하여 우리의 표기법대로 고쳐 쓰는데 온 힘을 기울여서, 우리 주변에서 무차별적으로 쓰이고 있는 일본 말이나 일본식 영어를 쓸어 버리고 일본의 언어 식민으로부터 벗어나는 데 총력을 기울이는 언어 혁명 운동을 전개하여야 할 것이다.

그렇게 하여 우리 것을 가꾸고 다듬어서 훌륭한 유산을 후손에게 물려 주는 현명한 민족이 되어야 할 것이다.

am*bu*lance [ǽmbjuləns]

해 설

우리는 이 단어를 [앰불런스]로 표기하고 있는데 둘째 음절의 [bju]의 발음이 [뷰]로 되었더라면 완벽한 발음이 되었을 것이다. 우리의 외래어 한글 표기법에서도 [ju]는 모음 [ㅠ]로 표기하도록 규정하고 있는데도 이것을 모음 [ㅜ]를 쓴 것은 역시 일본식이라는 비판을 받지 않을 수 없다.

왜냐하면 일본식 발음이 [안부란스(アンブランス)]이기 때문이다.

Amer*i*ca [əmérikə]

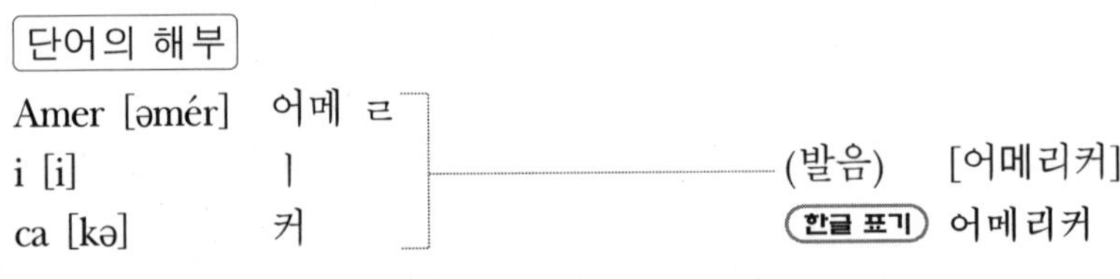

해 설

우리는 [아메리카]로 쓰고 있는데 일본식 발음은 [아메리까(アメリカ)]이다. 마치 쌍둥이처럼 닮은꼴이 아닌가?

우리의 규정대로라면 [어메리커]인데 이것이 [아메리카]로 둔갑을 하였다.

누구에게 이 책임을 물어야 하는가?

물론, 규정을 지키지 않은 사람에게 제일 큰 책임이 있겠지만 규정을 만들어 놓고 규정을 지키도록 계도하지 못한 한글학회는 물론이고 교육부 당국자들의 책임이 크지 않을까 생각한다. 언어와 문자는 한 나라의 문화의 척도를 나타내는 버럼이터(barometer)인데, 오늘날처럼 일본말에 오염된 언어를 쓰면서 과연 반만년의 역사를 가진 문화 민족이라고 떳떳하게 내세울 수가 있을까 의문스럽다.

am*mo*nia [əmoˈunjə, əmoˈuniə]

(가) [əmoˈunjə]로 발음되는 경우

am [ə(m)]	엄	
mo [moˈu]	모우	
nia [njə]	녀	

(발음)　[엄모우녀]

 엄모우녀

(나) [əmoˈuniə]로 발음되는 경우

am [ə(m)]	엄	
mo [moˈu]	모우	
nia [niə]	니어	

(발음)　[엄모우니어]

 엄모우니어

　두 가지로 발음되는 것을 모두 살펴보았는데 [암모니아]라고 발음되는 경우는 아무 곳에도 없다. 그렇다면 일본식 영어 발음임에 틀림없는데, 일본말 표기로는 [안모니아(アンモニア)]라고 한다. 이것의 냄새만큼이나 [암모니아]라는 우리의 표기법이 구역질이 나는 것은 무슨 까닭일까?

　우리가 일본으로부터 물리적으로는 해방이 되었는지 몰라도 정신적으로는 완전히 해방이 되지 못하였음을 실감나게 하는 현상이다.

ame*ba, amoe*ba [əmíːbə]

ame, amoe [əmíː]	어미: (어미이)	
ba [bə]	버	

(발음)　[어미:버]
　　　　(어미이버)

 어미:버
　　　　　　또는 어미이버

　우리 사전에는 [아메에바]라고 표기하고 있는데 이것도 일본 냄새가 짙다. 첫 음절과 마지막 음절의 철자 ‘a’가 모두 [ə]이므로 [어]로 발음되어야 하는데도 모두 [아]와 [바]로 썼다는 것은 일본식 발음인 것이다. 왜냐하면 발음기호를 무시하고 철자 ‘a’를 모두 [아]로 발음하기 때문이다.

우리의 외래어 한글 표기법에 따랐다면 [어미이버]로서 영어 발음과 딱 맞아 떨어질 수 있었을 것인데 우리의 것을 무시하고 일본식으로 하였으니 발음이 틀리지 않고 배겨날 수가 있겠는가.

am*pere [ǽmpiǝr]

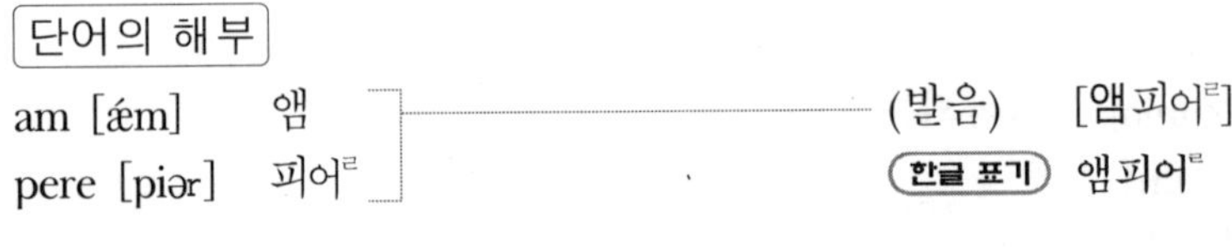

해   설

필자가 학생 시절에는 이 단어를 [암뻬아]라고 배웠고, 요즘에는 [암페어]라고 하는데 [암뻬아]라는 말은 순전한 일본식 발음이요, [암페어]는 한국식 표기란다. 원래의 발음인 [앰피어ʳ]와 일본식 발음 [안뻬아(アンペア)], 그리고 지금 우리가 쓰고 있는 [암페어]의 세 개를 놓고 비교해 보자.

'한글 맞춤법 통일안'의 외래어 표기법에 따라 표기한다면 비록 'r 모음화 음색 변화'는 표기하지 못하였을망정 [앰피어]로 표기되어 거의 원래의 발음에 근접할 수가 있었는데도 이 단어가 얼토당토않게 [암페어]가 되어 버렸으니……

여기에서 마지막 음절의 발음은 [피] 하고 똑똑히 발음하고 다음 [어]로 소리가 옮겨가는 듯한 느낌으로 가벼운 소리로 [어] 하면서 혀를 뒤로 꼬부리면 'r'의 여운이 남게 된다. 이때 혀는 입 안의 어느 곳에도 닿아서는 안되는 것이다.

Am*ster*dam [ǽmstǝrdǽm]

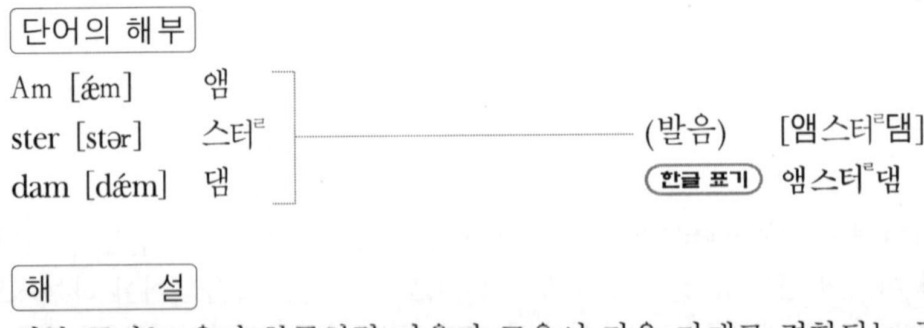

해   설

일본 글자는 우리 한글처럼 자음과 모음이 자유 자재로 결합되는 글자가 아니며, 더구나 받침을 구사하지 못하는 결점이 있기 때문에, 만약 이 단어를 일본

식으로 표기한다면 [아무스 떼루다무(アムステルダム)]가 될 것이 뻔하다. 우리 같이 [암]이나 [담]처럼 받침을 쓰지 못하므로 [아무]나 [다무]로 발음하는 수밖에 없는 것이다.

이렇듯 말이 짧은 사람들이 쓰는 말이 옳은 것인 줄 착각하고 그대로 모방해서 쓰고 있는 우리가 과연 우수한 한글을 가지고 있는 민족이라고 떳떳하게 외칠 수 있을까?

우리말에서 된소리 'ㄸ'을 없애는 어리석음을 보이기는 했지만 '한글 맞춤법 통일안'의 외래어 한글 표기법은 잘 만들어 놓은 규정인데 어째서 이것을 쓸모 없이 죽어 버린 규정으로 만들었을까?

그 규정대로라면 [앰스터댐]으로 아주 훌륭한 표기가 되었을 것을 언어 반병신들의 흉내를 내다가 그만 후손들의 교육을 반병신으로 만들어 버리게 되었다.

an*a*log, an*a*louge 《미》 [ǽnəlɔ́ːg, ǽnəlǽg, ǽnəlɔ́g]

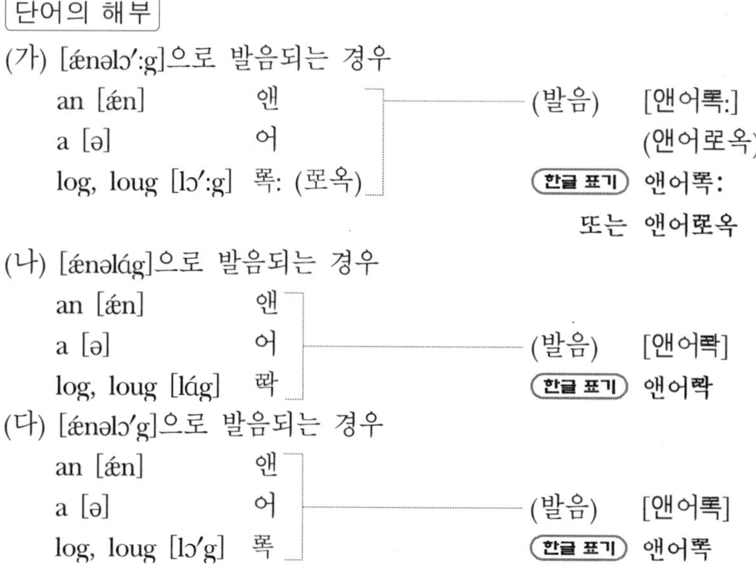

해   설

이 단어의 한글 표기는 [아날로그]인데, 일본식 발음은 [아나로구(アナログ)] 이다. 우리말의 표기와 비슷하지 않은가? 그러면 이 단어를 우리의 규정에 따라 표기해 보도록 하자.

(가)는 [애널록:], (나)는 [애널락]이 되며, (다)는 [애널록]이 되어서 그 어느 것도 [아날로그]라는 발음이 나오질 않는데 일본말을 모방하다보니 전혀 엉뚱한 소리가 되어 버린 것이다.

일본말은 받침을 거의 쓰지 못하는 언어 구조를 가지고 있기 때문에 [록]과 같은 소리를 내지 못하고 [로구] 하는 소리밖에 내지 못하는데 이것을 구태여 따라하면서 반벙어리 흉내를 내어야만 지식인 대접을 받는단 말인가?

An*der*sen [ǽndərsn]

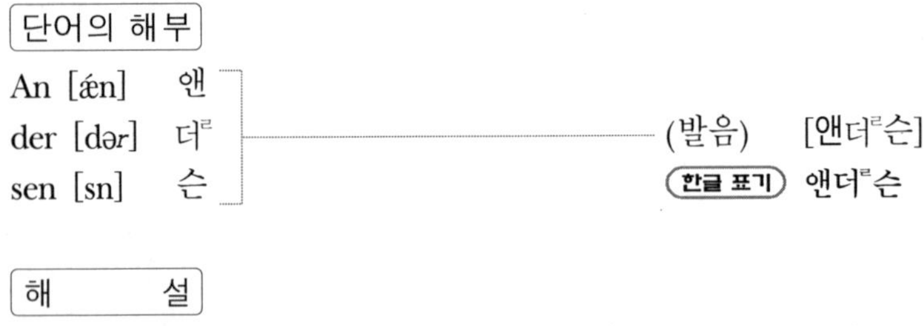

해   설

유명한 동화 작가 이름인데, 이 사람이 덴맑(Denmark) 태생이므로 덴맑 말로는 [안데르센]으로 발음되는지는 모르겠으나 이것도 어쩐지 일본 냄새가 물씬 풍기는 표기이다. 그렇다면 이것을 일본식 발음으로 표기해 보자.

우선 첫 음절의 'An'은 [앤]이라고 [애] 소리를 내지 못할 뿐만 아니라 철자 'a'는 [아(ア)]로 발음하는 일본 사람들의 습관에 따라 [안]으로 표기하고, 둘째 음절의 'der'도 역시 [어] 발음을 하지 못하는데다가 철자 'e'는 [에]로 발음하는 습관에 따라 [데]로 하면서 친절하게도 'r 모음화 음색 변화'로 인해서 발음되지도 않는 'r'의 발음까지 넣어서 [데루]로 표기한다. 그리고 마지막 음절인 'sen'은 일본 사람들도 [슨] 소리는 낼 수 있는데도 굳이 발음이 되지도 않는 철자 'e'를 살려서 [에]로 발음해서 [센]으로 표기한다.

이것들을 전부 연결하면 [안데루센(アンデルセン)]이라는 일본식 발음이 완성되는데, 우리는 이것을 그대로 모방해서 [안데르센]이라고 쓰고 있는 것이다.

an*i*mal [ǽnəməl]

단어의 해부

(가) [ǽnəml]로 발음되는 경우

an [ǽn]	앤
i [ə]	어
mal [ml]	믈

(발음)　[앤어믈]

한글 표기 앤어믈

(나) [ǽnəməl]로 발음되는 경우

an [ǽn]	앤
i [ə]	어
mal [məl]	멀

(발음)　[앤어멀]

한글 표기 앤어멀

해　　　설

　필자는 이 단어의 발음을 [애니멀]로 배웠기 때문에 지금도 무의식중에 나오는 발음이 [애니멀]로 발음되곤 한다. 사실 이 발음은 철자 'i'가 [ə]로 발음되리라고 는 상상도 못하였던 것이다. 철자 'i'는 당연히 [이]로 발음되는 것으로 인식을 하 고 있기 때문인데, 그것은 우리가 일본식 영어 발음에 깊숙이 젖어 있다는 증거 인 것이다. 또한 영어의 발음기호에 대해서는 너무 무감각이었다는 것을 여실히 보여 주는 증거인 셈이다. 이 단어의 일본식 발음은 [아니마루(アニマル)]이다.

an*i*ma*tion [ænəméiʃən]

단어의 해부

(가) [ænəméiʃn]으로 발음되는 경우

an [ǽn]	앤
i [ə]	어
ma [méi]	메이
tion [ʃn]	슌

(발음)　[앤어메이슌]

한글 표기 앤어메이슌

(나) [ænəméiʃən]으로 발음되는 경우

an [ǽn]	앤
i [ə]	어
ma [méi]	메이
tion [ʃən]	쉬언

(발음)　[앤어메이쉬언]

한글 표기 앤어메이쉬언

　최근에 갑자기 많이 사용되는 단어인데, 이것 역시 일본식 발음을 본뜬 [애니메이숀]으로 발음되고, 표기되고 있다. 일본식 발음으로는 [아니메이숀(アニメイション)]일 것이다. 왜냐하면 우리가 [애니메이숀]으로 쓰는 것을 보면 일본식 발음을 짐작할 수 있기 때문이다.

　이것도 우리의 외래어 표기법을 준수한다면 [애너메이슈언]으로 되었을 것인데 우리 것을 무시하고 남의 흉내를 내다보니까 [애니메이숀]이 된 것이다.

　둘째 음절의 [ə]에 대해서는 앞에서도 말했지만 철자 'i'가 [이]가 아닌 [어]로 발음된다는 것을 잊지 말아야 할 것이다. 마지막 음절의 'tion'의 발음에 대해서는 철자 'io'가 발음되느냐, 발음되지 않느냐에 따라 발음이 달라지며, 특히 발음이 되는 경우에는 [쉔]이냐, 아니면 [션]이냐 하는 논쟁이 있을 수 있는데, 엄밀하게 말한다면 [ʃən]의 올바른 발음은 [쉔]이다. 즉 [ʃ]는 [슈]의 소리이며 이것이 [ㅓ]라는 모음과 결합하면 [쉬]의 소리가 되는 것이 원칙이다.

　이것은 앞으로 더 깊은 연구가 필요하지만, 이 책에서는 'tion'을 [숀]으로 발음하는 것은 일본식 발음이므로 쓰지 않기로 한다.

An*ka*ra [ǽŋkərə, ɑ́:ŋkərə]

(가) [ǽŋkərə]로 발음되는 경우

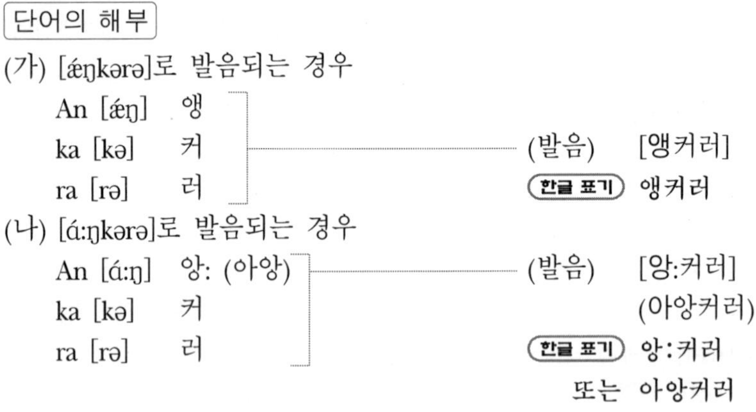

　우리 사전에는 [앙카라]로 표기되어 있는데 역시 일본식 발음이다. 물론 첫 음절이 [앙]으로 발음되는 경우가 있기는 하지만 장모음으로 발음되어야 하므로 [앙:], 또는 [아앙]으로 발음되어야 한다. 그리고 둘째 음절과 마지막 음절의

철자 'a'가 모두 [ə]로 발음되므로 [카라]가 아니고 [커러]로 발음되어야 하는데, [앙카라]는 [안까라(アンカラ)]라는 일본식 발음을 모방했음이 틀림없는 것이다.

an*nounc*er [ənáunsər]

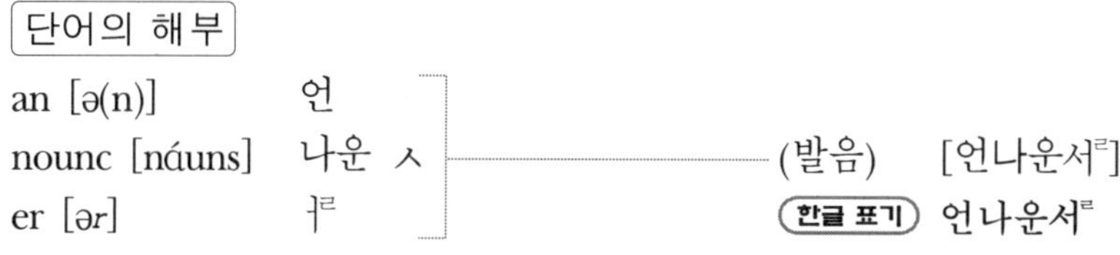

해   설

한글 표기로는 [아나운서]로 해놓고 실제 발음은 [아나운사]로 하고 있는 사람이 너무나 많다. [아나운사]나 [아나운서]나 별로 큰 차이가 없다고 생각할는지 몰라도 사실은 커다란 차이가 있는 것이다.

먼저 완전한 일본식 발음이 [아나운사(アナウンサ)]이고, [아나운서]는 이것을 모방한 한국식 영어 발음인 것이다. 외래어 한글 표기법에 따른다면 다소 미흡한 점이 있을지라도, [어나운서]가 되었을 것인데 일본의 흉내를 따르다 보니 [아나운서]라는 한국식 영어가 되어 버린 것이다.

[어나운서]가 다소 미흡한 점이 있다고 하였다. 그것은 첫 음절과 둘째 음절이 철자 'n'이 겹쳐지면서 연결이 되어 있는데 발음기호상으로는 [n]이 한 개밖에 없다. 그러니까 [어나운]이라고 발음하는 것이 옳지 않으냐고 생각할는지 모르겠으나 그것은 잘못된 생각이며 발음기호상에는 [n]이 하나로 되어 있으나 이것이 두 개의 역할을 한다고 생각해야 된다. 그렇게 생각해서 [언나운]으로 발음되어야 하는 것이기 때문에 [어나운]은 틀린 발음이다. 자음은 두 개 겹쳐지는데 발음기호에는 하나밖에 나타나지 않는 경우가 허다한데, 이때에는 반드시 하나는 처음 말의 받침이고, 한 개는 자음으로 해서 다음에 오는 모음과 결합해서 소리를 만드는 것이다.

그리고 둘째 음절 [náuns]의 발음인데, 엄밀히 따진다면 [나운스]이며, 이것이 다음 음절인 [ər]와 결합하여 [나운스어ㄹ]로 발음하는 것이 원칙이다. 이것을 빠르게 연속적으로 발음하면 마치 [나운서ㄹ]라는 소리로 들리는 것이다.

an*ten*na [ænténə]

┌─────────┐
│ 단어의 해부 │
└─────────┘

an [æn]   앤
ten [té(n)] 텐 .... (발음)   [앤텐너]
na [nə]   너   (한글 표기) 앤텐너

┌─────────┐
│ 해   설 │
└─────────┘

　우리는 [안테나]로 쓰고 있는데 이렇게 발음하는 것이 옳지 못하다는 것은 더 이상 설명이 필요치 않을 것으로 생각된다.

　일본식 발음은 [안떼나(アンテナ)]인 것을 보면 금방 이것을 모방했다는 것을 알아차렸을 것이기 때문이다. 첫 음절의 'an'이 [æn]으로 발음되어야 하는데 [안]으로 발음하는 것부터가 잘못되었으며, 이것은 [애] 발음을 하지 못하는 일본 사람들이 [아]로 발음하는 것을 그대로 모방한 발음인 것이다. 또한 둘째 음절과 마지막 음절이 철자 'n'이 겹치는데 이것은 앞에서 언급한 것처럼 앞의 'n'은 받침 소리로 되고, 뒤의 것은 자음으로 다음에 오는 모음 [어]와 결합하여 [너]라는 소리를 만들고 있는 것이다. 따라서 이 단어의 정확한 발음은 [앤테너]가 아니고 [앤텐너]이다.

apart*ment [əpá:rtmənt]

┌─────────┐
│ 단어의 해부 │
└─────────┘

apart [əpá:rt] 어팥: (어파앝) ┐
                              ├── (발음)   [어팥:먼트]
ment [mənt]   먼트   ┘   (어파앝먼트)
                                  (한글 표기) 어팥:먼트
                                             또는 어파앝먼트

┌─────────┐
│ 해   설 │
└─────────┘

　이 단어는 일본 사람들이 명사 어미인 'ment'를 잘라버리고 [아빠또(アパト)]라고 해서 명사의 뜻으로 쓰고 있는데, 이런 영어는 일본 사람들끼리 쓰는 일본말의 신조어이다. 이 말이 '공동 주택'이라는 개념을 가진 말이라는 것을 아는 민족은 일본 사람들과 우리나라 사람들 뿐이라 생각한다.

　현재 모든 공문서에도 [아파트]라고 쓰고 있는데 우리가 어째서 일본의 언어

를 써야만 하는지를 누구에게 물어야 될까. 정부 자체가 주체성을 잃고 남의 말, 더구나 그것도 틀린 말을 쓰도록 국민을 오도하는 데 앞장서고 있다는 점에 대해서는 어떻게 변명할 것인지 모르겠다. 차라리 우리말의 '공동 주택'이라는 말로 바꾸어 쓰도록 해서 우리말을 아끼고 사랑하도록 권장하는 데 앞장을 서는 것이 정부의 국민에 대한 의무라고 생각하며, 굳이 영어로 쓰고 싶다면 옳은 표기법으로 쓰도록 솔선수범을 국민들에게 보여 주어야 한다.

Apol*lo [əpálou, əpɔ'lou]

단어의 해부

(가) [əpálou]로 발음되는 경우

Apol [əpá(l)]　　어팔(ㄹ)　　┐　　　　　　　(발음)　　[어팔로우]
lo [lou]　　　　로우　　　　┘　　　　한글 표기　어팔로우

(나) [əpɔ'lou]로 발음되는 경우

Apol [əpɔ'l]　　어폴(ㄹ)　　┐　　　　　　　(발음)　　[어폴로우]
lo ['lou]　　　　로우　　　　┘　　　　한글 표기　어폴로우

해　　　설

우주과학의 발전으로 인간이 달에 착륙하는 쾌거를 이루면서 이 단어가 많이 쓰였던 때가 있었다. 이 단어도 영어의 발음기호가 무시된 일본식 영어로 쓰이고 있는 말이다.

이것을 우리의 외래어 표기법으로 한다면 [어팔로우]로 아주 완벽한 발음으로 표기되었을 것인데 우리는 [아폴로]라고 쓰고 있다. 우리 것을 버리고 서투른 남의 말을 흉내 내다보니 그만 발음이 엉망진창이 되어 버리고 말았다. 이 단어의 일본식 발음은 [아뽀르(アポロ)]이다.

Ar*ab [ǽrəb]

단어의 해부

Ar [ǽr]　　애　ㄹ　┐　　　　　　　　　　　　　(발음)　　[애럽]
ab [əb]　　　 ㅓㅂ　┘　　　　　　　　　　　한글 표기　애럽

 해   설

우리가 '아랍'이라고 쓰고 있는 말이다. 이 말도 외래어 한글 표기법 규정대로 표기만 했어도 정확한 영어 발음을 표기할 수 있었던 말이다.

현재 교과서나 참고서에 사용되고 있는 일본식 영어 국명, 지명, 인명 등을 뜯어고치려면 많은 혼란과 어려움이 뒤따를 것은 당연하지만 그것을 그대로 방치해서 우리가 일본의 언어 식민지라는 오명을 자손 만대에 물려주는 것보다는 당장의 혼란과 어려움을 감수하면서라도 언어 개혁을 하여야만 한다.

지금 우리는 우리 것을 잘 가꾸고 사랑하여 찬란한 우리의 언어 문화를 남겨준 현명한 조상으로 기록될 것인가, 아니면 언어 식민이라는 수치스러운 유산을 남겨준 조상으로 기록될 것인가 하는 기로에 서 있는 세대인 것이다.

그러한 의미에서 필자는 우리의 잘못된 언어 문화를 바로 잡는 시금석으로 삼고자 감히 조그마한 이 책자를 펴낼 것을 결심하게 되었다.

이것이 우리의 언어 혁명에 다소라도 도움이 된다면 보람으로 생각하면서 모든 국민과 정부는 물론 학계, 언론 문화계의 협조를 당부한다.

이 단어의 일본식 발음은 [아라부(アデブ)]이다.

Ara*bia [əréibiə]

 단어의 해부

Ara [əréi]	어레이		(발음)	[어레이비어]
bia [biə]	비어		한글 표기	어레이비어

 해   설

우리가 쓰고 있는 [아라비아]라는 표기는 전형적인 일본식 발음의 대표 주자처럼 느껴진다.

일본식 발음으로는 [아라비아(アラビア)]인데 일본 사람들은 [어] 소리를 내지 못하기 때문에 [아]로 발음하는 것이라고 누누히 말해왔으니 첫 번째 철자 'A'를 [아]로 발음하는 것은 그런대로 이해는 가지만, [레이]로 발음되어야 할 것을 [라]로 발음한다는 것은 발음기호를 무시하고 철자 중심으로 자기네들 편의대로 발음하겠다는 억지다.

Ar*chi*me*des [á:*r*kəmídi:z]

단어의 해부

Ar [á:r]	아ᵣ: (아아ᵣ)	(발음) [아ᵣ커미디:즈]
chi [kə]	커	(아아ᵣ커미디이즈)
me [mí]	미	한글 표기) 아ᵣ:커미디:즈
des [di:z]	디:즈	또는 아아ᵣ커미디이즈

해   설

일본식 발음은 [아루끼메데스(アルキメデス)]이고, 우리는 [아르키메데스]로 쓰고 있는데 한 눈에 보아도 일본식 발음을 모방했다는 것을 알 수 있다. 장음과 'r 모음화 음색변화'를 무시하더라도 한글 외래어 표기법대로라면 [아커미디즈]로 표기되었어야 마땅할 것인데 [아르키메데스]라니 참으로 안타까운 일이다.

Ar*gen*ti*na [á:*r*ʤəntí:nə]

단어의 해부

Ar [á:*r*]	아ᵣ: (아아ᵣ)	(발음) [아ᵣ:줸티:너]
gen [ʤən]	줸	(아아ᵣ젼티이너)
ti [tí:]	티: (티이)	한글 표기) 아ᵣ줸티:너
na [nə]	너	또는 아아ᵣ줸티이너

해   설

우리말 사전에는 한결같이 [아르헨티나]로 표기하고 있는데 이런 표기가 어디로부터 나온 것인지 도무지 이해가 되지 않는다. 그런데 일본 사람들도 [아루헨디나(アルヘンティナ)]로 쓰고 있는 것이다. 어떤 이유에서 둘째 음절의 [ʤən]을 [헨]으로 발음해야 되는지를 알 수가 없는데 이런 것까지도 모방해서 쓰고 있는 우리가 더 한심하다고 여겨진다.

첫 음절의 [á:*r*]는 'r 모음화 음색 변화'를 달리 표기할 수 없으므로 [아르]로 표기한 것이라고 하더라도 차라리 'r 모음화 음색 변화'의 표기를 포기하고 [아:]나 [아아]로 해서 장음인 것을 나타내 주었더라면 좋았을 것이다. 그리고 둘째 음절의 [ʤən]과 마지막 음절의 [nə]를 우리말 외래어 표기법에 따라 [전]과

[너]로 표기했더라면 우리 것을 가지고 아주 멋들어지게 표기되었을 것인데, 남의 떡이 더 커 보인다는 옛날 속담처럼 남의 것을 무조건 좋아하다보니 이런 엄청난 잘못을 저지르고 있는 것이다. 영어는 영국이나 미국말인데 영국이나 미국 사람들처럼 말해야 되는 것을 일본 사람들을 따라하니 제대로 된 영어 발음이 나올 수가 없는 것이다.

여기서 다시 강조하는데 장음은 어디까지나 장음으로 발음해줘야 한다. 또한 그냥 [알젠틴]이라고 줄여서 말하는 경우가 많은데 이것은 잘못된 것이므로 결코 줄여서 말하지 않도록 해야 한다. 왜냐하면 남의 나라 이름을 줄여서 부른다는 것은 그 나라를 무시하는 행위로 오인받을 수도 있기 때문이다. 우리나라 이름이 [코리:어]인데 이것을 누가 줄여서 그냥 [코리]라고 한다면 어쩐지 무시당하는 것 같은 느낌이 들 수가 있는 것이다.

ar*gon [á:rgɑn, á:rgɔn]

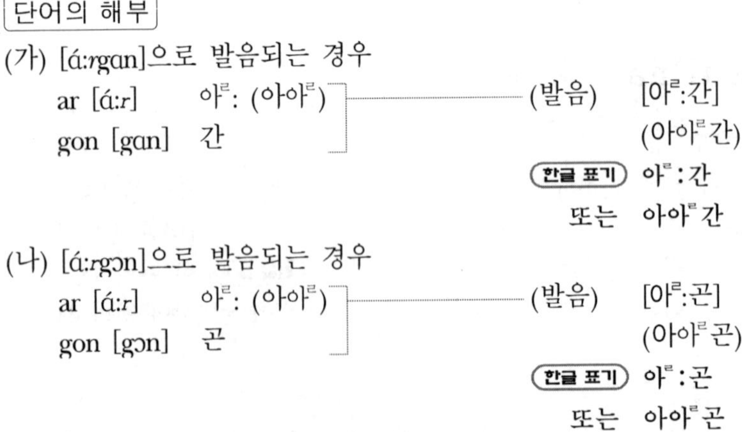

단어의 해부

(가) [á:rgɑn]으로 발음되는 경우

ar [á:r]	아ᵣ: (아아ᵣ)	(발음)	[아ᵣ:간]
gon [gɑn]	간		(아아ᵣ간)

한글 표기 아ᵣ : 간
또는 아아ᵣ간

(나) [á:rgɔn]으로 발음되는 경우

ar [á:r]	아ᵣ: (아아ᵣ)	(발음)	[아ᵣ:곤]
gon [gɔn]	곤		(아아ᵣ곤)

한글 표기 아ᵣ : 곤
또는 아아ᵣ곤

해 설

첫 음절의 [á:r]의 발음을 일본 사람들은 [아루]로 발음하는데, 이것은 아무래도 'r 모음화 음색 변화'에 대해서 알지 못하는 것이라 여겨진다. 이때의 [r] 소리는 자음이 아니고 반모음으로서 결코 입 밖으로 내보내서는 안되는 소리인 것이다. 어떤 사람은 [알곤]이라고 하는 경우도 있는데 이런 발음은 [아르곤]이라고 발음하는 것보다도 못한 것이다. 왜냐하면 철자 'r'은 절대로 다른 말의 받침이 되지 않는 자음이기 때문이다.

이 단어의 일본식 발음은 [아루곤(アルゴン)]이다.

Ar*i*zo*na [ǽrəzo′unə]

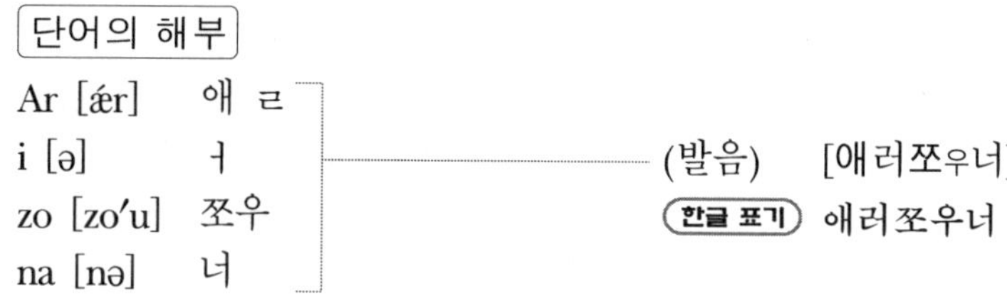

해설

우리가 일제하의 지식인들이 쓰는 말을 본받고 배운 죄밖에 없다고 생각할는지는 몰라도 우리 자신들에게도 일부 책임이 있다는 것을 인정하여야 할 것이다. 왜냐하면 지식인들이 일본식 발음인 [아리조나(アリゾナ)]라고 쓴다고 해서 그것을 그대로 받아들여서 똑같이 [아리조나]라고 따라 쓰는 것도 모방죄(?)에 해당하기 때문이다.

Ar*kan*sas [ɑ́:rkənsɔ:]

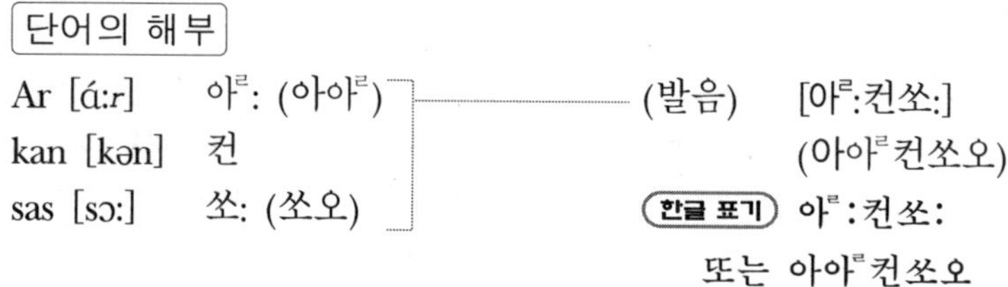

해설

우리는 [아칸소]라고 발음하고 있는데 둘째 음절만 빼고는 비교적 원래의 발음에 가깝게 되었다. 이것도 우리 외래어 표기법에 따랐더라면 [아컨소]가 되었을 것인데, 역시 일본식 발음을 모방하다 보니까 이런 꼴이 되었다.

첫 음절과 마지막 음절이 모두 장음으로 발음된다는 것에 주의를 기울여야 한다. 마지막 음절에서 철자 'a'는 [ɔ:]로 발음되며, 철자 's'는 아무런 역할도 하지 않고 없어진다는 것이다. 자칫 잘못하면 [쏘스]로 발음하는 실수를 저지르는 수가 있으니 주의를 해야 한다. 영어에는 가끔 이러한 경우가 발생한다.

Ar*me*nia [ɑːrmíːniə, ɑːrmíːnjə]

단어의 해부

(가) [ɑːrmíːniə]로 발음되는 경우

Ar [ɑːr]   아ᵣ: (아아ᵣ)
me [míː]   미: (미이)
nia [niə]   니어

(발음)   [아ᵣ:미:니어]
(아아ᵣ미이니어)

한글 표기 아ᵣ미:니어
또는 아아ᵣ미이니어

(나) [ɑːrmíːnjə]로 발음되는 경우

Ar [ɑːr]   아ᵣ: (아아ᵣ)
me [míː]   미
nia [njə]   녀

(발음)   [아ᵣ:미:녀]
(아아ᵣ미이녀)

한글 표기 아ᵣ:미이녀
또는 아아ᵣ미이녀

해   설

일본식 발음은 [아루메니아(アルメニア)]인데 우리말 사전에는 [아르메니아]로 표기되어 있는 것을 보면 완전히 일본식 발음을 모방했음이 증명된다.

마지막 음절 'nia'의 발음에 따라 두 가지로 발음되는데 [니어]로 발음하든 [녀]로 발음하든 상관이 없다. 우리 외래어 표기법대로 표기한다면, [아:미:니어]와 [아:미:녀]가 되어서, 비록 'r'의 처리가 완벽하지 못한 점이 있기는 하지만 그런대로 영어 발음에 가까운 발음이 될 수 있었을 것인데 이것을 일본식 발음으로 하니까 전혀 엉뚱한 영어가 되어 버렸다. [아:미이니어]나 [아:미이녀]에서 'r 모음화 음색 변화'를 시켜서 [아ᵣ:미니어]나 [아ᵣ:미녀]로 발음한다면 아주 완벽한 영어 발음이 될 수 있다. 여기서도 장음은 반드시 장음으로 발음해야 한다는 것을 잊어서는 안된다.

Asia [éiʒə, éiʃə]

단어의 해부

(가) [éiʒə]로 발음되는 경우

Asia [éiʒə] 에이줘   (발음)   [에이줘]

한글 표기 에이줘

(나) [éiʃə]로 발음되는 경우
　　Asia [éiʃə]　에이쉬 ──────────── (발음)　[에이쉬]
　　　　　　　　　　　　　　　　　　　　한글 표기　에이쉬

해 설

　에이쉬(Asia) 정상들이 모인 자리에서 우리나라 대통령이 연설하는 것을 TV를 통해 보면서 우리 대통령이 시종일관 [아시아]라고 일본식 발음으로 연설을 하였는데 그 자리에는 미국 대통령도 참석해 있었고 일본 수상도 참석했는데 두 정상의 생각이 서로 상반된 생각을 했을 것으로 연상된다.

　즉, 미국 대통령은 '발음이 엉망이군…….' 하고 생각했을 것이고, 일본 수상은 '역시 한국은 우리의 언어 식민지란 말이야……. 히히…….' 하고 비웃었을 것이다.

　그런데 대통령의 연설을 영어로 통역하는 사람도 [아시아]라고 발음하면 어쩌나 하고 조마조마했었는데 통역을 맡은 사람은 [에이쉬]라고 발음하였다. 이 것을 들은 필자는 마치 십년 묵은 체증이 푸욱 하고 내려가는 듯이 시원함을 느꼈던 것이다. 비록 대통령은 일본식 교육을 받았기 때문에 어쩔 수 없는 것 아니냐고 할는지 모르겠으나 우리 것을 아끼고 사랑해서 진작부터 외래어 표기법을 우리의 방법대로 시행하였더라면 대통령의 발음도 상당히 달라졌으리라 확신한다.

as*phalt [ǽsfɔ:lt, ǽsfælt]

단어의 해부

(가) [ǽsfɔ:lt]로 발음되는 경우
　　as [ǽs]　　　애스　　　　　　　　 (발음)　[애스폴:트]
　　phalt [fɔ:lt]　폴:트 (포올트)　　　　　　　(애스포올트)
　　　　　　　　　　　　　　　　　　　한글 표기　애스폴:트
　　　　　　　　　　　　　　　　　　　　　또는 애스포올트

(나) [ǽsfælt]로 발음되는 경우
　　as [ǽs]　　　애스　　　　　　　　 (발음)　[애스팰트]
　　phalt [fælt]　팰트　　　　　　　　한글 표기　애스팰트

해 설

　이 단어 역시 [아스팔트]로 표기되고 있는데 철자 ph가 [f]로 발음된다는 것

쯤은 잘 알고 있겠지만 [f] 소리를 표기할 마땅한 글자가 없으니 [ㅍ]으로 대신한다고 하더라도 [애스포올트]나 [애스펠트]로 표기하여야 하는 것을 일본식 발음을 모방하다보니 [아스팔트]가 되어 버렸다. 이 책에서는 [f]에 해당하는 글자를 [ㅍ]으로 쓰기로 하였으니 [애스폴:트]나 [애스포올트]로 발음하고 표기하도록 한다.

　이 단어의 일본식 발음은 [아스후아루또(アスファルト)]인데 우리가 쓰고 있는 [아스팔트]와 어떻게 다른지 비교해 보기 바란다.

as*pi*rin [ǽspərin]

　　해　　설

　해방된 후에도 오랫동안 [아스삐린]이라는 말로 쓰여 왔고, 현재도 통용되고 있는 말이다. 일본 사람들은 우리 한글의 [ㅍ]에 해당하는 [p]의 발음을 하지 못할 뿐만 아니라 또한 글자도 없어서 [빠(パ)] 행의 글자로 쓰고 있는데, 한때 우리는 [아스삐린(アスピリン)]이라고 해서 쓰기도 하였다. 어쨌든 [아스피린]이라고 하더라도 일본말임에는 틀림없는 것이므로 발음기호에 따라 [애스프린] 또는 [애스퍼린]으로 발음하는 습관을 길러야 할 것이다.

Ath*ens [ǽθinz]

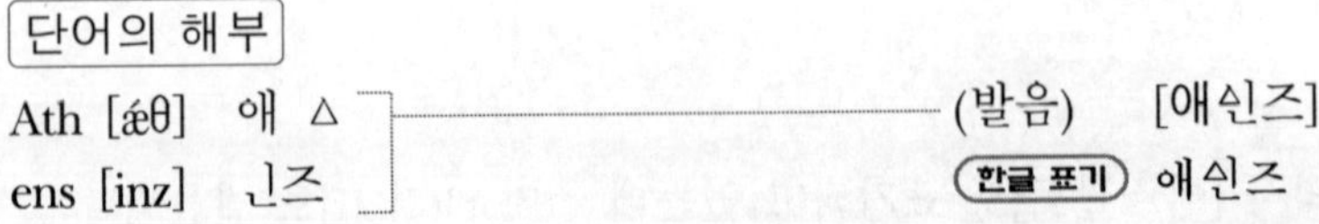

그리이스(Greece) 말로 [아데네]라고 발음하는지는 모르겠으나 영어의 발음기호는 [æθinz]로 되어 있으므로 [애씬즈]로 발음해야 될 것이다. 도대체 [아데네]라는 발음이 어디에 근거를 두고 이렇게 표기했는지 이해가 되지 않는다. 만일 이 표기가 그리이스 발음이라면 친절하게 【그】라는 표시를 해 주면 적어도 일본식 발음을 모방한 표기가 아니라는 결백이 밝혀질텐데…….

이 표기가 어쩐지 일본 냄새가 물씬 나는 것만은 사실이다. 왜냐하면 일본 사람들은 철자 'A'를 [아]로, 철자 'e'를 [에]로 발음하는 습관이 있다는 사실을 상기시킨다면 금방 알 수 있는 일이기 때문이다.

[아데네(アテネ)]가 일본식 발음이다.

우리는 여기에서 낯선 글자를 만나게 되었다. 세종대왕께서 훈민정음을 반포하실 당시에는 [△]이라는 글자가 있었는데, 그 글자의 소리가 없어짐으로 해서 지금은 사용되지 않고 있는 글자이다. 이 글자에 소리를 붙이면 쓸 수 있는데, 이 책에서는 철자 'th'의 소리인 [θ]의 소리를 붙여 쓰기로 한다.

Aus*tra*lia [ɔːstréiljə]

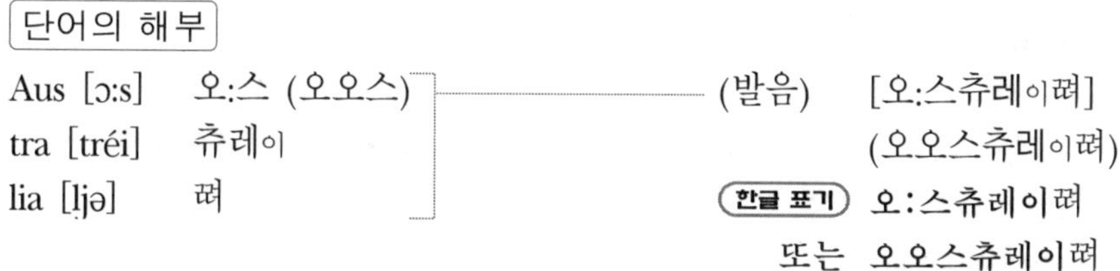

우리 사전에는 [오스트레일리아]로 표기하고 있는데 일본 사람들은 이 단어를 [오오스도라리아(オオストラリア)]라고 한다. 우리 외래어 표기법에 따른다면 [오스트레일려]로 되어서 아주 멋진 발음이 된다. 둘째 음절 [tréi]의 철자 't'는 [트]가 아니고 'r'과 만나면 [츄]로 발음되어야 하는 것이다.

Aus*tria [ɔ′:striə]

단어의 해부

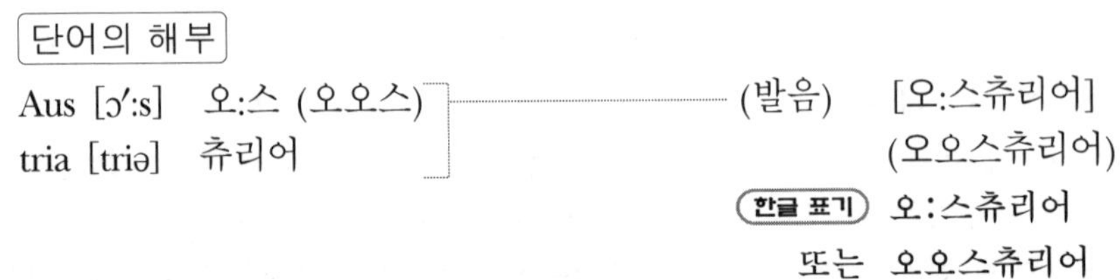

Aus [ɔ′:s] 오:스 (오오스) ┐
tria [triə] 츄리어   ┘ ── (발음) [오:스츄리어]
                                    (오오스츄리어)
                            한글 표기 오:스츄리어
                                    또는 오오스츄리어

해 설

이것도 일본식 발음이 [오오스도리아(オオストリア)]인데 우리 사전에는 [오스트리아]로 점잖게 표기되어 있다. 우리의 외래어 표기법대로라면 [오스트리어]로 되어야 옳은 표기법인 것이다.

Bab*y*lo*nia [bæbəlóuniə, bæbəlóunjə]

단어의 해부

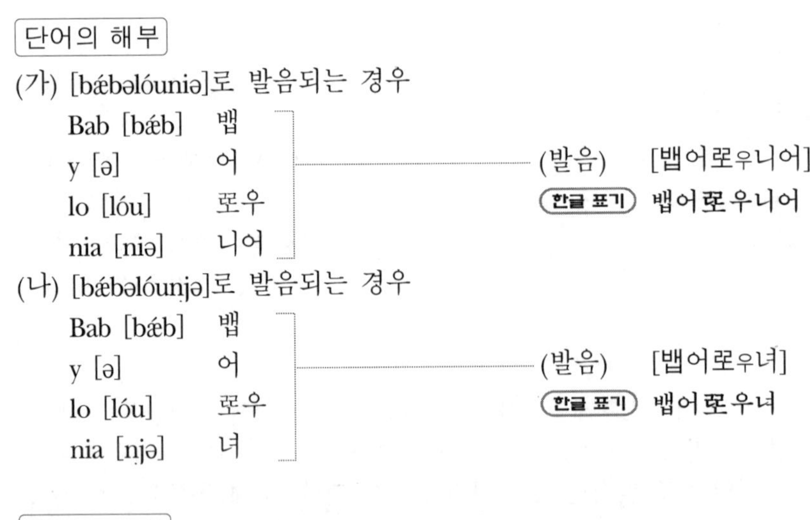

(가) [bæbəlóuniə]로 발음되는 경우

Bab [bæb] 뱁 ┐
y [ə]   어 │
lo [lóu]   로우 │ ── (발음) [뱁어로우니어]
nia [niə] 니어 ┘   한글 표기 뱁어로우니어

(나) [bæbəlóunjə]로 발음되는 경우

Bab [bæb] 뱁 ┐
y [ə]   어 │
lo [lóu]   로우 │ ── (발음) [뱁어로우녀]
nia [njə] 녀 ┘   한글 표기 뱁어로우녀

해 설

서양사를 공부할 때 우리는 [바빌로니아]라고 배웠고 지금도 그렇게 가르치고 있다. 비록 현대식 교육을 받은 젊은 선생님일지라도 이것을 [뱁어로우니어]라든가 [뱁어로우녀]로 가르치는 선생님은 한 사람도 없을 것이다. 만일 그렇게 가르치는 선생님이 있다면 그 선생님은 이상한 말을 가르친다고 비웃음을 받고 교단에서 쫓겨날지도 모를 일이다. 이토록 우리 주변에는 일본식 영어 발음의

위력이 대단한 것이다.

이러한 상황은 우리가 지금 일본의 언어 식민화되어 있다는 것을 인식하지 못하고 있기 때문이라고 생각된다. 만일 교과서를 편찬하는 학자들이나 교육부 관계자들이 우리 것을 아끼는 마음이 있어서 우리의 외래어 표기법을 따랐다면 적어도 [배버로우니어]라든가 아니면 [배버로우녀]로 표기되고 그렇게 발음하였을 것이다.

그것을 일본 사람들이 [바비로니아(バビロニア)]로 한다고 해서 우리는 이것을 모방해서 [바빌로니아]로 쓰고 있는 것이다.

Bac*chus [bǽkəs]

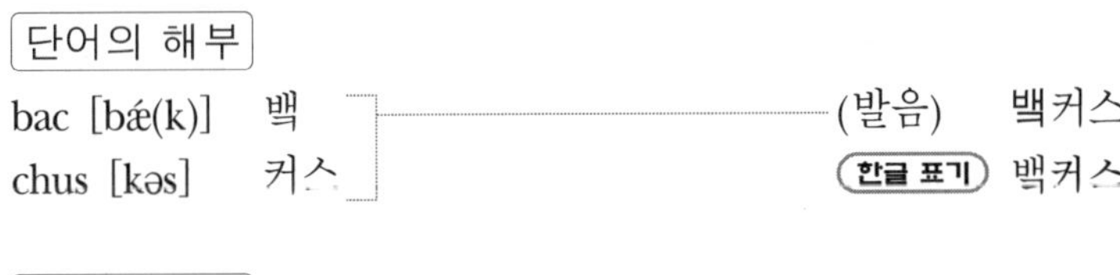

해   설

이 단어는 모 제약회사에서 [박카스]라는 상표로 전국은 물론 세계 각국으로 수출한다고 선전하고 있는데, 이것도 [박가스(バッカス)]라는 일본식 발음을 그대로 모방해서 쓴 것이다. 이 제품이 해외로 수출된다고 하니, 우리가 일본의 언어 식민지임을 세계 만방에 알리는 꼴이 되고 말았다.

우리의 표기법을 따랐다면 [백커스]로 표기되었을 것을 우리 것을 무시하고 남의 것을 모방했으니 이렇게 한심한 일이 벌어지고 있다.

bac*te*ria [bæktí:riə]

해   설

[박테리아]는 일본 사람들의 [바꾸데리아(バクテリア)]를 그대로 옮긴 말이라

는 것을 알아야 한다. 우리는 일본말을 쓰고 있으면서도 스스로 그것을 부끄럽게 생각하거나 고쳐 쓸 생각을 해 본 적이 있는 사람이 과연 몇 명이나 되겠는가?

일본 사람들을 보라! 비록 언어와 문자가 짧아서 발음이 엉망진창이라도 자기네들이 만들어 놓은 규칙을 버리지 않고 꾸준히 자기네들 방식대로 쓰면서 자기네들을 따르도록 하고 있지 않은가! 남들이 자기네들한테 발음이 나쁘다고 비웃고 있지만 자기네들의 규칙대로 발음하고 표기하는 그 정신을 보란 말이다.

우리는 보릿고개에서 허덕이던 경제를 새마을운동으로 부흥시켰다. 그것이 경제 혁명이었다면 이제는 문화 혁명을 해야 할 때라고 생각한다. 우리 주변에 널려 있는 일본말이나 일본식 영어 발음을 쓸어버리고 우리말로 고쳐 쓰는 운동을 벌여야 할 시기인 것이다.

지금 북한은 우리보다는 일본식 영어 발음으로 덜 오염되었으리라고 생각되는데, 급격하게 변화하는 요즘 정세를 보면 북한도 일본식 영어 발음으로 오염될 염려가 있다. 북한마저 일본의 언어 식민지가 되지 않기를 기대한다.

Bag*dad [bǽgdæd], Bagh*dad [bəgdǽd]

> 단어의 해부

(가) [bǽgdæd]로 발음되는 경우

    Bag [bǽg]   백 ┐
    dad [dǽd]   대드 ┘   (발음) [백대드]
                         (한글 표기) 백대드

(나) [bəgdǽd]로 발음되는 경우

    Bagh [bəg]   백 ┐
    dad [dǽd]   댇 (대드) ┘   (발음) [벅대드]
                         (한글 표기) 벅대드

> 해 설

일본식 발음은 [바구닷도(バグダット)]요, 한국식 발음은 [바그다드]이네요. 어쩌면 이렇게도 닮았을까요. 일본이 한국을 모방한 것인지, 한국이 일본을 모방한 것인지, 이거 도무지 헷갈려서 모르겠네요!

(가)를 따르자니 [백대드]요, (나)를 따르자니 [벅대드]니 [바그다드]는 도대체 어느 나라말일까요?

bal*ance [bǽləns]

단어의 해부		
bal [bǽl]	밸 ㄹ	(발음) [밸런스]
ance [əns]	ㅓㄴ스	**한글 표기** 밸런스

해   설

우리는 이 단어를 [바란스]라고 하는데 일본식 발음 [바란스(バランス)]와 꼭 닮은꼴이다.

그렇다면 이것을 우리 외래어 표기법대로 표기해 보자. 첫째 음절의 'bal'은 [밸]하고 [ㄹ]이 한 개 남는데, 다음 음절이 'ance'인 [ㅓㄴ스]이므로 나머지 [ㄹ]이 [ㅓㄴ스]로 옮겨지면서 [런스]로 변한다. 따라서 [밸런스]가 되어야 하는데, [바란스]로 쓰고 있는 이유는 이 단어도 일본식 발음을 모방했다는 증거인 것이다.

북한의 실권자인 김정일 국방위원장은 미국과의 수교는 조건만 성숙되면 우선적으로 수교를 맺을 것이지만 일본과의 수교는 자존심을 가지고 수교에 대처하겠다고 말했는데, 이 점에 대해서는 절대적으로 찬성한다. 지난날 우리의 군사 독재정권은 굴욕 외교라는 비판을 감수하고, 특히 우리 민족의 자존심을 뭉개 버리면서 구걸하다시피 일본과의 국교를 수립하고 경제 건설 자금을 받았지만, 지금은 그때와는 상황이 다르다. 북한은 우리 민족의 자존심을 살려가면서 우리가 잃은 자존심을 다소라도 찾아 주기를 바라는 마음이다.

bal*co*ny [bǽlkəni]

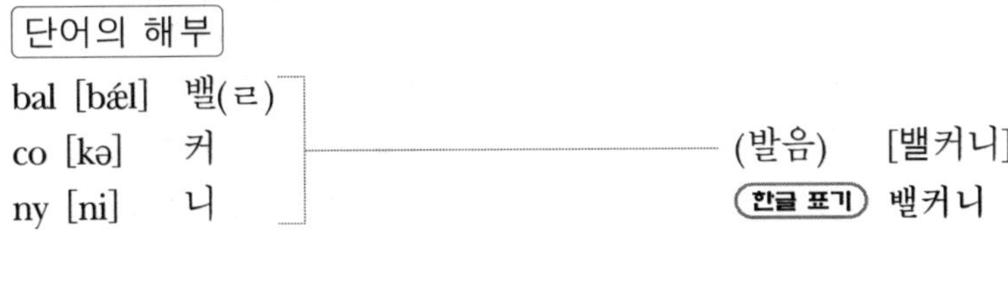

단어의 해부		
bal [bǽl]	밸(ㄹ)	
co [kə]	커	(발음) [밸커니]
ny [ni]	니	**한글 표기** 밸커니

해   설

우리 외래어 표기법으로 한다면 [밸커니]로 되어서 아주 멋진 표기인 동시에 완벽하게 발음하였을 것인데, 일본식을 본떠 [발코니]로 쓰고 있는 것이다. 일본식 발음은 [바루고니(バルコニ)]이다.

Bal*kan [bɔʹːlkən]

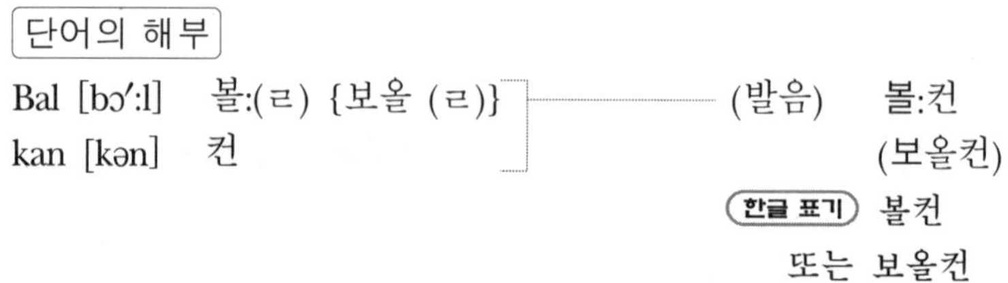

해   설

[발칸] 반도가 뭐 어쩌구저쩌구 하는 기사나 보도를 많이 보고 들어 왔다. 그 당시에는 아무런 느낌 없이 당연히 옳은 발음인 줄 알고 있었지만, 이것이 알고 보니 일본식 영어 발음이라는 것을 알고 나니 허망하기 이를 데가 없었을 뿐만 아니라 분노가 치밀어 올랐다.

일본 사람들은 [바루깐(バルカン)]이라고 하는데, 일본 사람들도 [보루깐(ボルカン)]이라고 발음할 수 있는데도 불구하고 굳이 [바루깐]이라고 하는 이유는 자기네들이 만들어 놓은 규칙을 버리지 않겠다는 확고한 원칙이 있기 때문이 아닌가 생각된다. 이 얼마나 숭고한(?) 정신인가. 적어도 이러한 점만은 우리가 본받아야 할 것이다. 남의 것을 받아들이되 무조건적으로 받아들이는 것이 아니라 자기들 것으로 승화시키려는 자세는 올바른 것이다.

Bal*ti*more [bɔʹːltimɔʹːr]

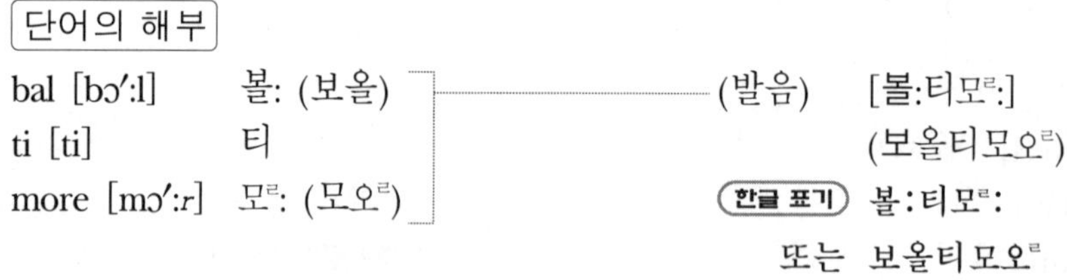

해   설

이 단어는 비교적 일본의 영향을 받지 않은 듯하면서도 일본 냄새가 짙다. 왜냐하면 일본식 발음이 [보루찌모아(ボルチモア)]인데 우리는 [볼티모어]로 쓰고 있는데 마지막 음절 [모어]가 아무래도 일본 냄새가 나는 것이다. 일본 사람들은 'r 모음화 음색 변화'를 [아]로 표기하는 경우가 많은데, 우리는 이것을 모

방해서 [볼티모어]라고 쓰고 있는 것이다.
　첫 음절 'bal'과 마지막 음절 'more'가 장음인 것에 주의하여야 한다.

ba*nana [bənǽnə]

단어의 해부				
ba [bə]	버		(발음)	[버내너]
nana [nǽnə]	내너		**한글 표기** 버내너	

해　　설

　이 단어는 일본 발음 [바나나(バナナ)]를 그대로 복사해서 쓰고 있다.
　어린이가 유치원에 가면서부터 배우기 시작하는 이 단어를 일본식으로 가르
쳐도 수수방관하고 있는 한글학회는 친일파들로 득실거리는 학회인가? 이런
것을 바로 잡아주고 이끌어야 할 한글학회에서 자기네들이 만들어 놓은 외래어
표기법조차 지키지 않고 일본식 발음과 표기법으로 출판되고 발음되는 말들에
대해서 아무런 조치도 취하지 않고 있는 이유는 무엇인가?
　앞으로는 외래어 표기법에 따르지 않은 표기법으로 출간되는 모든 서적이나
기사들은 출간을 금지시키는 방법은 어떨까.

Bang*kok [bǽŋkɑk, bǽŋkɔ'k]

단어의 해부

(가) [bǽŋkɑk]으로 발음되는 경우
　　Bang [bǽŋ]　뱅　┐
　　kok [kɑk]　　칵　┘　　　　　　　　(발음)　[뱅칵]
　　　　　　　　　　　　　　　　　　　한글 표기 뱅칵
(나) [bǽŋkɔ'k]으로 발음되는 경우
　　Bang [bǽŋ]　뱅　┐
　　kok [kɔ'k]　　콕　┘　　　　　　　　(발음)　[뱅콕]
　　　　　　　　　　　　　　　　　　　한글 표기 뱅콕

해　　설

　일본식 발음은 [방꼬꾸(バンコク)]이며, 우리는 [방콕]으로 쓰고 있다. 물론
마지막 음절이 [콕]으로 발음되는 되는 경우가 있으므로 별 문제는 없겠으나,
첫 음절은 모두 [방]이 아니라 [뱅]으로 발음되어야 한다. 그리고 첫 음절에 강

음 부호가 오는 경우에는 둘째 음절은 [캌]으로 발음되고, 마지막 음절에 강음 부호가 오는 경우에는 [콬]으로 발음되는 것이다. 이처럼 영어 발음은 강음 부호의 위치에 따라 발음이 달라지는 경우가 많은 것이다.

여기에서 확인하고 넘어가야 할 문제가 있는데 '한글 맞춤법 통일안'에 의해서 금지된 받침들을 이 책에서 쓰고 있는 이유를 밝히겠다.

모든 영어의 발음을 정확하게 발음하려면 표기법도 그에 맞추어야 할 것이다. 그렇게 되면 현행 한글 맞춤법 통일안에 맞지 않는 받침도 써야 하는데, 이 단어에서처럼 [뱅콕]으로 표기하는 것은 '한글 맞춤법 통일안'에 위배되는 것이다. [뱅콕]으로 표기해야 되지 않느냐 하는 문제가 제기되는데, 외래어 표기에 있어서만은 '한글 맞춤법 통일안'에서 예외 규정을 두어야 할 대목이다. 그 이유는 언어라는 것이 단어들의 연결로 이루게 되는데 이렇게 각 단어들이 연결되어가는 도중에 [뱅코크]하고 [크]자 발음이 가볍게 튀어나올 수 있는 경우가 있는데, 이때에 [뱅콕]으로 한다면 [크]가 아니라 [그] 소리가 튀어나올 수 있기 때문이다. 이러한 이유에서 외래어 표기법에서 받침의 사용은 발음기호에 맞추어 표기하도록 예외 규정을 두어야 할 것이다.

Ban*gla*desh [bǽŋglədéʃ]

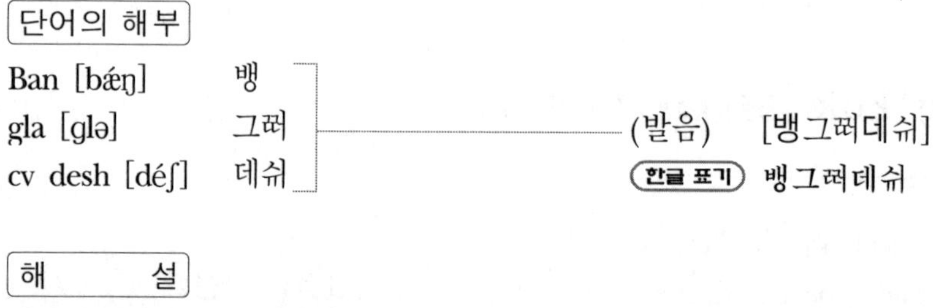

해   설

일본식 발음은 [방구라데슈(バングラデシュ)]이고 우리는 [방글라데시]로 쓰고 있는데 이것도 일본식 발음을 모방한 것이다. 일본 사람들은 [애] 소리를 내지 못하기 때문에 [방]으로 발음하는 것이며, 또한 [어] 소리를 내지 못하므로 [그라]로 발음하는 것인데, 이것을 그대로 모방해서 쓰고 있는 것이다. 이렇듯 일본 사람들이 소리를 내지 못해서 별 수 없이 쓰는 발음을 왜 우리가 따라해야만 되는가? 일본식 발음을 모방해서 쓴다는 것은 우리 자신을 언어 불구로 만든다는 것을 깨달아야 한다.

Bar*ce*lo*na [báːrsəlóunə]

단어의 해부

Bar [báːr]	바ᷞ: (바아ᷞ)	
ce [sə]	서	
lo [lóu]	로우	
na [nə]	너	

(발음)   [바ᷞ:서로우너]
          (바아ᷞ서로우너)

한글 표기 바ᷞ:서로우너
          또는 바아ᷞ서로우너

해 설

우리와 인연이 깊은 이 도시는 서울을 '88 오우룀(Olympic)' 개최지로 만들어 주었다. 그 당시 우리는 '[바르셀로나]의 승리'라고 하면서 떠들썩했었는데, 과연 이 발음이 옳은지 분석해 보도록 하자.

우선, 일본식 발음이 [바루세로나(バルセロナ)]이고 우리는 [바르셀로나]라고 쓰고 있다. 이것을 우리 외래어 표기법에 따라 표기한다면 'r 모음화 음색변화'는 무시하더라도 [바:서로너]로 표기되었어야 할 것이다. 그런데 지금 우리는 [바르셀로나]라고 쓰고 있으니 일본식 발음을 모방해서 쓰고 있는 것이 틀림없는 사실이 아닌가.

bar*gain [báːrgən]

단어의 해부

bar [báːr]	바ᷞ: (바아ᷞ)	
gain [gən]	건	

(발음)   [바ᷞ:건]
          (바아ᷞ건)

한글 표기 바ᷞ:건
          또는 바아ᷞ건

해 설

우리는 이 단어를 [바겐] 또는 [바게인]이라고 하는데, 마지막 음절을 [겐]이나 [게인]으로 발음하는 것은 역시 일본식 발음인 [바ー겐(バーゲン)]을 모방한 것이 틀림없다.

일본은 역사적으로 우리나라의 삼국시대 때부터 우리에게서 문물을 받아갔으며, 특히 백제의 왕인 박사가 일본으로 건너가기 이전까지는 문자가 없었다고 한다. 그러한 일본의 언어를 흉내내어 쓰고 있는 지금의 우리를 과연 역사는 어떻게 기록할 것인가.

bar*i*ton [bǽrətóun]

우리는 [바리톤]으로 쓰고 있는데 일본식 발음이 [바리똔(バリトン)]인 것을 보면 틀림없는 일본식 발음이라는 것을 알 수 있다. 우리 외래어 표기법을 따랐다면 [배러토운]이라 해서 아주 멋진 발음인 동시에 완벽한 표기가 되었을 것이다.

bar*om*e*ter [bərámitər, bərɔ'mitər]

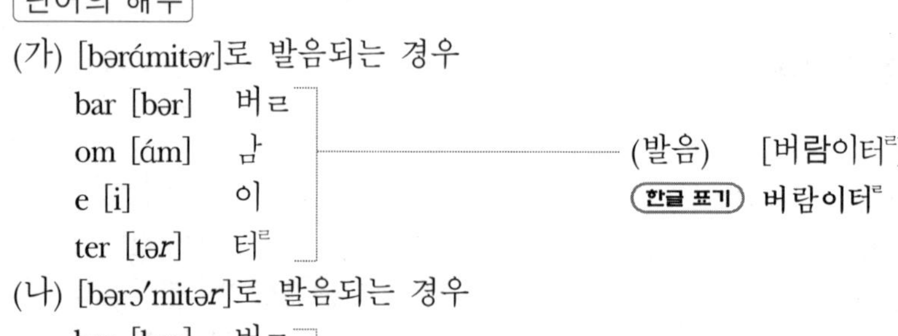

일본 사람들의 표기법대로라면 첫째 음절인 'bar'에서 철자 'a'는 [아]로 발음한다는 원칙에 따라 [바]로 발음할 것이고, 둘째 음절의 'om'은 철자 위주로 발

음해서 [오]로 발음할 것이며, 셋째 음절의 철자 'e'도 철자 위주로 해서 [에]로 발음할 것이다. 그리고 마지막 음절 'ter'의 철자 'e'는 [어] 소리를 내지 못하기 때문에 [아]로 발음해서, 결국은 [바로메-다-(バロメ-ター)]로 발음할 것이 틀림없다. 우리는 이것을 모방해서 [바로미터]로 쓰고 있는 것이다.

  우리의 외래어 표기법에 따른다면, (가)는 [버라미터]로 표기되어야 하며, (나)는 [버로미터]로 표기되어야 하는 것이다. 어느 표기법이 영어 발음에 더 근접해 있는가 비교해 보기 바란다.

bar*ri*cade [bǽrəkéid]

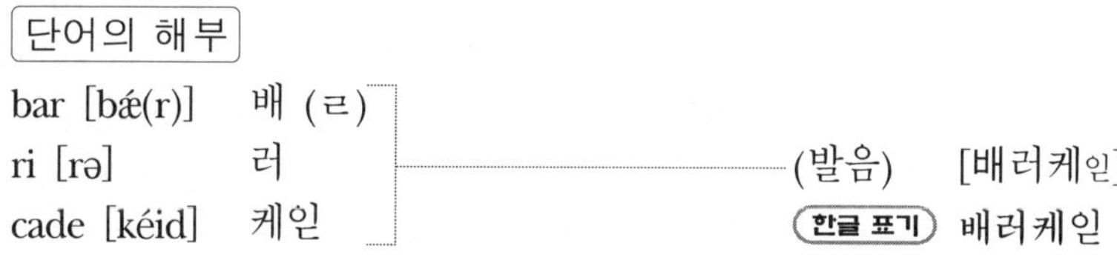

일본식 발음이 [바리게-도(バリケード)]이고, 우리는 [바리케이드]로 쓰고 있다. 이 단어는 민주화 운동으로 소란스럽던 군사독재 정권시절에 많이 쓰였던 말이다. 이 단어를 썼던 많은 언론사의 기자들 중에 과연 이 단어의 표기가 옳은 것인가 하고 생각해 본 기자가 있는지 알고 싶다. 국민의 언어 순화에 앞장서야 할 언론사의 기자라면 반드시 확인하고 올바르게 표기했어야 된다.

Bel*gium [bélʤəm]

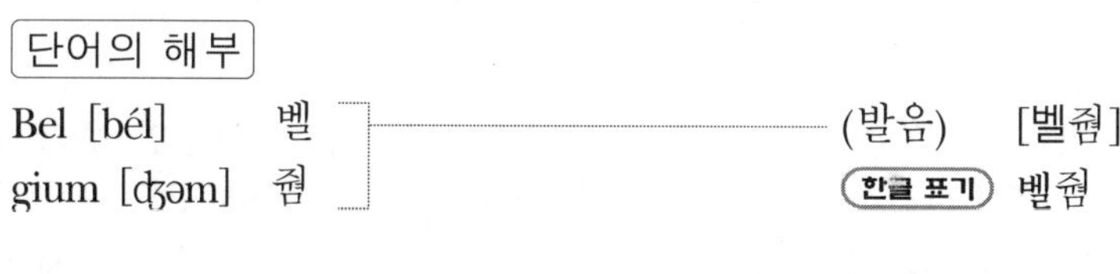

  현재 우리가 쓰고 있는 표기법은 [벨지움]인데 그것은 [베루지우무(ベルジウム)]의 일본식 발음을 모방해서 쓰고 있음을 나타내는 것이다. 이 단어의 발음에서 [쥠]으로 발음하느냐, 아니면 [쥬엄]으로 발음하느냐 하는 것이 문제인데 엄밀하게 따진다면 [쥬엄]이 맞는 발음이며, [쥬]와 [엄]을 한꺼번에 붙여서 [쥠]

소리가 나오도록 빠르게 발음하는 것이다.

Ber*lin [bəːʴlín]

독일이 통일되던 날 [베를린] 장벽이 무너졌다는 기사로 모든 신문이 대서특필해서 보도한 때가 있었다. 독일의 통일로 지구상에서 우리나라만이 유일한 민족 분단 국가로 남게 되었는데, 얼마 전에 남북 정상 회담이 이루어지고 광복절을 맞이해서 이산가족 상봉이라는 엄청난 드라:머(드래머/drama)가 연출되고 남북이 화해의 무우드(mood)가 조성되는 것 같은 때가 있었다. 이 단어와 같은 경우에 'ㄹㄹ'을 사용하는 것이 적절하다고 본다.

Ber*mu*da [bəːʴmjúːdə]

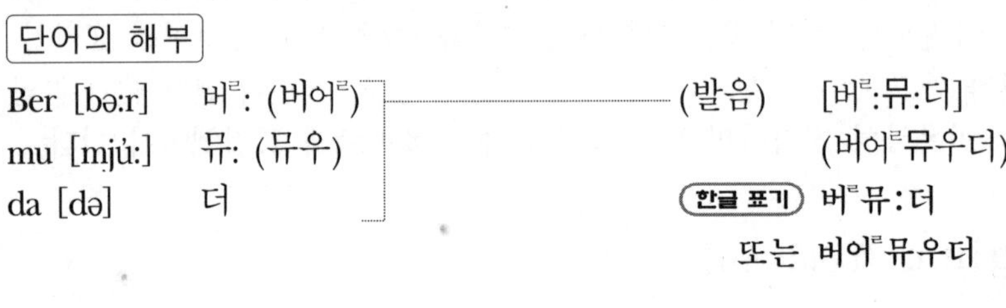

우리는 [버뮤다]로 쓰고 있는데, 이것도 마지막 음절 'da'의 발음만 우리 외래어 표기법을 따라서 [더]로 하였더라면 거의 완벽한 표기가 되었을 것이다. 일본식 발음이 [바-뮤-다(バーミュータ)]인 것을 보면 마지막 음절은 역시 일본식 발음을 모방했다는 것을 직감할 수 있는 것이다.

bis*cuit [bískit]

단어의 해부

bis [bís]   비스
cuit [kit]   킽

(발음)   [비스킽]
한글 표기 비스킽

해   설

이 단어는 [비스켙]으로 표기된 사전도 있고, [비스킷]으로 표기된 사전도 있는데, 놀라운 것은 70년대에 출판된 '새국어대사전(양주동 박사 감수)'에는 [비스킷]으로 되어 있는데 반해서, 90년대에 출판된 한영 사전에는 일본식 발음 [비스껟또(ビスケット)]를 그대로 모방하여 [비스켓]으로 표기되어 있다는 것은, '한글 맞춤법 통일안'의 외래어 표기법이 초기에는 비교적 준수되었으나 차츰 일본식 발음으로 변천해 간 것이 아닌가 의심되기도 한다.

blouse [blɑus, blɑuz]

단어의 해부

(가) [blɑus]로 발음되는 경우
    blouse [blɑus] 브롸우스 ———————— (발음)   [브롸우스]
                                        한글 표기 브롸우스

(나) [blɑuz]로 발음되는 경우
    blouse [blɑuz] 브롸우즈 ———————— (발음)   [브롸우즈]
                                        한글 표기 브롸우즈

해   설

국어사전이나 한영 또는 영한 사전에는 전부 [블라우스]로 표기되어 있는데, 이것은 된소리 'ㄹㄹ'을 없애 버렸기 때문에 이러한 현상이 일어난 것이다. 엄밀한 의미에서, 이 단어의 맨 처음 발음은 [블]이 아니라 [브]이어야 한다. 이것을 된소리 [롸]의 발음은 해야겠는데 된소리 'ㄹㄹ'을 없애 버렸으니 하는 수 없이 [블라]로 하지 않으면 [롸]라는 된소리가 나오지 않기 때문이다.

뒤의 [L]의 항목에서 다시 설명하겠지만, 이 된소리 'ㄹㄹ'이 없어지므로 해서 우리는 외국어 발음에 커다란 장애에 부딪히고 있는 것이다. 북한에서도 이 된소리 'ㄹㄹ'이 없어졌는지는 모르겠으나 만약에 그렇다면 북한에도 친일파 어용 한글학자들이 존재했었다는 증거일 것이다.

일본식 발음은 [부라우스(ブラウス)]로서 된소리로 [롸] 발음을 하지 못한다. 우리는 이 단어를 [브롸우스]로 발음하는 사람은 드물고 [부라우스]라고 일본식 발음으로 말하는 사람들이 대부분이다.

Bo*liv*ia [bəlíviə]

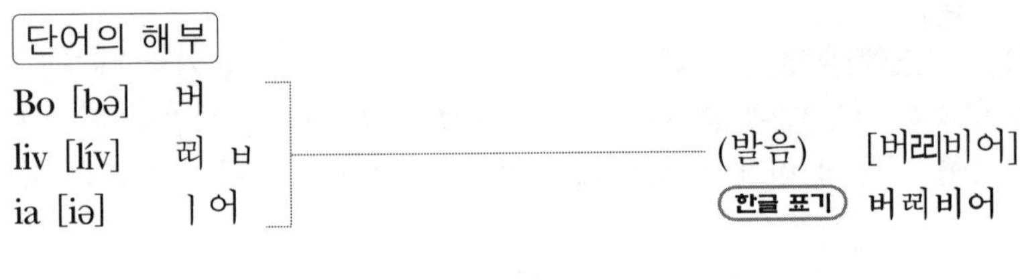

해설

우리 사전에는 [볼리비아]라고 표기되어 있는데, [보리비아(ボリビア)]라는 일본식 발음을 모방한 전형적인 경우이다. 우리 외래어 표기법에 따른다면 [벌리비어]로 되었어야 한다. 여기에서도 된소리 '러'을 없애 버린 후유증이 나타나고 있다. 즉, 첫 음절의 'Bo'는 [벌]이 아니라 [버]로 발음해야 한다. [버]와 [벌]이라는 발음은 어감에 있어서 커다란 차이가 있는 것이다.

bon*net [bánit, bɔ´nit]

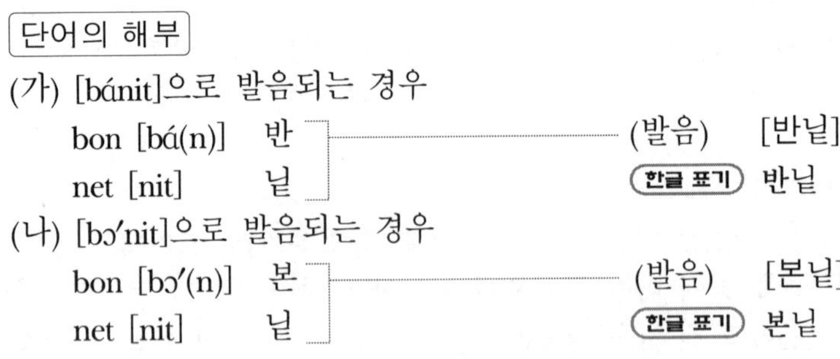

해설

어떤 영한 사전에는 [보네트]로 표기되어 있고, 어떤 한영 사전에는 [보닛]으로 표기되어 있다. 같은 단어 한 개를 가지고도 이렇듯 통일을 이루지 못하니 이것을 누구의 책임이라고 해야 될까.

[보네트]로 표기한 것은 일본식 발음의 [본넷또(ボンネット)]를 그대로 모방한 것도 아니고, [보닛]으로 표기된 것도 도대체 어느 나라말인지 구별할 수가 없다. '한글 맞춤법 통일안'에 충실한 표기라면 (가)는 [반닛]으로 표기되어야 하며, (나)는 [본닛]으로 표기되었어야 마땅한 것이다. 두 가지 모두가 틀린 발음이라는 것을 현명한 독자들은 이미 이해하고 있을 것이다. 왜냐하면 철자 'n'이 두 개 겹쳐 있는 것을 무시하였기 때문이다. 첫 음절의 'bon'은 그냥 [보]나 [바]가 아니라 철자 'n' 한 개는 받침이 되고 나머지 한 개는 뒤에 오는 모음 [i]와 결합되어 [니]로 발음되어야 하는 것이다.

bo*nus [bóunəs]

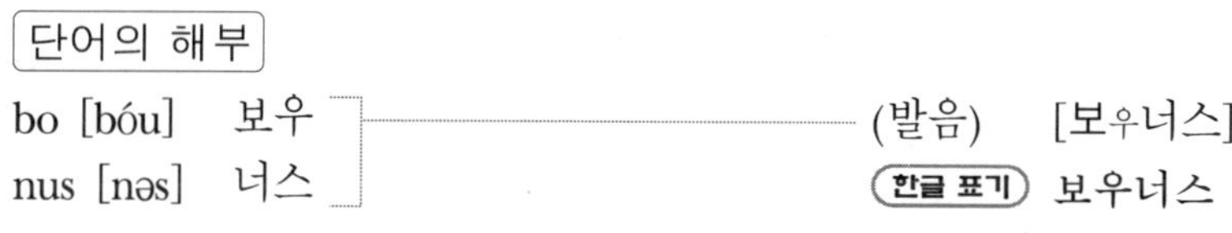

단어의 해부		
bo [bóu] 보우	(발음) [보우너스]	
nus [nəs] 너스	한글 표기 보우너스	

해   설

최근에 출판된 영한 사전이나 한영 사전에는 모두 [보너스]로 표기되어 있고, 70년대에 출판된 새국어대사전(양주동 박사 책임 감수)에는 [보:너스]로 표기되어 있는데 전부 일본식 발음 [보-나스(ボーナス)]를 비켜 가려고 노력한 점을 엿볼 수 있다. 그러나 첫 음절의 'bo'에서 철자 'o'가 중모음으로 발음되어야 하는데 이것을 무시한 것이 잘못인 것이다. 국어사전에서는 장음 표시를 했는데, 사실 장음과 중모음은 실제 발음에서는 큰 차이가 있는 것이다. 장음은 그 소리를 길게 끄는 소리이고, 중모음의 소리는 하나의 모음 소리로부터 다른 모음의 소리로 옮겨가는 소리인데, 이것을 단순한 장음으로 인식해서는 안되는 것이다. 따라서 이 발음에서는 [보:너스]가 아니고 [보우너스]로 해야 되는데, 이때 [우]소리는 분명하고 큰 소리로 발음하는 것이 아니라 [보]에서 [우]라는 소리로 옮겨가는 듯한 느낌으로 가볍게 들릴 듯 말 듯하게 발음하는 것이다.

우리는 일상 생활에서 일본식 발음으로 [보나스] 또는 [뽀나쓰]라는 소리로 많이 사용하고 있으며 그나마 [보너스]라고 발음하는 사람은 별로 많지 않다.

boom*er*ang [bú:məræ̀ŋ]

단어의 해부

boom [bú:m]	붐: (부움)	(발음)	[붐:어랭] (부움어랭)
er [ər]	어 ㄹ	한글 표기	붐:어랭 또는 부움어랭
ang [ǽŋ]	앵		

해 설

흔히 [부메랑]이라고 쓰고 있는 이 말도 사실은 일본식 발음인 것이다. 일본식 발음이 [부ー메란(ブーメラン)]인데 그것을 그대로 복사해서 쓰고 있는 것이다. 어떤 한영 사전에는 [부머랭]이라고 표기한 것도 있는데, 장음을 무시한 것이 옥의 티이지만 우리의 외래어 표기법에 충실한 것은 높이 평가할 만하다.

Bos*nia [bάzniə, bɔ́zniə]

단어의 해부

(가) [bάzniə]로 발음되는 경우

Bos [bάz]	바즈	(발음)	[바즈니어]
nia [niə]	니어	한글 표기	바즈니어

(나) [bɔ́zniə]로 발음되는 경우

Bos [bɔ́z]	보즈	(발음)	[보즈니어]
nia [niə]	니어	한글 표기	보즈니어

해 설

거듭되는 말이지만 일본 사람들은 완전히 발음기호를 무시하고 철자를 중심으로 해서 발음을 하거나 표기하고 있다.

우리 사전을 보면 모두 [보스니아]로 표기해서 완전히 일본식 발음 [보스니아(ボスニア)]를 모방해서 표기하고 있는데, 이것은 첫 음절의 철자 's'가 [z]로 발음된다는 사실을 무시한 일본 사람들의 관습에 따른 것이다. 우리 외래어 표기법에서는 비록 철자가 's'일지라도 그것이 [z]로 발음되는 경우에는 [즈]로 표기한다라고 되어 있는데, 이 원칙을 무시한 것이다. 우리 외래어 표기법은 소리를

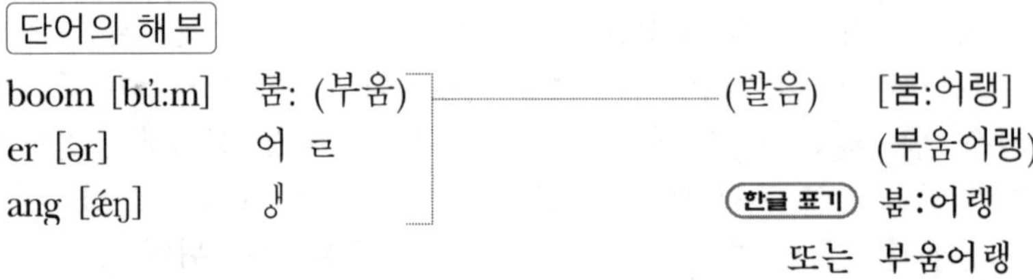

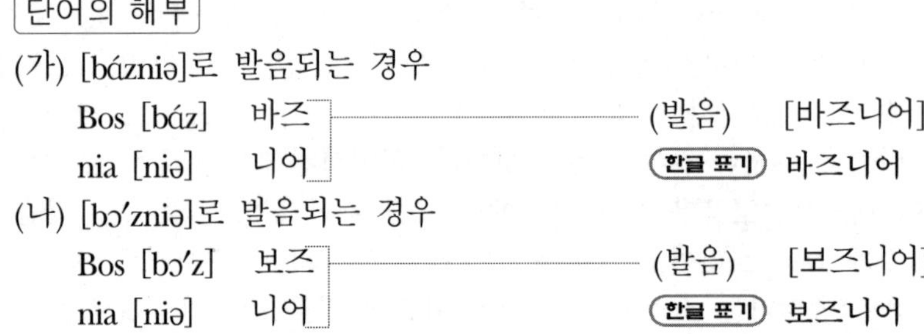

중요시하였고, 일본식 표기법은 철자를 중요시하였기 때문에 발음이 전혀 엉뚱한 소리로 변해 버리는 것이다.

언어란 소리의 전달인데, 그 소리가 정확하지 못하다면 이미 그 소리는 언어로서의 기능을 다하지 못하고 있는 것이다. 문자는 소리를 기호로 나타내어 소리를 전달하는 것인데, 그러한 기호가 정확하지 못하다면 이미 그것은 문자로서의 기능을 잃어버리고 마는 것이다.

Bos*ton [bɔʹ:stn, bástn, bɔʹstn]

해설

무려 세 가지로 발음되기는 하지만 우리가 현재 쓰고 있는 [보스톤]으로 발음되는 경우가 없는 것을 보면 이것도 일본식 발음 [보스똔(ボストン)]을 모방해서 쓰고 있다는 것을 느낄 수가 있다.

해방 직후, 이 도시에서 우리 매러슨(marathon) 선수들이 1, 2, 3위를 하여 다시 한번 우리나라가 손기정 선수뿐만 아니라 명실공히 매러슨(marathon) 왕국임을 세계 만방에 떨친 적이 있는 것이다.

철자 'o'가 발음에서는 아무런 역할도 못하고 없어졌는데도 철자를 중요하게 생각하다 보니까 [톤]이라는 소리로 표기했는데 이것은 잘못된 발음인 것이다.

brake [breik]

단어의 해부

brake [breik]　　　브레잌 ─────────────── (발음)　　[브레잌]
　　　　　　　　　　　　　　　　　　　　　　　　한글 표기　 브레잌

해　　　설

　우리 사전에는 [브레이크]로 표기되어 있는데 [크] 소리를 내는 것은 잘못된 발음이다. 우리 외래어 표기법에서 자음 다음에 발음되지 않는 모음이 오는 경우에는 그냥 그 자음을 [크]나 [트] 등등으로 표기한다는 원칙이 있는데, 이 단어의 경우에는 비록 발음되지 않는 철 자 'e'가 오더라도 철자 'k'는 [크]로 발음되는 것이 아니라 앞소리의 받침으로 되어 버리는 것이다. 영국이나 미국 사람들은 가급적이면 [크]나 [트]와 같은 소리를 내지 않으려고 한다. 그러나 이 말이 다른 말과 연결되는 경우에 가벼운 소리로 [크] 하는 소리가 새어 나오는 경우가 있지만, 이 단어 하나만을 발음할 경우에는 [브레잌] 하고 철자 'k'를 받침으로 해서 발음하는 것이 옳다.

bras*siere [breizíər]

단어의 해부

bras [brei(s)]　　브레이(ㅅ) ┐
siere [zíər]　　　　찌어ᷝ　　　 │────── (발음)　　[브레이찌어ᷝ]
　　　　　　　　　　　　　　　　　　　　　　 한글 표기　 브레이찌어ᷝ

해　　　설

　어떤 한영 사전에는 [브러저]로 표기되어 있는가 하면, 같은 출판사에서 출판된 영한 사전에 는 [브래지어]로 표기되어 있는데, 같은 말을 가지고 이렇듯 두 가지로 표기한다는 것은 그만큼 우리 출판사들도 정확한 외래어 표기를 게을리하고 있음을 보여주고 있는 것이다. 편집부 직원들이 독자들에게 올바른 언어 문화를 전달해야 하겠다는 철저한 사명감을 갖고 있었다면 이러한 실수는 없었을 것이다. 만일 그 출판사의 편집부 직원들이 우리의 외래어 표기법을 준수했더라면 이 단어는 [브레이지어]로 통일시켰을 것이다.

　이 단어의 일본식 발음은 철자 구성으로 미루어 짐작컨대 [부라지아-(ブラジァー)]일 것으로 생각되는데, 이것을 모방해서 [브러저]로 표기한 것이라고 생각된다.

[브래지어]로 표기한 것은 그나마 일본식 발음을 벗어나려는 뜻이 있기는 하지만, 발음기호를 살펴보지 않은 잘못을 저지르고 있기는 마찬가지인 것이다.

Bra*zil [brəzíl]

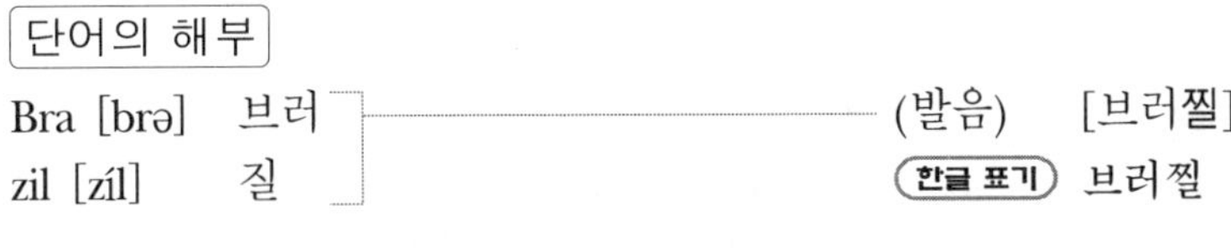

해   설

일본식 발음은 [부라지루(ブラジル)]이고, 우리는 이것을 모방해서 [브라질]로 쓰고 있다. 물론 [브라질]이나 [브러질]이나 그게 그것 아니냐고 할 사람이 있을는지 모르겠으나, 우리 국민들의 이런 ‘적당주의’나 ‘빨리빨리 주의’는 우리 언어 문화를 일본의 식민지로 만든 근본적인 원인이라고 생각한다. 만일 우리가 이러한 ‘적당주의’를 버리거나, ‘급한 길일수록 돌아서 가라’라고 하신 옛 선인들의 말씀에 조금이라도 귀를 기울였더라면 오늘날과 같이 일본의 언어 식민지가 되지는 않았으리라 생각한다.

Brus*sels [brʌ'slz]

해   설

우리 영한 사전에는 [브뤼셀]이라고 표기하고 있는데 벨줨(Belgium) 말로 [브뤼셀]이라 발음하는지는 몰라도 적어도 영어로는 이런 발음이 존재하지 않는다. 이것도 일본식 발음을 모방한 것임이 틀림없다. 우리의 외래어 표기법에 따른다 해도 [브러슬즈]가 옳은 것인데, [브뤼셀]이란 말은 영어에서는 통하지 않는 발음이다.

만일 이 발음이 벨줨(Belgium)식이라면 【벨】이라고 표시해 주는 것이 옳다고 생각한다. 왜냐하면 영어 사전에 영어 발음이 아닌 다른 발음을 나타낼 때는 그 발음의 근원을 알려 주는 것이 원칙이다.

buck*et [bʌ′kit]

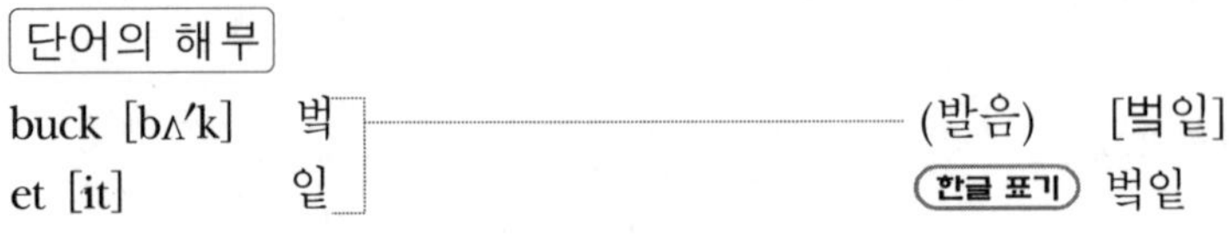

단어의 해부

| buck [bʌ′k] | 벅 | (발음) [벅읻] |
| et [it] | 읻 | 한글 표기 벅읻 |

해   설

새국어대사전(양주동 박사 책임 감수)에는 아무런 주석이나 해설 없이 [바께쓰](←bucket)라고 어엿하게 기재되어 있는 이 말은 일본식 발음 [바께쯔(バケツ)]를 그대로 모방한 것이며 완전히 일본말로 정착된 말이다. 최근에 출판된 영한 사전이나 한영 사전들에도 한결같이 [바께쓰]로 표기하고 있으니 한심한 일이다.

모 방송국 TV 방송을 보다가 깜짝 놀란 경험이 있는데, 연기자들이 [바께쯔]라는 말을 아무런 거리낌없이 마치 우리말인양 쓰고 있는 것을 보았던 것이다. 그것도 [바께쓰]가 아니라 완전한 일본식 발음인 [바께쯔]로 쓰면서도 그것이 우리말인 것처럼 마구 쓰고 있는 것이었다. 방송 작가나 연기자들도 대사 한마디 한마디에 대하여 연구하는 자세가 절실하다고 생각한다. 특히 방송국은 우리 언어 문화에 막대한 영향력을 미치는 매개체이므로 대사 한마디라도 연구하고 걸러서 아름다운 우리말을 써야 할 의무가 있는 것이다.

buf*fet [bəféi, buféi]

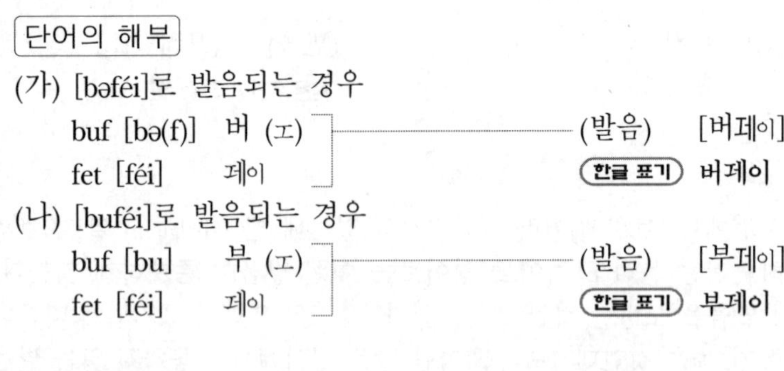

단어의 해부

(가) [bəféi]로 발음되는 경우

| buf [bə(f)] | 버 (ㅍ) | (발음) [버페이] |
| fet [féi] | 페이 | 한글 표기 버페이 |

(나) [buféi]로 발음되는 경우

| buf [bu] | 부 (ㅍ) | (발음) [부페이] |
| fet [féi] | 페이 | 한글 표기 부페이 |

해   설

발음기호 [f]에 상당하는 한글의 글자가 없기 때문에 흔히 [부페]로 표기하고 있는데, 이 단어의 정확한 발음은 [부페이] 또는 [버페이]로 철자 'e'가 [ei]라는 중모음으로 발음되는 것이다. 따라서 [페] 소리는 정확하게 발음하고, 연이어서

마치 [이]로 옮겨가는 듯한 기분으로 가볍게, 그리고 얼버무리듯 하는 둥 마는
둥 한 느낌으로 [이] 소리를 내는 것이다.

bull*doz*er [búldóuzər]

   새국어대사전(양주동 박사 책임 감수)에는 [불도:저]로 표기되어 있고, 근래에
출판된 영한과 한영 사전에는 그냥 [불도:저]로 표기되어 있다. [불도:저]로 표
기한 것은 둘째 음절 'doz'에서 철자 'o'가 중모음인 [ou]로 발음되는 것을 장모음
으로 취급하였는데, 이것은 일본식 발음이 [부루도-자-(ブルドーザー)]로 철자
'o'를 장음으로 쓰고 있는 것을 그대로 모방한 것이다.
   마지막 음절이 'r 모음화 음색 변화'인 것에 주의를 기울여 혀를 말아 올리면
서 [저] 소리를 내서 'r'의 여운을 남기면 [저ㄹ] 소리가 되는 것이다.

burn*er [bə′:rnər]

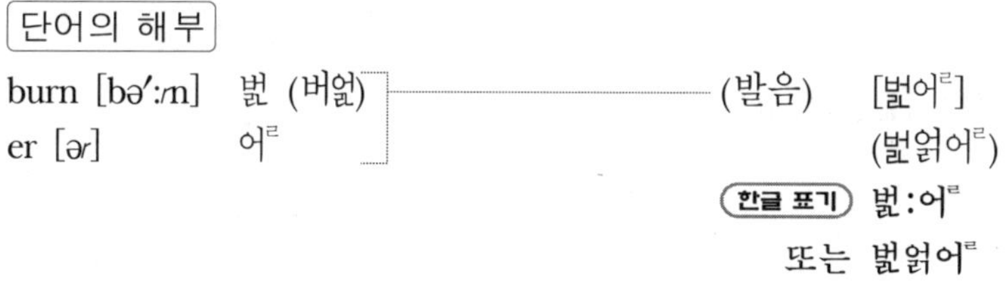

   일본식 발음은 [바-나-(バーナー)]인데 우리 영한 사전이나 한영 사전에는 [버
너]로 표기되어 있다. 이것은 'r 모음화 음색 변화'를 표기할 수 없었던 것을 제외
하고는 우리의 외래어 표기법을 충실히 준수한 모범적인 표기라 생각한다.
   발음에 주의할 점은 첫 음절이 장음이므로 [버] 소리를 다소 길게 끌면서 혀
를 감아 올리면서 [ㄴ] 받침 소리를 내고 이어서 [어] 하면서 또다시 혀를 감아

올리면 된다. 그렇게 하면 마치 [버ʳ:너ʳ]와 같은 소리가 되는 것이다.

우리는 영어를 유창하게 잘 하는 사람을 우스갯소리로 혀 꼬부라진 사람이라고 한다. 사실 영어 발음은 'ɾ 모음화 음색 변화'에 능숙하도록 혀 꼬부라진 소리를 잘 내야 하는 것이다.

bu*tane [bjúːtein]

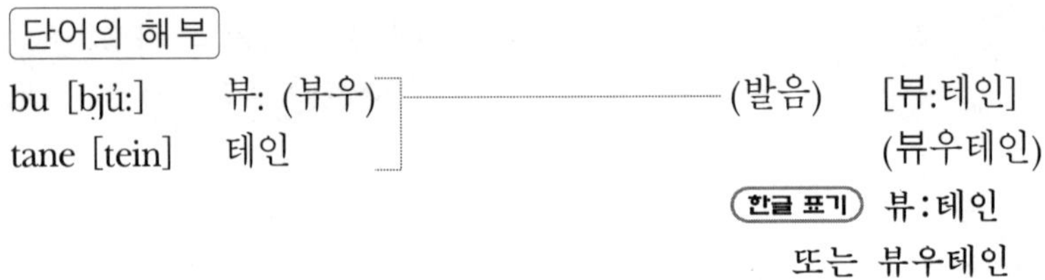

해설

흔히 우리는 이 단어를 [부탄]이라고 발음하고 있는데, 그것은 일본식 발음 [부단(ブタン)]을 그대로 모방해서 쓰고 있는 것이다. 우리 외래어 표기법에 따른다면 [뷰:테인]이어야 할 이 말이 [부탄]으로 되었으니 이것은 일본식을 모방했음이 분명한 것이다.

어린 학생들이 이 [뷰테인]을 흡입하여 환각 상태에 빠져드는 사건이 많이 일어나곤 하는데 그때마다 방송인들은 한결같이 [부탄]이라고 발음하고 있는데 앞으로는 그것은 일본식 발음이므로 고쳐 주기를 바란다.

cab*i*net [kǽbənit]

해설

어떤 사람은 [카비네트]라고 하며 완전히 일본식 발음 [갸비넷도(キャビネッ
ト)]를 모방한 말을 쓰거나, 또 어떤 사람은 [캐비네트]라고 해서 약간은 올바른 듯한 말을 쓰는데 사실은 모두가 틀린 발음인 것이다. 둘째 음절의 철자 'i'가

[ə]로 발음된다는 것과 마지막 음절의 철자 'e'가 [i]로 발음되어야 하는데도 모두 발음기호는 무시하고 철자에 따라 [이]와 [에]로 발음한다는 것은 일본식 발음이다.

cal*ci*um [kǽlsiəm]

해   설

우리나라의 모든 사전에는 [칼슘]으로 표기하고 있는데, 이 단어의 발음기호와 비교해 보자. 우리의 외래어 표기법대로라면 [캘시엄]으로 되어서 원래의 발음과 꼭 같은 발음으로 되는데 우리 것을 무시하고 일본식 발음 [가루시우무(カルシウム)]를 모방하다 보니 실로 엉뚱한 발음으로 변질되어 버렸다.

우리 학생들은 과학 시간에는 이 단어를 [칼슘]으로 발음하면서 공부하고, 영어 시간에는 어떻게 발음할지 걱정된다.

Cal*cut*ta [kǽlkʌ′tə]

해   설

우리 사전에는 [캘커타]로 표기되어 있는데, 이것은 일본식 발음을 모방한 것임이 틀림없다. 왜냐하면 일본식 발음이 [가루갓다(カルカッタ)]일 것임에 틀림없기 때문이다. 둘째 음절과 마지막 음절에 걸쳐서 철자 't'가 겹쳐 있고, 더구나 음절이 'cut'으로 끊어지고, 이어서 'ta'가 되므로 'cut'은 [컽]으로 발음되어야 하며, 아울러 'ta'는 발음기호가 [tə]이므로 [터]로 발음해야 되는 것이다. 따라서 [캘컽터]로 발음하는 것이 올바르며, 그냥 [캘커터]라고 하면 틀리는 것은 아니지만 어감이 좋

지 않아서 발음이 좋지 않다는 말을 들을 수도 있다. 철자가 겹쳐 있을 경우에는
반드시 하나는 받침이 된다는 것을 항상 염두에 두고 발음해야 한다.

cal*en*dar [kǽləndər]

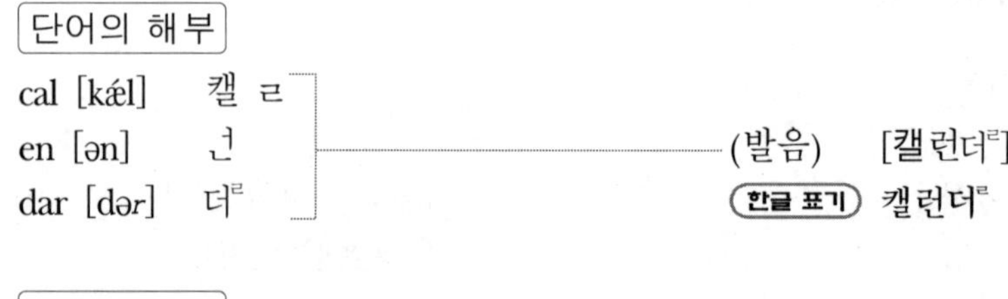

새국어대사전(양주동 박사 책임 감수)에는 [칼렌더]로 표기되어 있고, 한영
사전에는 [캘린더]로 표기되어 있는데, 같은 단어를 가지고 이렇게 서로 다르게
표기하는 이유는 외래어를 한글로 표기함에 있어서 통일된 규칙을 지키지 않
고, 어떤 사람은 일본식으로, 또 어떤 사람은 자기 멋대로 표기를 해도 아무런
규제를 받지 않기 때문이라고 생각한다. 만일 외래어 표기법에 어긋나는 표기
를 했을 경우에는 출판된 서적을 판매하지 못한다는 규정을 세운다면 우리의
외래어 표기법도 빛을 볼 것인데, 규정은 잘 만들어 놓고 지키지 않으니 사문화
된 규정이 되고 말았다.

　[칼렌더]는 일본식 발음 [가렌다-(カレンダー)]를 모방한 것임에 틀림없으나,
[캘린더]는 어느 나라식 발음인지 알쏭달쏭하다. 일본식 발음을 피해 제법 영어
답게 표기하려다 이런 꼴이 되었다고 생각되는데 [린]이라고 하는 소리는 어떻
게 해서 나오게 되었는지 무척 궁금하다.

Cal*i*for*nia [kǽləfɔ́:rnjə, kǽləfɔ́:rniə]

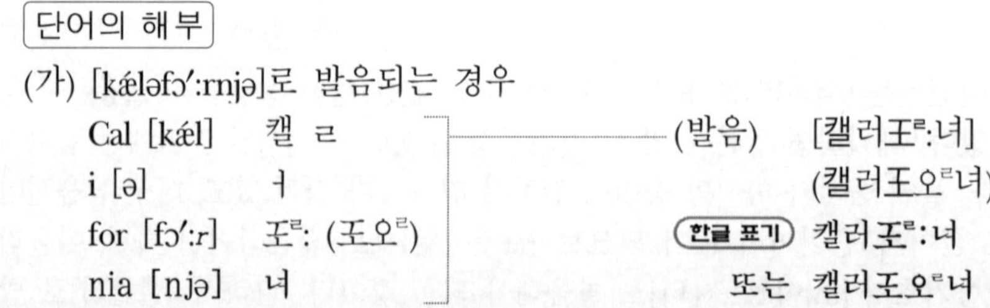

(나) [kǽləfɔ'ːrniə]로 발음되는 경우

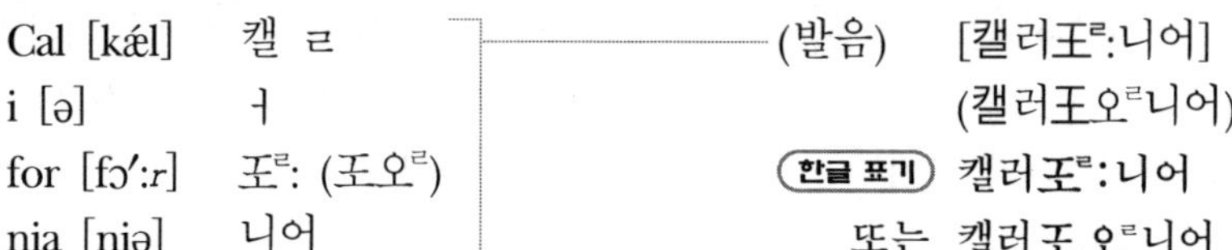

해　설

　영한이나 한영 사전에는 [캘리포니아]로 표기하고 있는데 이것도 일본식 발음을 모방해서 쓰고 있는 것이다. 우리 외래어 표기법을 따랐다면 [캘러포ː녀]나 [캘러포ː니어]로 표기되어서 아주 훌륭한 표기가 되었을 것이다.
　일본식 발음이 [가리후오루니아(カリフォルニア)]일 것으로 추정되는데, 우리가 현재 쓰고 있는 [캘리포니아]와 어쩐지 비슷한 데가 있지 않은가?

cal*o*rie [kǽləri]

단어의 해부

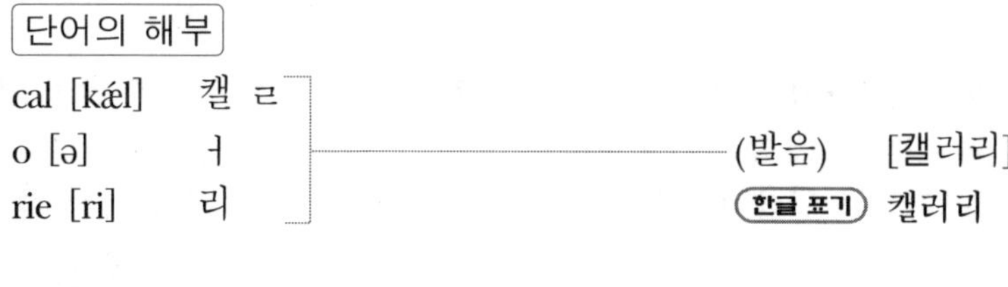

해　설

　일본식 발음이 [가로리-(カロリー)]인데 이것을 그대로 모방해서 [칼로리]로 쓰고 있다. 우리 표기법에 따르면 [캘러리]가 되어 정확한 영어 발음이 되었을 것이다.

Cam*bo*dia [kæmbóudiə]

단어의 해부

해　설

　우리는 [캄보디아]로 표기하고 있는데 일본식 발음 [간보지아(カンボジア)]를 모방

해서 쓰고 있는 것이다. 이것을 우리 외래어 표기법에 따라 표기한다면 [캠보우디어]로 훌륭한 발음이 될 수 있었는데 일본식을 따르다 보니 어설픈 발음이 되어 버렸다. 둘째 음절은 중모음으로 발음되는데 [bóu]는 그냥 [보]가 아니라 [보] 소리를 내면서 자연스럽게 소리가 옮겨지는 듯한 기분으로 가볍게 [우] 하면 되는 것이다.

cam*era [kǽmərə]

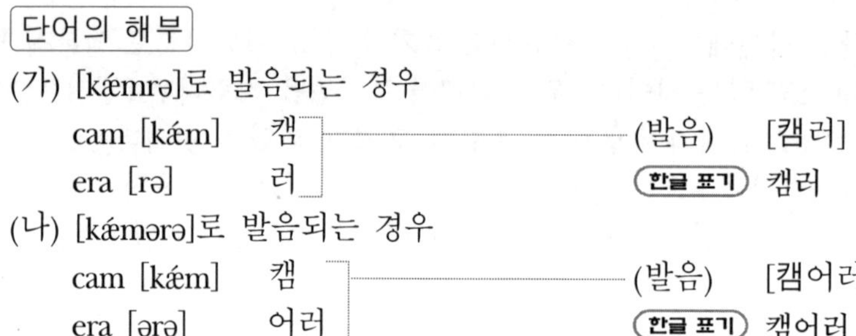

<table>
해   설
</table>

우리는 이 단어를 [카메라]라고 발음하고 표기하고 있는데, 일본식 발음 [가메라(カメラ)]를 그대로 모방한 것이다.

이 단어는 두 가지로 발음되는데 철자 'e'가 발음되는 경우와 발음되지 않는 경우가 있다. 철자 'e'가 발음되지 않는 경우에는 그냥 [캠러]로 발음하는 것이 원칙인데, 이때 [캐므러]라고 발음하는 것처럼 [므] 소리가 나오게 되는데 그것은 상관이 없다. 철자 'e'가 발음되는 경우에는 [캠어러]로 발음하는데, 반드시 [캠] 하고 받침을 써서 발음하여 마치 [캐머러]로 들리게끔 받침 [ㅁ]이 [어]로 옮겨가는 듯하게 발음하는 것이다.

Cam*e*roon [kæmərú:n]

단어의 해부

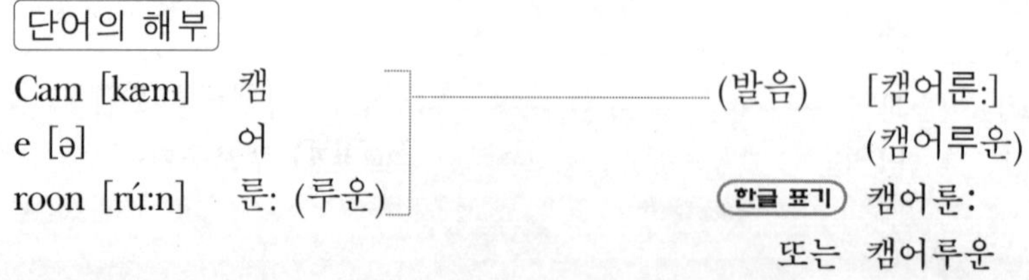

  모든 사전에는 [카메룬]으로 표기되어 있고 실제로 [카메룬]으로 발음하며 쓰고 있다. 이것을 우리 외래어 표기법으로 바꾸어 보면 [캐머룬]으로 표기되어야 할 이 단어가 일본식 발음인 [가메룬-(カメルン-)]을 모방했기 때문에 [카메룬]으로 된 것이다.

  이렇듯 우리 주변에는 일본식 영어 발음이 널려 있기 때문에 일본 사람들은 우리를 자기네들의 언어 식민지라고 여기면서 깔보고 독도가 자기네 땅이라고 시비를 거는 것이다. 독도가 어째서 일본 땅인가! 대마도가 우리 땅이지!

Can*a*da [kǽnədə]

  이 단어는 [캐나다] 또는 [카나다]로 쓰여지고 있는데 [카나다]로 쓰는 것은 일본식 발음인 [가나다(カナダ)]를 그대로 모방해서 쓰는 것이고, 그나마 [캐나다]로 쓰는 것은 어느 정도 일본식 발음을 탈피하려는 노력이 엿보인다. 그러나 설사 [캐나다]로 쓴다고 하여도 일본식 발음을 모방한 것임에는 틀림없는 것이다. 독자들도 이미 깨달았으리라 믿지만 둘째 음절이나 마지막 음절이 완전하게 일본식 발음을 벗어나지 못하고 있기 때문이다. 일본 사람들은 [어] 소리를 내지 못하기 때문에 [아]로 발음하는 것을 그대로 따라 하고 있기 때문이다.

  여기에서 [캔어더]냐 [캐너더]냐 하는 문제가 생기는데 [캔어더]가 옳다고 생각한다. 그냥 [캐너]로 발음하는 것이 아니라 [캔어]하면서 마치 받침인 [ㄴ]이 [어] 소리로 옮겨가는 듯한 소리가 되는 것이 옳은 발음인 것이다.

Car*ib [kǽrəb]

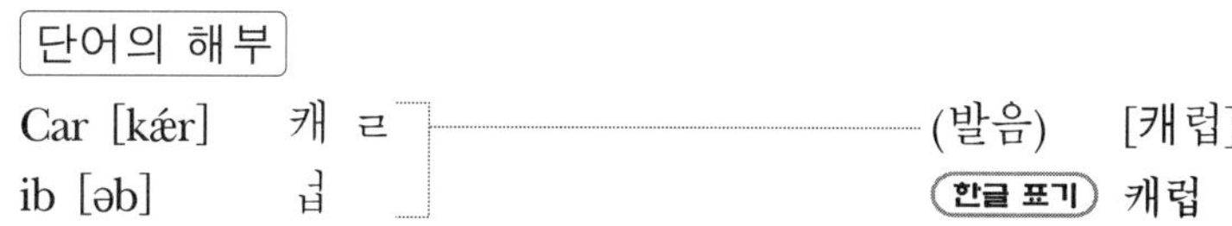

여러 가지 사전이나 서적에는 한결같이 [카리브]로 표기하여 쓰고 있는데 이 것도 일본식 발음 [가리부(カリブ)]를 모방한 표기법인 것이다. 우리 외래어 표 기법을 따랐다면 [캐럽]으로 되어 훌륭한 발음이 되었을 것이다.

아마도 '[캐럽]해'라고 하면 알아들을 학생이 거의 없을 것이고, '[카리브]해' 라고 해야 알아들을 것이다. 우리는 이처럼 일본식 발음 공해에 찌들려 있기 때문에 영어로 대화를 하는 경우에 못 알아듣는 단어가 수없이 많은 것이다.

car*ni*val [kάːɾnəvəl]

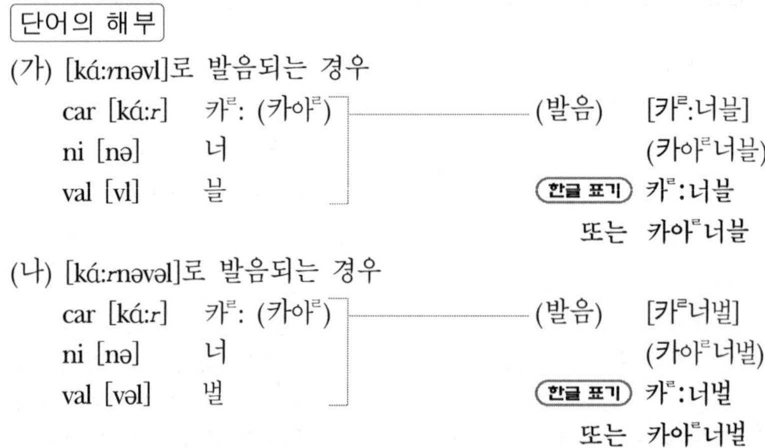

(가) [kάːɾnəvl]로 발음되는 경우

car [kάːɾ]	카ᵣː (카아ᵣ)	
ni [nə]	너	(발음) [카ᵣː너블]
val [vl]	블	(카아ᵣ너블)

한글 표기 카ᵣː너블
또는 카아ᵣ너블

(나) [kάːɾnəvəl]로 발음되는 경우

car [kάːɾ]	카ᵣː (카아ᵣ)	
ni [nə]	너	(발음) [카ᵣ너벌]
val [vəl]	벌	(카아ᵣ너벌)

한글 표기 카ᵣː너벌
또는 카아ᵣ너벌

[카니발]로 쓰여지고 있는 이 단어는 일본식 발음 [가ー니바루(カーニバル)] 를 모방한 것이다. 둘째 음절의 'ni'가 [nə]로 발음되어야 하는데, 일본 사람들은 [어] 소리를 내지 못하므로 [니]로 발음하는 것을 그대로 모방한 것이다. 마지 막 음절 'val'에서 철자 'a'가 발음되지 않는 경우와 [ə]로 발음되는 경우가 있는 데 앞에서 말한대로 [어] 소리를 내지 못하고, 철자가 'a'로 되어 있으니까 [아] 로 해서 [바루] 하는 것이다. 만약 이것을 우리 외래어 표기법에 따라 표기한다 면 [카너벌] 또는 [카너블]로 되어 철자 'v'의 표기가 불완전하지만 그런대로 아 주 멋진 표기가 되었을 것이며, 원래의 발음에 아주 근접한 발음이 되었을 것 이다.

car*pet [káːɾpit]

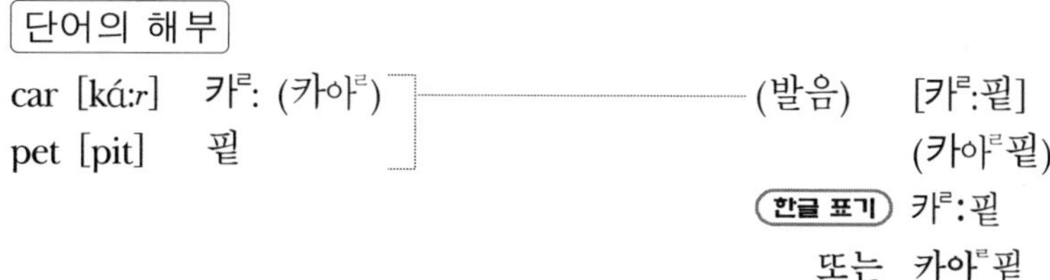

단어의 해부

car [káːr]   카ㄹ: (카아ㄹ)
pet [pit]   핕
(발음)   [카ㄹː핕]
(카아ㄹ핕)

한글 표기 카ㄹː핕
또는 카아ㄹ핕

해   설

마지막 음절의 'pit'을 [핕]으로 발음하는 사람이 별로 없는 것이 현실이다. 이
것도 일본식 발음인 [가–뻿도(カーペット)]를 모방해서 [카페트]로 표기하거나
발음하고 있다.

요즘 인터ㄹ-넽(inter-net)에는 일본 사람들이 우리를 비웃는 글들이 많이 오른다
고 하는데 한번 반성해 볼 일이다.

Cas*a*no*va [kǽzənouvə, kǽsənouvə]

단어의 해부

(가) [kǽzənouvə]로 발음되는 경우

Cas [kǽz]   캐 ㅈ
a [ə]   ㅓ
no [nou]   노우
va [və]   버
(발음)   [캐저노우버]
한글 표기 캐저노우버

(나) [kǽsənouvə]로 발음되는 경우

Cas [kǽs]   캐 ㅅ
a [ə]   ㅓ
no [nou]   노우
va [və]   버
(발음)   [캐서노우버]
한글 표기 캐서노우버

해   설

일본식 발음은 [가자노우바(カザノヴァ)]인데 우리는 이 단어를 [카사노바]라
고 해서 쓰고 있다.

우리 외래어 표기법을 따른다면 [캐서노우버] 또는 [캐저노우버]로 되어서 아

주 훌륭한 표기가 되었을 것이다.

ca*si*no [kəsí:nou]

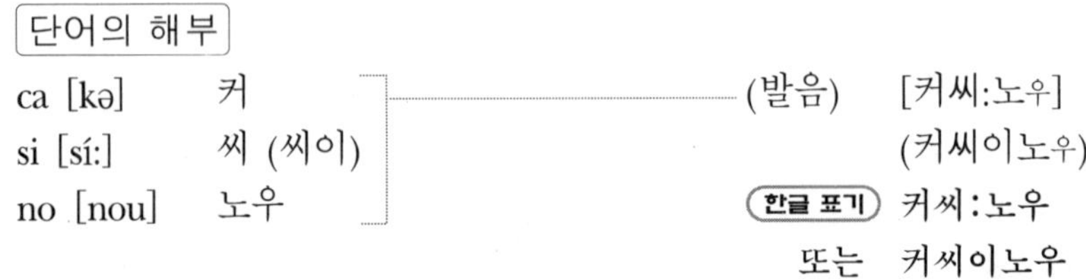

단어의 해부		
ca [kə]	커	
si [sí:]	씨 (씨이)	
no [nou]	노우	

(발음)　　[커씨:노우]
　　　　　(커씨이노우)
한글 표기　커씨:노우
　　또는　커씨이노우

해　　　설

어느 나라 발음에서 유래되었는지 모르겠으나 아무튼 우리는 [카지노]로 표기하고 발음하고 있는데, 아마 이것도 일본 사람들이 [가지노(カジノ)]라고 해서 쓰고 있으니까 우리도 이것을 흉내내어 [카지노]라고 하는 것 같다. 우리 외래어 표기법을 따랐다면 [커시:노]가 되어 훌륭한 발음이 되었을 것이다.

cas*sette [kæsét, kəsét]

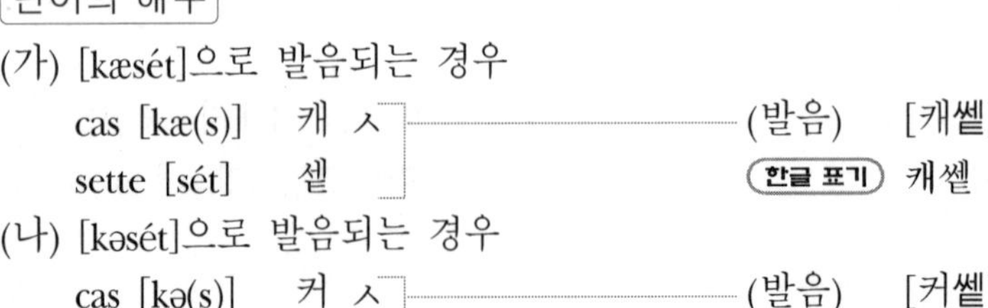

단어의 해부

(가) [kæsét]으로 발음되는 경우

cas [kæ(s)]	캐 ㅅ	
sette [sét]	셑	

(발음)　[캐쎝]
한글 표기　캐쎝

(나) [kəsét]으로 발음되는 경우

cas [kə(s)]	커 ㅅ	
sette [sét]	셑	

(발음)　[커쎝]
한글 표기　커쎝

해　　　설

일본식 발음인 [가셋또(カセット)]를 모방해서 [카세트]로 쓰고 있는데, 비록 두 가지로 발음되기는 하지만 어느 것도 첫 음절이 [카]로 발음되지는 않는다. 첫 음절은 [캐] 또는 [커]로 발음되어야 하므로 [카]로 발음하는 것은 틀리는 발음이다.

cat*a*log, cat*a*logue [kǽtəlɔ́:g, kǽtəlɑ́g, kætəlɔ́g]

[단어의 해부]

(가) [kǽtlɔ́:g]으로 발음되는 경우

cat [kǽt]	캩	
a [발음되지 않음]	으	
log, logue [lɔ́:g]	록: (로옥)	

(발음)　　[캩으록:]
　　　　　 (캩으로옥)

[한글 표기]　캩으록:
　　　　　　또는 캩으로옥

(나) [kǽtəlɔ́:g]으로 발음되는 경우

cat [kǽt]	캩	
a [ə]	어	
log, logue [lɔ́:g]	록: (로옥)	

(발음)　　[캩어록:]
　　　　　 (캩어로옥)

[한글 표기]　캩어록:
　　　　　　또는 캩어로옥

(다) [kǽtlɑ́g]으로 발음되는 경우

cat [kǽt]	캩	
a [발음되지 않음]	으	
log, logue [lɑ́g]	락	

(발음)　　[캩으락]

[한글 표기]　캩으락

(라) [kǽtəlɑ́g]으로 발음되는 경우

cat [kǽt]	캩	
a [ə]	어	
log, logue [lɑ́g]	락	

(발음)　　[캩어락]

[한글 표기]　캩어락

(마) [kætlɔ́g]으로 발음되는 경우

cat [kæt]	캩	
a [발음되지 않음]	으	
log, logue [lɔ́g]	록	

(발음)　　[캩으록]

[한글 표기]　캩으록

(바) [kætəlɔ́g]으로 발음되는 경우

cat [kæt]	캩	
a [ə]	어	
log, logue [lɔ́g]	록	

(발음)　　[캩어록]

[한글 표기]　캩어록

[해　　　설]

우리는 이 단어를 일본식 발음을 모방한 [가다로구(カタログ)]를 그대로 쓰는 경우가 많으며 간혹 [카다록]이니 [카타록]이니 등등 여러 가지로 쓰고 있지만 모두가 틀린 발음이다.

　여기에서 주의할 점은 첫 음절과 둘째 음절을 연속적으로 발음할 때의 문제인데, 먼저 철자 'a'가 발음되지 않는 경우에는 그냥 [캪으] 하고 발음하는데, 마치 받침 [ㅌ]이 [으]로 옮겨지는 듯한 기분으로 발음하는 것이며, 철자 'a'가 발음되는 경우에는 [캪어] 하면서 받침인 [ㅌ]이 자연스럽게 모음 [ㅓ]로 옮겨지는 듯한 기분으로 소리를 내는 것이다. 마지막 음절은 세 가지로 발음되는데, 어느 것이나 전부 된소리 'ㄹㄹ'인 것에 주의해야 한다.

cat*e*go*ry [kǽtəgɔ'ːri, kǽtəgə'ri]

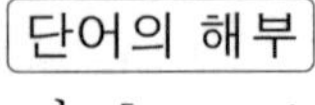

(가) [kǽtəgɔ'ːri]로 발음되는 경우

cat [kǽt]	캪		(발음)	[캪어고:리]
e [ə]	어			(캪어고오리)
go [gɔ'ː]	고: (고오)		한글 표기 캪어고:리
ri [ri]	리			또는 캪어고오리

(나) [kǽtəgə'ri]로 발음되는 경우

cat [kǽt]	캪	
e [ə]	어	(발음) [캪어거리]
go [gə']	거	한글 표기 캪어거리
ri [ri]	리	

해　　설

　모든 사전에는 [카테고리]로 표기되어 있는데 위의 [캪어거리]나 [캪어고리]와 비교해 보자. [캪어고리]나 [캪어거리]가 되어야 하는데도 불구하고 [카테고리]로 되었느냐 하는 것은 이 단어의 일본식 발음이 [가데고리―(カテゴリー)]이기 때문이라는 것쯤은 쉽사리 알 수 있다.

　이것을 우리 외래어 표기법에 따라 표기한다면 [캐터고리] 또는 [캐터거리]가 되는 것이다.

　첫 음절과 둘째 음절의 연결에서 [캪어]냐 [캐터]냐 하는 문제에 대해서는 [캪어]가 옳은 발음이라 생각한다. 즉 [캪어]라고 발음하면 받침인 [ㅌ]이 자연스럽게 [어]로 옮겨가는 듯한 느낌으로 마치 [캐터]라고 하는 것처럼 나오는 발음이 옳다고 본다. 첫 음절이 'cat'으로 끊어져 있으므로 [캪]으로 발음되어야 하며, 이어서 [어]와 연결되면서 [어]가 마치 [터] 소리로 발음되는 것처럼 들리는 것이 옳은 발음이라고 생각한다. 영어에서는 가급적이면 [t]의 발음을 하지 않으려는 경향이 매우 많기 때문에 [캐터] 하고 또박또박 발음하지 않고 [캩어] 라고 해서 자연스럽게 [ㅌ] 받침이 [어]로 옮겨가는 듯한 기분으로 발음해야 한다.

Cath*o*lic [kǽθəlik]

┌─────────┐
│ 단어의 해부 │
└─────────┘

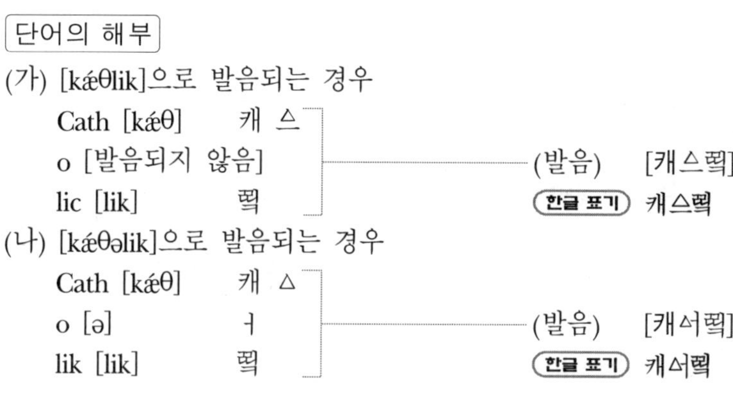

(가) [kǽθlik]으로 발음되는 경우

  Cath [kǽθ] 캐 ㅅ
  o [발음되지 않음]   (발음) [캐스릭]
  lic [lik] 릭   한글 표기 캐스릭

(나) [kǽθəlik]으로 발음되는 경우

  Cath [kǽθ] 캐 △
  o [ə] ㅓ   (발음) [캐서릭]
  lik [lik] 릭   한글 표기 캐서릭

┌─────────┐
│ 해   설 │
└─────────┘

우리 주변에 널려 있는 수많은 일본식 영어를 대할 때마다 다시는 남의 나라의 지배를 받는 불행한 일이 없게 되기를 다짐한다. 만일 거꾸로 우리가 일본을 점령하고 그들을 지배하여 일본어 말살 정책을 펴서 그들이 우리말과 한글을 쓰도록 하였더라면, 지금쯤 그들은 우리 언어를 사용하게 된 것을 무척 고맙게 여길 것이라 생각한다. 왜냐하면 그들의 언어와 문자는 지극히 한정된 소리밖에는 내지 못하기 때문에 영어나 기타 다른 나라말을 발음하는 데 있어서 상당한 괴로움을 느끼고 있는데, 만일 그들이 우리말과 글을 배웠다면 아마도 자기 나라말과 글을 버리고 우리말과 한글을 쓰고 있을 것이기 때문이다.

이 단어를 우리는 [카토릭], 또는 조금 양심 있는 사람은 [캐토릭]으로 표기하여 쓰고 있는데 모두 일본식 발음 [가도릿구(カトリック)]를 모방한 것임에는 의심의 여지가 없다. 왜냐하면 둘째 음절의 철자 'o'가 발음되지 않는 경우와 발음되더라도 [오]가 아닌 [어]로 발음되어야 하는데 [토]로 발음하는 것은 일본식 발음이기 때문이다.

cen*ti*me*ter, cen*ti*me*tre [séntəmí:tər]

단어의 해부

cen [sén]	쎈	(발음)	[쎈터미:터ᵉ]
ti [tə]	터		(쎈터미이터ᵉ)
me [mí:]	미: (미이)	한글 표기	쎈터미:터ᵉ
ter, tre [tər]	터ᵉ	또는	쎈터미이터ᵉ

해 설

이 단어는 [센티미터]라고 사전에 표기되어 있는데, 흔히 [센치메타]라고 하는 경우가 많다. 어느 것이나 모두 일본식 발음 [센찌메-도루(センチメートル)]를 모방한 것이다. 둘째 음절이 [tə]이므로 [터]로 발음되어야 하는데 일본 사람들은 [어] 소리를 내지 못하는 것은 물론이거니와 [ㅌ] 소리도 내지 못하기 때문에 철자 'i'를 위주로 해서 [찌]로 발음할 수밖에는 별다른 도리가 없는 것이다.

ce*ram*ic [siræmik]

단어의 해부

ce [si]	씨	(발음)	[씨램익]
ram [ræm]	램	한글 표기	씨램익
ic [ik]	익		

해 설

흔히 [쎄라믹]이라고들 하는데 일본식 발음인 [세라믹구(セラミック)]를 그대로 모방해서 쓰고 있는 것이다. 이것을 우리 외래어 표기법에 따라 표기해 보면 [시래믹]이다. 비록 첫 음절의 'ce'의 발음과 둘째 음절과 마지막 음절이 연결되는 부분에 약간 미흡한 점이 있기는 하지만 원래의 발음과 똑같지 않은가!

cham*pagne [ʃæmpéin]

단어의 해부

cham [ʃæm]	쎔	(발음)	[쎔페인]
pagne [péin]	페인	한글 표기	쎔페인

해　　　설

우리 사전에는 [샴페인]으로 표기되어 있는데, 프랜스(France) 말로는 그렇게 발음되는지는 몰라도 영어로는 그런 발음이 나오지 않는다.

이 단어에서 가장 이상한 것은 철자 'ch'는 보통 [ʧ] 소리로 발음되는 경우가 많은데 이 단어에서는 [ʃ]로 발음되는 것은 아마도 프랜스 말에서 유래된 것으로 보이며, 첫 음절 'cham'의 발음이 다소 어렵다. 일본식 발음은 [샨뻰(シャンペン)]이다.

첫 음절의 [ʃæm]을 [쉠]으로 발음해야 하는데 자칫 잘못하면 [쇔]으로 발음될 수도 있는 것이다. 그렇다면 [쉠]과 [쇔]의 소리가 어떻게 다른가 하고 반문할 사람이 있을 것인데 [쉠]은 [슈]와 [앰]이 결합된 소리이며, [쇔]은 [소]와 [앰]이 결합된 소리이므로 어감에 있어서 엄청난 차이가 있는 소리인 것이다.

영어의 한글 표기에서 가장 어려운 점이 [ʃ], [ʧ] 및 [ʤ]의 표기법이며, 발음에 있어서도 'r 모음화 음색 변화'와 더불어 가장 어려운 것이다. 이들의 발음을 완벽하게 할 수 있다면 영어 발음을 정복하였다고 해도 과언이 아닐 것이다.

chan*nel [ʧǽnəl]

단어의 해부

(가) [ʧǽnl]로 발음되는 경우

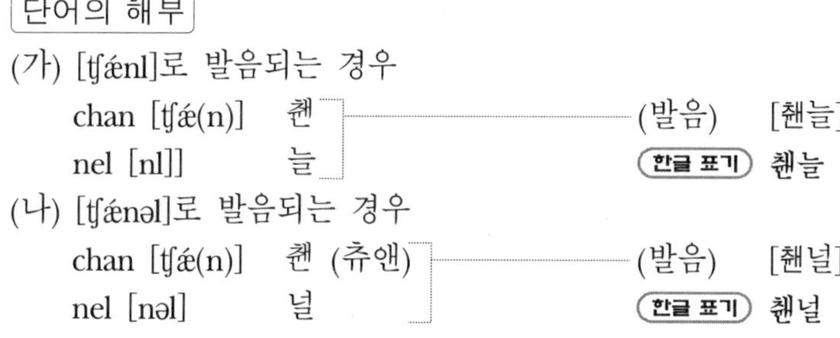

(나) [ʧǽnəl]로 발음되는 경우

해　　　설

첫 음절 'chan'의 발음이 어려운데, 앞에서와 마찬가지로 [츄앤]이 결합되어서 [챈]으로 발음해야 하는 것이다. [챈]이라는 글자는 우리 한글에서는 쓰이지 않는 것이지만 영어 발음을 올바로 표기하기 위해서는 쓰여져야만 하는 글자이다. 영어 발음을 정확하게 표기하여 발음하기 위해서는 어떠한 글자라도 쓰지 않으면 안되는 글자가 몇 가지 있는데 이 책에서는 가급적이면 정확하게 영어 발음을 표기하려는 뜻에서 '한글 맞춤법 통일안'의 제한을 초월해서, 우리 한글로 표기할 수 있는 모든 글자를 만들어 쓰겠다.

이 단어의 일본식 발음은 [짠네루(チャンネル)]인 것을 감안하면 우리가 현재 쓰고 있는 [찬넬]이라는 발음은 일본식 발음을 모방한 것이며, 혹간 [채널]이라고 쓰는 경우도 있는데 정확한 의미에서는 [채널]이 아니라 [첀널]이 옳은 발음이다.

Chile [ʧíli]

Chi*na [ʧáinə]

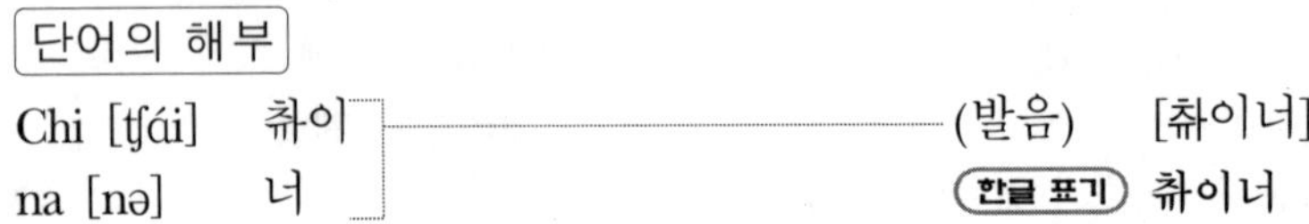

이 단어를 우리는 [차이나]로 해서 쓰고 있는데, 이것도 사실은 일본식 발음인 [쨔이나(チャイナ)]를 모방한 것으로 여겨진다. 첫 음절의 [ʧái]는 [츄아이]로서 [츄아]가 결합되어 [츄]의 소리가 나와야 하는 것이다. 그리고 마지막 음절은 [나]가 아니라 [너]로 발음되어야 하는 것이다.

choc*o*late [ʧɔ́:kəlit, ʧɑ́kəlit, ʧɔ́kəlit]

단어의 해부

(가) [ʧɔ́:klit]으로 발음되는 경우

choc [ʧɔ́:k]　츄오: ㅋ (츄오오 ㅋ)　(발음)　[츄오:크렡]

o [발음되지 않음] ―　(츄오오크렡)

late [lit]　렡　한글 표기　츄오:크렡

또는　츄오오크렡

(나) [ʧɔ́:kəlit]으로 발음되는 경우

choc [ʧɔ́:k]　츄오: ㅋ (츄오오 ㅋ)　(발음)　[츄오:커렡]

o [ə]　ㅓ　(츄오오커렡)

late [lit]　렡　한글 표기　츄오:커렡

또는　츄오오커렡

(다) [ʧɑ́klit]으로 발음되는 경우

choc [ʧɑ́k]　츄 ㅋ

o [발음되지 않음] ―　(발음)　[츄크렡]

late [lit]　렡　한글 표기　츄크렡

(라) [ʧɑ́kəlit]으로 발음되는 경우

choc [ʧɑ́k]　츄 ㅋ

o [ə]　ㅓ　(발음)　[츄커렡]

late [lit]　렡　한글 표기　츄커렡

(마) [ʧɔ́klit]으로 발음되는 경우

choc [ʧɔ́k]　츄오 ㅋ

o [발음되지 않음] ―　(발음)　[츄오크렡]

late [lit]　렡　한글 표기　츄오크렡

(바) [ʧɔ́kəlit]으로 발음되는 경우

choc [ʧɔ́k]　츄오 ㅋ

o [ə]　ㅓ　(발음)　[츄오커렡]

late [lit]　렡　한글 표기　츄오커렡

해　　설

요즘 어린이들에게 6.25전쟁 당시 먹을 것이 없어서 굶기를 밥먹듯이 했다고 하면 라면을 먹지 왜 굶었느냐고 하는 세상이 되었지만, 사실 그 당시에는 굶주

린 어린 아이들이 미군들 뒤를 졸졸 따라다니면서 고사리 손을 내밀고 '기브미 쬬꼬렛도(Give me chocolate)' 하던 시절이 있었다. 그 당시만 해도 일본으로부터 해방된 지 5년밖에 되지 않았으므로 일본식 영어 발음에 익숙한 어른들이 하는 말을 따라서 [쬬꼬레-도(チョコレート)]라는 일본식 발음이 진짜 영어라고 생각하였던 것이다. 그때의 기억 때문에 'chocolate'이라는 단어만 나오면 나도 모르는 사이에 [쵸코렛]이라고 발음하게 되는데 사람의 습관이라는 것은 이처럼 무서운 것이다.

무려 6가지로 발음되는 이 단어를 전부 살펴보아도 철자 'o'가 [오]로 발음되는 경우나, 또는 마지막 음절이 [렛]으로 발음되는 경우가 없는데도 [쵸코렛]으로 습관화되어 버리고 말았다.

Cin*der*el*la [síndərélə]

cin*e*ma [sínəmə]

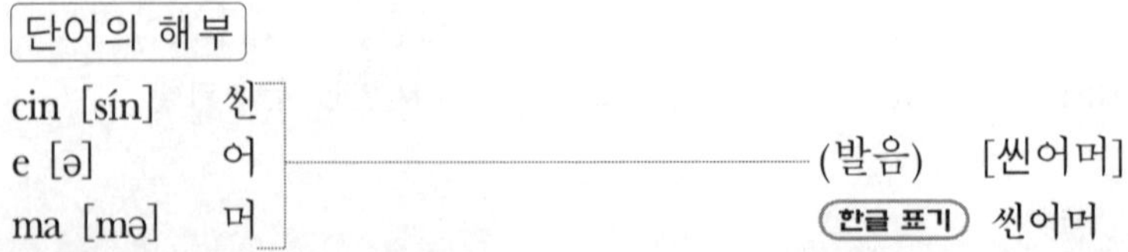

흔히 [시네마] 또는 [씨네마]로 표기되고 발음되는 이 단어는 자세히 살펴보면 일본식 발음 인 [시네마(シネマ)]를 한 글자도 틀리지 않고 그대로 모방해서 쓰고 있는 것이 사실이다.

첫 음절이 'cin'으로 되어 있고 강음 부호가 있으므로 [씬]이라고 발음해야 한다. 둘째 음절의 철자 'e'는 [어]로 발음되어야 하는데 일본 사람들은 [어] 소리를 내지 못해서 [에]로 발음하는 것인데 이것마저 일본 사람들을 따라서 [에]로 발음하는 것은 잘못된 발음이다. 마지막 철자 'a'도 [아]가 아닌 [어]로 발음되어야 하는데 [아]로 발음하는 것도 같은 이유에서 잘못된 발음인 것이다. 그리고 첫 음절과 둘째 음절이 연결되면서 마치 [씨너] 소리처럼 들리는 것은 받침 [ㄴ]이 [어]로 옮겨가는 듯한 기분으로 발음되기 때문인 것이다.

cit*i*zen [sítəzən]

(가) [sítəzn]으로 발음되는 경우

(나) [sítəzən]으로 발음되는 경우

일본식 발음은 [시디-즌(シチィーズン)]이며, 우리는 주로 [시티즌]이라고 쓰고 있는데 이것도 너무나 일본식 발음을 닮았다.

이것을 우리 외래어 표기법에 따라 표기한다면, (가)는 [시터즌]이고, (나)는 [시터전]이 된다. 우리 외래어 표기법에 따랐다면 원래의 발음과 아주 꼭같이 표기되었을 것이고 발음도 틀리지 않았을 것이다.

clar*i*net [klǽrənet, klǽrinət]

> 단어의 해부

(가) [klǽrənet]으로 발음되는 경우

clar [klǽr]	크뢔 ㄹ	
i [ə]	ㅓ	(발음)　[크뢔러넽]
net [net]	넽	한글 표기　크뢔러넬

(나) [klǽrinət]으로 발음되는 경우

clar [klǽr]	크뢔 ㄹ	
i [i]	ㅣ	(발음)　[크뢔리넽]
net [nət]	넽	한글 표기　크뢔리넬

> 해　　　설

　우리가 현재 쓰고 있는 표기법은 [클라리넷]으로 되어 있다. 이것을 우리 외래어 표기법으로 표기해 보면, (가)는 [클래러넷]이 되었을 것이고, (나)는 [크뢔리넽]이 되었을 것이다. 이 단어의 일본식 발음이 [구라리넷도(クラリネット)]인 것을 감안한다면 이것도 역시 일본식 영어를 모방한 것이다. 물론 철자 'i'가 [이]로 발음되는 경우도 있어서 둘째 음절이 [리]로 발음되는 경우도 있지만 이때에는 마지막 음절이 [넬]이 아닌 [넽]으로 변하는 것이다. 첫 음절은 어느 것이든 전부 [크뢔]로 발음되므로 [클라]로 발음하는 것은 발음기호를 무시한 발음인 것이다.

Cleo*pat*ra [cliəpǽtrə, kliəpá:trə]

> 단어의 해부

(가) [cliəpǽtrə]로 발음되는 경우

Cleo [cliə]	크뤼어	
pat [pǽt]	패츄	(발음)　[크뤼어패츄러]
ra [rə]	러	한글 표기　크뤼어패츄러

(나) [kliəpá:trə]로 발음되는 경우

Cleo [kliə]	크뤼어	
pat [pá:t]	파:츄 (파아츄)	(발음)　[크뤼어파:츄러]
ra [rə]	러	（크뤼어파아츄러）
		한글 표기　크뤼어파:츄러
		또는　크뤼어파아츄러

만약에 [클레오파트라]의 코가 조금만 더 높았더라면 세계의 역사는 달라졌을 것이라고들 하는데 굉장히 미인이었음은 틀림없으나 코가 조금 낮았던 것 같다. 이 단어의 일본식 발음은 [구레오빠또라(クレオパトラ)]일 것으로 짐작되는데 우리가 쓰고 있는 [클레오파트라]와는 별로 다른 점이 없다. 우리 외래어 표기법을 따른다면, (가)는 [클리어패트러]가 될 것이고, (나)는 [클리어파:트러]가 되었을 것인데 [클레오파트라]가 되었다.

이 단어의 발음에서 주의해야 할 점은 둘째 음절의 철자 't'의 발음인데 [츄]로 발음되는 이유는, 철자 't' 다음에 'r'이 오는 경우에는 't'의 발음은 [츄]로 변화하는 추세이므로 잘 기억해 두기 바란다.

cli*max [klái mæks]

우리는 [클라이막스]로 쓰고 있는데 역시 마지막 음절이 일본식 발음을 모방한 것이다. 일본식 발음으로는 [구라이맛구스(クライマックス)]라고 한다. 이것을 우리 외래어 표기법으로 표기한다면 [클라이맥스]로서 마지막 음절에서 큰 차이가 있음을 알 수 있다. 이런 현상은 일본 사람들이 [애] 소리를 내지 못하는 언어 불구자들이기 때문에 [마구스]로 발음하는 것이다.

clo*ver [klóuvər]

모든 사전에는 [클로버]로 표기되어 있는데 이것도 일본식 발음을 모방하여 쓰고 있는 것이다. 일본 사람들은 [구로-바-(クローバー)]라고 하는데, 한때 우

리도 [클로바]로 발음한 적도 있다. 첫 음절이 단순히 [클로]가 아니라 중모음으로 [크로우]로 해서 [로]에서 [우]로 옮겨가는 듯한 느낌으로 발음해야 하는 것이다.

co*balt [kóubɔ:lt]

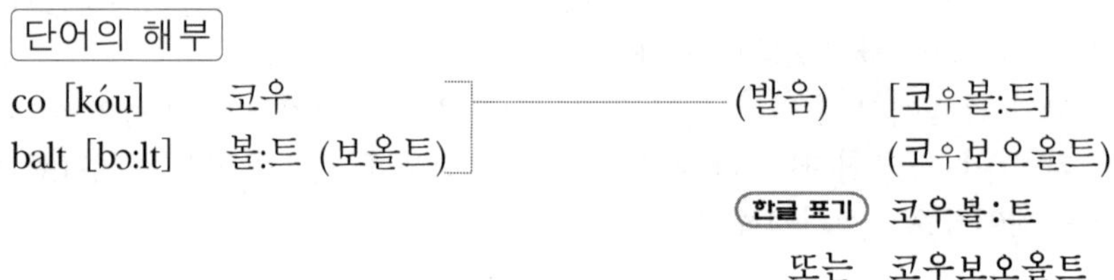

해   설

현재 [코발트]로 표기하여 쓰고 있는데 일본식 발음 [고바루도(コバルト)]를 그대로 모방한 것이다. 전혀 발음기호는 상관하지 않고 오직 철자에만 의존하는 일본식 발음을 따라서 쓰고 있는 것이다. 발음기호대로라면 첫 음절의 철자 'o'가 중모음으로 변해서 [오우]로 되어야 옳은 것이며, 마지막 음절의 철자 'a'가 [ɑ:]가 아닌 [ɔ:]로 발음되어야 하며, 또한 장음으로 발음되어야 함에도 불구하고 모두 단모음으로 처리한 것은 잘못된 발음이다.

co*bra [kóubrə]

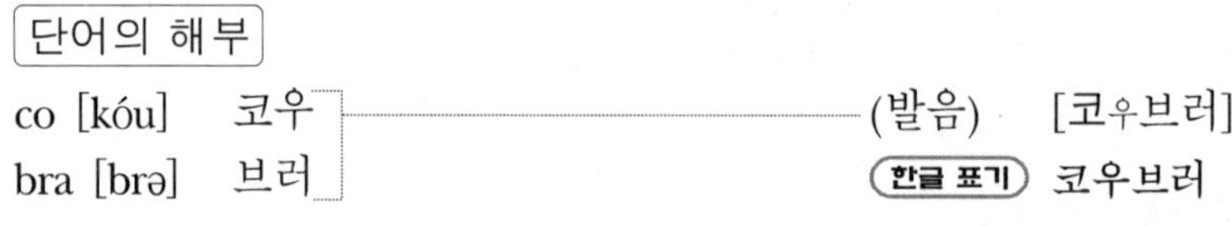

해   설

우리는 [코부라]라고 하고 일본 사람들은 [고부라(コブラ)]라고 한다. 이것을 우리 외래어 표기법에 따라 표기한다면 어떻게 될까?

우선 첫 음절을 보면 [코]가 될 것이고 마지막 음절은 [브러]가 되어서 [코브러]가 되었을 것이다. 그런데 한글학회에서 규정한 '한글 맞춤법 통일안'의 외래어 표기법에서는 중모음들 중 [ou]에 대해서는 그냥 [오]로 표기한다고 규정하고 있는데 이것은 크게 잘못된 것이다. 중모음 [ou]라는 것은 [오] 하는 소리를 똑똑하게 발음해 주고 [우] 소리는 들리지 않을 정도로 가볍게 [우]로 옮겨가는 듯이 발음하라는 것이지, 결코 [오] 하고 [우]를 또박또박 소리를 내라는 것은 아니며 더구나 장음이 아닌 것이다. 장음과 중모음을 절대로 같은 개념으로 생각해서는 안되는 것이다.

Co*ca*Co*la [kóukəkóulə]

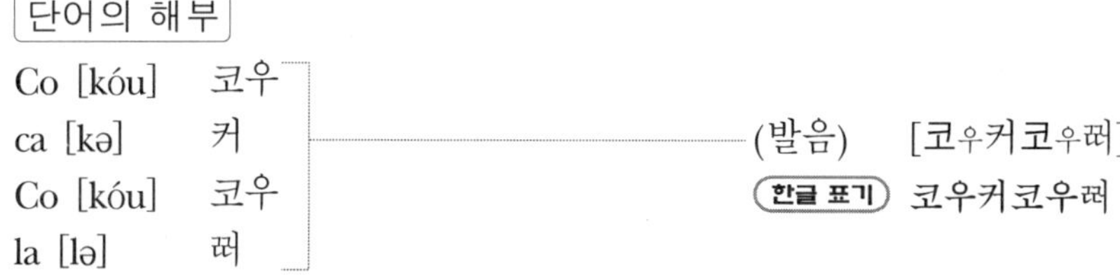

어린아이들까지도 [코카콜라]라면 금새 알아들을 수 있을 정도로 유명한 이 단어도 실은 일본식 발음 [고가고라(コカコラ)]를 모방한 것이다. 둘째 음절과 마지막 음절이 모두 [어]로 발음되어야 하는데 [아]로 발음하는 것은 일본 사람들은 [어] 소리를 내지 못하기 때문에 하는 수 없이 [아]로 발음하는 것을 우리가 모방하고 있는 것이다.

co*cain(e) [koukéin, kóukein]

단어의 해부

(가) [koukéin]으로 발음되는 경우

| co [kou] | 코우 | | (발음) | [코우케인] |
| cain [kéin] | 케인 | | 한글 표기 | 코우케인 |

(나) [kóukein]으로 발음되는 경우

| co [kóu] | 코우 | | (발음) | [코우케인] |
| cain [kein] | 케인 | | 한글 표기 | 코우케인 |

해 설

지금 쓰고 있는 표기는 [코카인]인데 이것을 우리 외래어 표기법에 따라 표기해 본다면 [코케인]으로, 이것은 아주 정확한 표기인 동시에 발음도 정확하게

할 수 있는 것이다. 이것을 일본식 발음인 [고가인(コカイン)]을 그대로 모방해서 쓰니까 발음이 틀리는 것이다. 일본 사람들도 [게] 소리를 낼 수 있어서 [고게인(コケイン)]으로 발음할 수 있는데도 불구하고 굳이 [고가인]으로 발음하는 것은 발음기호를 무시하고 다만 철자를 위주로 발음하는 나쁜 규정을 만들어 따르고 있기 때문인 것이다.

언어라는 것은 소리로 자기의 의사를 상대방에게 전달하는 수단인데, 만약 소리가 정확하지 않다면 자기의 의사를 충분하게 상대방에게 전달했다고 볼 수가 없는 것이다. 글자는 약간 틀려도 시각적으로 느껴서 무슨 의미를 표시하고 있구나 하고 알아 볼 수 있으나, 소리란 시각적으로 볼 수가 없고 다만 청각적인 감각에만 의지하게 되므로 소리가 잘못 전달되면 알아들을 수 없는 것이다.

co*coa [kóukou]

해   설

발음기호를 무시하고 일본 사람들 식으로 한다면 [코코아]가 되는데 사실 일본식 발음이 [고고아(ココア)]이다. 우리 외래어 표기법대로라면 [코코]가 되는데 중모음을 무시하는 우리의 외래어 표기법이 잘못된 탓이다. 이런 점은 시정되어야 할 것이라고 생각한다.

이 단어는 얼핏 들으면 마치 [코코]라는 소리로 들릴 정도로 [우] 소리는 내지 않는다.

cof*fee [kɔ':fi, káfi, kɔ'fi]

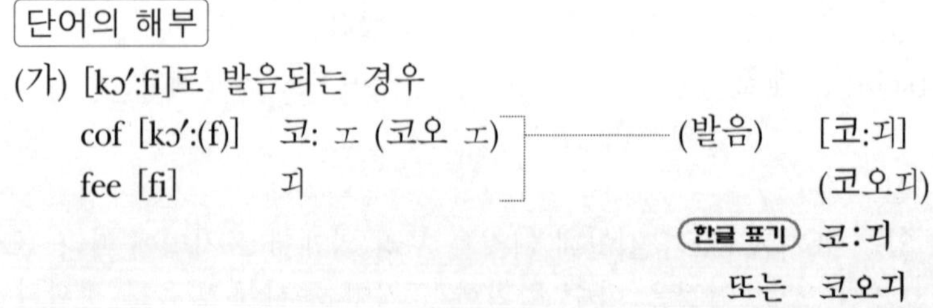

(나) [káfi]로 발음되는 경우

cof [ká(f)] 카 ㅍ
fee [fi] 피
(발음) [카피]
한글 표기 카피

(다) [kɔ′fi]로 발음되는 경우

cof [kɔ′(f)] 코 ㅍ
fee [fi] 피
(발음) [코피]
한글 표기 코피

해 설

모 TV 방송에서 어떤 여성 강사의 강의를 듣다가 어이가 없었던 경우가 생각난다. 강의를 끝까지 듣지는 않았지만 그 여성 강사는 이렇게 말하는 것이었다. '외국 사람과 만나서 이야기를 할 때는 발음을 정확하게 해서 '아이스 코피'라고 말하고, 우리 한국 사람들끼리 만나서 이야기할 때에는 평소에 하던 대로 '냉커피'라고 말하는 것이 좋다'고 하니까, 보조 사회자인 듯한 남자 사회자가 '그렇지요. 아무래도 '아이스 코피' 하고 발음하면 잘난 척 해 보이려는 것 같아서 왠지 쑥스러워집니다.'라고 말하는 것을 보고 무척 놀랐다. 영어를 영어 발음대로 발음하면 잘난 척하는 것처럼 보이고, 영어를 일본식 발음으로 하면 괜찮다는 말인가? 그리고 일본식 발음으로 발음하는 것이 어째서 우리나라식 말이란 말인가? 온 국민이 시청하는 TV 방송에서조차 영어를 발음대로 발음하는 것은 쑥스럽고, 영어를 일본식 발음으로 하는 것은 정상적이라고 공공연하게 말하는 사회자나 강사들의 이러한 행위는 무지의 소치를 지나 인격이 의심스럽다.

우리는 주로 [커피]라고 많이 쓰는데 이 단어가 세 가지로 발음이 되지만 그 어느 것도 첫 음절이 [커]로 발음되는 경우는 없고, [코] 또는 [카]로 발음되는데 엉뚱하게 [커피]라고 해서 쓰니 이것은 일본식 발음도 아니고 도대체 어느 나라식 발음인지 도무지 알 수가 없다. 일본식 발음은 [고-히-(コーヒー)]이므로 [커피]와는 거리가 멀다.

com*bi*na*tion [kámbənéiʃən, kɔ′mbənéiʃən]

단어의 해부

(가) [kámbənéiʃn]으로 발음되는 경우

com [kám] 캄
bi [bə] 버
na [néi] 네이
tion [ʃn] 슌
(발음) [캄버네이슌]
한글 표기 캄버네이슌

(나) [kámbənéiʃən]으로 발음되는 경우

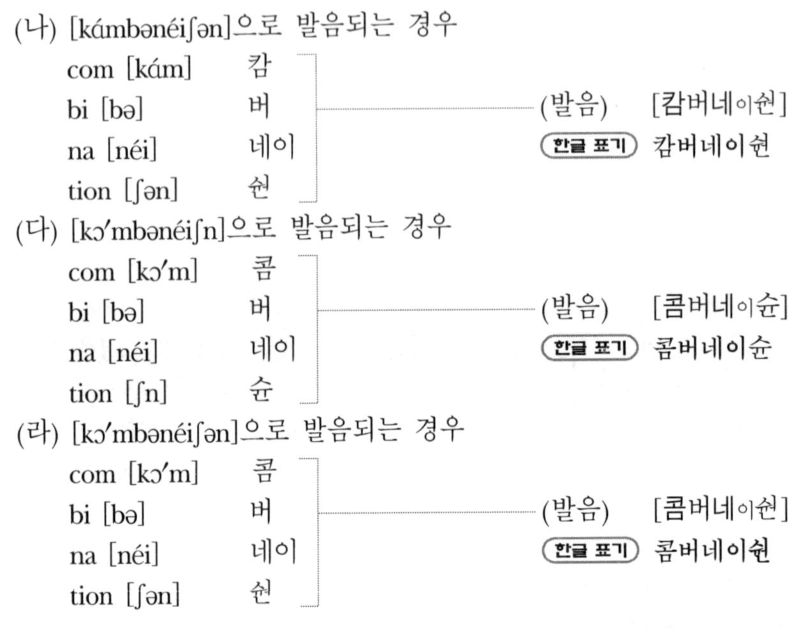

com [kám]	캄		(발음)	[캄버네이쉔]
bi [bə]	버		(한글 표기)	캄버네이쉔
na [néi]	네이			
tion [ʃən]	쉔			

(다) [kɔ′mbənéiʃn]으로 발음되는 경우

com [kɔ′m]	콤		(발음)	[콤버네이슌]
bi [bə]	버		(한글 표기)	콤버네이슌
na [néi]	네이			
tion [ʃn]	슌			

(라) [kɔ′mbənéiʃən]으로 발음되는 경우

com [kɔ′m]	콤		(발음)	[콤버네이쉔]
bi [bə]	버		(한글 표기)	콤버네이쉔
na [néi]	네이			
tion [ʃən]	쉔			

<u>해   설</u>

이 단어가 [콤비네이숀]으로 표기되는 경우가 많은데, 이런 표기는 일본식 발음 [곤비네-숀(コンビネーション)]을 모방한 것이다. 비록 4가지로 발음되기는 하지만 둘째 음절이 모두 [버]로 발음되며 [비]로 발음되는 경우는 없다. 따라서 [비]로 발음하는 것은 발음기호를 무시하고 철자를 중심으로 해서 발음하는 일본 사람들의 발음이므로 틀린 것이다. 셋째 음절의 [néi]는 그냥 [네]가 아니라 철자 'a'는 철자 발음인 [éi]이므로 [네이]로 발음해야 하는 것이다. 특히 일본 사람들은 'tion'은 무조건 [숀(ション)]으로 발음하는데, 일본 사람들도 [슌(シュン)] 소리를 낼 수 있는데도 불구하고 굳이 [숀(ション)]으로 발음하는 것은 이해할 수 없는 대목이다.

co*me*di*an [kəmí:diən]

<u>단어의 해부</u>

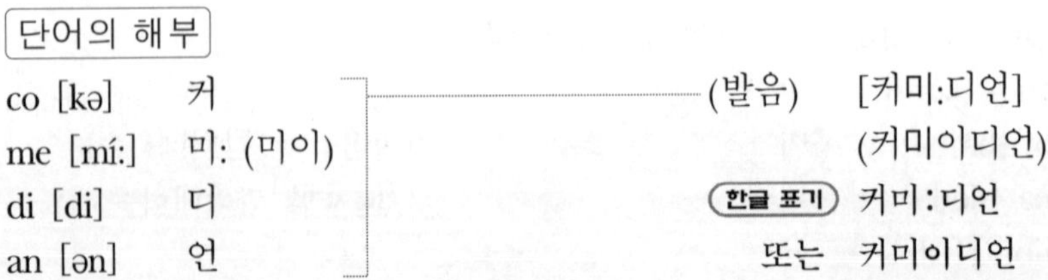

co [kə]	커		(발음)	[커미:디언]
me [mí:]	미: (미이)			(커미이디언)
di [di]	디		(한글 표기)	커미:디언
an [ən]	언			또는 커미이디언

이 단어의 발음기호를 무시하고 일본식 사고 방식을 가지고 표기해 본다면 [코메디안]으로 되는데 실제 일본식 발음은 [고메디안(コメディアン)]이다. 이것을 우리는 [코메디언]으로 표기하고 있다. 발음기호란 그 낱말의 소리를 내는 방법을 나타내는 소리의 기호인데 이것을 무시한다는 것은 올바른 소리내기를 포기하는 것과 다름없는 것이다. 따라서 올바른 소리내기를 포기한다는 것은 올바른 의사 전달을 포기하겠다는 뜻이 된다.

com*e*dy [kámədi, kɔ'mədi]

(가) [kámədi]로 발음되는 경우

(나) [kɔ'mədi]로 발음되는 경우

첫 음절이 앞의 'comedian'과는 발음상 차이가 있는데, 그것은 첫 음절이 'co'와 'com'의 차이점이다. 즉 'co'의 [kə]는 [커]이며, 'com'의 [kám]은 [캄]이고, [kɔ'm]은 [콤]으로 발음해야 하는 것이다. 그리고 [캄]이나 [콤]에서 다음 음절과 연결되는 시점에서 받침인 [ㅁ]이 [어]로 옮겨지는 듯이 자연스럽게 마치 [커머]라는 소리로 들리도록 해야 한다. 이것의 일본식 발음은 [고메디-(コメディー)]인데, 우리는 [코메디]라고 표기하고 있는 것이다.

com*mis*ion [kəmíʃən]

단어의 해부

(가) [kəmíʃn]으로 발음되는 경우

com [kə(m)]	컴	
mis [míʃ]	미슈	(발음) [컴미슌]
ion [n]	ㄴ	한글 표기 컴미슌

(나) [kəmíʃən]으로 발음되는 경우

com [kə(m)]	컴	
mis [míʃ]	미슈	(발음) [컴미쉔]
ion [ən]	젼	한글 표기 컴미쉔

해   설

일본 사람들은 [곤밋숀(コンミッション)]으로밖에는 발음이 되지 않는다. 우리 사전에는 [커미션]으로 표기하고 있는데 보통 [콤미숀]이라고 발음한다. 그런데 여기에서 문제가 되는 것은 우리가 쓰고 있는 두 가지 표기가 모두 잘못되었음은 말할 나위도 없지만, 더욱 더 문제가 되는 것은 같은 발음기호의 낱말이 두 가지 소리로 표기되어 통일을 이루지 못하고 있다는 점이다.

com*pass [kʌ′mpəs]

단어의 해부

com [kʌ′m]	컴	(발음) [컴퍼스]
pass [pəs]	퍼스	한글 표기 컴퍼스

해   설

이 단어를 [콤파스]로 표기해 놓은 사전도 있고 [컴퍼스]로 표기해 놓은 사전도 있는데, [콤파스]로 표기한 것은 일본식 발음 [곤빠스(コンパス)]를 그대로 모방한 것이고, [컴퍼스]로 표기된 것은 우리 외래어 표기법에 따른 옳은 표기인 것이다. 이처럼 우리 것을 사랑할 줄 아는 경우도 있구나 하는 것을 느끼게 되니 일본의 언어 식민지로부터 벗어날 수 있다는 희망이 보인다.

com*put*er [kəmpjúːtər]

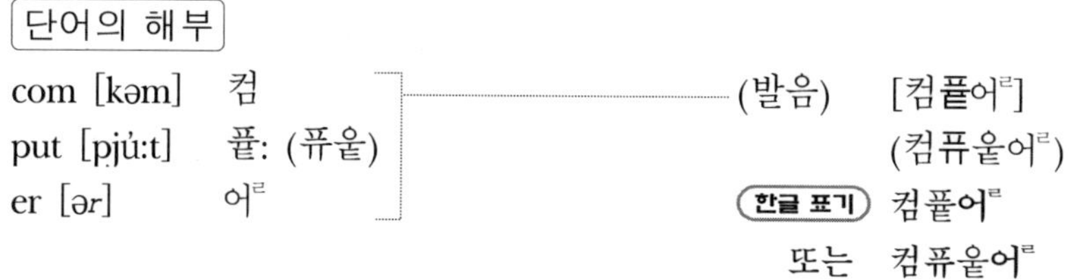

단어의 해부

com [kəm]	컴		(발음)	[컴퓥어ᵉ]
put [pjúːt]	퓥: (퓨욷)			(컴퓨욷어ᵉ)
er [ər]	어ᵉ		한글 표기	컴퓥어ᵉ
				또는 컴퓨욷어ᵉ

해   설

이 단어는 비교적 일본식 발음인 [곤뺘ー다ー(コンピューター)]의 영향을 덜 받은 것 같은데 실제로 우리가 발음할 때에는 [콤퓨타]라고 발음하는 경우가 많다. 한글 표기로는 [컴퓨터]로 쓰고 있지만 실제 발음을 들어 보면 [컴퓨러]라고 하는 것처럼 들리는데, 사실은 [컴퓥] 하고 철자 ‘t’가 [퓨]의 받침이 되면서 ‘t’의 소리가 나오지 않고 [어ᵉ]로 넘어가기 때문에 마치 [컴퓨러]라고 하는 것처럼 들리는 것이다.

특히 미국 계통 사람들은 철자 ‘t’를 발음하지 않으려는 경향이 강해서 ‘t’를 [r]로 발음하는 것처럼 인식되는 것이다. 그러나 사실은 [r]로 발음하는 것이 아니라 철자 ‘t’를 말의 받침으로 처리해서 소리를 없애 버린다고 하는 편이 옳을 것으로 생각된다. 이런 종류의 발음은 영어 발음에서 ‘r 모음화 음색 변화’와 함께 주의를 기울여야 한다.

con*cert [kánsə(ː)rt, kɔ́nsə(ː)rt]

단어의 해부

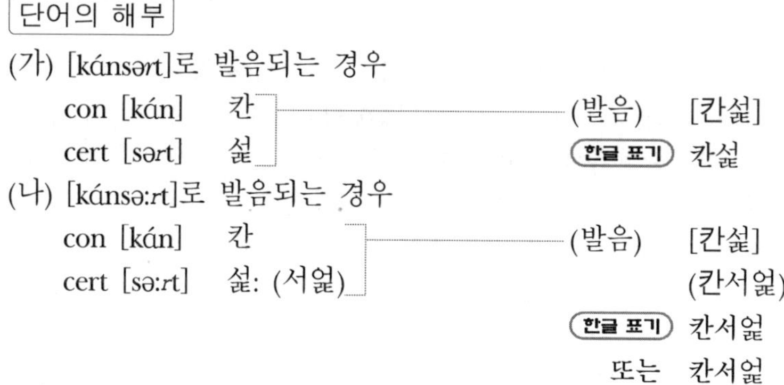

(가) [kánsərt]로 발음되는 경우

con [kán]	칸		(발음)	[칸섵]
cert [sərt]	섵		한글 표기	칸섵

(나) [kánsəːrt]로 발음되는 경우

con [kán]	칸		(발음)	[칸섵]
cert [səːrt]	섵: (서엍)			(칸서엍)
			한글 표기	칸서엍
				또는 칸서엍

(다) [kɔ′nsərt]으로 발음되는 경우

con [kɔ′n] 콘
cert [sərt] 섵   (발음) [콘섵]
(한글 표기) 콘섵

(라) [[kɔ′nsəːrt]으로 발음되는 경우

con [kɔ′n] 콘
cert [səːrt] 섵: (서엍)   (발음) [콘섵:]
(콘서엍)
(한글 표기) 칸서엍
또는 칸서엍

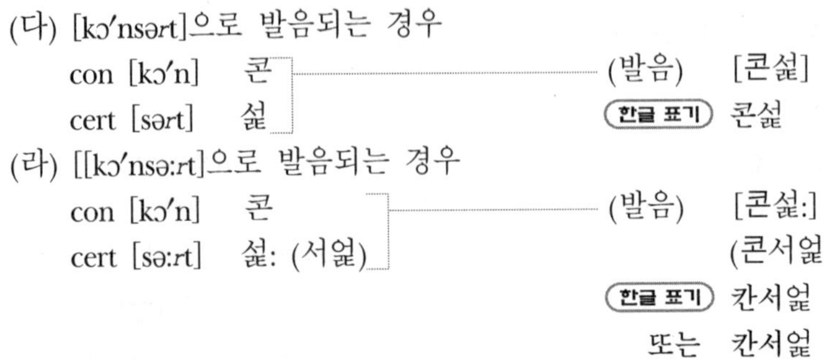

해　　설

우리는 [콘서트]로 표기하고 있는데 일본식 발음은 [곤사—도(コンサート)]이다. 이 발음은 마지막 음절의 [서트]의 발음이 문제인데, 앞에서도 설명하였지만 철자 't'의 소리를 내지 않으려는 경향이 있기 때문에 [섵] 하고 끊어서 발음을 끝내는 것이 옳은 발음이다. [서트] 하고 발음하는 것은 받침말을 쓰지 못하는 일본 사람들이나 하는 발음이다.

con*dens*er [kəndénsər]

단어의 해부

con [kən] 컨
dens [déns] 덴 ㅅ   (발음) [컨덴서ᵉ]
er [ər] ᵉ   (한글 표기) 컨덴서ᵉ

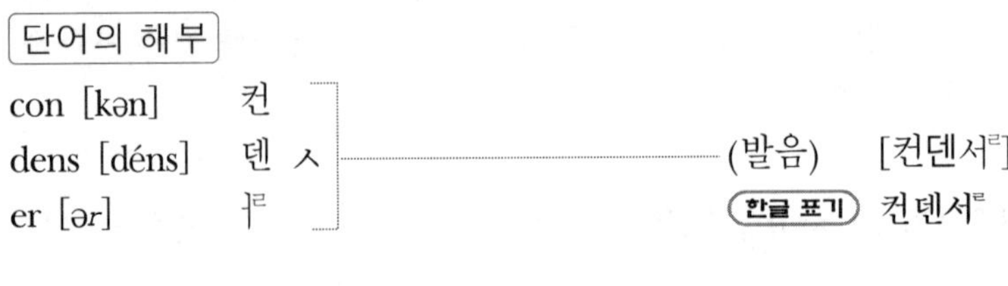

해　　설

모든 과학 서적이나 사전에는 전부 [콘덴서]로 표기되어 있는데 이것은 일본식 발음 [곤덴사—(コンデンサー)]를 모방한 것이다. 일본 사람들은 [어] 소리도 못할 정도로 소리가 한정되어 있고 또한 그에 따라 글자도 제한된 범위 내에 있기 때문에 외국어 발음이나 표기에 있어서 제한을 받고 있다. 그에 비하면 우리의 언어는 어떤 소리도 낼 수 있을 정도로 소리가 다양하며 더구나 한글은 자음과 모음을 자유자재로 붙이고 뗄 수 있도록 과학적으로 되어 있기 때문에 어떠한 어려운 소리도 거의 완벽하게 표기할 수 있는 장점을 가지고 있다.

　그런데 애석하게도 '등잔 밑이 어둡다'는 속담처럼 우리는 우수하고 과학적인 언어와 한글을 가지고 있으면서도 이것을 활용하지 못하고 남의 것을 모방해서 쓰고 있는 것이다.

더구나 비록 완벽하지는 않지만 우리 외래어 표기법이 엄연히 있는데도 이것을 따르지 않고 제멋대로 표기되고 있는 것은 우리의 지도적 위치에 있는 정치인들이나 지식인들의 준법 정신이 결여되어 있음을 여실히 보여 주고 있는 것이라고 생각한다.

외래어 표기에 있어서도 규정된 표기법을 지키지 않을 경우에는 벌칙 규정을 두어 제재를 가하며, 정부가 솔선수범해서 모든 공문서의 용어들을 과감하게 모두 한글로 바꾸어 쓰되 불가피하게 외래어를 써야 되는 경우에는 우리 외래어 표기법에 의해서 표기된 말로 고쳐 써야만 할 것이다.

con*di*tion [kəndíʃən]

단어의 해부

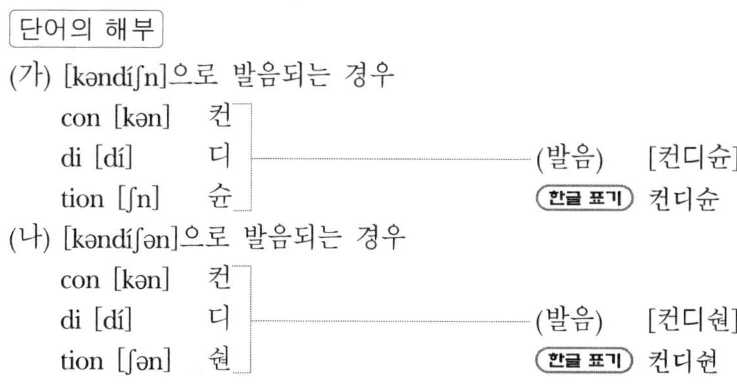

(가) [kəndíʃn]으로 발음되는 경우

con [kən]	컨	
di [dí]	디	(발음) [컨디슌]
tion [ʃn]	슌	한글 표기 컨디슌

(나) [kəndíʃən]으로 발음되는 경우

con [kən]	컨	
di [dí]	디	(발음) [컨디쉬언]
tion [ʃən]	쉬언	한글 표기 컨디쉬언

해   설

우리는 [콘디숀], [콘디션], [컨디숀] 또는 [컨디션] 등등으로 표기하고 있는데, 일본식 발음으로는 [곤디숀(コンディション)]이다. 따라서 [콘디숀], [콘디션]과 [컨디숀]들은 모두 일본식 발음을 본뜬 것이고, 다만 [컨디션]만이 우리 표기법에 따라 표기되었을 뿐이다. 이것도 완벽하지 못한데 그 이유는 마지막 음절이 [션]으로 표기되었기 때문인 것이다. [ʃən]이 [션]이냐 [슈언]이냐, 또는 [쉬]냐 하는 것에 대해서는 논란의 여지가 있겠으나 [슈언]이 옳은 발음이라고 보며, 이것이 줄어서 [쉬]으로 발음되는 것이라고 본다.

con*trol [kəntróul]

単語의 해부

con [kən] 컨 ┐
trol [tróul] 츄로울 ┘

(발음) [컨츄로울]
한글 표기 컨츄로울

해　　　설

이 단어도 [콘트롤], [컨트롤] 등으로 표기되고 있는데 이것도 모두가 일본식 발음인 [곤도로—루(コントロール)]의 모방인 것이다. 철자 'o'가 [ə]와 [óu]의 두 가지로 발음되어야 하는데도 모두 [오]로 발음하는 것은 완전히 발음기호를 무시한 것이다. 그리고 [óu]로 중모음인데도 단순하게 [오]로 처리하는 것도 잘못이다. 또한 철자 'tr'에서 't'는 [츄]로 발음되어야 하는데 그것은 't'는 'r'과 만나면 그 소리가 [츄]로 변화되는 추세이기 때문이다. 그렇다고 [컨트롤]로 발음한다고 해서 완전히 틀리는 발음은 아니지만 변천하는 시대의 조류를 따라 언어는 변화하는 것이므로 추세를 거슬러 고집을 부려서는 시대에 뒤질 따름이다. 'tr'을 보면 무조건 't'는 [츄]로 발음하는 습관을 기르자.

cor*set [kɔ'ːrsit]

단어의 해부

cor [kɔ'ːr] 코ʳ: (코오ʳ) ┐
set [sit] 싵 ┘

(발음) [코ʳ:싵]
(코오ʳ싵)
한글 표기 코ʳ:싵
또는 코오ʳ싵

해　　　설

우리 사전에는 [코르셋]으로 표기되어 있는데 이것 역시 완전히 일본식 발음인 [고루셋도(コルセット)]를 그대로 모방한 것임에 틀림없다. 우리는 이것을 [콜세트]라고도 발음하는 것이 보통인데, 이것은 철자 'r'에 대한 인식이 부족하기 때문이다. 'r'은 절대로 다른 낱말의 받침이 되지 않는다는 철칙을 망각하였기 때문에 [콜]이라는 소리가 나오는 것이다.

여기서 철자 'r'은 'r 모음화 음색 변화'로서 자음이 아닌 모음으로 변화되는 것이므로 결코 [코]의 받침이 되는 자음이 아니고 반모음으로 발음되어야 하는 것이다. 따라서 [콜]이 아니라 [코] 하면서 혀를 뒤로 감아 올리며 [ㄹ]의 여운을 남기면서 발음하면 [코ᵉ]라는 소리 가 나오게 되는 것이다. 마지막 음절의 'set'은 [셋]이 아니라 [싙]인데 [셋]으로 하는 것은 일본 사람들의 발음기호를 무시하고 철자를 위주로 한 발음이므로 틀린 발음이다.

cos*mos [kázməs, kɔ'zməs]

단어의 해부

(가) [kázməs]로 발음되는 경우
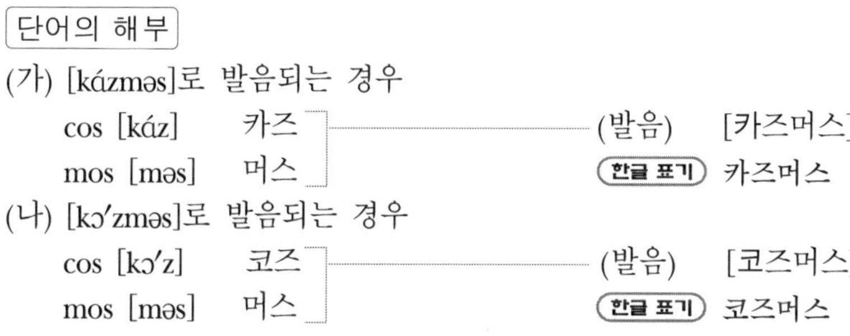

(나) [kɔ'zməs]로 발음되는 경우

해   설

가을에 피는 이 꽃을 우리는 [코스모스]라고 부르고 있다. 일본식 발음인 [고스모스(コスモス)]를 그대로 모방한 발음이다. 두 가지로 발음되기는 하지만 어느 것도 [코스모스]로 발음되는 경우가 없는 것을 보니 일본식 발음을 모방한 것임에는 틀림없다. 비록 첫 음절이 [코]로 발음되는 경우가 있기는 하지만 첫 번째 's'가 [스]로 발음되지 않고 [즈]로 발음되는 것이며, 마지막 음절에서 's'가 [스]로 발음되기는 하지만 철자 'o'가 [오]가 아닌 [어]로 발음되어야 하므로 [모스]라는 발음은 틀린 발음이다.

이것을 우리 외래어 표기법에 따라 표기한다면, (가)는 [카즈머스]가 될 것이고, (나)는 [코즈머스]가 되어 원래의 영어 발음과 아주 꼭 같은 표기가 되었을 것이다.

crys*tal [krístl]

단어의 해부

해   설

　[크리스탈]이든 [크리스털]이든 모두 일본식 발음 [구리스다루(クリスタル)]를 모방한 것이다. 마지막 음절 'tal'에서 'a'가 발음되지 않는데도 불구하고 굳이 [어] 또는 [아]로 발음하는 것은 발음기호를 무시한 것이다.

Cu*ba [kjúːbə]

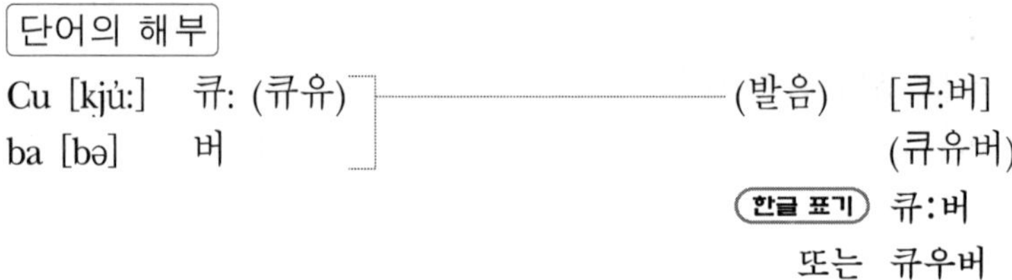

단어의 해부

Cu [kjúː]　큐ː (큐유)　　　　　　　　　　　　　　(발음)　[큐ː버]
ba [bə]　　버　　　　　　　　　　　　　　　　　　　　　 (큐유버)

(한글 표기)　큐ː버
　　　　　　또는　큐우버

해   설

　영한 사전이나 한영 사전에는 한결같이 [쿠바]로 표기하고 있는데 이것도 일본식 발음 [규ー바(キューバ)]를 모방한 것이다. 이것을 우리 외래어 표기법대로 표기한다면 [큐ː버]로 되었을 것인데 일본식 발음을 따르다 보니 이렇게 [쿠바]가 된 것이다.

cur*tain [kəˈːrtən]

단어의 해부

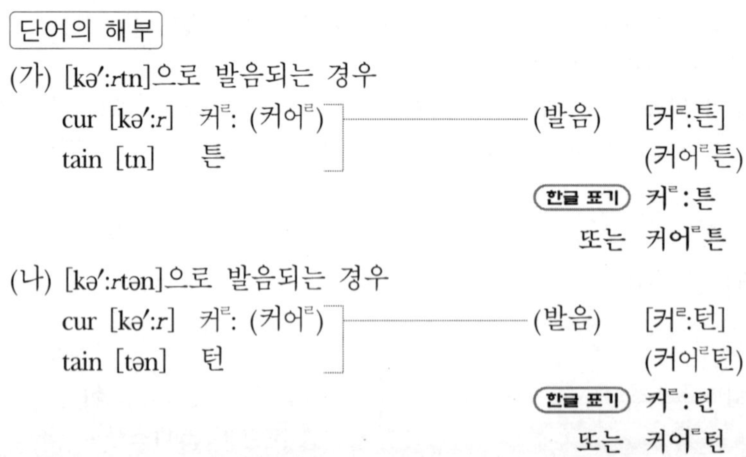

(가) [kəˈːrtn]으로 발음되는 경우
　　cur [kəˈːr]　커ː: (커어ʳ)　　　　　　　　　(발음)　[커ʳː튼]
　　tain [tn]　　튼　　　　　　　　　　　　　　　　　 (커어ʳ튼)

(한글 표기)　커ʳː튼
　　　　　　또는　커어ʳ튼

(나) [kəˈːrtən]으로 발음되는 경우
　　cur [kəˈːr]　커ʳː (커어ʳ)　　　　　　　　　(발음)　[커ʳː턴]
　　tain [tən]　　턴　　　　　　　　　　　　　　　　　 (커어ʳ턴)

(한글 표기)　커ʳː턴
　　　　　　또는　커어ʳ턴

해 설

아직까지도 [카텐]이라는 말로 많이 쓰여지고 있는 이 단어도 역시 일본식 발음[가ー텐(カーテン)]을 모방해서 쓰고 있는 것이다. 첫 음절의 'cur'은 모두 [커ᄅ:(커어ᄅ)]로 발음되고, 다만 마지막 음절의 'tain'에서 'ai'가 발음되는 경우와 발음되지 않는 경우가 있는데 발음되지 않는 경우에는 [tn]이 되므로 [튼]이 되고, 발음되는 경우에는 이것이 [어]로 발음되므로 [턴]이 되는 것이다. 따라서 [카텐]이나 [커텐]이라는 발음은 모두 틀린 발음이다. 그리고 첫 음절은 장음으로 발음되므로 주의해야 한다.

cush*ion [kuʃən]

단어의 해부

(가) [kuʃn]으로 발음되는 경우

cush [kuʃ]	쿠슈	(발음)	[쿠슌]
ion [n]	ㄴ	한글 표기	쿠슌

(나) [kuʃən]으로 발음되는 경우

cush [kuʃ]	쿠슈	(발음)	[쿠숸]
ion [ən]	ㅓㄴ	한글 표기	쿠숸

해 설

일본식 발음은 [굿숀(クッション)]인데 우리는 이것을 그대로 모방해서 [쿠숀]이라고 쓰고 있다. 이 단어의 발음은 마지막 음절이 중요한데 두 가지로 발음된다. 즉 'ion'에서 'io'가 발음되는 경우와 발음되지 않는 경우의 두 가지인데 발음되지 않는 경우에는 그냥 'n'만이 받침이 되어서 [슌]으로 되며, 발음되는 경우에는 [ən]으로 되어서 앞의 [ʃ]와 결합되어 [숸]으로 발음된다.

date [deit]

단어의 해부

date [deit]	데잍	(발음)	[데잍]
		한글 표기	데잍

해 설

이 단어도 일본식 발음 [데ー또(テード)]를 모방해서 흔히 [데이트]로 쓰고 있

다. 미국 사람들은 [데이트] 하고 [트] 발음을 하지 않으려는 경향이 짙어서 이 단어가 다른 말과 연결되어 말하는 경우에 가볍게 [트] 하는 소리가 나오면서 자연스럽게 다른 말과 연결되는 경우는 있으나, 일부러 [트] 하는 소리를 내서 발음하는 경우는 거의 없다.

de*luxe [dəlúks, dəlʌ′ks]

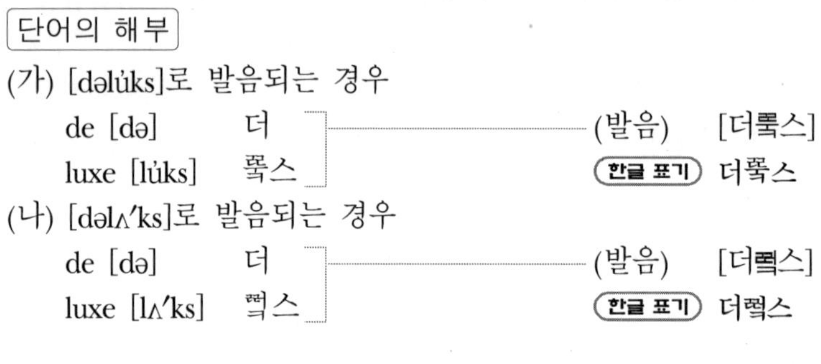

단어의 해부

(가) [dəlúks]로 발음되는 경우

  de [də] 더   (발음) [더룩스]
  luxe [lúks] 룩스   한글 표기 더룩스

(나) [dəlʌ′ks]로 발음되는 경우

  de [də] 더   (발음) [더렉스]
  luxe [lʌ′ks] 렉스   한글 표기 더렉스

해 설

마지막 음절이 두 가지로 발음되기는 하지만 우리가 지금 쓰고 있는 [딜럭스] 란 발음은 찾아 볼 수 없다. 마지막 음절이 [렉스]로 발음되는 경우에도 첫 음절은 [더]로 발음되므로 [디]로 발음하는 것은 일본식 발음이다.

Den*mark [dénmɑ:rk]

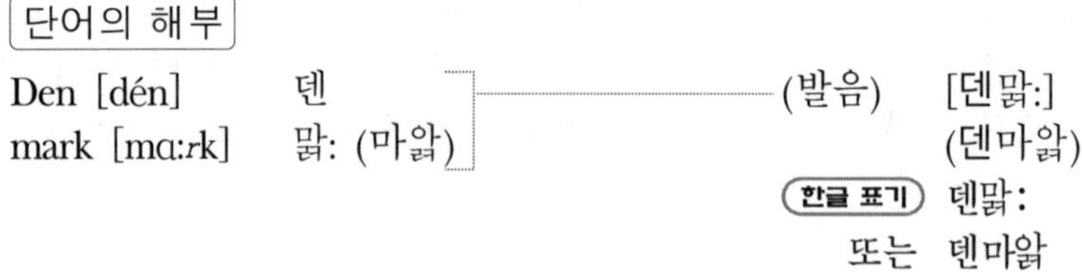

단어의 해부

Den [dén]   덴   (발음) [덴맑:]
mark [mɑ:rk] 맑: (마앍)   (덴마앍)
            한글 표기 덴맑 :
              또는 덴마앍

해 설

이 단어의 일본식 발음은 [덴마-구(デンマーク)]이고 우리는 [덴마크]로 쓰고 있다. 이 단어의 발음에서 마지막에 [크]로 발음하는 것은 일본 사람들이 받침 말을 쓰지 못하는 언어와 글을 가지고 있기 때문에 [마꾸]라고 발음하는 것을 그대로 모방해서 [마크]라고 발음하는 것인데 잘못된 발음이다.

철자 'r'은 'ɾ 모음화 음색 변화'이므로 반모음으로 변화되면서 'k'가 받침이 되어서 [덴맑:]으로 발음해야 한다. 이 단어가 다른 말과 연결되어 발음될 때 자연스럽게 [크] 소리가 나오는 경우가 있는데, 이렇게 자연 발생적으로 [크] 소리가 나와서 상대방에게 들릴 듯 말 듯 한 상태로 발음되는 것이 옳은 발음이다. [덴마크] 하고 마지막의 [크] 소리를 똑똑하게 내어서는 안되고 [덴맑:] 하고 발음을 끊어서 해야 한다.

des*sert [dizə′:rt]

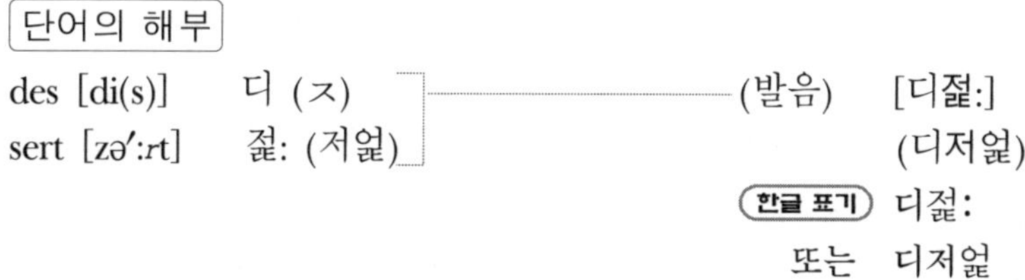

해　　설

이 단어도 앞에서와 마찬가지로 일본식 발음 [찌자―도(チザ―ト)]를 모방해서 [디저트]라고 쓰고 있다. 역시 마지막 음절이 문제가 되는데, 일본 사람들은 받침이 되는 소리는 [응(ン)]이라는 소리밖에는 없고, 더구나 [어] 소리를 내지 못하므로 [젙]와 같은 소리는 내지 못하고 [자또]라는 소리로 대신하는 것이다. 또한 [디] 소리를 내지 못하므로 [찌] 소리로 대신하여야 하기 때문에 결국은 [찌자―또(チザ―ト)]라는 소리로 귀결되고 만다.

di*a*mond [da′iəmənd]

새국어대사전(양주동 박사 책임 감수)에는 [다이어몬드]로 표기되어 있고, 최근에 나온 영한 사전이나 한영 사전에는 [다이아몬드]로 표기되어 있는데 모두 일본식 발음 [다이아몬도(ダイアモンド)] 또는 [다이야몬도(ダイヤモンド)]를 모방한 것이다. 이것을 발음기호를 중심으로 우리 외래어 표기법에 따라 표기하여 본다면, (가)는 [다이먼드]가 되며, (나)는 [다이어먼드]로 되어 원래의 발음에 꼭 맞는 표기가 되었을 것이다.

die*sel [díːzəl, díːsəl]

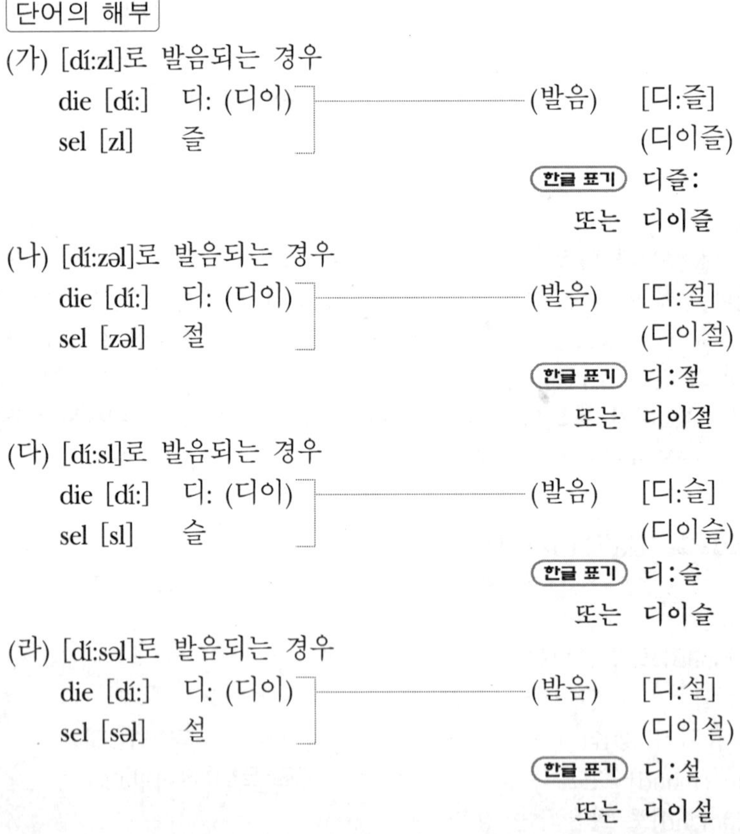

이것을 우리 외래어 표기법으로 해본다면, (가)는 [디즐]이고, (나)는 [디절]이

되며, (다)는 [디슬]이고, (라)는 [디설]이 된다. 여기에 첫 음절에 장음을 붙인다면 완벽한 영어 발음이 되는 것이다. 네 가지로 표기할 수 있는데 어느 것에서도 [디젤]로 표기되는 경우는 없다.

di*et [da′iət]

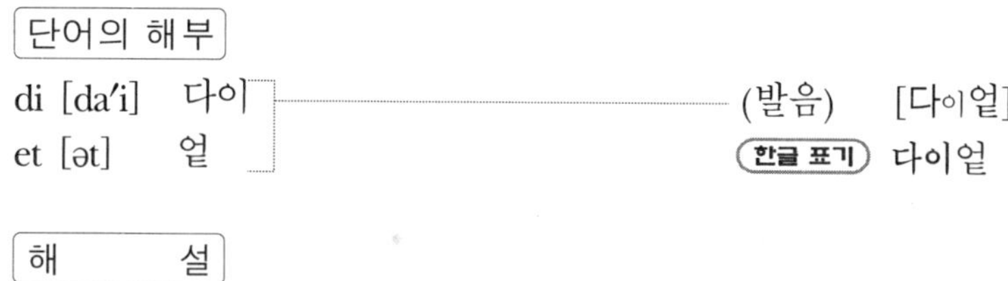

해   설

흔히 [다이어트]라고들 발음한다. 그냥 [다이엍] 하고 철자 ‘t’의 소리를 내지 말아야 옳은 발음이다. [다이어트]라고 하지 말고 [다이엍] 하고 끊어서 일본 냄새를 없애 버리자.

dig*it*al [díʤitl]

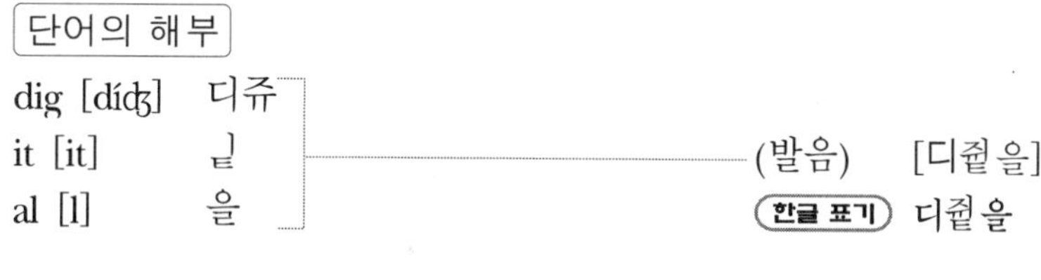

해   설

앤어롴:(analog) 시대는 가고 이제 바야흐로 디쥡을(digital) 시대가 열렸다. 이 단어는 [디지탈] 또는 [디지털]이라는 말로 일본식 발음인 [디지다루(ディジタル)]를 모방한 말을 쓰고 있다.

미국 사람들의 발음을 잘 들어보면 마지막 음절에서 [털]이라고 발음하거나 [틸]이라고 발음하는 사람은 없다. [디쥡] 하고 ‘t’를 받침으로 해서 ‘t’의 소리를 죽이고 마지막 음절을 그냥 [을] 하는데, 이때 마치 [디쥬틀]이라고 하는 것처럼 [t]의 소리가 자연스럽게 [을]로 옮겨지는 것이다. 여기에서 마지막 음절의 ‘a’는 발음상 아무런 역할도 못하고 있는 것이므로 [털] 또는 [탈]이라고 발음하는 것은 잘못된 발음이다.

di*lem*ma [dilémə]

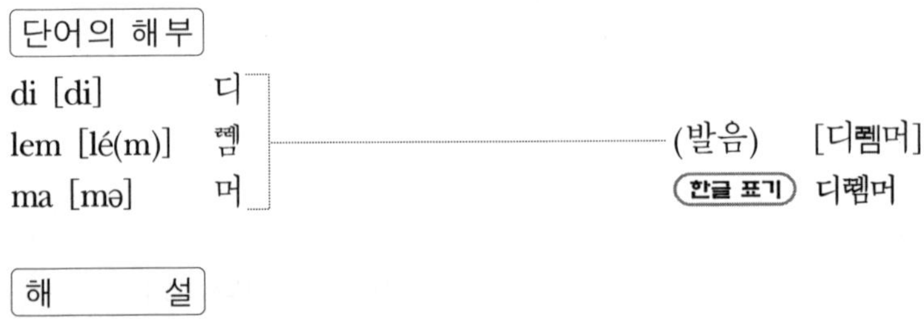

단어의 해부

di [di]	디	
lem [lé(m)]	렘	(발음) [디렘머]
ma [mə]	머	한글 표기 디렘머

해   설

현재의 '한글 맞춤법 통일안'에 따라 표기한다면 [딜렘머]가 되는데 이것은 엄격히 따진다면 틀린 발음이다. 먼저 첫 음절이 [딜]이 아니고 [디]로 발음해야 되는데, 철자 [l]의 발음인 된소리 'ㄹㄹ'을 없애 버렸으니 된소리를 내기 위해서 하는 수 없이 [딜]로 발음하는 것이다.

첫 음절이 [딜]로 발음되는 것과 [디]로 발음되는 것은 발음에 있어서 큰 차이가 있는 것이다. 둘째 음절은 그냥 [레]라고 표기한 사전도 있는데 이것도 철자 'm'이 두 개 겹쳐 있는 것을 무시했으므로 잘못된 발음이다.

새국어대사전(양주동 박사 책임 감수)에는 [렘]으로 표기하고 있는데, 비록 된소리 'ㄹㄹ'을 쓰지 못해서 이렇게 표기했겠지만 비교적 원래의 발음에 충실하려는 노력이 엿보인다. 마지막 음절은 [머]로 발음되어야 하는데 [마]로 표기한 것은 일본 사람들이 [어] 발음을 하지 못하므로 [아]로 발음하는 것을 그대로 모방한 것이다. 이 단어의 일본식 발음은 [디렘마(ディレンマ)]이다.

din*ner [dínər]

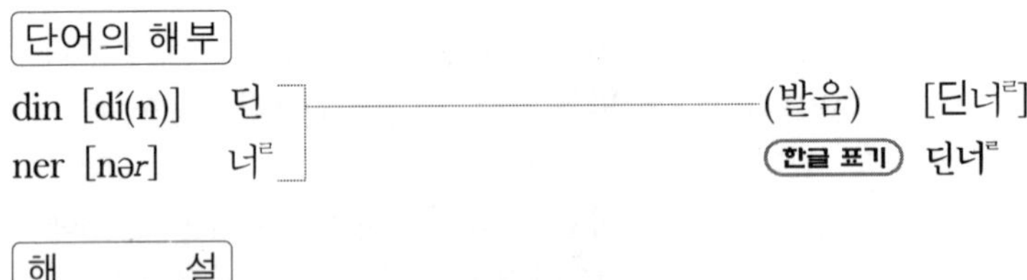

단어의 해부

din [dí(n)]	딘	(발음) [딘너ʳ]
ner [nər]	너ʳ	한글 표기 딘너ʳ

해   설

우리는 [디너]라고 발음하고 있는데 철자 'n'이 겹쳐 있는 것을 무시하고 일본 사람들이 [디나-(ディナー)]라고 발음하는 것을 따라서 [디너]라고 하는 것이다. 첫 음절에서 [딘]으로 발음하고 이어서 [너] 하면서 혀를 뒤로 꼬부리면서 [ㄹ]의 여운을 남기면 자연히 [너ʳ]라는 소리가 나오게 된다.

doc*trine [dáktrin, dɔ́ktrin]

単어의 해부

(가) [dáktrin]으로 발음되는 경우

    doc [dák]   닥 ──────────── (발음)   [닥츄린]
    trine [trin]   츄린   (한글 표기) 닥츄린

(나) [dɔ́ktrin]으로 발음되는 경우

    doc [dɔ́k]   독 ──────────── (발음)   [독츄린]
    trine [trin]   츄린   (한글 표기) 독츄린

해　　설

　이 단어의 발음에서 주의해야 할 것은 마지막 음절이다. 우리는 대개 [독트린]라고 하는 경우가 많은데 이것은 철자 't' 다음에 'r'이 오면 't'의 발음이 [츄]로 변한다는 것을 무시했기 때문이다.

　일본 사람들은 [도꾸도린(ドクトリン)]이라고 하는데 이것을 모방해서 그냥 [독트린]으로 쓰는 것이라 여겨진다.

doc*u*dra*ma [dákjədrá:mə, dákjədrǽmə]

単어의 해부

(가) [dákjədrá:mə]로 발음되는 경우

    doc [dák]   닥 ──────── (발음)   [닥여드라:머]
    u [jə]   여   (닥여드라아머)
    dra [drá:] 드라: (드라아)   (한글 표기) 닥여드라:머
    ma [mə]   머   또는　닥여드라아머

(나) [dákjədrǽmə]로 발음되는 경우

    doc [dák]   닥
    u [jə]   여
    dra [drǽ] 드래 ──────── (발음)   [닥여드래머]
    ma [mə]   머   (한글 표기) 닥여드래머

해　　설

일본식 영어 발음은 일상 생활, 산업 용어, 공업 용어, 그리고 모든 문화계 용

어에도 그 뿌리가 깊이 박혀 있다.

이 단어의 일본식 발음 [도규도라마(ドキュドラマ)]와 현재 우리가 쓰고 있는 [다큐드라마]를 비교해 보면, 일본 사람들이 발음하지 못하는 [큐]나 [드]라는 소리를 제외하고는 모두가 닮았다. 둘째 음절의 발음기호가 [jə]이므로 [여]로 발음해야 되는데 이것을 일본 사람들이 [규]로 발음한다고 해서 [큐]로 발음하는 것은 잘못된 것이다. 우리 외래어 표기법의 세칙에는 반모음 [j]는 뒤따르는 모음과 합쳐 '야', '얘', '여' 등으로 적는다고 되어 있으므로 [jə]는 [여]로 표기되어 [켜]가 되어야 한다. 마지막 음절의 'ma'에서 'a'가 [어]로 발음되어야 하는데 [아]로 발음하는 것도 역시 일본식을 모방한 것이다. 첫 음절은 [닥]으로 발음해서 둘째 음절의 [여]와 연결되면서 마치 [다켜] 소리가 되는 기분으로 받침인 [ㅋ]이 [여]로 옮겨지는 듯한 기분으로 발음하는 것이 옳다.

doc*u*men*ta*ry [dákjəméntəri, dɔ´kjəméntəri]

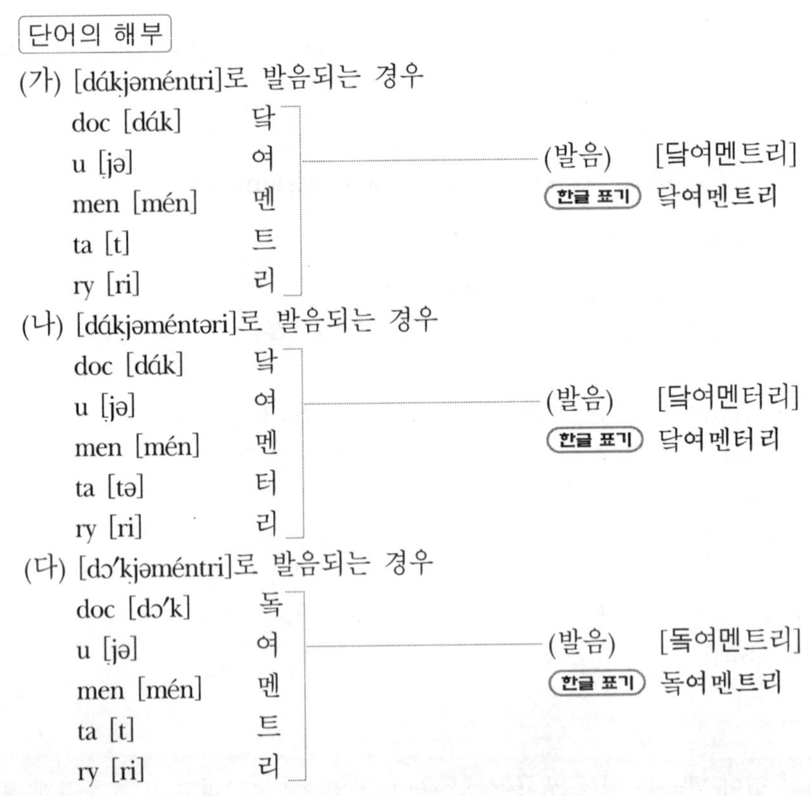

단어의 해부

(가) [dákjəméntri]로 발음되는 경우

doc [dák]	닥	
u [jə]	여	
men [mén]	멘	(발음)　[닥여멘트리]
ta [t]	트	한글 표기　닥여멘트리
ry [ri]	리	

(나) [dákjəméntəri]로 발음되는 경우

doc [dák]	닥	
u [jə]	여	
men [mén]	멘	(발음)　[닥여멘터리]
ta [tə]	터	한글 표기　닥여멘터리
ry [ri]	리	

(다) [dɔ´kjəméntri]로 발음되는 경우

doc [dɔ´k]	독	
u [jə]	여	
men [mén]	멘	(발음)　[독여멘트리]
ta [t]	트	한글 표기　독여멘트리
ry [ri]	리	

(라) [dɔ'kjəméntəri]로 발음되는 경우

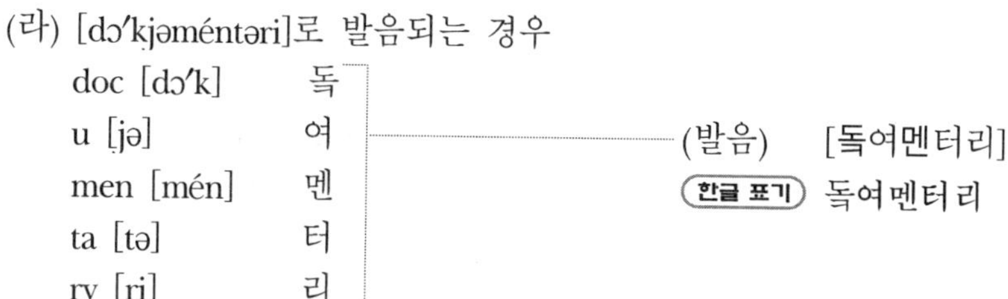

doc [dɔ'k]	독		(발음)	[독여멘터리]
u [jə]	여		(한글 표기)	독여멘터리
men [mén]	멘			
ta [tə]	터			
ry [ri]	리			

해   설

방송인들도 [다큐멘타리]라고 발음하고 있으며 우리 국어사전에조차 이 단어를 [다큐멘터리]로 표기하고 있는데, 이런 표기는 일본식 발음 [도규멘다리-(ドキュメンタリー)]를 모방한 것임에 틀림없다. 앞에서도 설명하였지만 철자 'u'가 [jə]로 발음되어야 하는데 이것 역시 [큐]로 표기한다는 것은 우리 외래어 표기법을 무시한 결과이다. 우리 외래어 표기법을 따른다면, (가)는 [다켄멘트리], (나)는 [다켜멘터리]로, (다)는 [도켜멘트리], (라)는 [도켜멘터리]로 되어 아주 훌륭한 표기가 되었을 것이다.

Dom*i*ni*ca [dámÉní:kə, dəmí:nəkə, dɔ'mÉní:kə]

단어의 해부

(가) [dámÉní:kə]로 발음되는 경우

Dom [dám]	담		(발음)	[담어니:커]
i [ə]	어			(담어니이커)
ni [ní:]	니: (니이)		(한글 표기)	담어니:커
ca [kə]	커			또는 담어니이커

(나) [dəmí:nəkə]로 발음되는 경우

Dom [dəm]	덤		(발음)	[덤이:너커]
i [í:]	이: (이이)			(덤이이너커)
ni [nə]	너		(한글 표기)	덤이:너커
ca [kə]	커			또는 덤이이너커

(다) [dɔ'mÉní:kə]로 발음되는 경우

Dom [dɔ'm]	돔		(발음)	[돔어니:커]
i [ə]	어			(돔어니이커)
ni [ní:]	니: (니이)		(한글 표기)	돔어니:커
ca [kə]	커			또는 돔어니이커

해 　　　　 설

　일본식 발음으로 표기해 본다면 [도미니까(ドミニカ)]인데, 우리가 현재 쓰고 있는 표기도 [도미니카]이다. 이것을 우리 외래어 표기법에 따라 표기한다면 세 가지로 발음되므로, (가)는 [다머니:커]이고, (나)는 [더미:너커]이며, (다)는 [도머니:커]로서 어느 것도 [도미니카]라고 발음되지 않는다. 첫 음절이 [도]로 발음되는 경우가 있기는 하지만, 그때에는 둘째 음절이 [미]가 아니고 [머]로 발음되어야 하므로 [도미]가 아니라 [도머]로 발음되어야 한다. 여기에서 [돔어]냐 [도머]냐 하는 문제가 생기는데, 첫 음절이 'Dom'으로 끊어지므로 [덤]으로 발음되어야 하며 이것이 둘째 음절과 연결되면서 받침인 [ㅁ]이 [어]로 옮겨지는 듯한 기분으로 발음해서 마치 [도머]라고 하는 것처럼 발음하는 것이 옳다.

dom*i*no [dámənóu, dɔ'mənóu]

단어의 해부

(가) [dámənóu]로 발음되는 경우

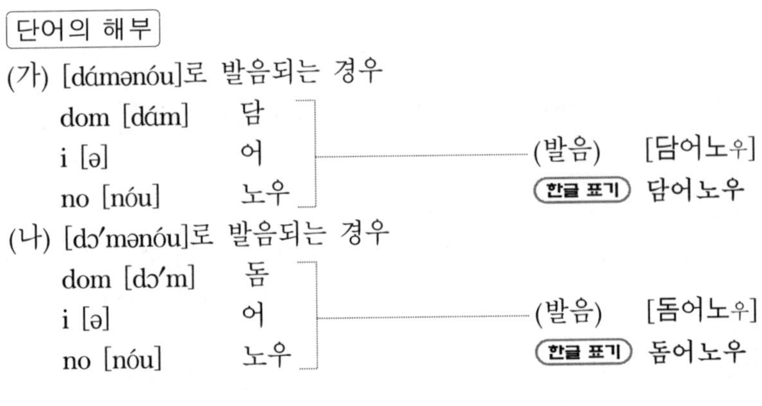

　　　dom [dám]　　　담
　　　i [ə]　　　　　　어　　　　　　　　　(발음)　　　[담어노우]
　　　no [nóu]　　　　노우　　　　　　(한글 표기) 담어노우

(나) [dɔ'mənóu]로 발음되는 경우

　　　dom [dɔ'm]　　　돔
　　　i [ə]　　　　　　어　　　　　　　　　(발음)　　　[돔어노우]
　　　no [nóu]　　　　노우　　　　　　(한글 표기) 돔어노우

해 　　　　 설

　이 단어도 앞에서와 마찬가지로 첫 음절이 'dom'으로 끊어지므로 [다]나 [도]가 아니라 [담] 또는 [돔]으로 발음해야 한다. 우리는 일본식 발음으로 [도미노(ドミノ)]라고 쓰고 있는데 둘째 음절의 철자 'i'가 [이]로 발음되는 것이 아니라 [어]로 발음되어야 하므로 둘째 음절을 [이]로 발음하는 것은 잘못된 발음이다. 어떤 현상이 연쇄적으로 일어나는 경우에 우리는 [도미노 현상]이라는 말을 자주 쓰는데 이 [도미노]라는 발음은 일본식 발음이므로 쓰지 말아야 한다.

dra*ma [drá:mə, drǽmə]

┌─────────────┐
│ 단어의 해부 │
└─────────────┘

(가) [drá:mə]로 발음되는 경우

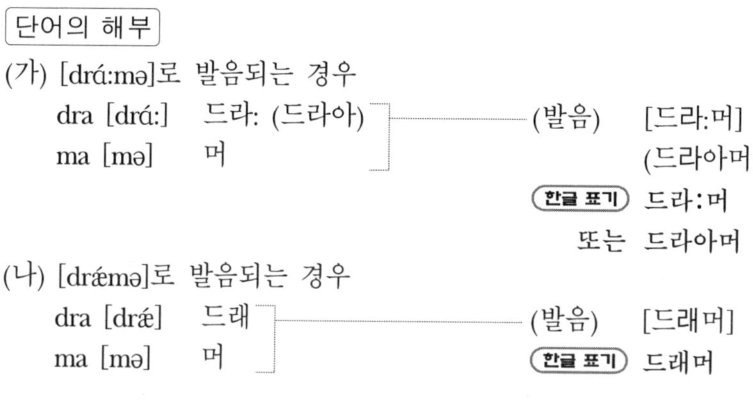

```
dra [drá:]   드라: (드라아) ┐                (발음)   [드라:머]
ma [mə]      머            ┘                        (드라아머)
                                         (한글 표기) 드라:머
                                                또는  드라아머
```

(나) [drǽmə]로 발음되는 경우

```
dra [drǽ]    드래 ┐                        (발음)   [드래머]
ma [mə]      머   ┘                        (한글 표기) 드래머
```

┌─────────────┐
│ 해   설 │
└─────────────┘

방송이나 신문 기사에서는 [드래머]나 [드라머]로 표기하는 경우는 없고 한결같이 [드라마]라고 한다. 이것은 일본식 발음인 [도라마(ドラマ)]를 모방한 말로서 우리 외래어 표기법과는 거리가 멀다. 우리 국민의 언어 순화에 앞장서야 할 언론 방송사들이 이런 표기나 발음이 과연 옳은 것인가 하는 점을 따져 본 적이 있는지 묻고 싶다. 만약 그런 것을 따져 봤다면 [드라마]라는 표기나 발음은 쓰지 않았을 것이다. 우리 외래어 표기법으로는 분명히, (가)는 [드라:머]이며, (나)는 [드래머]이기 때문에 [드라마]라는 발음은 틀린 발음이다.

dy*nam*ic [dáinǽmik]

┌─────────────┐
│ 단어의 해부 │
└─────────────┘

```
dy [dái]     다이 ┐
nam [nǽm]    냄   ┤                        (발음)   [다이냄익]
ic [ik]      익   ┘                        (한글 표기) 다이냄익
```

┌─────────────┐
│ 해   설 │
└─────────────┘

일본식 발음이 [다이나밋구(ディナミック)]인데, 우리는 이것을 그대로 모방해 [다이나믹]으로 많이 쓰고 있으며 [다이내믹]이라고 쓰는 경우도 있다. 둘째 음절이 'nam'으로 끝어지므로 [내]가 아니고 [냄]으로 발음해서 받침 [ㅁ]이 마지막 음절로 옮겨가는 듯한 느낌으로 [냄익] 하고 발음하여야 한다.

dy*na*mite [dáinəmáit]

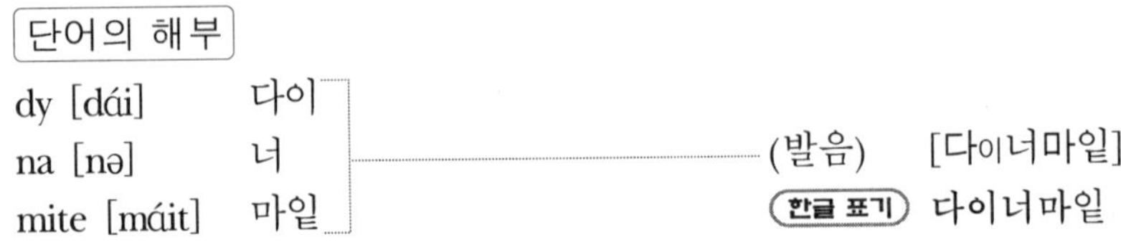

단어의 해부

dy [dái]	다이	
na [nə]	너	(발음)　[다이너마일]
mite [máit]	마일	(한글 표기) 다이너마일

해　　설

일본식 발음이 [다이나마이또(ダイナマイト)]인데 우리 외래어 표기법을 따른다면 [다이너마이트]이다. 이것은 마지막 음절에서 철자 't'의 잘못된 발음을 제외하고는 대체적으로 옳은 표기가 되었다. 철자 't'는 [트] 하고 발음되어서는 안되며 받침으로 끝내야 하는 소리다.

econ*o*my [ikánəmi, ikɔ′nəmi]

단어의 해부

(가) [ikánəmi]로 발음되는 경우

econ [ikán]	이칸	
o [ə]	어	(발음)　[이칸어미]
my [mi]	미	(한글 표기) 이칸어미

(나) [ikɔ′nəmi]로 발음되는 경우

econ [ikɔ′n]	이콘	
o [ə]	어	(발음)　[이콘어미]
my [mi]	미	(한글 표기) 이콘어미

해　　설

[이코노미]라고 해서 쓰고 있는데 역시 일본식 발음 [에꼬노미(エコノミー)]의 범주를 벗어나지 못하고 있다. 이것을 우리 외래어 표기법에 따라 표기해 보면, (가)는 [이카너미]가 될 것이고, (나)는 [이코너미]가 될 것이다. 어느 것도 [노]라는 발음이 나오지 않는데 발음기호를 무시하고 철자 'o'를 의식해서 [오]로 발음하는 일본 사람들의 습관을 따른 것이다.

Ec*ua*dor [ékwədɔ́:r]

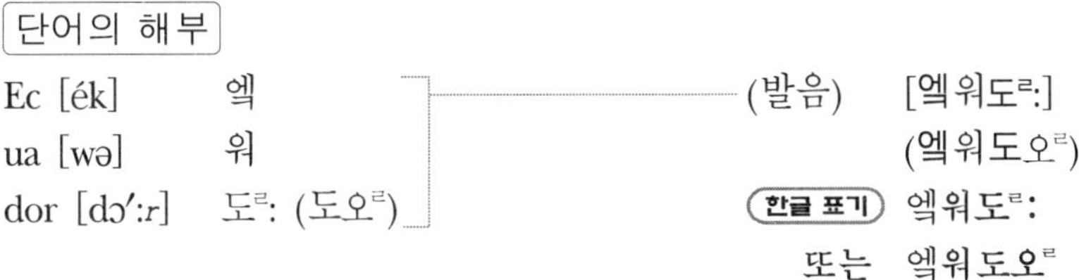

단어의 해부				
Ec [ék]	엑		(발음)	[엑워도ㄹ:]
ua [wə]	워			(엑워도오ㄹ)
dor [dɔ́:r]	도ㄹ: (도오ㄹ)		한글 표기 엑워도ㄹ:	
			또는 엑워도오ㄹ	

해   설

우리 사전에는 [에콰도르]로 표기되어 있는데 일본식 발음 [에구아도루(ェクァドル)]를 모방한 것임이 틀림없다. 문제가 되는 것은 역시 [도르]나 [돌]에 있는데, 철자 'r'이 여기에서는 'r 모음화 음색 변화'인데도 자음으로 써서 [도르]니 [돌]이니 하는 것은 잘못인 것이다.

'r 모음화 음색 변화'는 반모음이지 자음이 아니기 때문에 [르] 하는 소리를 내는 것이 아니고, 다만 [r]의 여운만을 남기는 소리인 것이다. 또한 철자 'r'은 결코 다른 말의 받침이 되는 경우가 없다는 원칙을 무시하고 [돌]로 발음하는 것도 잘못된 것이다. 첫 음절과 둘째 음절의 발음은 [엑워]로서 받침인 [ㅋ]이 자연스럽게 [워]로 옮아가듯이 발음하는 것이지 결코 [에쿼] 하고 또박또박 발음되는 소리가 아니라는 것에 주의해야 한다.

Eden [í:dn]

단어의 해부			
Eden [í:dn]	이:든 (이이든)	(발음)	[이:든]
			(이이든)
		한글 표기 이:든	
		또는 이이든	

해   설

'에덴의 동쪽'이라는 유명한 영화가 있었는데 [에덴]이라는 표기도 일본식 발음인 [에덴(ェデン)]을 그대로 모방한 것이다. 첫 번째 철자 'E'는 [e]가 아닌 [i]로 발음되는데도 [에]로 발음하고, 나머지 철자 'e'는 아예 발음되지 않는데도 불구하고 다시 [에]로 발음하는 것도 잘못된 것이다.

Egypt [í:ʤipt]

┌─────────────┐
│ 단어의 해부 │
└─────────────┘

Egypt [í:ʤipt]   이:쥎트 (이이쥎트) ⸺⸺⸺⸺ (발음)   [이:쥎트]
                                                    (이이쥎트)
                                    한글 표기 이:쥎트
                                         또는 이이쥎트

┌─────────────┐
│ 해   설 │
└─────────────┘

앞에서와 마찬가지로 철자 'E'가 [에]가 아닌 [이]로 발음되어야 하는데도 일본식 발음인 [에지뿌도(エジプト)]를 모방해서 [에집트]로 쓰고 있다.

el*e*gy [éləʤi]

┌─────────────┐
│ 단어의 해부 │
└─────────────┘

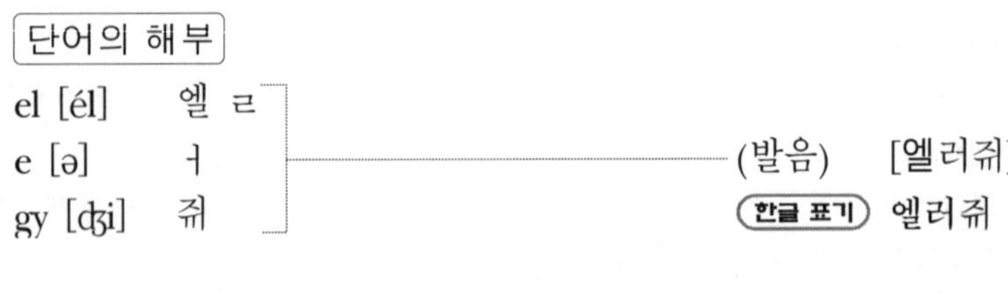

el [él]   엘 ㄹ ┐
e [ə]   ㅓ   ├──────────── (발음)   [엘러쥐]
gy [ʤi]   쥐 ┘   한글 표기 엘러쥐

┌─────────────┐
│ 해   설 │
└─────────────┘

'엘레지의 여왕'이라고 하면 국민 가수 이미자 씨를 이르는 말로 통한다. 그러나 이 [엘레지]라는 말은 일본식 발음 [에레지-(エレジー)]를 모방한 것이다. 둘째 음절이 [에]가 아닌 [어]로 발음되어야 하는데 일본 사람들은 [어] 소리를 내지 못하므로 철자를 중심으로 해서 [에]로 발음하는 것이다.

el*e*va*tor [éləvéitər]

┌─────────────┐
│ 단어의 해부 │
└─────────────┘

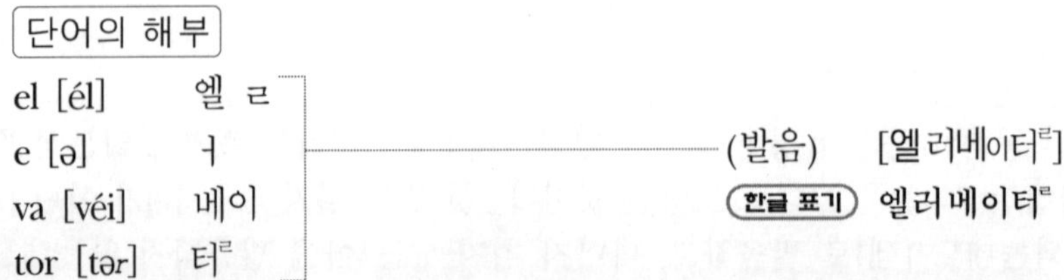

el [él]   엘 ㄹ ┐
e [ə]   ㅓ   │
va [véi]   베이 ├──── (발음)   [엘러베이터ㄹ]
tor [tər]   터ㄹ ┘   한글 표기 엘러베이터ㄹ

  우리 사전에는 [엘리베이터]로 표기되어 있지만 [엘레베타]로 말하는 경우도 있는데, 이 말은 전형적으로 일본식 발음 [에레베-다-(エレベーター)]를 모방한 경우이고, [엘리베이터]는 일본식 발음을 피하려는 듯했지만 둘째 음절의 철자 'e'의 발음이 일본식 발음에서 벗어나지 못하고 있는 것이다.

em*er*ald [émərəld]

(가) [émrəld]로 발음되는 경우

(나) [émərəld]로 발음되는 경우

  일본식 발음 [에메라루또(エメラルド)]를 모방해서 [에메랄드]라고 하는데, 이것을 우리 외래어 표기법대로 한다면, (가)는 [엠럴드]이고, (나)는 [엠어럴드]가 된다. 여기에서 둘째 음절이 분명히 [어]로 발음되어야 하는데도 [랄드]로 발음하는 것은 일본식 발음인 것이다.

enam*el [inæməl]

(가) [inæml]로 발음되는 경우

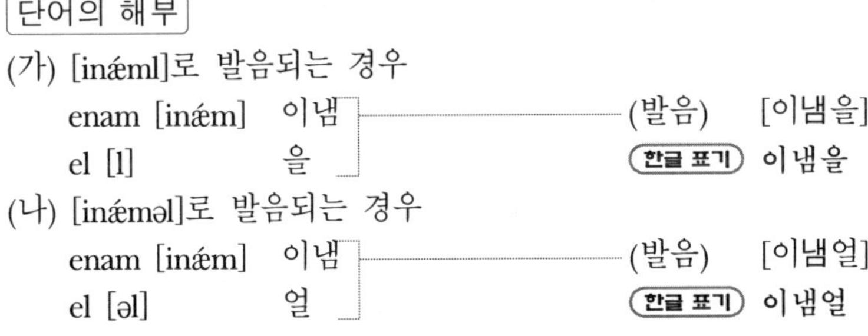

(나) [inæməl]로 발음되는 경우

해   설

우리는 일본식 발음 [에나메루(エナメル)]의 모방인 [에나멜]이라고 하면 금방 알아듣지만 이것을 [이냄을]이나 [이냄얼]이라고 한다면 알아들을 사람이 별로 없을 것이다. 그것은 아무래도 일본식 발음을 모방한 [에나멜]이라는 발음이 우리 귀에 익숙해져 있기 때문이다.

일본 사람들도 [이] 소리는 낼 수 있는데도 [이나메루(イナメル)]라고 하지 않고 굳이 [에나메루(エナメル)]라고 발음하는 이유는, 발음기호를 무시하고 철자를 중심으로 해서 발음하는 그들만의 규정 때문인 것이다.

en*core [áŋkɔːr, aŋkɔ́ːr, ɔŋkɔ́ːr]

단어의 해부

(가) [áŋkɔːr]로 발음되는 경우

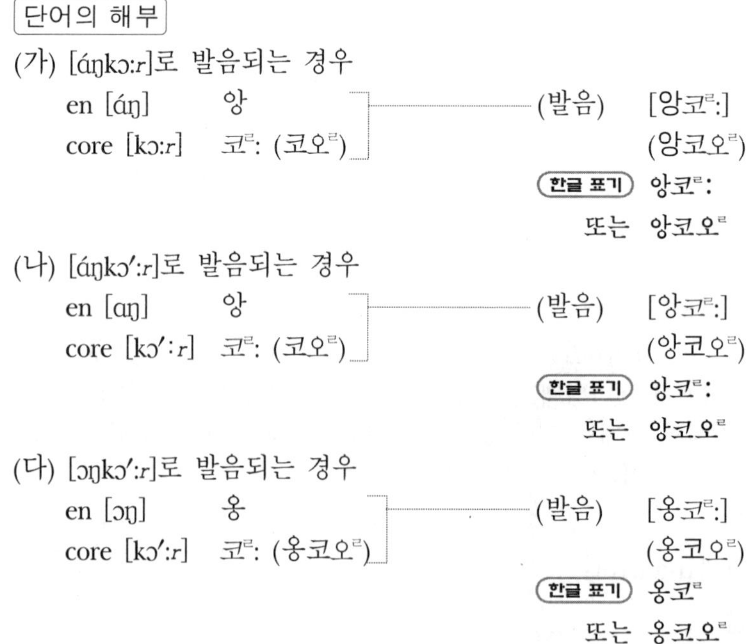

해   설

이 단어의 첫 철자 'e'의 발음이 [아] 또는 [오]로 특이하게 발음되는 것은 프랑스(France) 말이기 때문에 철자가 'e'라고 하더라도 원래의 발음을 존중하여 [앙] 또는 [옹]으로 발음하는 것이다. 여기에서 문제가 되는 것은 마지막 음절의 'core'인데 일본식 발음은 [안꼬-루(アンコール)]이고 우리는 이것을 모방해

서 [앙콜] 또는 [앵콜]이라고 하고 있다. 즉 'r 모음화 음색 변화'를 받침으로 오인해서 쓰고 있는 것이다. 'r'은 절대로 다른 낱말의 받침으로 쓰이지 않는다.

en*dor*phin [endɔ':ɾfin]

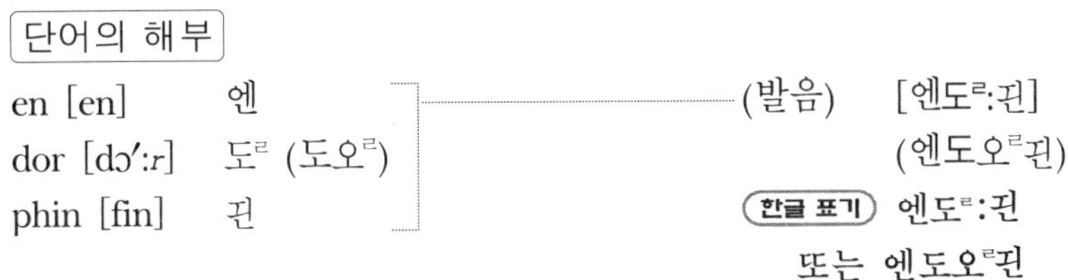

모든 사전에 [엔도르퓐]이라고 표기되어 있는 이 말을 실제 말을 할 때에는 주로 [엔돌퓐]이라고 발음하는 경우가 많다. 물론 [엔도르퓐]이라는 표기도 일본식 발음 [엔도루뻰(エントルピン)]을 모방한 표기로 단정할 수밖에 없는데, 그 이유는 둘째 음절의 'r 모음화 음색 변화'와 'ph'의 발음인 [f]의 표기가 안되었기 때문이다.

en*er*gy [énərʤi]

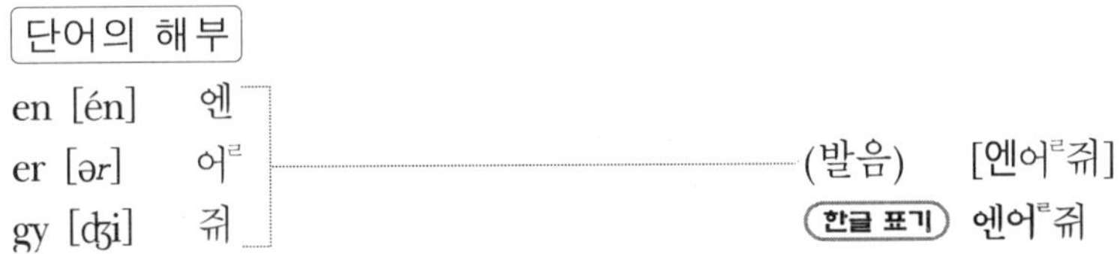

광복 직후에는 [에네르기]라고 발음하였었는데, 사실은 이 [에네르기]라는 발음은 영어 발음이 아니고 독일어 발음인 것이다. 일본말은 그 구조상으로 보아서 완벽하지는 않지만 영어보다는 독일어 발음하기가 쉬운 것이다. 즉, 이 단어의 독일 발음이 [에네르기]이고 이것을 본받아서 일본 사람들도 [에네루기-(エネルキー)]라고 발음하는 것인데, 우리는 이것을 모방해서 한때는 [에네르기]라고 해서 쓰기도 하였으나 근래에는 [에너지]로 고쳐 쓰고 있다.

그런데 이 단어를 보니까 [엔어ᵣ쥐 관리공단]이라는 정부기관에서 [엔어ᵣ쥐] 절약을 홍보하기 위해서 산자부 장관이 직접 출연했던 TV광고가 생각난다.

이 광고에서 자막에는 분명히 [에너지]라고 나오는데 그 장관은 시종일관 [에나지]라고 발음하는데, 소위 한 나라의 장관이라는 사람이 자기 나라 글도 제대로 읽지 못한단 말인가? 나이로 보아서 그 장관은 일제치하에서 교육을 받지는 않았을 것 같은데 어디서 무슨 교육을 받은 사람인지 [에너지]를 [에나지]로 발음하는지 도무지 이해가 되지 않는다.

추측컨대, 일본 사람들이 요즈음에는 이 단어를 [에나지(エナジ)]로 발음하고 있는 것이나 아닌지 모르겠다.

en*gine [éndʒən]

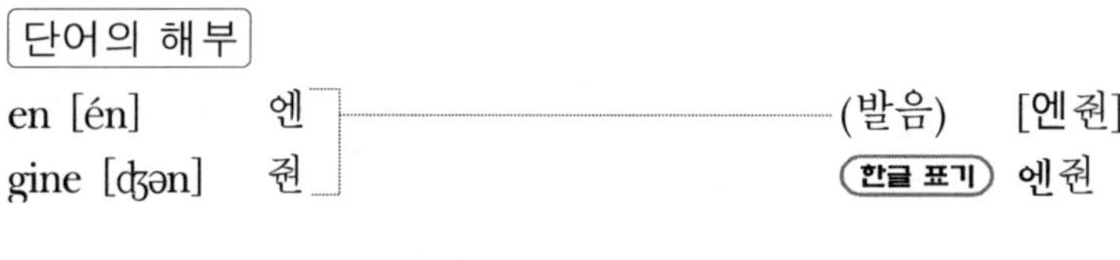

지금 우리가 쓰고 있는 [엔진]이라는 발음을 일본식 발음 [엔진(エンジン)]과 비교해 보면 알 수 있듯이 [엔진]이라는 말은 일본식 발음을 꼭 빼어 닮았다. 이 단어를 우리 외래어 표기법대로 한다면 [엔전]으로 되었을 것이다. 마지막 음절의 철자 'i'가 [어]가 아닌 [이]로 발음되는 것은 발음기호를 무시한 결과이다.

Eng*land [íŋglənd]

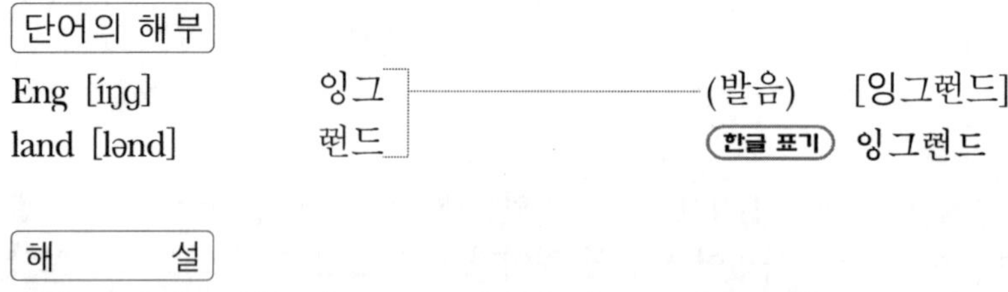

우리 사전에는 [잉글랜드]로 표기되어 있는데 어떤 근거로 'land'가 [랜드]로 표기되었을까? 이 'land'라는 단어가 단독으로 쓰일 때는 그 발음이 [lænd]가 되어서 [랜드]로 발음되지만, 다른 말의 어미로 붙을 경우에는 [lənd]로 발음되는 것이다. 이 단어의 일본식 발음은 [인구란도(イングランド)]이다.

en*sem*ble [ɑ:nsɑ́:mbl]

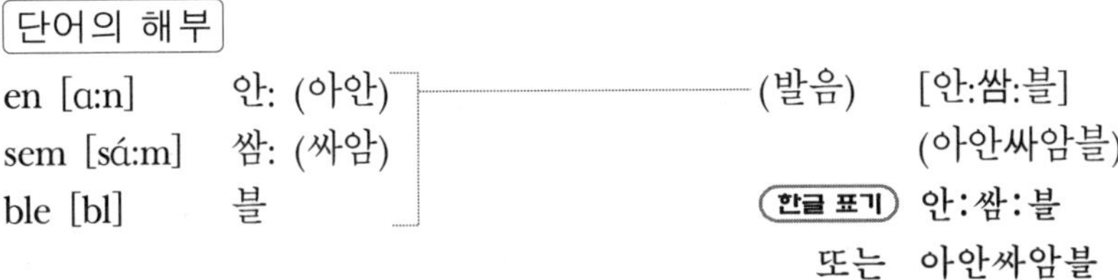

[단어의 해부]

en [ɑ:n]	안: (아안)	(발음)	[안:쌈:블]
sem [sɑ́:m]	쌈: (싸암)		(아안싸암블)
ble [bl]	블	**한글 표기** 안:쌈:블	
		또는 아안싸암블	

[해   설]

이 단어도 역시 프랜스(France) 말인데 철자 'e'가 [아]로 발음되는 것은 앞의 'encore'에서와 마찬가지이다. 프랜스 발음으로는 'en'이 [앙]으로 발음되더라도 영어 발음기호상으로는 [앙]이 아니고 [안]으로 발음되어야 하는 것이다. 일본식 발음으로는 [안산부루(アンサンブル)]라고 하는데 우리도 이것을 따라서 [앙상불]이라고 쓰고 있다.

ep*i*sode [épəsóud, épəzóud]

[단어의 해부]

(가) [épəsóud]로 발음되는 경우

ep [ép]	엪		
i [ə]	어	(발음)	[엪어쏘우드]
sode [sóud]	쏘우드	**한글 표기** 엪어쏘우드	

(나) [épəzóud]로 발음되는 경우

ep [ép]	엪		
i [ə]	어	(발음)	[엪어쪼우드]
sode [zóud]	쪼우드	**한글 표기** 엪어쪼우드	

[해   설]

발음기호를 무시하고 철자 중심으로 발음하는 일본 사람들의 방법대로 해서 [에삐소-도(エピソード)]가 일본식 발음이다. 우리는 이것을 본떠서 [에피소드]라고 쓰고 있다. 둘째 음절의 철자 'e'의 발음기호가 [ə]로 되어서 [이]가 아닌 [어]로 발음되어야 하는데 일본 사람들은 [어] 소리를 내지 못하므로 철자를 기준으로 하여 [이]로 발음하는 것이다.

erot*ic [irátik, irɔ´tik]

단어의 해부

(가) [irátik]으로 발음되는 경우

    erot [irát]   이랕   (발음)   [이랕익]

    ic [ik]   익   (한글 표기) 이랕익

(나) [irɔ´tik]으로 발음되는 경우

    erot [irɔ´t]   이롵   (발음)   [이롵익]

    ic [ik]   익   (한글 표기) 이롵익

해　설

색정적인 것을 일컬어 [에로틱]하다고 하는데, 이것도 일본식 발음 [에로찍꾸(エロチック)]를 모방한 발음이다. 이것을 우리 외래어 표기법대로 표기한다면, (가)는 [이라틱], (나)는 [이로틱]으로 된다. 여기에서 [이랕익], 또는 [이롵익]이냐, 아니면 [이라틱], 또는 [이로틱]이냐, 어느 것이 옳은 발음인가 하는 점인데 [이랕익], 또는 [이롵익]이 옳다고 본다. 즉 [이랕]으로 발음하면서 [익]으로 넘어갈 때 받침인 [ㅌ]이 [익]으로 옮겨지는 듯한 기분으로 발음하는 것이다.

es*ca*la*tor [éskəléitər]

단어의 해부

es [és]   에스

ca [kə]   커   (발음)   [에스커뤠이터ㄹ]

la [léi]   뤠이   (한글 표기) 에스커뤠이터ㄹ

tor [tər]   터ㄹ

해　설

일본식 발음이 [에스가레-다(エスカレータ)]인데 이것을 모방해서 [에스칼레타]로 말하는 사람도 있다. 사전에 보면 [에스컬레이터]로 표기되어 있다. 이 단어의 발음에서 주의해야 할 점은 'r 모음화 음색 변화'로서 그냥 [터] 하는 소리를 내면서 혀를 뒤로 감아 올리면 되는데, 이때 혀는 입 안의 어느 곳에도 닿지 말아야 한다.

es*cort [éskɔ´:rt]

단어의 해부

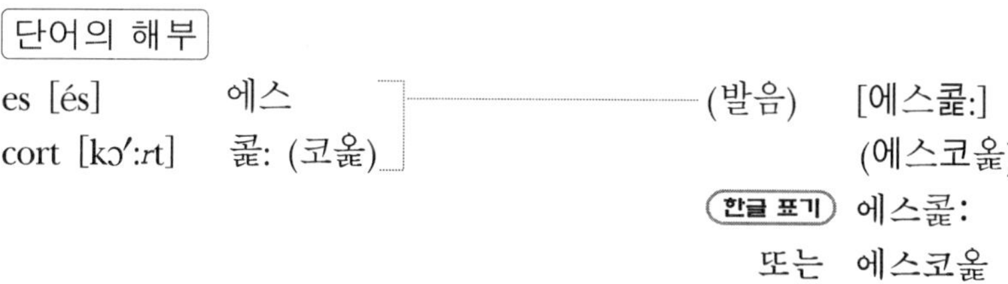

es [és]   에스
cort [kɔ´:rt]   콭: (코옳)

(발음)   [에스콭:]
           (에스코옳)

한글 표기 에스콭:
        또는 에스코옳

해   설

　일본식 발음이 [에스고-도(エスコ-ト)]인데 우리도 [에스코트]라고 하고 있다. 이때 마지막에 [트] 하는 소리를 내는 것은 일본식 발음으로 잘못된 발음이다. 철자 't'는 'r 모음화 음색 변화'와 함께 받침으로 해서 [콭] 하고 끊어서 발음해야 한다. 일본 사람들이야 받침말이 없기 때문에 [고도]로 발음하는 것이지만 우리가 따라할 필요는 없는 것이다.

Es*ki*mo [éskəmóu]

단어의 해부

Es [és]   에스
ki [kə]   커
mo [móu]   모우

(발음)   [에스커모우]

한글 표기 에스커모우

해   설

　철자만 본다면 대뜸 [에스키모]라고 발음하는 것이 일본 사람들의 사고방식이다. 이 단어의 발음기호를 보기 전에는 철자 'i'가 [ə]로 발음된다고 누가 보겠는가? 우리는 지금까지 학교에서 [에스키모]로 배워왔고, 또 지금도 그렇게 가르치고 있는데, 이 말은 [에스끼모-(エスキモ-)]라는 일본식 발음을 모방한 것이다.

Es*pa*na [espá:njɑ:]

단어의 해부

Es [es]   에스
pa [pá:]   파: (파아)
na [njɑ:]   냐: (냐아)

(발음)   [에스파:냐:]
           (에스파아냐아)

한글 표기 에스파:냐:
        또는 에스파아냐아

이 단어에서 철자 ‘a’가 [jɑ]로 발음되는 것은 흔히 있는 일이 아니다. 대개의 경우 ‘ya’나 ‘ia’가 [jɑ]로 발음되기는 하지만 ‘a’가 단독으로 [jɑ]로 발음되는 경우는 흔치 않은 경우이다. 일본식 발음이 [이스빠니아(イスパニア)]인데 이것은 일본식 발음도 모방하지 않은 순 한국식 발음으로 [에스파니아]라고 쓰고 있는 것이다.

Es*to*nia [estóunjə]

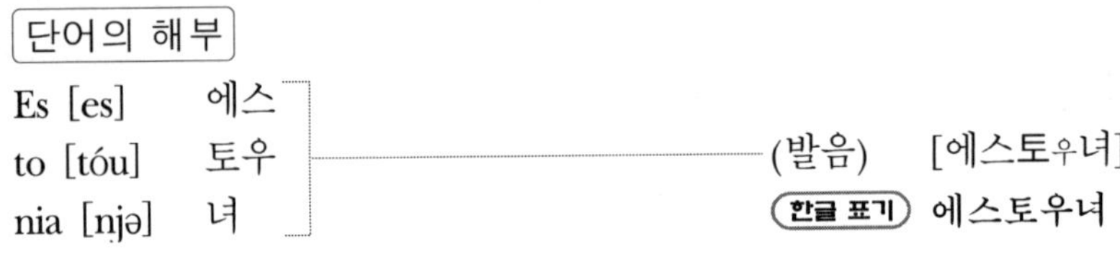

일본식 발음 [에스도니아(エストニア)]를 본떠 [에스토니아]라고 쓰고 있다. 우리 외래어 표기법을 따른다면 [에스토녀]로서 둘째 음절의 중모음으로 발음되어야 하는 것을 표기하지 않은 점을 제외하고는 거의 완벽한 표기가 될 수 있었다. 여기에서 보는 바와 같이 철자 ‘ia’가 [jə]로서 [녀]로 발음되는 것이다.

Ethi*o*pia [í:θióupiə]

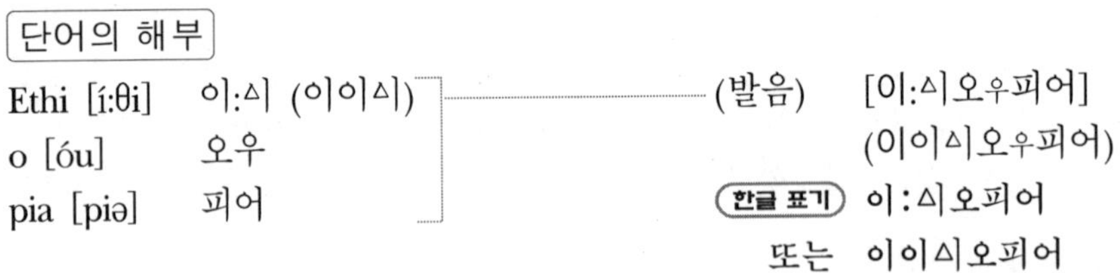

우리 사전이나 교과서에는 [에티오피아]로 표기되어 있는데 이것은 일본식 발음 [에찌오삐아(エチオピア)]를 모방한 것이다. 우리 외래어 표기법으로 한다고 하더라도 [이지오피어]로 되어야 할 것인데 [에티오피아]란 말로 되어 버렸다. 여기에서 철자 ‘th’의 발음기호 [θ]에 상당하는 글자 ‘ᔕ’를 쓰기로 한다.

eth*yl*ene [éθəlí:n]

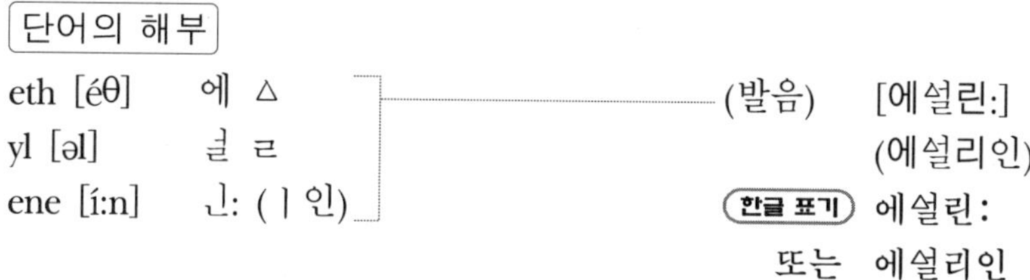

해설

이 단어도 앞의 'Ethiopia'와 마찬가지로 철자 'th'를 [t]로 발음해서 [ㅌ]으로 표기하고 있는데, 철자 'th'는 발음기호가 [θ]나 [ð]로 발음되어야 하는 것이다. 그러나 지금까지는 [θ]나 [ð]에 해당하는 소리는 낼 수 있지만 글자가 없어서 제대로 표기할 수가 없었다. 이 책에서는 [θ=△], [ð=ㅇ]로 표기하기로 하였으니 이 문제는 해결되었다.

이제까지 우리는 일본식 발음 [에찌렌(エチレン)]을 모방해서 [에틸렌]으로 사용해왔다.

et*i*quette [étiket, étikit]

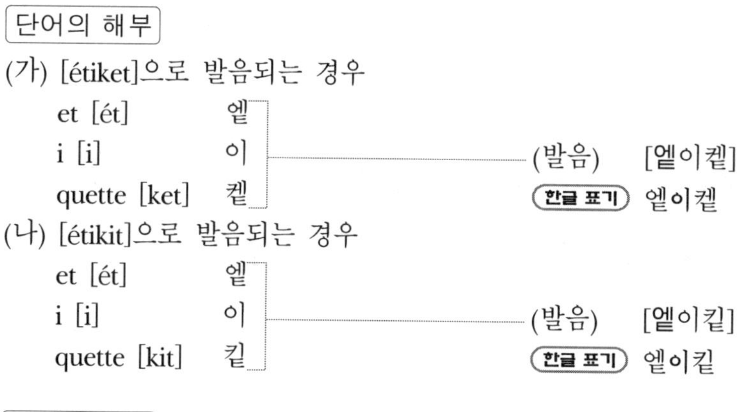

해설

현재의 우리 한글 맞춤법 통일안에 따른다면 [에티켓] 또는 [에티킷]으로 해서 마지막 음절의 철자 't'의 받침을 [ㅌ]이 아닌 [ㅅ]으로 써야 하는데, 이것은 잘못이라고 생각한다. 왜냐하면 [에티켓]으로 한다면 받침 [ㅅ]의 소리가 나올 수 있는 경우가 발생할 때 [에티케스]로 소리가 변질될 수 있으므로 반드시 [에티켙]으로 표기해서 경우에 따라 [트] 소리가 가볍게 튀어나올 수 있도록 하는 것이 옳다고 생각한다.

일본식 발음은 [에찌겟도(エチケット)]인데 일본말은 받침 사용을 못하기 때문에 [도] 하고 [t] 소리를 내어 뱉지만 우리말은 받침 사용이 자유로워 [트]를 표기할 필요가 없는 것이다.

Eu*phra*tes [ju:fréiti:z]

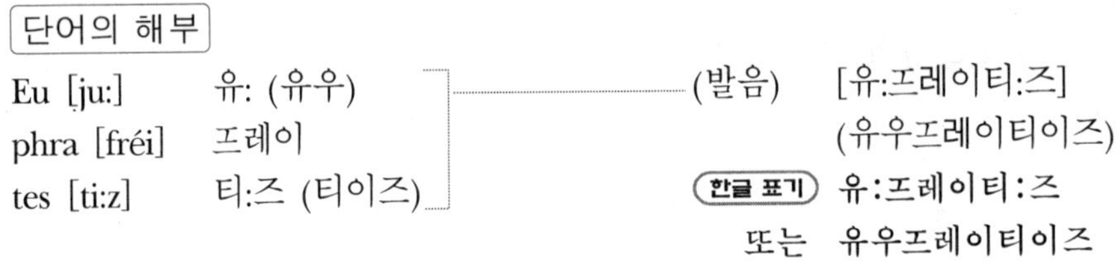

해   설

우리는 학교에서 [유프라테스]강 유역을 세계 문명의 발상지의 하나라고 배웠다. 그런데 이것은 일본식 발음 [유-후라데스[ユーフラテス]]를 모방한 표기로 우리 외래어 표기법으로 한다면 [유:프레이티:즈]로 되었을 것이고, 우리는 학교에서 [유프라테스]가 아닌 [유:프레이티:즈]로 올바르게 배웠을 것이다.

ex*tra [ékstrə]

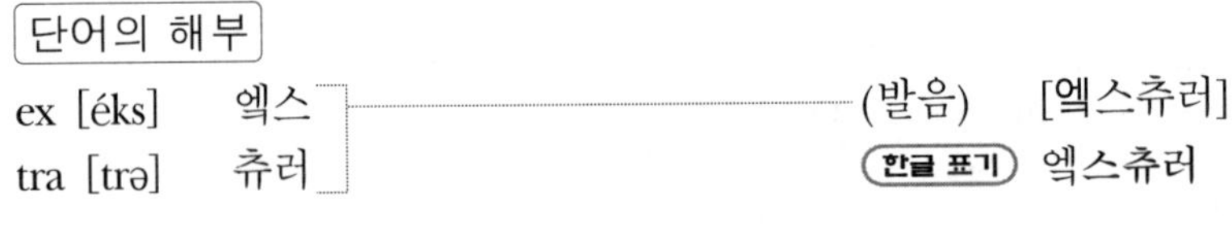

해   설

영화나 연극에서 아무런 대사 없이 등장하는 인물들을 우리는 [엑스트라]라고 하고 있는데 이것은 일본식 발음 [에기스도라(エキストラ)]를 모방한 말이다. 그리고 마지막 음절의 'tra'가 [트러]가 아니고 [츄러]로 발음되어야 한다는 것도 앞에서 여러번 설명했다.

face [feis]

단어의 해부

face [feis]　　페이스 ⸻⸻⸻⸻⸻ (발음)　　[페이스]
한글 표기 페이스

해 설

일본 사람들이 비록 발음에는 취약하지만 나름대로 많은 노력을 하고 있다는 것은 우리가 칭찬해 주어야 한다. 그들은 오래 전부터 [f]의 발음에 대해서 구별해서 쓰고 있는데 우리는 [ㅍ]을 쓰는 경우도 있고, [ㅎ]을 쓰는 경우도 있어서 통일되어 있지 않다. 물론 우리 외래어 표기법에서는 [ㅍ]으로 표기한다고 되어 있지만 제대로 지켜지지 않고 있다. 또한 [f]의 표기를 [ㅍ]으로 한다는 것도 잘못이다. 왜냐하면 이 단어를 [페이스]로 표기해야 한다면 'pace'를 나타내는 것인지 'face'를 나타내는 것인지 구별할 수가 없기 때문이다. 일본 사람들은 'face'와 'pace'를 구별해서 'face'는 [후에이스(フェイス)]로, pace를 [뻬이즈(ペイス)]로 표기해서 [f]와 [p]의 발음을 구별해서 쓰고 있는 것이다. 우리는 [f]와 [p]의 발음을 구별하기 위해서 이 책에서 [f=ㅍ]라는 새로운 글자를 만들어 쓰기로 했다. [f]와 [p]의 발음은 반드시 구별되어야 올바른 영어 발음을 할 수 있기 때문에 우리 한글에는 [f=ㅍ]라는 새로운 글자가 필요한 것이다.

fair [fɛər]

단어의 해부

fair [fɛər]　　페어ᴿ ⸻⸻⸻⸻⸻ (발음)　　[페어ᴿ]
한글 표기 페어ᴿ

해 설

한글 맞춤법에 의하면 이 단어도 [페어]로 표기해야 한다. 그렇다면 'pair'와 구별이 되지 않는다. 'pair'의 발음기호도 [pɛər]이므로 [페어]로 표기하는 수밖에 없는데 이렇게 되면 'fair'나 'pair'나 같은 발음이 되므로 구별할 수가 없다. 일본 사람들은 이 단어를 [훼아(フェア)]로 구별해서 사용하고 있다.

fair*play [fɛ'ərpléi]

단어의 해부

fair [fɛ'ər]	제어ᵉ	
play [pléi]	프레이	

(발음)　[제어ᵉ프레이]

(한글 표기)　제어ᵉ프레이

해　설

스포ᵉ츠(sports)계에서 많이 사용되는 이 단어도 신문이나 방송에서는 모두 [페어플레이]라고 쓰거나 말하고 있는데 시정되어야 한다. 일본 사람들은 이 단어를 [훼아뿌레-(フェアプルー)]로 해서 [f]와 [p]의 발음의 차이를 구별해서 쓰고 있다.

fall [fɔ':l]

단어의 해부

fall [fɔ':l]　폴: (포올) ·········· (발음)　[폴:] (포올)

(한글 표기)　폴:

또는　포올

해　설

이 단어도 [폴]로 표기할 경우에는 'pall'이라는 단어와 같은 표기가 된다. 'pall'의 발음기호가 [pɔ':l]이기 때문에 [폴:]로 표기되어야 하는데 'fall'과 같은 표기가 되므로 발음도 같아져 혼동되는 것이다. 일본 사람들은 [후오루(フォル)]로 표기하여 구별해서 발음하는데 우리는 구별없이 [ㅍ]으로 써서 [폴]로 쓰고 있으니 이런 점에 있어서는 일본 사람들이 바르게 표기하는 것이다. 언어 구사 능력과 글자가 부족한 일본 사람들조차 구별해서 쓰고 있는데 우수한 한글과 다양한 언어 구사 능력을 가진 우리가 뒤떨어져 있다는 것은 말이 되지 않는 것이다.

fam*i*ly [fǽməli]

단어의 해부

(가) [fǽmli]로 발음되는 경우

fam [fǽm]	꽴	
i [발음되지 않음]		
ly [li]	리	

(발음)　[꽴리]

(한글 표기)　꽴리

(나) [fǽməli]로 발음되는 경우

fam [fǽm]	꽴	
i [ə]	어	(발음)　[꽴어뤼]
ly [li]	뤼	(한글 표기) 꽴어뤼

해　설

이 단어의 한글 표기는 [패밀리]이고, [훼밀리]라고 표기하는 경우도 있는데 엄밀하게 따진다면 [훼밀리]에 가까운 소리이지 [패밀리]에 가까운 소리는 아니다. 일본식 발음은 [후아미리-(ファミリー)]인데 우리가 [패밀리]나 [훼밀리]로 하여 쓰는 이유는 아무래도 이 일본식 발음에 영향을 받은 것으로 보여진다. 왜냐하면 둘째 음절이 [어]로 발음되어야 하는데 [이]로 발음하는 것은 [어] 발음을 하지 못하여 발음기호를 무시하고 철자 중심으로 해서 [이]로 발음하는 것을 모방한 것으로밖에는 이해가 되지 않기 때문이다.

fan [fǽn]

단어의 해부

해　설

현재 [팬]으로 표기하고 있는데 이 표기는 온당치 않다고 본다. 왜냐하면 'fan'도 'pan'도 전부 [팬]으로 표기하는 수밖에 없는데 이렇게 되면 'fan'과 'pan'을 구별할 수 없게 된다. 차라리 일본식으로 [홴]으로 표기하는 방법도 있겠으나 이 책에서는 [f=ㆄ]라는 새로운 글자를 만들어서 [f]의 전용 글자로 쓰기로 하였다.

[ㅍ]의 소리는 윗입술과 아랫니 사이로 바람을 불어내면서 내는 소리이므로 [ㅍ]의 기둥 한 개가 빠져서 바람이 샌다는 생각을 하면서 [ㆄ] 소리를 내면 이해하기 쉬울 것이다. 즉 [f]는 [ㅍ] 소리도 아니고, 그렇다고 [ㅎ]의 소리도 아닌 소리이므로 이것에 상당하는 글자가 반드시 필요한 것이다.

fash*ion [fǽʃən]

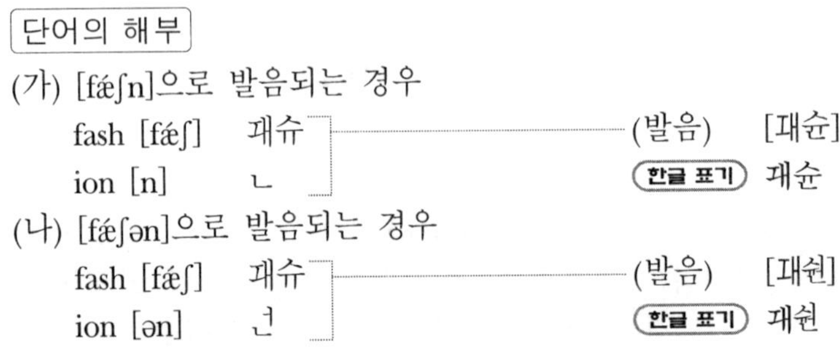

(가) [fǽʃn]으로 발음되는 경우
　　fash [fǽʃ]　패슈　　　　　　　　　　　　(발음)　[패슌]
　　ion [n]　　ㄴ　　　　　　　　　　　　한글 표기　패슌
(나) [fǽʃən]으로 발음되는 경우
　　fash [fǽʃ]　패슈　　　　　　　　　　　　(발음)　[패쉰]
　　ion [ən]　　ᅟ　　　　　　　　　　　　한글 표기　패쉰

　해　　설

우리는 [패숀] 또는 [패션]으로 쓰고 있는데 사실은 이 표기도 일본식 발음 [후앗숀(ファッション)]을 모방한 것이다. [패숀]이나 [패션]으로 표기한다면 'passion' [pǽʃən]을 나타내는 것인지 'fashion'을 나타내는 것인지 구별할 수가 없는 것이다. 이렇기 때문에 이를 구별할 수 있는 새로운 글자가 필요한 것이다.

feel*ing [fíːliŋ]

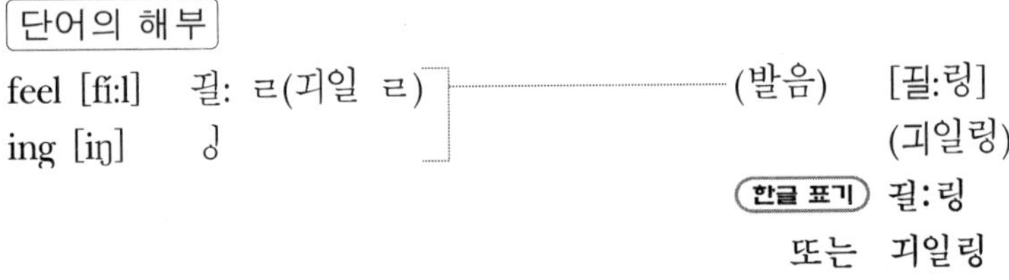

feel [fíːl]　필ː ㄹ(괴일 ㄹ)　　　　　　　　(발음)　[필ː링]
ing [iŋ]　　ㅇ　　　　　　　　　　　　　　　　(괴일링)
　　　　　　　　　　　　　　　　　　　한글 표기　필ː링
　　　　　　　　　　　　　　　　　　　또는　괴일링

　해　　설

일본 사람들은 [후이린구(フィリング)]로 표기할 것인데, 우리는 [필링]으로 표기하고 있다. 이 단어를 [필링]으로 표기하면 'peeling'이라는 단어와 구별할 수 없으므로 이것을 구별할 수 있는 글자를 만들어 쓰는 것이 필요하다고 본다. 물론 모든 것이 간소화되는 시대에 역행되는 일일지도 모르지만 문자는 소리를 나타내는 기호이므로 그 기호도 시대의 요청에 따라 새롭게 생길 수도 있는 것이고, 없어질 수도 있는 것이라고 본다.

fence [fens]

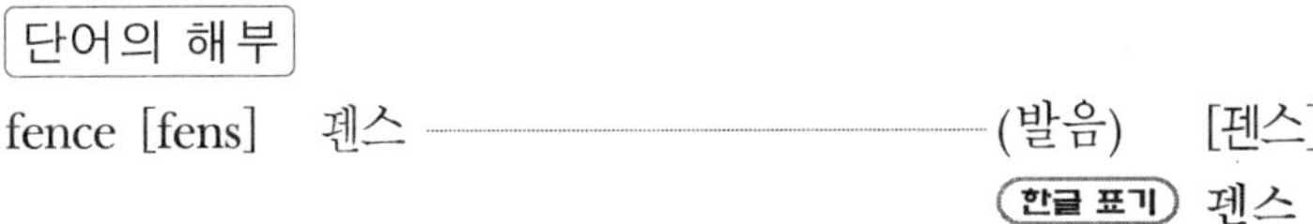

단어의 해부

fence [fens] 펜스 ——————————————— (발음) [펜스]
　　　　　　　　　　　　　　　　　　한글 표기 펜스

해　　　설

　우리말 외래어 표기법대로 한다면 [펜스]로 표기해야 되는데 실제로는 [휀스]라고 하는 것이 원래의 발음에 더욱 가깝다. 일본식 발음은 [후엔스(フェンス)]이다.

fic*tion [fíkʃən]

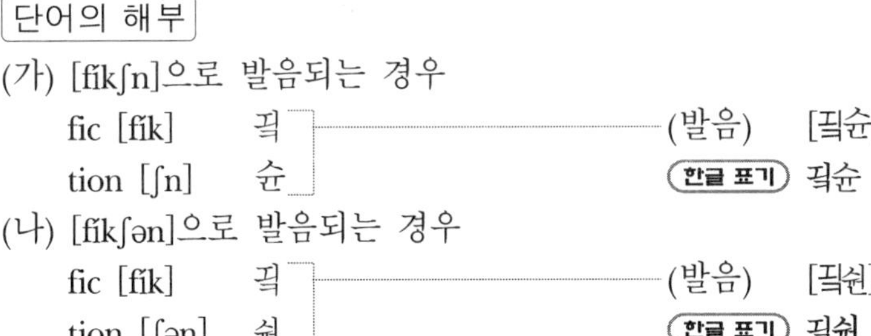

단어의 해부

(가) [fikʃn]으로 발음되는 경우
　　fic [fik]　　 픽┐
　　tion [ʃn]　　 슌┘——————————— (발음) [픽슌]
　　　　　　　　　　　　　　　　　한글 표기 픽슌
(나) [fikʃən]으로 발음되는 경우
　　fic [fik]　　 픽┐
　　tion [ʃən]　　 쉰┘——————————— (발음) [픽쉰]
　　　　　　　　　　　　　　　　　한글 표기 픽쉰

해　　　설

　흔히 [픽숀] 또는 [픽션]으로 표기하는 예가 많은데 어느 것이든 잘못된 표기이다. 일본 사람들은 [휘구숀(フィクション)]으로 표기해서 [p]와 [f]와의 발음을 구별하여 주고 있다.

fight*ing [fáitiŋ]

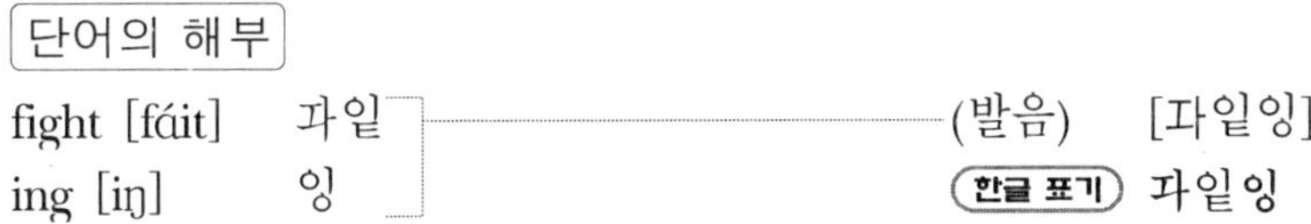

단어의 해부

fight [fáit]　과잍┐
ing [iŋ]　　 잉 ┘——————————— (발음) [파잍잉]
　　　　　　　　　　　　　　　　한글 표기 파잍잉

이 단어도 우리말 외래어 표기법대로 쓰면 [파이팅]인데 일본 사람들은 [후아이딩구(ファィチィンク)]로 표기하고 있다. 발음에 있어서 [콰이팅]이냐, [콰잎잉]이냐 하는 의문이 생기는데 첫 음절이 'fight'으로 끝나기 때문에 첫 음절은 [콰잎]으로 발음하고 이어서 [잉]으로 발음하는 것이 옳은 것으로 본다. 받침인 [ㅌ]이 [잉]으로 옮겨지는 듯한 느낌으로 발음하면 마치 [콰이팅]으로 발음하는 것처럼 들리는 것이다.

Fi*ji [fiːʤiː]

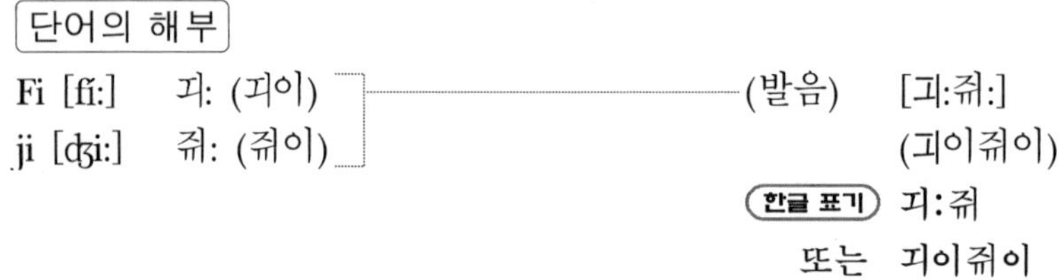

이 단어의 일본식 발음은 [휘지-(フィジ-)]이다. 일본 사람들은 [휘] 소리를 내지 못하기 때문에 [후이(フィ)]라는 소리로 [휘] 소리에 대응하고 있다. 우리는 [f] 소리를 [ㅍ]으로 대응시키고 있는데 일본 사람들은 결코 [fi] 소리를 [삐(ヒ)]로 대응시키지는 않는 것이다. 그리고 이 단어의 발음에 있어서 마지막 음절의 발음에 주의하여야 하는데, 그냥 단순히 [지]로 발음하는 것이 아니고 [쮜]로 발음하는 것이 옳은 발음이다.

Fil*i*pine [filəpíːn]

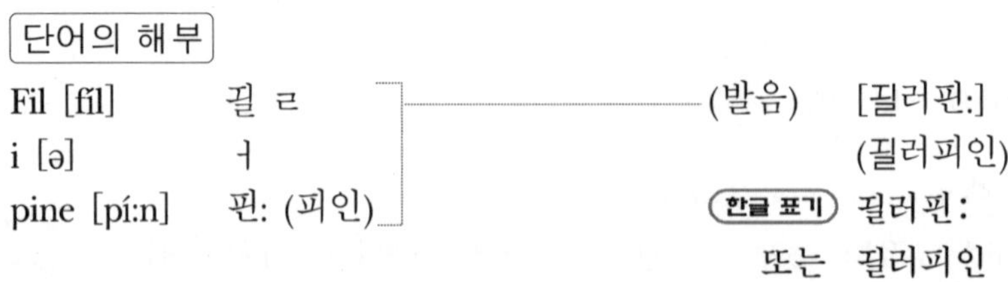

이 단어는 'Philippine'과 같은 것인데 'Filipine'으로 쓸 때는 철자 'p'를 한 개만 쓰

기 때문에 'Philippine'에서와 같이 [핀]이 강음이 되지 않고 순음으로 발음하는 것이
차이점이다. 그리고 둘째 음절의 철자 'i'는 [ə]로 발음되는 것에 주의해야 한다.

fil*ter [fíltər]

해   설

이 단어도 우리말 외래어 표기법대로 표기하면 [필터]인데 [휠터]로 쓰고 있
는 사람도 있다. 또는 [필타]라고 쓰는 경우도 있고, [휠타]라고 해서 아예 일본
식 발음 [휘루다-(フィルター-)]를 모방해서 쓰는 경우도 있다. [필터]보다는 [휠
터]쪽이 원래의 발음에 가까우나 [f]는 [ㅎ]의 소리가 아니라는 것을 기억해야
한다.

fi*nance [finǽns, fáinæns]

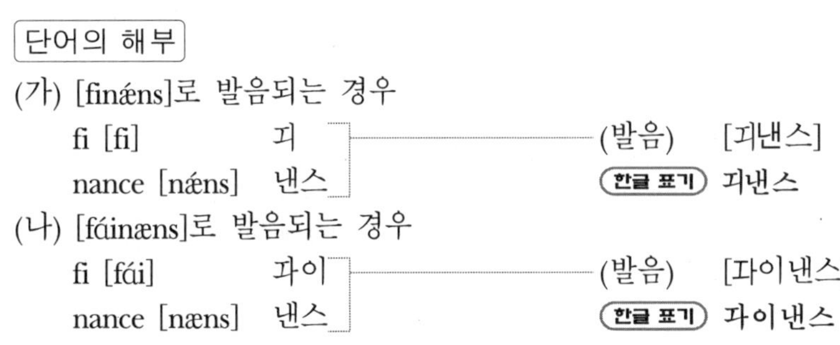

해   설

우리는 이 단어를 [퐈이낸스]로 많이 사용하고 있는데 [끠낸스]로도 발음이
된다. 이것도 일본식 발음 [후아이난스(ファイナンス)]의 영향을 많이 받은 결
과인 것이다. 이 단어의 발음에서 주의해야 할 점은 강음이 마지막 음절에 붙는
경우에는 [끠]로 발음하고, 첫 음절이 강음으로 발음되는 때에는 [퐈이]로 발음
된다는 사실에 주의해야 한다.

Fin*land [fínlənd]

단어의 해부

Fin [fín]	핀	(발음)	[핀펀드]
land [lənd]	펀드	한글 표기	핀런드

해   설

사전에는 [핀란드]로 표기되어 있는데 이것은 일본식 발음 [후인란도(フィンランド)]를 모방했음이 증명된다. 왜냐하면 마지막 음절이 [어]로 발음되어야 하는데도 [어] 소리를 내지 못하는 일본 사람들의 흉내를 내어서 [란드]로 표기하였기 때문이다.

Flor*i*da [fló:ridə, fláridə]

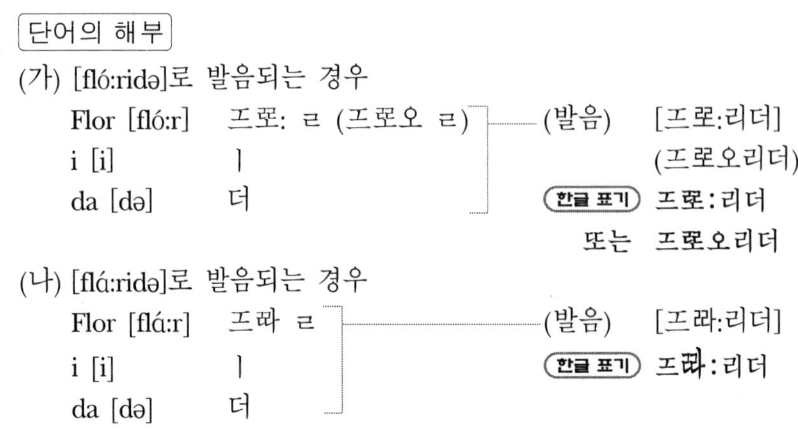

단어의 해부

(가) [fló:ridə]로 발음되는 경우

Flor [fló:r]	프로: ㄹ (프로오 ㄹ)	(발음)	[프로:리더]
i [i]	ㅣ		(프로오리더)
da [də]	더	한글 표기	프로:리더
			또는 프로오리더

(나) [flá:ridə]로 발음되는 경우

Flor [flá:r]	프롸 ㄹ	(발음)	[프롸:리더]
i [i]	ㅣ	한글 표기	프롸:리더
da [də]	더		

해   설

일본식 발음이 [후로리다(フロリダ)]인 것을 보면 [플로리다]라는 표기도 이것을 모방했다. 물론 'f'에 해당하는 글자가 없기 때문에 [ㅍ]을 쓴 것은 이해할 수 있겠으나, 마지막 음절의 철자 'a'가 [어]로 발음되어야 하는데도 [아]로 발음한다는 것은 [어] 발음을 하지 못하는 일본 사람들의 발음인 것이다.

fork [fɔ′r:k]

┌─────────────┐
│ 단어의 해부 │
└─────────────┘

fork [fɔ′:rk]   폮: (포옭) ──────────── (발음)   [폮:]
                                                (포옭)

                                   (한글 표기) 폮:
                                              또는 포옭

┌─────────────┐
│ 해   설 │
└─────────────┘

어떤 점잖은 한국 신사가 미국 여행 중이었다. 평소에 그는 나름대로 영어에 대해서는 남 못지 않게 자신을 가지고 있던 사람이었는데, 하루는 어느 식당에서 식사를 하다가 그만 실수하여 폮:(fork)을 떨어뜨리고 말았다. 그러자 이 신사는 점잖게 '웨이터!(Waiter!)'하고 종업원을 불러서, '플리:즈, 브링 미 어 포크.(Please, bring me a pork.)'하고 말했다. 그러자 그 웨잍어ᵣ(waiter)는 'Yes, sir.' 하면서 주방쪽으로 사라졌다.

한참을 기다려도 그 웨잍어ᵣ(waiter)는 폮:(fork)을 가져오지는 않고 멀찌감치에서 자기 일만 계속하고 있는 것이 보였다. 엄숙한 식당 분위기 속에서 점잖은 신사는 독촉할 수도 없고 해서 식사를 멈추고 웨잍어ᵣ가 폮:(fork)을 가져오기만 기다릴 수밖에 없었는데 조금 있으려니까 아까 웨잍어ᵣ가 자기 쪽으로 오는 것이 보이는가 싶더니 바로 자기 테이블(table)에 돼지고기가 담긴 접시가 놓여지고, 달라는 폮:은 없었다. 그리고 그 웨잍어ᵣ는 의미심장한 미소를 흘리면서 정중히 허리를 굽히고 늦어서 미안하다면서 돌아서 가는 게 아닌가?

이것은 [포크]라고 발음했기 때문에 그 웨잍어ᵣ는 'pork'로 잘못 알아듣고 일어난 상황인 것이다. 이토록 발음이 부정확하면 엉뚱한 사태가 벌어지는 것은 당연한 일이다. 비록 실제로 있었던 일은 아니겠지만 발음이 얼마나 중요한가를 보여주는 교훈이라고 생각된다.

일본 사람들은 이런 사태를 염려하여 일찌감치 [후오구(フォク)]로 해서 [f]와 [p]의 발음을 구별해서 쓰는 것인지도 모른다.

France [fræns, frɑ:ns]

┌─────────────┐
│ 단어의 해부 │
└─────────────┘

(가) [fræns]로 발음되는 경우
      France [fræns]   프랜스 ──────────── (발음)   [프랜스]

(나) [frɑːns]로 발음되는 경우

France [frɑːns]　　프란:스 (프라안스) ┄┄┄ (발음)　　[프란:스]
　　　　　　　　　　　　　　　　　　　　　　　　　　　(프라안스)

(한글 표기) 프랑스

(한글 표기) 프란:스
　　　　또는　프라안스

> ### 해 설
>
> 우리는 [프랑스]로 쓰고 있으며, 한문으로는 [불란서(佛蘭西)]이다. 일본식 발음 [후란스(フランス)]를 모방한 것이 [프랑스]이다.
>
> 이 단어의 발음에 있어서 'a'를 [애]로 발음할 경우에는 단음으로 짧게 [애]로 발음하는 것이며, [아]로 발음할 경우에는 장음으로 [아: (아아)]로 발음하는 것이다.

fry [frai]

> ### 단어의 해부
>
> fry [frai]　　프라이 ┄┄┄┄┄┄┄┄┄┄┄┄┄┄ (발음)　　[프라이]
> 　　　　　　　　　　　　　　　　　　　　　(한글 표기) 프라이

> ### 해 설
>
> 지금은 고인이 된 곽규석이란 커미:디언(comedian)의 예명을 우리말로 '후라이 보이'라고 하였었다. 그런데 이 예명의 발음이 과연 옳은 것이었느냐 하는 것을 따져 보겠다.
>
> 본래 이 사람의 예명인 '후라이 보이'의 영문자는 'fryboy'가 아니고 'flyboy'인 것이다. 영어에는 'fryboy'라는 말은 없으며, 'flyboy'라는 말은 있는데, 이 사람은 원래 공군 군악대에서 군대 생활을 하였기 때문에 'flyboy'라는 예명을 쓰게 된 것이며, [홀라이 보이]라고 했어야 옳은 것이었는데 이것을 그냥 '후라이 보이'라고 불렀던 것이다. 그런데 해방 직후에는 거짓말하는 것을 '후라이 친다'라고 한 적이 있었는데, 그 말의 근원은 일본에서 만들어진 신조어인 것 같다.
>
> 이 커미:디언은 여러 가지 성대 묘사를 잘 해서 비행기 날아가는 소리나 폭탄 터지는 소리 같은 것을 잘 내서 마치 정말 비행기가 날아가는 듯한 느낌을 주었기 때문에 애교 섞인 거짓말쟁이로 '후라이 보이', 즉 그 당시의 말로는 '후라이쟁

이’, 요즘 말로는 ‘뻥쟁이’라는 뜻으로 그렇게 부른 것으로 생각된다.
　이 단어를 그냥 [프라이]로 표기한다든가 발음하면 ‘pry’라는 단어와 구별할 수 없으므로 반드시 구별해서 써야 한다.

Ga*bon [gæbɔ′:ŋ]

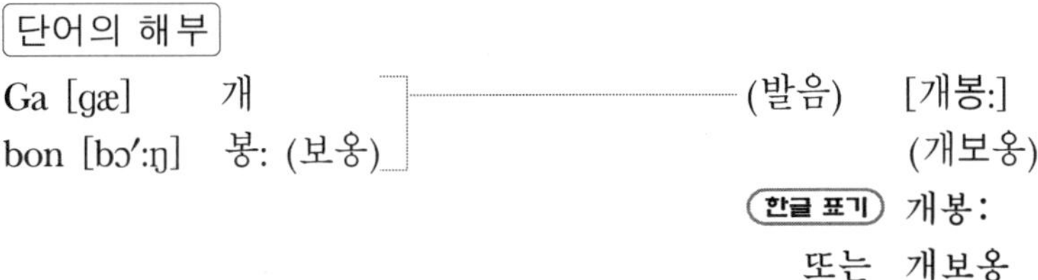

단어의 해부

Ga [gæ]　　개
bon [bɔ′:ŋ]　봉: (보옹)　　　　　　　　　　(발음)　　[개봉:]
　　　　　　　　　　　　　　　　　　　　　　　　　　　(개보옹)
　　　　　　　　　　　　　　　　　한글 표기　개봉:
　　　　　　　　　　　　　　　　　　　또는　개보옹

해　　　설

　지역 이름 중에 ‘개봉동’이라는 이름이 있는데 그것과 똑같은 발음이지만 다만 [봉: (보옹)] 하고 끝을 조금 길게 끌면서 발음하는 것이다. 우리는 지금 일본식 발음 [가본(カボン)]을 모방해서 [가봉]으로 쓰고 있는데 첫 음절이 [개]로 발음되어야 하는데도 [가]로 발음하는 것은 일본 사람들이 [애] 발음을 하지 못하기 때문에 [아]로 발음하는 것을 그대로 모방해서 쓰고 있는 것이다. 우리 외래어 표기법에 따르더라도 [개봉]이지 결코 [가봉]이라는 발음은 될 수 없는 것이다.

Gam*bia [gǽmbiə]

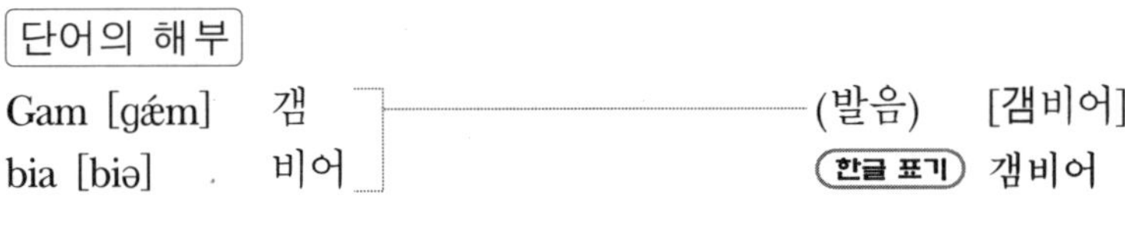

단어의 해부

Gam [gǽm]　갬
bia [biə]　．비어　　　　　　　　　　　　(발음)　　[갬비어]
　　　　　　　　　　　　　　　　　한글 표기　갬비어

해　　　설

　우리 사전에는 [갬비아]로 표기되어 있는데 비교적 일본식을 벗어나려는 흔적이 보이는 것 같기도 하지만 마지막 음절이 일본식을 완전히 탈피하지는 못하였다. 마지막 음절의 철자 ‘a’가 [어]로 발음되어야 하는데 [아]로 처리한 것은 역시 일본 사람들이 [어] 발음을 하지 못해서 [아]로 발음하는 것을 그대로 모방한 발음이다. 어떤 경우에는 이 단어를 [잼비아] 또는 [잠비아]로 발음하는 사람도 있는데 이것들은 전혀 잘못된 발음이므로 고쳐야 한다. 남의 나라 수도 이름을 정확한 발음으로 불러 주는 것도 예의라고 하겠다.
일본식 발음은 [간비아(カンビア)]이다.

Ga*za [gáːzə, gǽzə, géizə]

단어의 해부

(가) [gáːzə]로 발음되는 경우

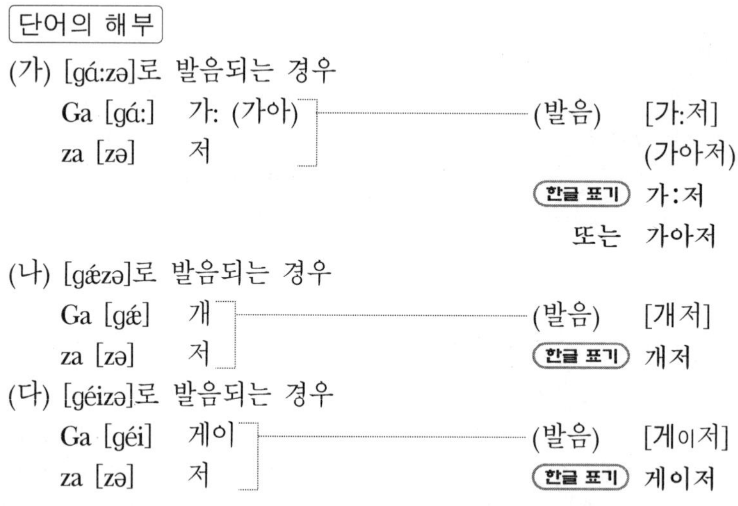

(나) [gǽzə]로 발음되는 경우

(다) [géizə]로 발음되는 경우

해　　설

　이 단어는 첫 음절이 세 가지로 발음되는데 반해 마지막 음절은 전부 한 가지로 발음된다. 일본식 발음은 [가자(カザ)] 한 가지밖에 없는데 우리는 이것을 모방해서 [가자]라고 발음하고 있다. 첫 음절의 'Ga'는 [가]로 발음되는 경우가 있어서 [가]로 발음하는 것도 틀리는 것은 아니지만, 마지막 음절은 [자]로 발음되는 경우가 없으므로 [자]로 발음하는 것은 잘못된 것이다.

Ge*ne*va [ʤəníːvə]

단어의 해부

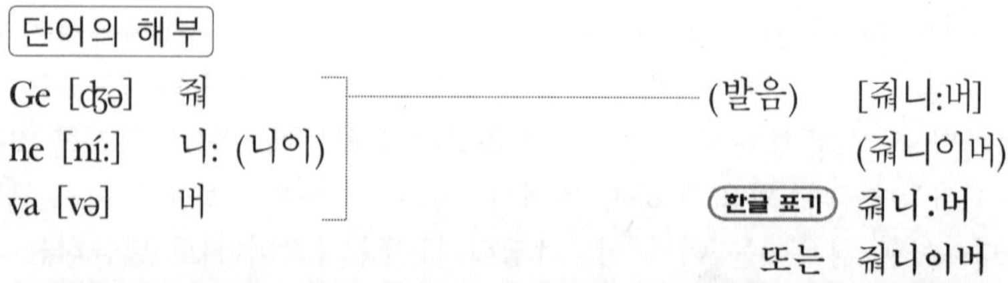

> 해   설

　[제네바]로 쓰고 있는 우리의 표기는 일본식 발음 [제네바(ゼネヴァ)]를 모방한 것이다. 우리 외래어 표기법을 준수했더라면 비록 완전하지는 않더라도 [저니:버]로 되어서 영어 발음에 비슷하게 접근할 수 있었다. 첫 음절의 철자 'e'는 [어]로, 둘째 음절의 철자 'e'는 [이]로 발음되고, 마지막 음절의 철자 'a'는 역시 [아]가 아닌 [어]로 발음되는 것을 무시한 결과이다.

　여기에서 한 가지 특기할 사항은 일본 사람들도 [v]의 발음에 대하여 무척 신경을 써서 [v=ヴ]라는 새 글자를 만들어 쓰고 있다는 것이다.

Ger*man [ʤəˈːrmən]

> 단어의 해부

Ger [ʤəˈːr]　쥐ᵣ ┐
man [mən]　먼 ┘
　　　　　　　　　　　　　　　　　　　　(발음)　[쥐ᵣ먼]
　　　　　　　　　　　　　　　　　　　한글 표기　쥐ᵣ먼

> 해   설

　일본식 발음으로는 [게루만(ケルマン)]으로서 독일식 발음을 쓰는 경우가 대부분이며, 그러나 일본에서도 이것을 [자-만(ザーマン)]으로 쓰는 경우는 거의 없는 것 같다.

ges*ture [ʤésʧər]

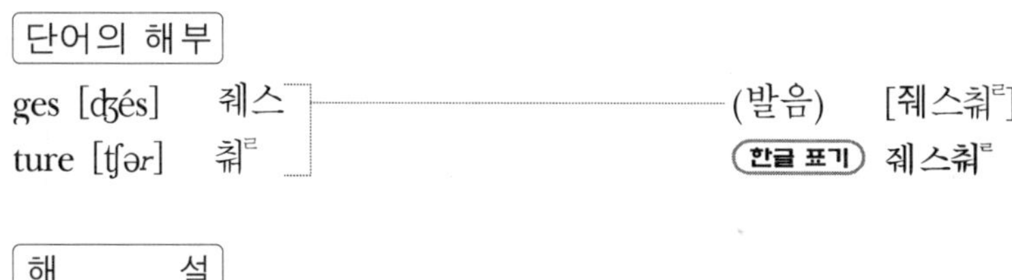

> 단어의 해부

ges [ʤés]　쮀스 ┐
ture [ʧər]　춰ᵣ ┘
　　　　　　　　　　　　　　　　　　　　(발음)　[쮀스춰ᵣ]
　　　　　　　　　　　　　　　　　　　한글 표기　쮀스춰ᵣ

> 해   설

　일본식 발음은 [제스쮸아(ジェスチュア)]이고 우리는 [제스츄어]로 표기해서 쓰고 있다. 이것은 전혀 일본식 발음을 모방한 흔적을 찾아 볼 수 없는 듯이 보이지만, 첫 음절의 발음이 역시 일본식 발음과 닮았다.

Gha*na [gá:nə]

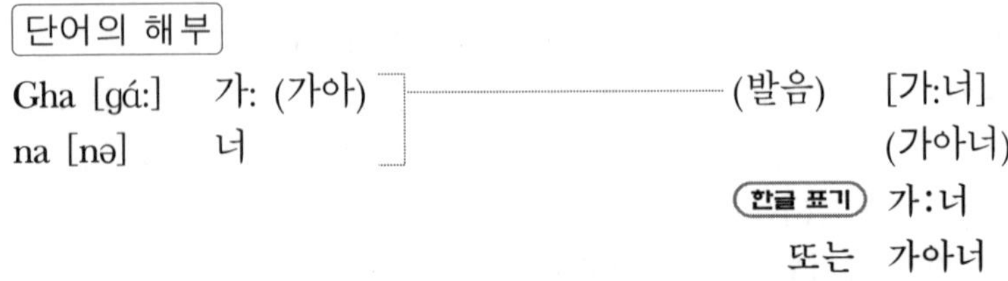

해   설

우리나라 성씨들 중에는 [ㄱ]자를 쓰는 성씨들이 많은데 한결같이 'Kim', 'Koo', 'Kang' 등으로 [K]자를 많이 쓰고 있다. 그러나 이 [K]는 우리 한글의 [ㅋ]에 해당하는 것이지 [ㄱ]에 해당하는 것은 아니다. 따라서 'Kim'은 [킴]이요, 'Koo'는 [쿠], 'Kang'은 [캉]이며, '길'씨 성을 가진 사람은 'Kil'로 표기하여 [킬]로 발음해야 하므로 얼핏 들으면 '죽이다'라는 뜻을 가진 'kill'로 들릴 우려도 있는 것이다.

이왕 우리나라 성씨에 대한 이야기가 나왔으니 예를 들어 '최'씨에 대하여 이야기해 보자. '최'를 대부분의 사람들은 'Choi'로 쓰는데 이것은 'Choe'라고 써야 맞는다. 이들의 차이는 'Choi'하면 [쵸이]로 불러주는 경우가 대부분인데, 이 [쵸이]라는 소리가 몹시 듣기가 싫은 소리이다. 그것은 일본 사람이 'Choi'를 발음하는 경우에 [쪼이(チョイ)]라고 하기 때문이다. 'Choe'로 쓰면은 [초에]로 불러주는데 이 [초에]를 빠르게 발음하면 거의 [최]라는 소리에 가깝게 들리는 것이다. 2000년 씨드니 오우림픽(Sydney Olympic)에 출전한 북한의 양궁 선수 최옥실의 유우너폼:(uniform) 등판에 새겨진 이름을 보고 무척이나 반가웠다. 그녀의 등에는 또렷하게 'CHOE'로 표기되어 있었는데 마치 딸을 만난 듯 무척 반가웠던 것이다. 우리나라 초대 대통령인 고 이승만 박사는 항상 결재를 할 때 'Rhee'라고 하였는데 대부분의 이씨 성을 Lee로 표기하는 것과는 대조를 이루고 있다.

'Kim'이라는 단어를 영어 사전에 찾아보면 '사람 이름'이라고 해설하고 있고, 'Lee'도 마찬가지로 '사람의 이름'이라고 되어 있는데 서양 사람들의 이름을 성씨로 쓰는 것보다는 김씨는 'Ghim', 길씨는 'Ghil', 강씨는 'Ghang', 고씨는 'Gho' 등등으로 쓰는 것이 옳다고 본다.

다행스럽게도 이번에 한글의 영문 표기법을 개정하였다는데 비교적 수긍이 가기는 하지만 몇 가지 점에 있어서는 부족한 면이 있다. 예를 들면 철자 'G'의 문제인데, 그냥 'G' 하나만 쓴다면 [ㅈ]으로 발음될 우려도 있으므로 철자 'G'

다음에 'H'를 넣어서 'Gh'가 되면 [ㅈ]이나 혹은 다른 음으로 변하지 않고 반드시 [ㄱ]으로 발음되기 때문에 이렇게 표기하는 것이 올바른 표기라고 생각한다.

golf [gɑlf, gɔ:lf, gɔlf]

> 단어의 해부

(가) [gɑlf]로 발음되는 경우
    golf [gɑlf]   갈프 ——————————— (발음) [갈프]
                                  (한글 표기) 갈프

(나) [gɔ:lf]로 발음되는 경우
    golf [gɔ:lf]   골:프 (고올프) ———————— (발음) [골:]프
                                  (한글 표기) 골:프
                                  또는 고올프

(다) [gɔlf]로 발음되는 경우
    golf [gɔlf]   골프 ——————————— (발음) [골프]
                                  (한글 표기) 골프

> 해   설

이 단어의 일본식 발음은 [고루후(ゴルフ)]인데 이것은 우리가 모방한 근거가 없는 것이지만, 다만 우리는 이 단어를 말할 때 [꼴프]라고 [꼴] 소리를 강하게 발음하는 습관이 있다. 우리는 된소리를 무척이나 좋아하는 민족인 것 같은데 어째서 된소리 'ㄲ'을 없앴는지 한글학회는 해명해 주었으면 좋겠다.

이 운동은 부드러운 운동이므로 발음도 부드럽게 [골프] 하고 발음해야 스윙(swing)이 부드러워지지 않을까? [골프]는 스윙(swing)이 부드러워야 씽글(single)로 갈 수 있다는데……

go*ril*la [gərílə]

> 단어의 해부

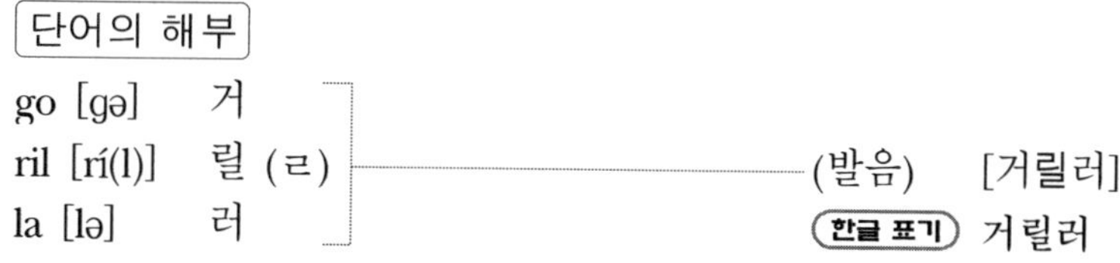

go [gə]   거
ril [rí(l)]   릴 (ㄹ) ——————— (발음) [거릴러]
la [lə]   러   (한글 표기) 거릴러

통상적으로 우리가 쓰고 있는 표기는 [고릴라]로 통하는데, 이것은 일본식 발음인 [고리라 (ゴリラ)]를 모방한 것이다. 우리 외래어 표기법으로 하더라도 [거릴러]가 되어 아주 훌륭한 표기가 되었을 것인데 남의 것을 모방하다 보니까 엉뚱하게도 [고릴라]로 되어 버렸다.

Gra*na*da [grəná:də]

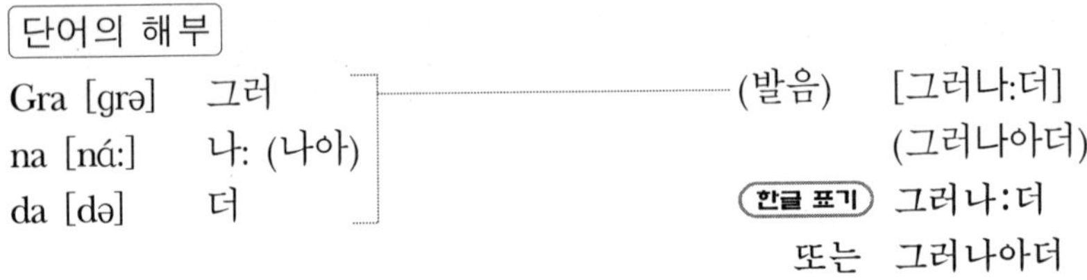

우리나라 승용차 모들(model) 이름 중의 하나로 우리는 [그라나다]라고 발음하고 있는 이 말은 일본식 발음 [구라나다(グラナダ)]를 모방한 전형적인 표본이다. 이 차의 모들(model)을 일본으로부터 들여왔기 때문에 어쩔 수 없다고 할는지는 모르겠으나, 이 단어는 분명히 일본말이 아니고 'Granada'라는 영어를 차의 모들(model) 이름으로 쓰는 것이므로 우리말 외래어 표기법에 따라 [그러나:더]로 썼더라면 이 모들(model)의 차가 국민의 사랑을 더 많이 받지 않았을까?

Gua*te*ma*la [gwá:təmá:lə]

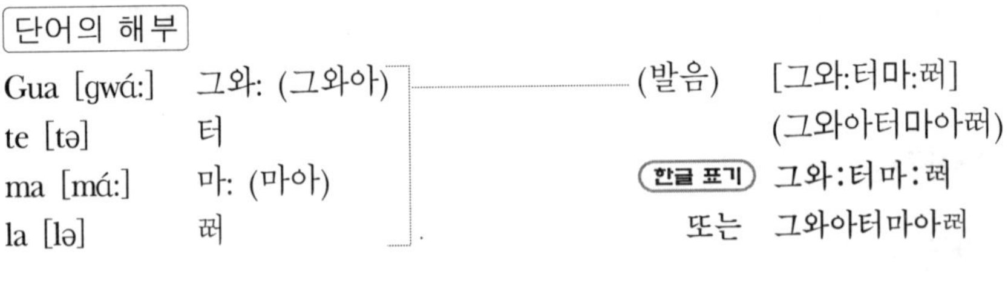

모 출판사 사장과 함께 한 좌석에서 영어의 한글 표기법에 관하여 토론을 한 적이 있었다. 그 출판사 사장은 단지 영어를 한글로 표기하기 위한 목적으로

글자를 새로 만들거나 된소리 'ㄹㄹ'을 되살린다는 것은 모든 것이 간소화되고 있는 현실에 역행하는 것이며, 또 영어권 사람들이 우리 한글을 영문으로 표기하려는 성의도 없는데, 우리만 그들의 언어를 한글로 표기하려고 노력한다는 것은 사대주의에 젖은 발상이며, 우리 국민의 자존심에 관한 문제이므로 필요치 않다고 역설하였다.

물론 모든 것이 간소화 되어가는 것만은 사실이지만, 다소 복잡해지는 한이 있더라도 우리 후손들마저 일본의 언어 식민지로 만들지는 말아야 하는 것은 오늘을 살고 있는 우리 세대가 해야 할 일이므로 꼭 필요한 것이라고 반박한 적이 있었다. 또한 정확한 표기법을 써서 우리 한글이 과학적이고도 우수하다는 것을 온 세계에 알리게 된다면, 우리는 일본의 언어 식민지라는 굴레를 벗어나고 우리 국민들의 자존심을 되찾을 수 있을 것이라고 주장하였었다.

그 출판사 사장은 젊은 사람이므로 된소리 'ㄹㄹ'이 한글에 있었다는 사실을 알지 못하는 세대임은 물론이거니와, 지금 출판되어 있는 모든 책의 영어에 대한 한글 표기가 일본식 빌음으로 되어 있다는 사실조차 모르고 있는 것이다.

이토록 우리 주변에는 지금 우리가 쓰고 있는 영어의 표기법이 우리 외래어 표기법에 따른 것이 아니고 순전히 일본식 발음을 모방해서 쓰고 있다는 사실을 모르고 있는 사람들이 너무나 많은 것이다. 필자는 그 출판사 사장뿐만 아니라 일본식 영어 표기를 고집하는 사람들이나, 된소리 'ㄹㄹ'을 되살려 써야 한다는 주장에 반대하는 모든 사람들에게 우리가 일본의 영원한 언어 식민지로 남기를 원하는가를 묻고 싶다.

이 단어의 일본식 발음은 [구아데마라(グァテマラ)]인데 우리는 [과테말라]로 쓰고 있는데 이것을 우리 외래어 표기법으로 표기한다면 [그와:터말:러]로 되었을 것이다. [과테말라]와 [그와터:마:뻐]를 비교해 보기 바란다.

guer*ril*la, gue*ril*la [gərílə]

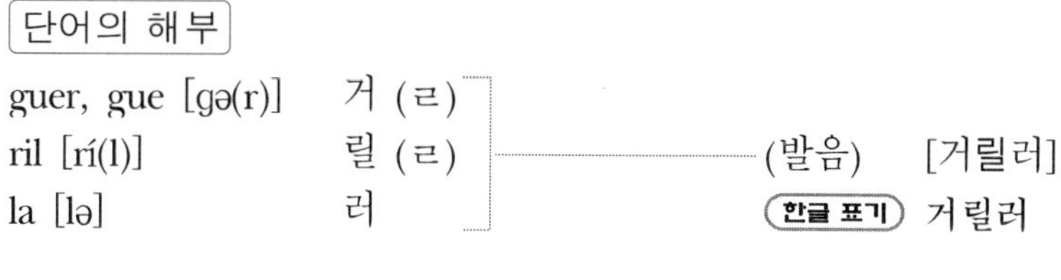

해   설

우리는 [게릴라]라고 하면 얼른 알아듣지만 [거릴러]라고 하면 알아듣지 못한

다. 이것은 일본식 발음 [게리라(ゲリラ)]를 모방한 [게릴라]라는 소리가 귀에 익숙해져 있기 때문이다. 이 단어는 앞에 나왔던 'gorilla'와 발음이 똑같다.

Gui*ana [giǽnə, gɑiǽnə, giɑ:nə]

[단어의 해부]

(가) [giǽnə]로 발음되는 경우

Gui [gi]　기
ana [ǽnə]　애너　　　　　　　　(발음)　[기애너]
　　　　　　　　　　　　　　　　(한글 표기)　기애너

(나) [gɑiǽnə]로 발음되는 경우

Gui [gɑi]　가이
ana [ǽnə]　애너　　　　　　　　(발음)　[가이애너]
　　　　　　　　　　　　　　　　(한글 표기)　가이애너

(다) [giɑ:nə]로 발음되는 경우

Gui [gi]　기
ana [ɑ:nə]　아:너 (아아너)　　　(발음)　[기아:너]
　　　　　　　　　　　　　　　　　　　　(기아아너)
　　　　　　　　　　　　　　　　(한글 표기)　기아:너
　　　　　　　　　　　　　　　　또한　기아아너

[해　　　설]

남미의 조그만 나라 이름인 이 나라가 우리 사전에는 [기아나]로 표기되어 있는데 일본식 발음은 [기아나(ギアナ)]이다. 어떤가? 아주 완벽하게 모방하고 있지 않은가? 이 단어가 세 가지로 발음되기는 하지만 어느 것도 마지막 음절이 [나]로 발음되는 경우는 없으므로 잘못된 표기인 것이다.

일본 사람들은 [너] 소리를 내지 못하므로 별 수 없이 [나]로 발음하는데 우리가 왜 그들처럼 [나]로 발음해야 한단 말인가? 언어 불구자들의 흉내를 낼 필요가 없지 않은가 말이다.

Guy*ana [gɑiǽnə, gɑiɑ́:nə]

[단어의 해부]

(가) [gɑiǽnə]로 발음되는 경우

Guy [gɑi]　가이
ana [ǽnə]　애너　　　　　　　　(발음)　[가이애너]
　　　　　　　　　　　　　　　　(한글 표기)　가이애너

(나) [gɑiá:nə]로 발음되는 경우

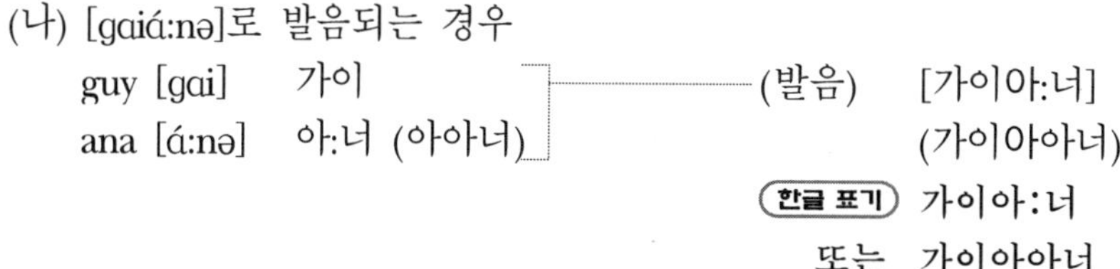

| guy [gɑi] | 가이 | | (발음) | [가이아:너] |
| ana [á:nə] | 아:너 (아아너) | | | (가이아아너) |

(한글 표기) 가이아:너
또는 가이아아너

[해　　　설]

우리 외래어 표기법에 따라서 표기한다면, (가)는 [가이애너]로 표기될 것이고, (나)는 [가이아너]로 표기되었을 것인데 유명 출판사의 사전에는 [가이아나]로 표기해서 쓰고 있다. 일본식 발음은 아마도 [가이아나(ガイアナ)]일 것이 틀림없다.

Hai*ti [héiti]

[단어의 해부]

| Hai [héi] | 헤이 | | (발음) | [헤이티] |
| ti [ti] | 티 | | (한글 표기) 헤이티 | |

[해　　　설]

이 단어의 일본식 표기는 [하이찌(ハイチ)]일 것으로 추정되는데, 왜그러냐 하면 우리가 이 단어를 [아이티]로 쓰고 있기 때문에 이러한 추정이 가능한 것이다. 만일 이 단어를 우리 외래어 표기법대로 한다면 [헤이티]로 되어 완벽한 표기를 할 수 있었음에도 불구하고 [아이티]로 쓰는 것은 분명히 일본의 영향을 받은 것임에 틀림없는 것이다. 철자 'H'가 있음에도 [하이티]라고 하지 않고 [ㅎ]을 빼고 [아이티]로 표기한 것을 보면 아마도 일본 사람들이 [아이찌(アイチ)]로 발음하는 것이 아닌가 여겨지기도 한다.

Hal*low*een, Hal*low*e'en [hǽloui:n]

[단어의 해부]

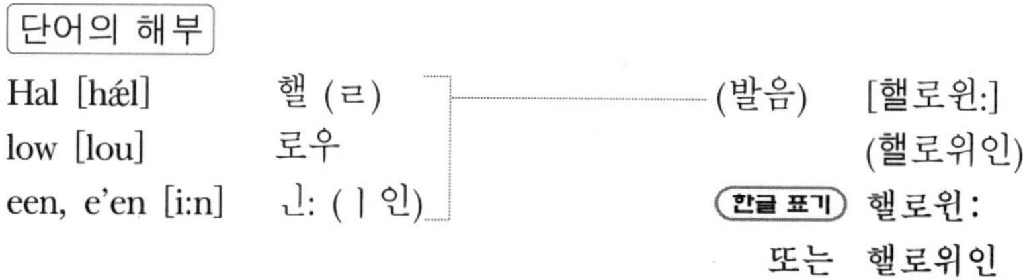

Hal [hǽl]	핼 (ㄹ)		(발음)	[핼로윈:]
low [lou]	로우			(핼로위인)
een, e'en [i:n]	ㄴ: (ㅣ인)		(한글 표기) 핼로윈:	

또는 핼로위인

언제부터인가 우리 젊은 세대들은 서양 명절을 쇠기 시작하고 있는데, 그 유래나 뜻을 잘 알지도 못하면서 맹목적으로 따라한다는 것은 잘못된 것이므로 삼갔으면 좋겠다. 특히 상업적인 목적으로 이러한 남의 나라 명절을 마치 우리가 지켜야만 하는 명절인 양 오도하고 있는 일부 업체들의 상술에 말려들지 않는 우리 젊은이들의 양식있는 행동이 필요하다.

Ha*noi [hænɔ´i]

우리는 이 단어의 일본식 발음인 [하노이(ハノイ)]라는 발음으로 쓰고 있다. 우리 표기법을 써서 발음기호대로 정리한다면 [해노이]로 되었을 것이다. 첫 음절의 'Ha'는 [하]가 아닌 [해]로 발음해야 하는데, 일본 사람들은 [애] 발음을 하지 못하니까 [아]로 발음하는 것을 그대로 모방한 결과이다.

Har*lem [há:rləm]

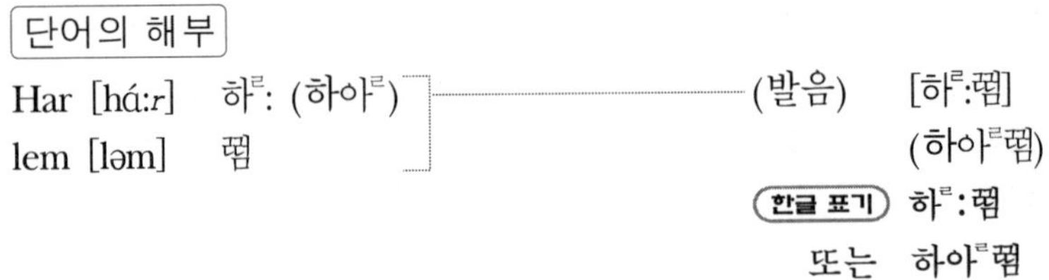

미국 뉴:욕:(New York)에 있는 흑인 빈민가 이름인 이 단어를 우리는 [할렘]이라고 부르고 있는데 이것은 일본식 발음 [하-레무(ハーレム)]를 모방해서 [할렘]이라고 하는 것이다. [할렘]이라는 표기에서 첫 음절의 'Har'를 [할]로 발음하는 것은 잘못이다. 여기에서 철자 'r'은 자음이 아니고 'r 모음화 음색 변화'로 반모음이며 더구나 다른 말의 받침이 되지 못하는 것이다. 또한 마지막 음절의 'lem'의

발음인데, 발음기호를 무시하고 철자 중심으로 발음한다면 [렘]이 되겠지만, 발음기호를 보면 철자 'e'가 [어]로 발음되므로 [렘]으로 발음하는 것은 틀린 발음이다.

har*mon*i*ca [ha:rmánikə, ha:rmɔ'nikə]

단어의 해부

(가) [ha:rmánikə]로 발음되는 경우

har [ha:r]	하ᄅ: (하아ᄅ)
mon [mán]	만
i [i]	이
ca [kə]	커

(발음)　　[하ᄅ:만이커]
　　　　　(하아ᄅ만이커)
한글 표기　하ᄅ:만이커
　　　　　또는 하아ᄅ만이커

(나) [ha:rmɔ'nikə]로 발음되는 경우

har [ha:r]	하ᄅ: (하아ᄅ)
mon [mɔ'n]	몬
i [i]	이
ca [kə]	커

(발음)　　[하ᄅ:몬이커]
　　　　　(하아ᄅ몬이커)
한글 표기　하ᄅ:몬이커
　　　　　또는 하아ᄅ몬이커

해   설

현재는 [하모니카]로 쓰고 있으나 한때는 [하-모니가(ハーモニカ)]라고 한 적도 있는데 역시 일본식 영어 발음인 것이다. 마지막 음절을 [카]로 발음하는 것은 일본 사람들이 [어] 발음을 하지 못하기 때문에 [아]로 발음하는 것을 따라서 한 것이다.

Ha*vana [həvǽnə]

단어의 해부

| Ha [hə] | 허 |
| vana [vǽnə] | 배너 |

(발음)　　[허배너]
한글 표기　허배너

해   설

철자를 기준으로 하는 일본식 발음은 [하바나(ハバナ)]인데 우리는 이것을 글자 하나 틀리지 않고 모방해서 쓰고 있는 것이다. 철자 'a'가 모두 [어]와 [애]로

발음되어야 하는데도 [아]로 발음하는 것은 발음기호를 무시하는 일본식 발음이다.

heart [hɑːrt]

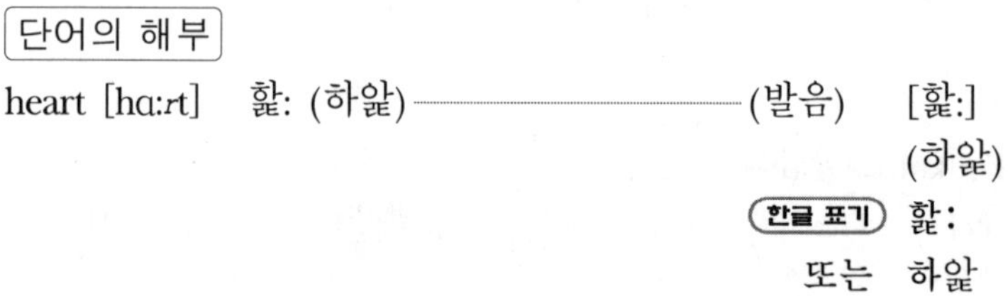

단어의 해부

heart [hɑːrt]　　할ᵗ: (하앑) ──────────── (발음)　[할ᵗ:]
　　　　　　　　　　　　　　　　　　　　　　　　　　　　(하앑)

　　　　　　　　　　　　　　　　　　　한글 표기　할ᵗ:
　　　　　　　　　　　　　　　　　　　　　또는　하앑

해　　　설

　철자 't'를 받침으로 해서 [할ᵗ:] 하고 끊어서 발음해야 하며 [하트]로 발음해서는 안된다. [하트]로 발음하는 것은 일본식 발음 [하-도(ハート)]를 모방한 발음이다.

Hei*del*berg [háidəlbəʹːrg]

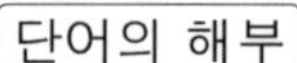

단어의 해부

(가) [háidlbəʹːrg]으로 발음되는 경우
　　Hei [hái]　　　하이 ┐
　　del [dl]　　　들　　├───────── (발음)　[하이들벍]
　　berg [bəʹːrg]　벍　 ┘　　　　　한글 표기　하이들벍

(나) [háidəlbəʹːrg]으로 발음되는 경우
　　Hei [hái]　　　하이 ┐
　　del [dəl]　　　덜　　├───────── (발음)　[하이덜벍]
　　berg [bəʹːrg]　벍　 ┘　　　　　한글 표기　하이덜벍

해　　　설

　일본식 발음은 [하이데루베루구(ハイデルベルク)]일 것으로 추정되는데, 우리는 [하이델베르그]로 쓰고 있다. 이 단어는 두 가지로 발음되는데 이것들을 우리 외래어 표기법에 따라 표기해보면, (가)는 [하이들벍:], (나)는 [하이덜벍]이 된다. 이것을 [하이데르버그]로 표기하는 것은 일본식 발음을 모방했기 때문이다. 독일

발음으로는 [하이데르버그]가 되겠지만 영어로는 그러한 발음이 나오지 않는다.

hel*i*cop*ter [hélipkáptər, híːlikáptər, híːlikɔ′ptər]

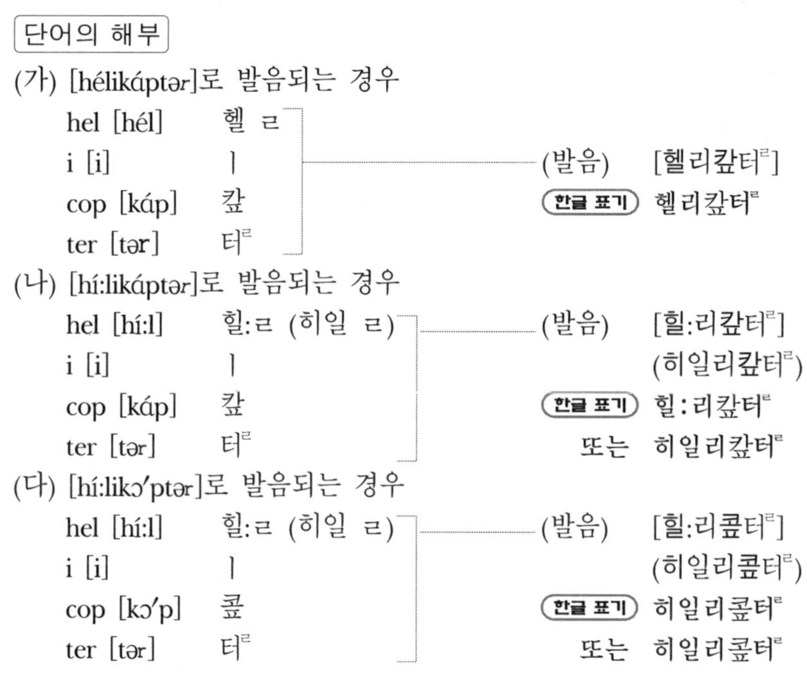

┌ 단어의 해부 ┐

(가) [hélikáptər]로 발음되는 경우

hel [hél]	헬 ㄹ		(발음)	[헬리캎터ᄅ]
i [i]	ㅣ		(한글 표기)	헬리캎터ᄅ
cop [káp]	캎			
ter [tər]	터ᄅ			

(나) [híːlikáptər]로 발음되는 경우

hel [híːl]	힐ː ㄹ (히일 ㄹ)		(발음)	[힐ː리캎터ᄅ]
i [i]	ㅣ			(히일리캎터ᄅ)
cop [káp]	캎		(한글 표기)	힐ː리캎터ᄅ
ter [tər]	터ᄅ			또는 히일리캎터ᄅ

(다) [híːlikɔ′ptər]로 발음되는 경우

hel [híːl]	힐ː ㄹ (히일 ㄹ)		(발음)	[힐ː리콮터ᄅ]
i [i]	ㅣ			(히일리콮터ᄅ)
cop [kɔ′p]	콮		(한글 표기)	히일리콮터ᄅ
ter [tər]	터ᄅ			또는 히일리콮터ᄅ

┌ 해   설 ┐

 이 단어의 일본식 발음은 [헤리고뿌다-(ヘリコプター)]인데 우리는 [헬리콥터]로 쓰고 있다. 이 단어가 세 가지로 발음되는데 우리 외래어 표기법을 따른다면, (가)는 [헬리캎터]가 될 것이고, (나)는 [힐리캅터]이며, (다)는 [힐리콥터]가 되어서 그 어느 것에서도 [헬리콥터]로 발음되는 경우를 찾아볼 수가 없다. 따라서 [헬리콥터]라는 발음은 옳지 않은 일본식 발음이라는 것을 알게 된다.

hel*met [hélmit]

┌ 단어의 해부 ┐

| hel [hél] | 헬 | | (발음) | [헬밑] |
| met [mit] | 밑 | | (한글 표기) | 헬밑 |

해　　　설

　먼저 우리가 현재 쓰고 있는 표기를 보면 [헬멧]이라고 해서 쓰고 있는데, 이
것은 일본식 발음 [헤루멧도(ヘルメット)]를 모방한 말이다. 발음기호를 무시하
고 철자 중심으로 발음하니까 [헬멧]이 되어 버렸는데 우리 외래어 표기법에 따
라 표기했더라면 [헬밑]으로 아주 꼭 맞는 발음으로 표기되었을 것이다.

he*mo*glo*bin [hi:məglóubin]

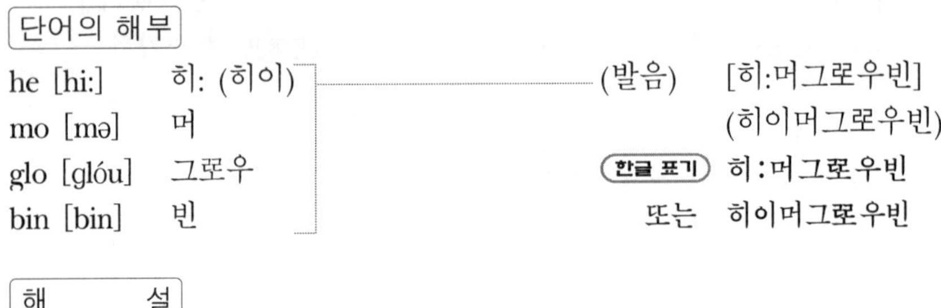

해　　　설

　발음기호를 무시하고 철자를 중심으로 하여 표기한다면 [헤모글로빈]으로 되
어서 일본식 발음 [헤모구로빈(ヘモグロビン)]과 꼭 닮은 표기가 되는데, 우리
는 이 단어를 [헤모글로빈]으로 쓰고 있다. 이것을 발음기호에 맞춰서 우리 외
래어 표기법으로 표기한다면 과연 어떤 형태가 될까? [히:머글로우빈]으로 되
어 아주 완벽한 영어 발음의 표기가 되었을 것이다.

Him*a*la*ya [híməléiə, himá:ləjə]

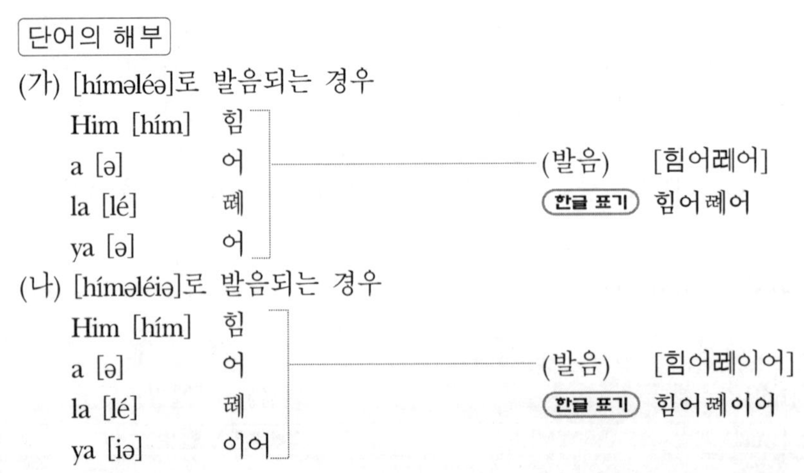

(다) [himáːljə]로 발음되는 경우

(라) [himáːləjə]로 발음되는 경우

해   설

이 단어를 우리는 [히말라야]로 쓰고 있는데 [히마라야(ヒマラヤ)]라는 일본식 발음을 그대로 모방해서 쓰고 있는 것이다. 무려 네 가지로 발음되기는 하지만 어디에서도 [히말라야]로 발음되는 경우를 찾아 볼 수 없다. 이것도 일본 사람들이 철자를 중심으로 하여 만들어낸 발음이며 정상적인 영어 발음은 아닌 것이다.

Hol*land [hálənd, hɔ′lənd]

단어의 해부

(가) [hálənd]로 발음하는 경우

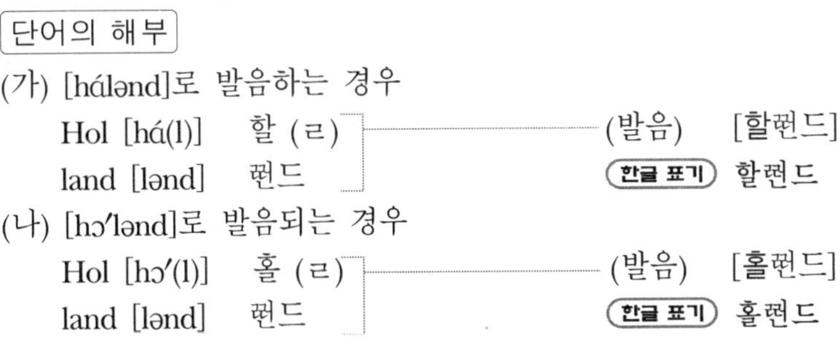

(나) [hɔ′lənd]로 발음되는 경우

해   설

이 단어는 네어ㄹ런드즈(Netherlands)의 별칭인데 대한제국 말에 고종황제가 이 나라의 수도인 헤익(Hague)에 밀사를 보냈다는 기록이 있는 나라로 우리나라와는 특별한 인연이 있는 나라이다. 한때 우리는 [홀랜드]로 쓰기도 하였으나 지금은 [네덜란드]로 쓰고 있는데 나중에 설명하겠지만 Netherlands를 [네델란드]로 표기하는 것은 잘못된 일본식 발음이다.

이 단어는 비록 두 가지로 발음되기는 하지만 [홀랜드]로 발음하는 것은 잘못된 발음인 것이다.

Hol*ly*wood [háliwúd, hɔ′liwúd]

단어의 해부

(가) [háliwúd]으로 발음되는 경우

Hol [há(l)]	할 (ㄹ)	
ly [li]	리	(발음) [할ㄹㅣ운]
wood [wúd]	운	한글 표기 할ㄹㅣ운

(나) [hɔ′liwúd]으로 발음되는 경우

Hol [hɔ′(l)]	홀 (ㄹ)	
ly [li]	리	(발음) [홀ㄹㅣ운]
wood [wúd]	운	한글 표기 홀ㄹㅣ운

해   설

이 단어는 비교적 일본식 발음의 영향을 덜 받고 [할리우드]로 사용되고 있는데 그래도 어느 정도 부족한 면이 있다. 그 이유는 마지막 음절을 [우드]로 발음하는 것은 일본 사람들이 받침 말을 사용하지 못하기 때문에 하는 수 없이 [우드]로 발음하는 것을 그대로 따라하는 것이기 때문에 우리는 [운] 하고 끊어서 발음하는 습관을 길러야 할 것이다.

이 단어의 일본식 발음이 [하리웃도(ハリウッド)]이다.

Hon*o*lu*lu [hánəlú:lu, hɔ′nəlú:lu]

단어의 해부

(가) [hánəlú:lu]로 발음되는 경우

Hon [hán]	한	(발음) [한어루:루]
o [ə]	어	(한어루우루)
lu [lú:]	루: (루우)	한글 표기 한어루:루
lu [lu]	루	또는 한어루우루

(나) [hɔ′nəlúːlu]로 발음되는 경우

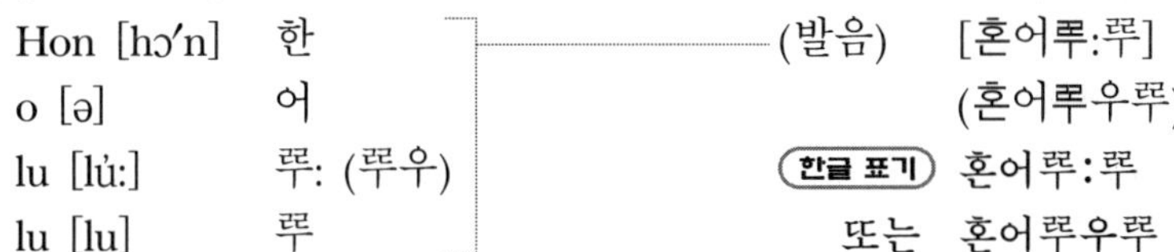

Hon [hɔ′n]	한	(발음)	[혼어루ː루]
o [ə]	어		(혼어루우루)
lu [lúː]	루ː (루우)	한글 표기	혼어루ː루
lu [lu]	루		또는 혼어루우루

해   설

이 단어를 우리 외래어 표기법으로 표기한다면, (가)는 [하널룰루]이고, (나)는 [호널룰루]가 될 것이다. 그런데 우리는 지금 [호놀룰루]로 표기하고 있는데 이 것은 일본식 발음인 [호노루루(ホノルル)]를 모방한 발음인 동시에 된소리 'ㄹㄹ'을 없앴기 때문에 [루ː루]로 표기해야 될 것을 일본 사람들과 똑같이 [루루]로 하고 있는 것이다. 따라서 된소리 'ㄹㄹ'을 없앤 것은 우리 한글 발전에 커다란 장애가 되고 있다. 이 단어의 발음에서 문제가 되는 것은 철자 'o'가 [ə]로 발음이 된다는 것을 무시하고 [오]로 발음한 것이다. 일본 사람들은 [어] 발음을 못하기 때문에 [오]로 발음하는 것을 우리가 따라하고 있는 것이다.

hor*mone [hɔ′ːrmoun]

단어의 해부

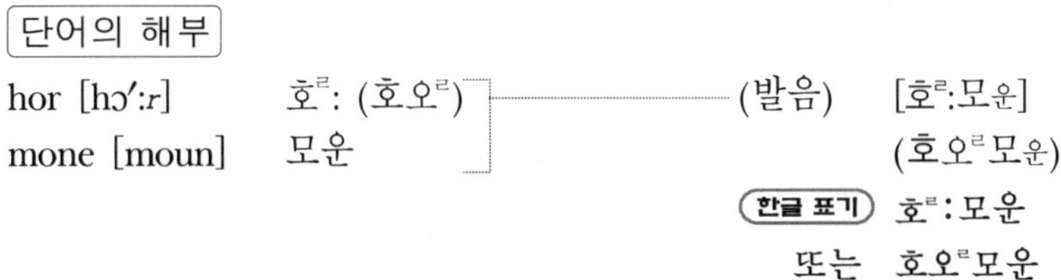

hor [hɔ′ːr]	호ᵣː (호오ᵣ)	(발음)	[호ᵣː모운]
mone [moun]	모운		(호오ᵣ모운)
		한글 표기	호ᵣː모운
			또는 호오ᵣ모운

해   설

일본식 발음 [호루몬(ホルモン)]을 본떠서 [호르몬]이라고 쓰는 것이 보편적으로 많은 경우이다. 경우에 따라서는 [홀몬]으로 쓰는 경우도 있으나 우리말 사전에는 [호르몬]으로 표기되어 있다. [호르몬]의 경우에는 일본식 발음을 모방한 경우이고, [홀몬]인 경우에는 철자 'r'이 어떤 말의 받침이 되지 않는다는 규칙을 어긴 것이 되므로 [홀몬]이라는 발음은 틀린 발음이다.

hose [houz]

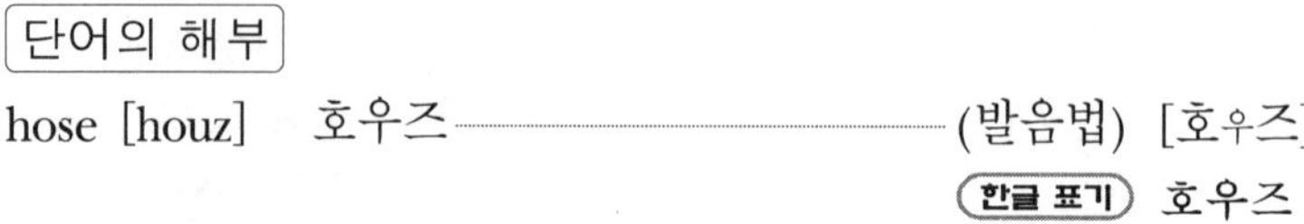

단어의 해부

hose [houz]　호우즈 —————————————— (발음법)　[호우즈]
　　　　　　　　　　　　　　　　　　　　한글 표기　호우즈

해　　　설

　우리말 사전에는 이 단어를 [호스]라고 표기하고 있는데 일본식 발음 [호ー스
(ホース)]를 모방한 것이다. 만일 발음기호에 조금만 관심을 기울였더라면 이런
실수는 하지 않았을 것이다. 우리 외래어 표기법대로라면 적어도 [호즈]로는 되
었을 것이다.

Hun*ga*ry [hʌˈŋgəri]

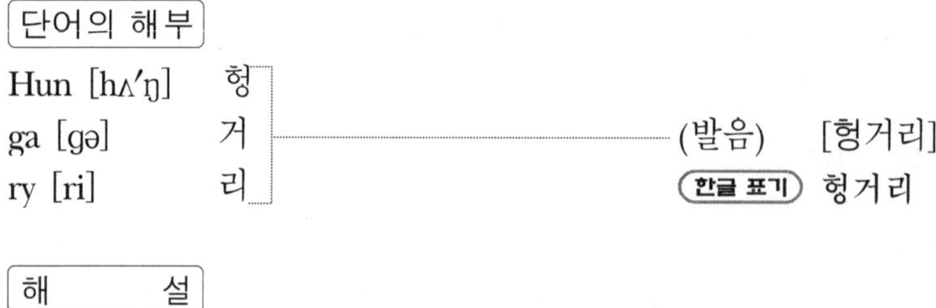

단어의 해부

Hun [hʌˈŋ]　형
ga [gə]　거 ————————————————— (발음)　　[헝거리]
ry [ri]　리　　　　　　　　　　　　　　　　　한글 표기　헝거리

해　　　설

　지금 우리 사전에는 [헝가리]로 표기되고 있는데, 한때 우리는 일본식 발음
[한가리ー(ハンカリー)]를 모방해서 [항가리]로 표기해서 쓴 적도 있었다. 둘째
음절의 'ga'가 [가]로 발음되는 것이 아니고 [거]로 발음되어야 하는 것이다.

Ice*land [aˈislənd]

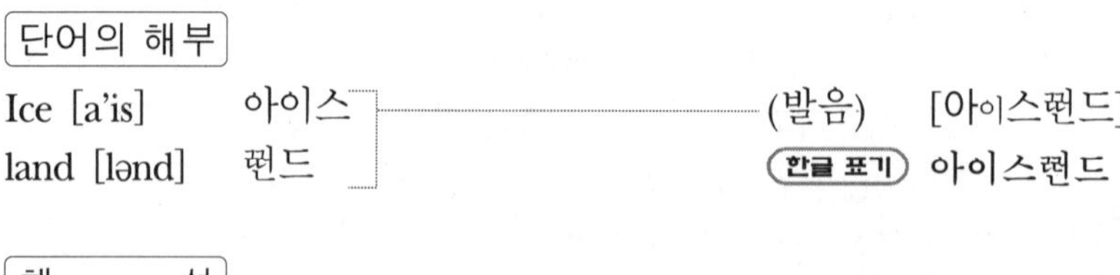

단어의 해부

Ice [aˈis]　아이스 ——————————————— (발음)　　[아이스런드]
land [lənd]　런드　　　　　　　　　　　　　　한글 표기　아이스런드

해　　　설

　우리 사전에는 [아이슬란드]로 표기되어 있는데 이것을 우리 외래어 표기법
에 따라 표기한다면 [아이슬런드]로 되었을 것이다. 이것도 일본식 발음 [아이

스란도(アイスランド)]를 모방한 것이다. 마지막 음절 'land'에서 철자 'a'는 [아]
나 [애]로 발음되는 것이 아니라 [어]로 발음되어야 하는데 발음기호를 무시하
였기 때문이다.

Ida*ho [a'idəhóu]

그냥 간단하게 [아이다호]로 발음하는 경우가 많은데 이것은 중모음을 무시
하는 결과를 낳게 되는 것이다. 또한 일본식 발음 [아이다호(アイダホ)]를 모방
한 것이 되는 것이다. 첫 음절에서 철자 'I'에 대한 중모음은 살려 [아이]로 발음
하면서 마지막 음절의 'ho'의 [hóu]에서는 중모음인데도 그냥 [호]로 발음을 끝
내서 표기하는 것은 잘못된 것이다.

im*age [ímidʒ]

보통 [이메지]라고 말하는 경우가 있는데 우리 사전에는 [이미지]로 표기되어
있다. 일본식 발음이 [이메-지(イメージ)]이므로 이것의 영향을 받았기 때문인 것
이다. 첫 음절은 [임]으로 발음하고 연이어 [이쥐]로 연결하면서 받침인 [ㅁ]이
[이]로 옮겨지는 듯한 기분으로 [임이]하면 마치 [이미]라는 소리로 들리게끔 발
음하는 것이다. 그리고 [dʒ]의 발음인데, 이것은 다음에 오는 모음에 따라 소리가
결정되지만 다음에 모음이 오지 않거나 말의 끝에 오면 [쥐]로 발음되는 특징이
있다. 따라서 이것을 [지]로 발음하는 것은 일본 사람들이 [쥐] 소리를 내지 못하
기 때문에 이에 비슷한 소리로 [지(ジ)]로 발음하는 것이므로 결코 흉내내지 말아
야 한다.

in*cu*ba*tor [ínkjəbéitər, íŋkjəbéitər]

단어의 해부

(가) [ínkjəbéitər]로 발음되는 경우

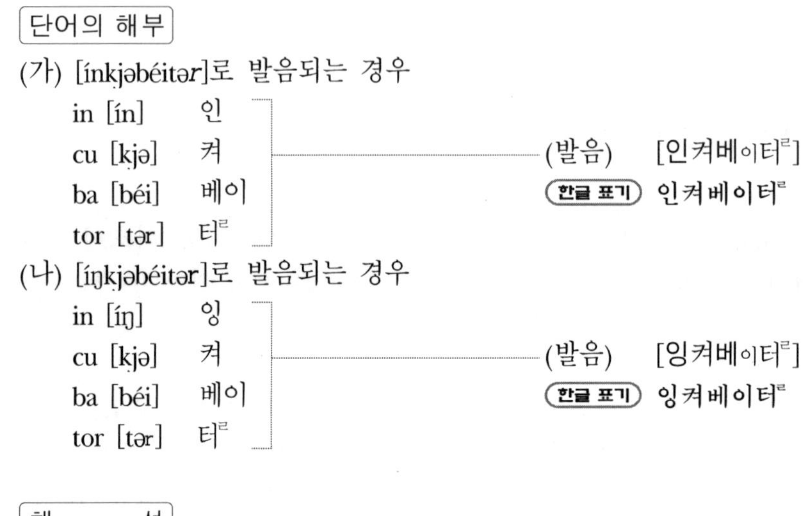

in [ín]	인	
cu [kjə]	켜	
ba [béi]	베이	
tor [tər]	터ᵉ	

(발음)　[인켜베이터ᵉ]

한글 표기　인켜베이터ᵉ

(나) [íŋkjəbéitər]로 발음되는 경우

in [íŋ]	잉	
cu [kjə]	켜	
ba [béi]	베이	
tor [tər]	터ᵉ	

(발음)　[잉켜베이터ᵉ]

한글 표기　잉켜베이터ᵉ

해　　설

이 단어에서는 둘째 음절의 'cu'의 발음이 문제가 되는데, 이것은 일본식 발음인 [인규베이다(インキュベイタ)]를 모방해서 쓰기 때문에 [인큐베이터]라고 쓰게 된 것이다. 둘째 음절의 'cu'의 발음기호를 보면 [kjə]이기 때문에 [큐]가 아닌 [켜]로 발음되어야 하는데도 일본식으로 발음기호를 무시하였기 때문에 [큐]로 변질된 것이다.

In*dia [índiə]

단어의 해부

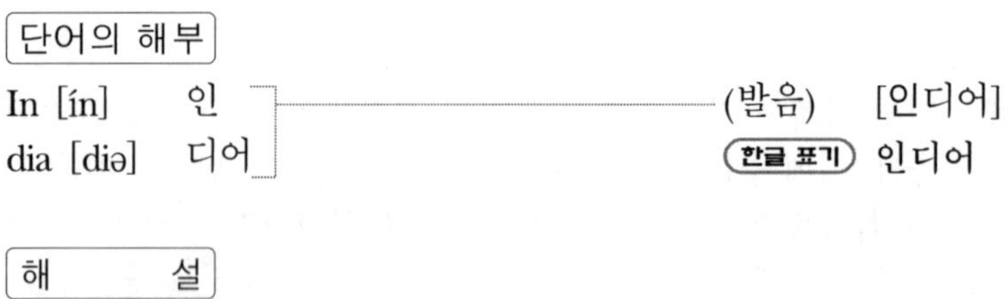

In [ín]	인	
dia [diə]	디어	

(발음)　[인디어]

한글 표기　인디어

해　　설

이 단어를 한문으로 쓰는 경우에는 흔히 [인도(印度)]라고 하는데 이것의 한글 표기는 [인디아]라고 한다. 일본식 발음이 [인디아(インディア)]이므로 이것을 모방해서 [인디아]로 하는 것인데 맨 마지막의 철자 'a'가 [아]가 아닌 [어]로 발음되어야 하는 것을 [아]로 발음하는 것은 일본식 발음인 것이다.

In*di*ana [índiǽnə]

단어의 해부

In [ín]	인	
di [di]	디	(발음) [인디애너]
ana [ǽnə]	애너	한글 표기 인디애너

해   설

철자 'a'를 무조건 [아]로 발음하는 것은 일본식이다. 이 단어의 마지막 음절을
보면 'a'가 두 개 나오는데 이것들의 발음이 각각 다르게 발음되어야 하는 것이다.
즉 마지막 음절인 'ana'에서 앞의 'a'는 [애]로, 뒤의 'a'는 [어]로 발음된다. [인디아
나]라는 것은 일본식 발음 [인디아나(インディアナ)]를 모방한 것이다.

In*do*ne*sia [indouní:ʒə, indouní:ʃə]

단어의 해부

(가) [indoní:ʒə]로 발음되는 경우

In [in]	인	(발음) [인도니:저]
do [do]	도	(인도니이저)
ne [ní:]	니: (니이)	한글 표기 인도니:저
sia [ʒə]	저	또는 인도니이저

(나) [indouní:ʒə]로 발음되는 경우

In [in]	인	(발음) [인도우니:저]
do [dou]	도우	(인도우니이저)
ne [ní:]	니: (니이)	한글 표기 인도우니:저
sia [ʒə]	저	또는 인도우니이저

(다) [indouní:ʃə]로 발음되는 경우

In [in]	인	(발음) [인도니:쉬]
do [do]	도	(인도니이쉬)
ne [ní:]	니: (니이)	한글 표기 인도니:쉬
sia [ʃə]	쉬	또는 인도니이쉬

180

(라) [indouní:ʃə]로 발음되는 경우

In [in]	인		(발음)	[인도우니:쉬]
do [dou]	도우			(인도우니이쉬)
ne [ní:]	니: (니이)		**한글 표기** 인도우니:쉬
sia [ʃə]	쉬			또는 인도우니이쉬

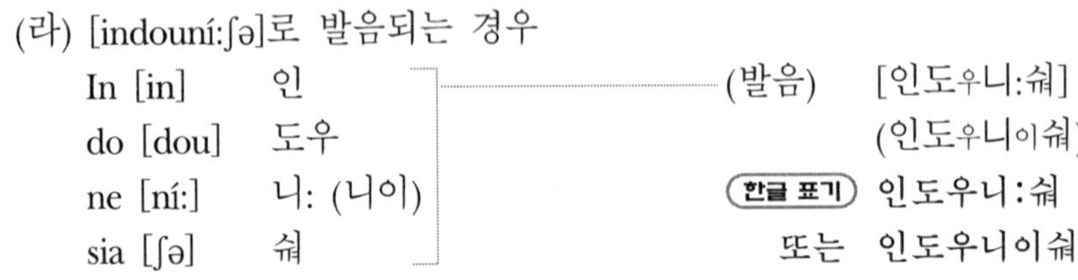

┌─────────┐
│ 해   설 │
└─────────┘

앞의 'Asia'에서도 설명했지만 마지막 음절이 [시아]로 발음되어서는 안된다. 우리는 흔히 이 단어를 [인도네시아]라고 하는데 이것은 일본식 발음 [인도네시아(インドネシア)]를 그대로 옮긴 것으로 틀린 발음이다. 셋째 음절과 마지막 음절에서 틀린 발음이 나온 것이다. 이것을 우리 외래어 표기법에 따라 표기하여 보면 다소 미흡하기는 하지만, (가)는 [인도니저]로, (나)는 [인도니셔]로 표기될 수 있었던 것이다. 그런데 이것을 [인도네시아]라는 엉뚱한 발음으로 표기하여 놓았다. 'ne'를 [네]로 발음한다든지, 'sia'를 [시아]로 발음한다는 것은 그 단어의 발음기호를 무시한 것이므로 이런 발음은 일본 사람들과는 통할는지는 모르겠으나 다른 외국인들에게는 통하지 않는 발음이다.

in*fla*tion [infléiʃən]

┌─────────────┐
│ 단어의 해부 │
└─────────────┘

(가) [infléiʃn]으로 발음되는 경우

in [in]	인			
fla [fléi]	프례이		(발음)	[인프례이슌]
tion [ʃn]	슌		**한글 표기** 인프례이슌

(나) [infléiʃən]으로 발음되는 경우

in [in]	인			
fla [fléi]	프례이		(발음)	[인프례이쉔]
tion [ʃən]	쉔		**한글 표기** 인프례이쉔

┌─────────┐
│ 해   설 │
└─────────┘

우리말 사전에는 [인플레이션]으로 표기되어 있지만 [인플레이숀]으로 발음하는 것은 일본식 발음을 그대로 모방한 것이다. 일본식 발음이 [인후레-숀(インフレーション)]인데 일본 사람들은 'tion'을 언제나 [숀(ション)]으로 발음한다.

in*flu*en*za [ínfluénzə]

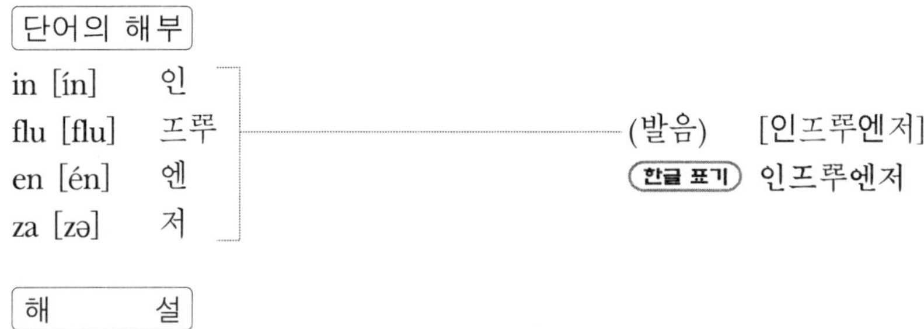

단어의 해부		
in [ín]	인	
flu [flu]	프루	
en [én]	엔	(발음) [인프루엔저]
za [zə]	저	(한글 표기) 인프루엔저

해   설

독감이 기승을 부리는 계절이 되면 TV 방송이나 혹은 신문지상에 많이 나오는 [인프렌자]라고 하는 이 단어는 전형적인 일본식 발음의 모방품이다. 일본식 발음이 [인후루엔자(インフルエンザ)]인 것을 본다면 [인프렌자]라는 표기가 일본식 발음의 모방이라는 것이 확실하다. 물론 독감에 걸리지 않도록 건강에 유의하여야 하겠지만, 우선 급한 것은 일본식 영어 발음의 [인프렌자]로부터 탈출하는 것이라 생각한다.

in*ning [íniŋ]

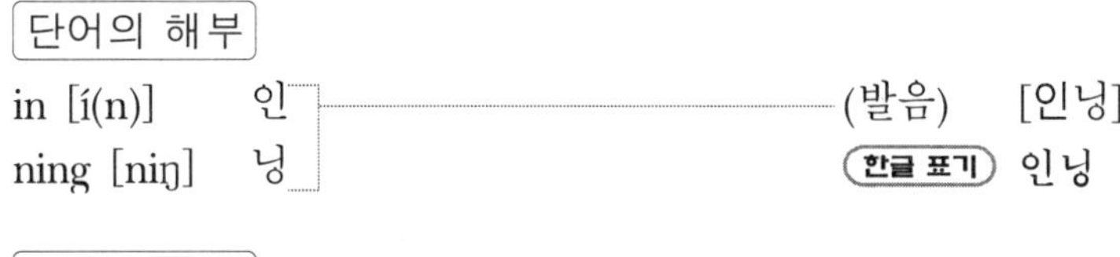

단어의 해부		
in [í(n)]	인	(발음) [인닝]
ning [niŋ]	닝	(한글 표기) 인닝

해   설

철자 'n'이 겹쳐 있는 것을 무시하고 그냥 [이닝]이라고 하는 것은 일본식 발음 [이닝구(イニング)]를 모방한 것이다.

첫 음절이 'in'이므로 [인]으로 발음하는 것이 옳으며 철자 'n'을 무시하고 [이]로 발음하는 것은 잘못된 발음인 것이다.

in*su*lin [ínsəlin, ínsjəlin]

단어의 해부

(가) [ínsəlin]으로 발음되는 경우

in [ín]	인	
su [sə]	서	(발음) [인서린]
lin [lin]	린	(한글 표기) 인서린

(나) [ínsjəlin]으로 발음되는 경우

in [ín]	인	
su [sjə]	셔	(발음) [인셔륀]
lin [lin]	륀	(한글 표기) 인셔륀

해 설

일본식 발음인 [인슈린(インシュリン)]을 모방해서 [인슐린]으로 쓰고 있다. 일본 사람들은 [어]나 [여] 발음을 하지 못하기 때문에 철자 'u'가 [어] 또는 [여]로 발음되어야 하는데도 발음기호를 무시하고 'u'의 철자 발음인 [ju]를 써서 [유]로 발음하는 것이다.

in*ter*val [íntərvəl]

단어의 해부

in [ín]	인	
ter [tər]	터ʳ	(발음) [인터ʳ벌]
val [vəl]	벌	(한글 표기) 인터ʳ벌

해 설

야구 중계를 볼 때면 언제나 느끼는 감정인데 해설자의 입에서는 언제나 일본식 발음인 [인다-바루(インターバル)]를 모방한 [인터발]이라는 용어를 서슴없이 쓰고 있는 경우를 본다. 이 단어가 우리 외래어 표기법으로는 [인터벌]로 표기되어 있다.

Is*ra*el [ízriəl, ízréiəl]

단어의 해부

(가) [ízriəl]로 발음되는 경우

Is [íz]	이즈	
ra [ri]	리	(발음) [이즈리얼]
el [əl]	얼	(한글 표기) 이즈리얼

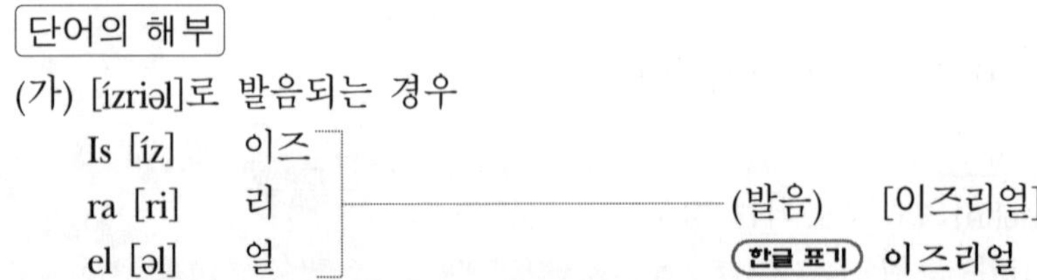

(나) [ízréiəl]로 발음되는 경우

Is [íz]	이즈		(발음)	[이즈레이이얼]
ra [réi]	레이			
el [əl]	얼		(한글 표기) 이즈레이얼	

─────────
해   설
─────────

일본 사람들이 발음기호를 무시하는 전형적인 표본이 된다. 일본 사람들은 [이스라에루(イスラエル)]라고 하는데 우리는 이것을 모방해서 [이스라엘]로 쓰고 있다. 우리 외래어 표기법에 따른다면, (가)는 [이즈리얼], (나)는 [이즈레이얼]이 되었을 것인데 일본 사람들을 따라하다 보니까 [이스라엘]로 되었다.

Is*tan*bul [ístǽnbu:l, ístɑ:nbu:l]

단어의 해부

(가) [ístǽnbu:l]로 발음되는 경우

Is [ís]	이스		(발음)	[이스탠불:]
tan [tǽn]	탠			(이스탠부울)
bul [bu:l]	불: (부울)		(한글 표기) 이스탠불:	
				또는 이스탠부울

(나) [ístɑ:nbu:l]로 발음되는 경우

Is [ís]	이스		(발음)	[이스탄:불:]
tan [tɑ:n]	탄: (타안)			(이스타안부울)
bul [bu:l]	불: (부울)		(한글 표기) 이스탄:불:	
				또는 이스타안부울

─────────
해   설
─────────

둘째 음절이 [탠]으로 발음되는 경우에는 단음으로 짧게 [탠]으로 발음하지만, 장음으로 발음되는 경우에는 [타안]하고 조금 길게 발음하는 것이다. 일본식 발음이 [이스단부-루(イスタンブール)]이기 때문에 우리는 [이스탄불]로 쓰고 있다.

It*a*ly [itəli]

단어의 해부

(가) [itli]로 발음되는 경우

    It [it]   잍
    a [발음되지 않음]   으   (발음)   [잍으뤼]
    ly [li]   뤼   한글 표기   잍으뤼

(나) [itəli]로 발음되는 경우

    It [it]   잍
    a [ə]   어   (발음)   [잍어뤼]
    ly [li]   뤼   한글 표기   잍어뤼

해   설

이 단어의 일본식 발음은 [이다리-(イタリー)]인데 우리는 이것을 모방해서 [이태리]로 쓰고 있다. 일본 사람들이 둘째 음절을 [아]로 발음하는 것은 어느 정도 이해할 수는 있는데 우리가 [애]로 발음하는 것은 도저히 납득이 되지 않는다. 왜냐하면 발음기호를 보면 철자 'a'가 아예 발음되지 않아서 [으]로 발음되는 경우와 [어]로 발음되는 경우가 있지만 이것이 [애]로 발음되는 경우는 없기 때문이다. 따라서 [이태리]라는 발음은 아주 잘못된 발음이다.

jack*et [ʤǽkit]

단어의 해부

jack [ʤǽk]   잭   (발음)   [재잍]
et [it]   잍   한글 표기   재잍

해   설

이 단어의 일본식 발음은 [쟈켓도(ジャケット)]인데 우리는 이것을 모방해서 [자켓]으로 쓰고 있다. 첫 음절의 'jack'은 [야] 또는 [아]로 발음되는 것이 아니라 [애]로 발음되어야 하는 것이다. 어떤 사전에는 [재킷]으로 표기되어 있는 경우도 있는데 첫 음절이 'jack'으로 끊어지므로 [잭]으로 발음해야 한다.

Ja*mai*ca [ʤəméikə]

해   설

우리말 사전에는 [자마이카]로 표기하였는데 이것은 일본식 발음 [쟈마이가(ジャマイカ)]를 모방한 것이다. 첫 음절의 발음에 대해서는 [ʤ]의 소리는 [쥬]인데 여기에 [ə]인 [어]가 붙으면 [쥬어]인데 이것을 줄여서 [쥬]라는 소리가 되는 것이다. 둘째 음절의 'ai'는 [아이]가 아니고 [에이]로 발음되어야 하므로 [아이]로 발음하는 것은 잘못된 발음이다. 마지막 음절의 'a'도 [아]가 아니고 [어]로 발음되어야 하므로 [커]가 된다.

Ja*pan [ʤəpæn]

해   설

일본 사람들은 [쟈빤(ジャパン)]이라고밖에는 발음을 하지 못하는데 우리는 이 단어를 [재팬]이라고 표기하는데 첫째 음절의 'a'는 [애]로 발음되지 않는다.

Ja*va [ʤá:və, ʤǽvə]

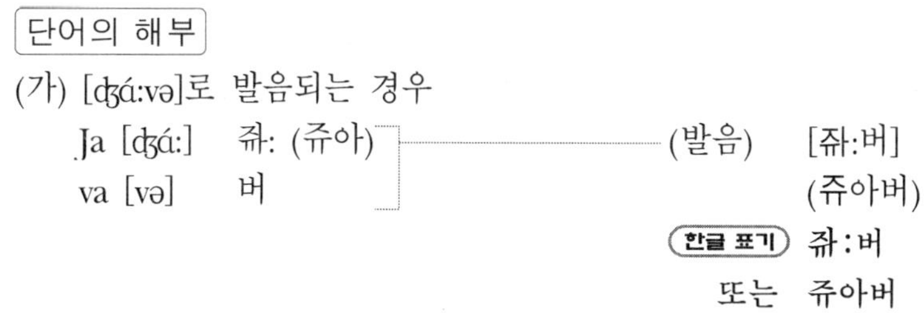

(나) [ʤǽvə]로 발음되는 경우

Ja [ʤǽ]   쟈 ┐
va [və]   버 ┘ ────────────── (발음)   [쟈버]
(한글 표기) 쟈버

┌─ 해   설 ─┐

첫째 음절의 'a'가 장음으로 발음될 경우에는 [아:]로 발음되고, 단음으로 발음될 경우에 는 [애]로 발음되는 것에 주의해야 한다. 이 단어의 일본식 발음은 [쟈ー바ー(ジャーバー)]인데 우리는 이것을 모방해서 [자바]로 쓰고 있다. 이것을 우리 외래어 표기법에 따라 표기한다면, (가)는 [자버]로, (나)는 [재버]로 표기되어서 우리가 지금 쓰고 있는 [자바]로 발음되는 경우는 없는 것이다.

jun*ior [ʤú:njər]

┌─ 단어의 해부 ─┐

jun [ʤú:n]   쥰: (쥬운) ┐
ior [jər]   여ʳ ┘ ────────────── (발음)   [쥰:여ʳ]
                                           (쥬운여ʳ)
(한글 표기) 쥰:여ʳ
또는 쥬운여ʳ

┌─ 해   설 ─┐

우리가 현재 쓰고 있는 말이 [쥬니어]이데 일본식 발음 [쥬니아(ジュニア)]를 모방한 것이다. 마지막 음절의 'ior'이 [jər]로서 [이아]가 아니고 [여]로 발음되어야 하는데 이것을 [이아], 또는 [이어]로 발음하는 것은 발음기호를 무시한 것이다.

Kan*sas [kǽnzəs]

┌─ 단어의 해부 ─┐

Kan [kǽn]   캔 ┐
sas [zəs]   저스 ┘ ────────────── (발음)   [캔저스]
(한글 표기) 캔저스

┌─ 해   설 ─┐

우리말 사전에는 [캔자스]로 쓰는데 일본식 발음 [간자스(カンザス)]를 모방

한 것이다. 일본식 발음에서 탈피해 보려는 노력이 보이기는 하지만 마지막 음
절이 [저스]로 발음되어야 하는데도 [자스]로 한 것은 아무래도 일본식 발음의
냄새가 짙다.

Ken*ne*dy [kénidi]

해   설

일본 사람들은 우리처럼 [ㅋ] 발음을 내지 못한다. 그래서 일본 사람들은 [게
네디-(ケネディー)]로 발음하는데 우리는 이것을 모방해서 [케네디]로 쓰고 있
다. 둘째 음절의 'ne'가 발음기호를 무시하고 철자를 중심으로 본다면 [네]로 발
음해야 할 것으로 보이지만, 발음기호를 보면 [ni]로 [네]가 아닌 [니]로 발음된
다.

Ken*ya [kénjə, kí:njə]

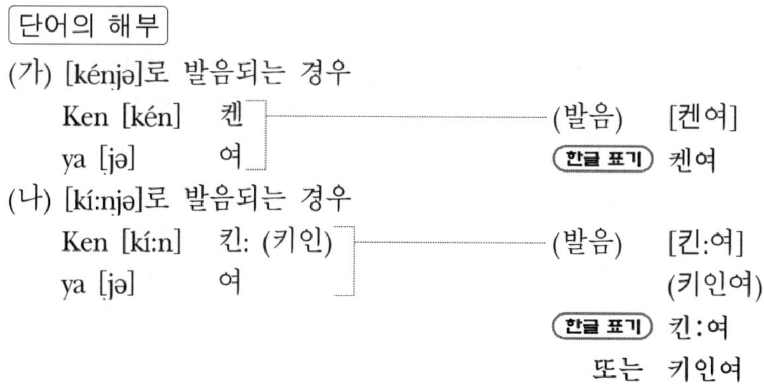

해   설

일본식 발음이 [게니야(ケニア)]인데 우리는 이를 모방해서 [케냐]로 쓰고 있
다. 첫 음절이 'Ken'으로 끊어지므로 [켄]이 옳은 발음이다. 그리고 나서 'ya'인

[jə]로 연결되면서 받침인 [ㄴ]이 [여]로 옮겨지는 듯한 소리를 내는 것이 옳은 발음이다.

Khmer [kmɛər]

[단어의 해부]

Khmer [kmɛər] 크메어ᴿ ──────────── (발음) [크메어ᴿ]
                                      (한글 표기) 크메어ᴿ

[해   설]

이 단어에 대해서 철자를 무시하고 발음기호만 가지고 우리 나름대로 표기해 보자. 우선 'K' 다음에 모음이 없으므로 그냥 [크]로 표기해야 한다. 그리고 'm' 다음에 오는 모음이 중모음으로 변하여 [ɛə], 즉 [에어]와 결합하여 [메어]가 되는데, 여기에 또다시 'r 모음화 음색 변화'인 반모음이 붙어서 [메어ᴿ]가 된다. 따라서 일본식 발음 [구메-루(クメール)]를 모방해서 [크메르]라고 [르]를 발음하는 것은 옳지 못한 발음이다.

Korea [kouríːə, kəríːə]

[단어의 해부]

(가) [koríːə]로 발음되는 경우
     Korea [koríːə] 코리어────────── (발음) [코리어]
                                      (한글 표기) 코리어

(나) [kouríːə]로 발음되는 경우
     Korea [kouríːə] 코우리어 ─────── (발음) [코우리어]
                                      (한글 표기) 코우리어

(다) [kəríːə]로 발음되는 경우
     Korea [kəríːə] 커리:어 (커리이어) ─── (발음) [커리:어]
                                              (커리이어)
                                      (한글 표기) 커리:어
                                              또는 커리이어

[해   설]

우리나라 이름인데 우리말 사전에는 분명히 [코리어]라고 표기되어 있는데도 많은 사람들이 실제 발음에서는 마지막 음절 [어]를 [아]로 발음한다.

la*bel [léibəl]

여기서부터는 한글학회와 정부 당국자들에게 된소리 'ㄹㄹ'을 되살려 써야 되는 필요성을 강조할 부분이다.

우리말 사전에는 [레이블]로 표기되어 있으나 실제로는 [라벨]이라고 하여 쓰고, 발음은 된소리로 하여 [빠벨]로 발음하라고 하는데 그것은 된소리 'ㄹㄹ'을 없애고 할 말이 없어 억지를 쓰는 것이 아닐까?

이 단어의 일본식 발음은 [라베루(ラベル)]이다.

lac*quer [lǽkər]

우리말 사전에는 [래커]로 표기되어 있으나 실제로는 [락카]로 많이 쓰이고 있는데, 일본식 발음 [락까(ラッカー)]를 모방한 것이다. 첫 음절의 'lac'에서 'a'는 [아]로 발음되는 것이 아니고 [애]로 발음되어야 한다. 이것도 된소리 'ㄹㄹ'을 없앴기 때문에 [락]으로 표기해 놓고 된소리로 발음하라는 것이다.

lamp [læmp]

이 단어를 현행 한글 외래어 표기법에 따라 표기한다면 [램프]로 표기하여야 하는데, 이렇게 되면 'ramp'도 [램프]이므로 'lamp'를 이르는 말인지 'ramp'를 이르는 말인지 구별할 수가 없는 것은 물론, 'ramp'로 오인되는 경우가 있는 것이다. 따라서 [l]과 [r]을 구별하여 발음하기 위해서는 반드시 된소리 'ㄹㄹ'을 되살려서 쓸 것을 강력히 주장한다. 된소리 'ㄹㄹ'은 영어 표기에서 'l'과 'r'의 발음을 구별하기 위해서 필요할 뿐만 아니라 우리 일상 생활 용어 자체에서도 필요불가결한 글자이므로 하루속히 된소리 'ㄹㄹ'을 되살려서 써야 한다.

Las*Ve*gas [lɑ́:svéigəs, lǽsvéigəs]

단어의 해부

(가) [lɑ́:svéigəs]로 발음되는 경우

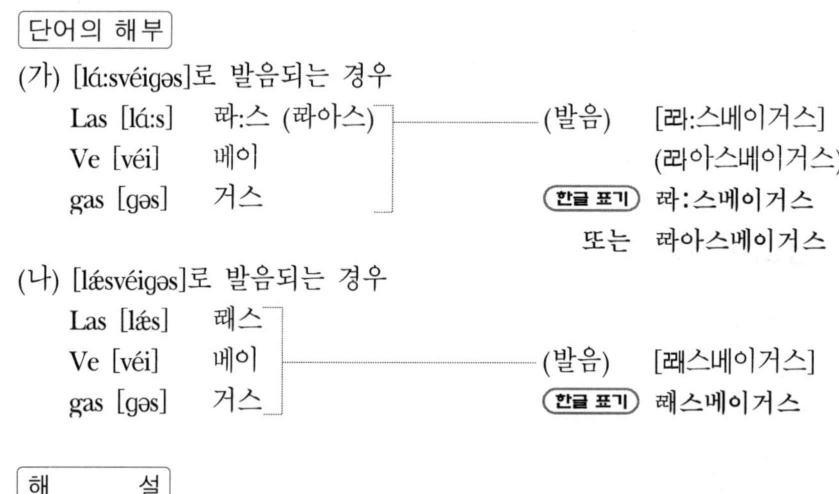

Las [lɑ́:s]	롸:스 (롸아스)	
Ve [véi]	베이	(발음) [롸:스베이거스]
gas [gəs]	거스	(롸아스베이거스)

한글 표기 롸:스베이거스
또는 롸아스베이거스

(나) [lǽsvéigəs]로 발음되는 경우

Las [lǽs]	뢔스	
Ve [véi]	베이	(발음) [뢔스베이거스]
gas [gəs]	거스	

한글 표기 뢔스베이거스

첫 음절의 철자 'a'가 장음으로 발음되는 경우에는 [아:]로 발음하며, 단음으로 발음되는 경우에는 [애]로 발음한다. 우리말 사전에는 [라스베이거스]로 표기되어 있는데도 [라스베이거스]로 발음하는 경우는 드물고 일본식 발음인 [라스베가스(ラスヴェガス)]를 그대로 똑같이 발음하는 경우가 많다.

lead*er [líːdər]

단어의 해부

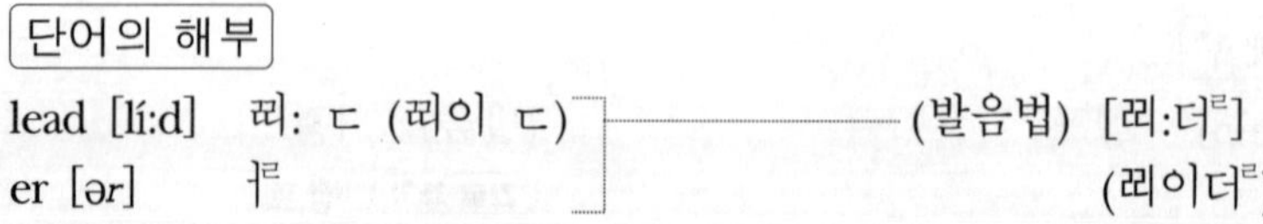

lead [líːd]	뤼: ㄷ (뤼이 ㄷ)	(발음법) [뤼:더ʳ]
er [ər]	더ʳ	(뤼이더ʳ)

(한글 표기) 뤼:더ᄅ
또는 뤼이더ᄅ

해   설

일본식 발음은 [리-다-(リ-ダ-)]이고 우리는 [리더]로 쓰고 있는데, 이것 역시 일본식 발음을 모방한 표기임에는 틀림없다. 그런데 어떻게 쓰든지 간에 우선 우리의 [리더]라는 표기가 문제가 있다. 이 단어의 표기를 [리더]로 쓰고 있는데, 이렇게 되면 'reader'와 구별할 수가 없게 된다. 분명히 'leader'와 'reader'는 다른 뜻이며 마땅히 구별되어야 하는데 [리더]로 표기해 놓고 하나는 [뤼더]로 발음하고, 다른 하나는 [리더]로 발음하라는 말이 된다.

이처럼 한글학회의 한글 맞춤법 통일안은 말도 안되는 억지를 쓰고 있는 것이다. 필자의 바램은 북한에서는 된소리 'ㄹㄹ'이 제발 없어지지 않았기를 간절히 기대해 보는 것이다.

lead*er*ship [líːdərʃip]

단어의 해부

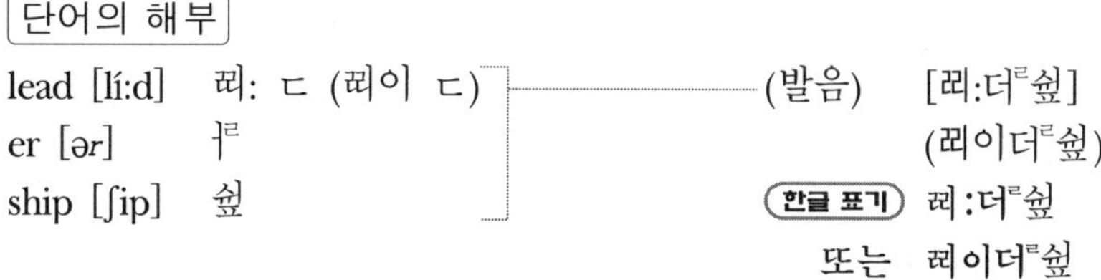

lead [líːd]   뤼: ᄃ (뤼이 ᄃ) ┐
er [ər]   ᅥᄅ   ├─────── (발음)   [뤼:더ᄅ쉪]
ship [ʃip]   쉪   ┘   (뤼이더ᄅ쉪)

(한글 표기) 뤼:더ᄅ쉪
또는 뤼이더ᄅ쉪

해   설

첫 음절과 둘째 음절의 'leader'에 대해서는 바로 앞에서 설명을 하였다. 그런데 이 단어도 [리더십]으로 쓰고 있는데 이렇게 되면 'readership'이라는 단어와 구별하기 곤란하게 된다.

마지막 음절의 'ship'을 [십]으로 발음하는 것은 잘못된 발음으로, 일본식 발음 [리-다-시뿌(リ-ダ-シップ)]에서 보다시피 일본 사람들은 우리처럼 [쉪]이라는 소리를 내지 못하고 더구나 받침 말을 잘 쓰지 못하므로 하는 수 없이 [시뿌]로 발음하는 것을 본받아서 [십]으로 발음하는 것이므로 옳지 않은 것이다.

Leb*a*non [lébənən]

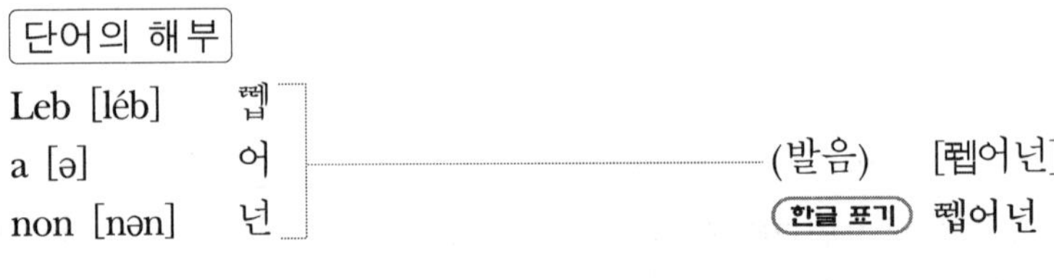

단어의 해부

Leb [léb]	렙	
a [ə]	어	(발음)　[렙어넌]
non [nən]	넌	한글 표기　렙어넌

해 설

이 단어의 한글 표기는 일본식 발음인 [레바논(レバノン)]을 그대로 모방한 [레바논]으로 쓰고 있다. 일본 사람들은 [어] 발음을 못하기 때문에 [아]와 [오]로 발음하는 것을 그대로 모방해서 쓰고 있는 것이다.

lem*on [lémən]

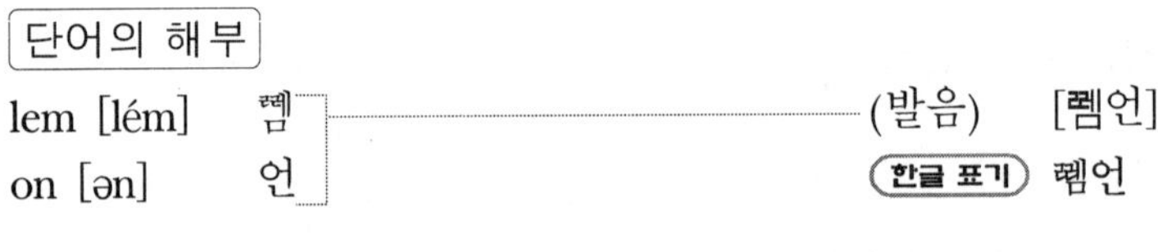

단어의 해부

lem [lém]	렘	(발음)　[렘언]
on [ən]	언	한글 표기　렘언

해 설

우리는 [레몬]이라고 일본식 발음인 [레몬(レモン)]을 글자 한자 틀리지 않고 그대로 모방해서 쓰고 있다. 그것은 모두가 된소리 'ㄹㄹ'을 한글에서 없앴기 때문에 일어나는 현상이다. 만일 한글에서 된소리 'ㄹㄹ'이 없어지지 않았다면 우리는 적어도 [렘몬]으로 써 왔을 것이다.

le*thal [líːθəl]

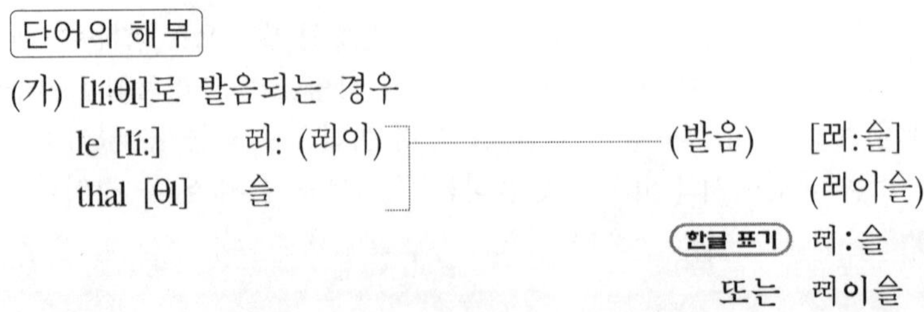

단어의 해부

(가) [líːθəl]로 발음되는 경우

le [líː]	리: (리이)	(발음)　[리:슬]
thal [θəl]	슬	(리이슬)
		한글 표기　리:슬
		또는　리이슬

(나) [lí:θəl]로 발음되는 경우

le [lí:]　　삐: (삐이) ┐
thal [θəl]　설　　　　├────────────(발음)　　[삐:설]
　　　　　　　　　　　　　　　　　　　　　　　　　　　(삐이설)

　　　　　　　　　　　　(한글 표기)　삐:설
　　　　　　　　　　　　　또는　삐이설

　해　　　설

　어떤 영화 'poster'의 제목이 'lethal weapon'이라는 것이 있었는데 이것을 한글로 표기한 것을 보니까 [레썰 웨폰]이라고 되어 있는 것을 본 적이 있다. 'th'의 소리는 [ㄷ] 소리도 아니고 [ㅆ] 소리도 아닌데 어떤 사람은 [ㄷ]으로, 또 다른 사람은 [ㅆ]으로 표기하는 것이 우리의 현실이다. 이러한 혼란을 피하고 정확한 발음을 하기 위해서 이 책에서는 우리가 지금은 쓰지 않고 있는 글자인 'ㅿ'을 [θ]의 소리로 쓰기로 했다. 즉 [θ=ㅿ]과 [ð=ㅇ]이라는 소리의 글자로 쓴다는 것이다.

let*ter [létər]

　단어의 해부

let [lé(t)]　렡 ┐
ter [tər]　터ᴿ ┘────────────(발음)　　[렡터ᴿ]
　　　　　　　　　　　　　　　(한글 표기)　렡터ᴿ

　해　　　설

　우리 표기는 [레터]인데 실제로는 일본식 발음인 [레다-(レター)]의 모방인 [레타]로 발음하는 사람도 있다. 첫 음절이 'let'이므로 그냥 [레]가 아니고 받침 [ㅌ]이 붙어서 [렡]으로 발음해야 하는 것이다.

Li*be*ria [laibíəriə]

　단어의 해부

(가) [laibíriə]로 발음되는 경우

Li [lai]　롸이 ┐
be [bí]　비　├────────────(발음)　　[롸이비리어]
ria [riə]　리어 ┘
　　　　　　　　　　　　(한글 표기)　롸이비리어

194

(나) [laibíəriə]로 발음되는 경우

Li [lai] 롸이
be [bíə] 비어 ──────────────── (발음) [롸이비어리어]
ria [riə] 리어   (한글 표기) 롸이비어리어

우리말 사전에는 [라이베리아]로 표기하고 있어서 비교적 원래의 발음에 가까운 것처럼 느껴지는 듯하지만, 어쨌든 마지막 음절을 [아]로 발음하는 것은 일본식 발음인 [리베리아(リベリア)]를 모방한 흔적이 역력히 배어 있다고 여겨진다.

Lib*ya [líbiə]

Lib [líb] 맆 ──────────────── (발음) [맆이어]
ya [iə] 이어   (한글 표기) 맆이어

이 단어의 한글 표기도 [리비아]로 하여 놓고 된소리로 [삐비아]로 발음하여야 하는 불편을 겪고 있다. 첫 음절이 'Lib'으로 끊어지므로 [삐]가 아니라 [맆]으로 발음하고 연이어서 다음 음절인 [이어]를 연결하여 발음하면 마치 [삐비어]라고 하는 것처럼 받침인 [ㅂ]이 [이]로 옮겨지는 듯한 기분으로 발음하는 것이 옳은 발음이다.

life [laif]

life [laif] 롸이프 ──────────────── (발음) 롸이프
          (한글 표기) 롸이프

만약에 된소리 'ㄹㄹ'이 없어지지 않았더라면 우리는 [라이프]로 표기하고 발음했을 것인데 불행하게도 일본의 한글 말살 정책의 잔재로 된소리 'ㄹㄹ'이 우리

한글에서 사라지게 됨으로 말미암아 우리는 [라이프]로 표기하게 되었고, 발음은 된소리로 하는 불편을 겪고 있는 것이다. 특히 [라이프]로 표기하는 이 단어는 'rife'라는 단어와 그 표기법이 같으므로 이것과 구별할 수 없는 것이다.

이러한 현상이 무수하게 나타나는데 하루속히 된소리 'ㄹㄹ'을 되살려 쓰지 않는다면 우리는 일본의 한글 말살 정책의 잔재를 묵인하는 결과를 방치하는 어리석음을 저지르고 있는 것이라고 생각한다.

이 단어의 일본식 발음은 [라이후(ライフ)]인데 우리가 쓰고 있는 [라이프]와 비교해 보기 바란다.

light [lait]

> 단어의 해부

light [lait]　　랴잎 ─────────────────────── (발음)　　[랴잎]
　　　　　　　　　　　　　　　　　　　　　　　　　한글 표기 랴잎

> 해　　　설

이 단어도 [라이트]로 쓰고 있는데 일본식 발음 [라이도(ライト)]와 닮았다. 이것도 된소리 'ㄹㄹ'이 없어짐으로 인해서 빚어진 결과인 것이다.

애당초 세종대왕께서 한글을 반포하실 당시에는 된소리 자음이 포함되어 있지 않았다. 다만 된소리를 내어야 하는 경우에는 된소리를 낼 수 있는 모든 자음을 두개 겹쳐 써서 모든 된소리를 표기하여 써 왔던 것을 무슨 이유로 유독 'ㄹㄹ'만 없애야만 했는지 이해할 수가 없다. 이것은 일본 사람들이 자행했던 한글 말살 정책이 일본의 패전으로 끝나 수포로 돌아가고, 그후 우리 정부에서 친일파들이 득세하자 실패로 끝난 한글 말살정책의 잔재를 남기기 위해서 친일 어용 한글학자들을 매수하여 된소리 'ㄹㄹ'을 없애도록 공작(?)을 한 것이 아닌가 여겨진다. 이 단어를 [라이트]로 표기한다면, 'right'와 'write'의 발음기호가 [ráit]이므로 이 단어의 표기와 같은 표기가 되는데 이것을 어떻게 구별하여야 하는가?

light*er [la'itər]

> 단어의 해부

light [la'it]　　랴잎 ┐
　　　　　　　　　　│─────────────── (발음)　　[랴잎어ㄹ]
er [ər]　　　　　어ㄹ ┘　　　　　　　　　한글 표기 랴잎어ㄹ

우리 한영 사전을 보면 [라이터]의 영어 문자를 'lighter'라고 해설을 하였는데 [라이터]라는 표기는 'writer'의 표기이고 발음이지 결코 'lighter'의 표기는 될 수 없는 것이다.

li*lac [la'ilək]

우리 노랫말에도 나오고 시에도 등장하는 이 꽃을 [라일락]이라고 하는데 이 말은 일본식 발음 [라이랏구(ライラック)]를 모방한 말이다. 우리 외래어 표기법으로 표기한다면 된소리 'ㄹㄹ'의 아쉬움은 남겠지만 그런대로 [라일럭] 정도로는 표기되어야 했을 것인데 마지막 음절의 철자 'a'가 [ə]인 [어]로 발음된다는 것을 무시한 것이다.

lion [láiən]

현재 [라이온]으로 표기되고 있다. 일본식 발음으로는 [라이온(ライオン)]인데 이것과 우리의 표기가 아주 꼭 닮았다.

load [loud]

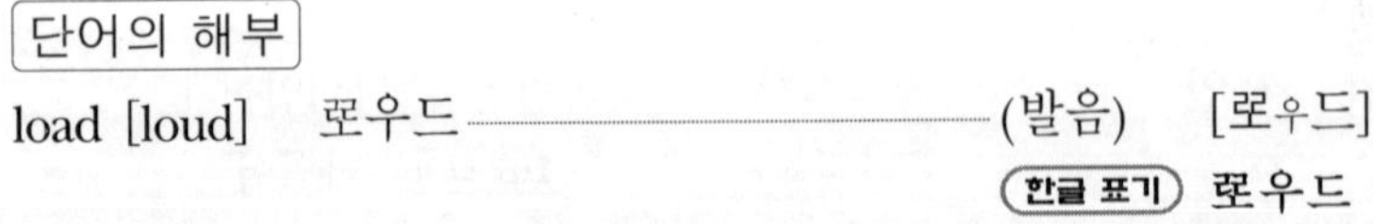

이 단어도 [로드]로 표기하면 'road'와 구별하기 힘든 문제가 발생한다.

lob*by [lábi, lɔ′bi]

단어의 해부

(가) [lábi]로 발음되는 경우

lob [lá(b)]　랍　┐────────────(발음)　[랍비]
by [bi]　비　┘　　　　　　　한글 표기　랍비

(나) [lɔ′bi]로 발음되는 경우

lob [lɔ′(b)]　롭　┐────────────(발음)　[롭비]
by [bi]　비　┘　　　　　　　한글 표기　롭비

우리는 [로비]로 쓰고 있는데, 바로 일본식 발음이 [로비-(ロビ-)]인 것이다.
첫 음절이 'lob'으로 끝나므로 [로]가 아니고 [롭]으로 발음되어야 하는 것이다.
일본 사람들은 받침말이 지극히 제한되어 있기 때문에 [롭]이라고 발음하지 못
하고 [로(ㅁ)]로밖에는 발음을 하지 못하는 것이다.

우리나라 정치에는 이 단어가 빠지면 김빠진 맥주나 마찬가지다. 율곡 [롭비]
니, 옷 [롭비]니, 무슨 무슨 [롭비]니 해서 한시도 이 단어를 떠나서는 우리 정치
는 물에 물탄 맛이 나는 나라이다.

lock [lɑk, lɔ′k]

단어의 해부

(가) [lɑk]으로 발음되는 경우

lock [lɑk]　락────────────────(발음)　[락]
　　　　　　　　　　　한글 표기　락

(나) [lɔ′k]으로 발음되는 경우

lock [lɔ′k]　록────────────────(발음)　[록]
　　　　　　　　　　　한글 표기　록

이 단어가 두 가지로 발음되는데 [락]이든 [록]이든 모두 'rock'과 그 표기법이

같다. 'rock'도 [rɑk]과 [rɔ'k]으로 발음되므로 분간하기 어렵다. 열쇠를 달라는 말을 'Give me a '록'.'으로 말한다면, 바윗덩어리를 가져다 줄는지도 모르는 일이 발생할 수도 있는 것이다. 반드시 된소리 'ㄹㄹ'의 소리를 내어야 한다.

Lon*don [lʌ'ndən]

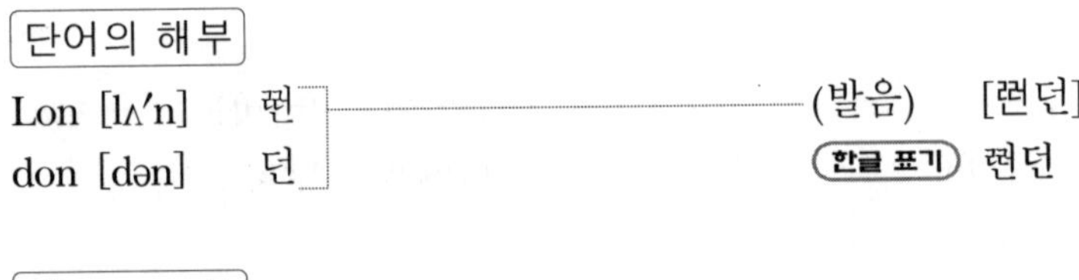

단어의 해부

| Lon [lʌ'n] | 런 | (발음) [런던] |
| don [dən] | 던 | 한글 표기 런던 |

해 설

[런던]으로 표기되고 있으나 된소리 'ㄹㄹ'이 없어지지 않았더라면 [런던]으로 완전한 표기가 되었을 것이다. 일본 사람들은 [론돈(ロンドン)]이라고 한다.

long [lɔ:ŋ, lɔŋ]

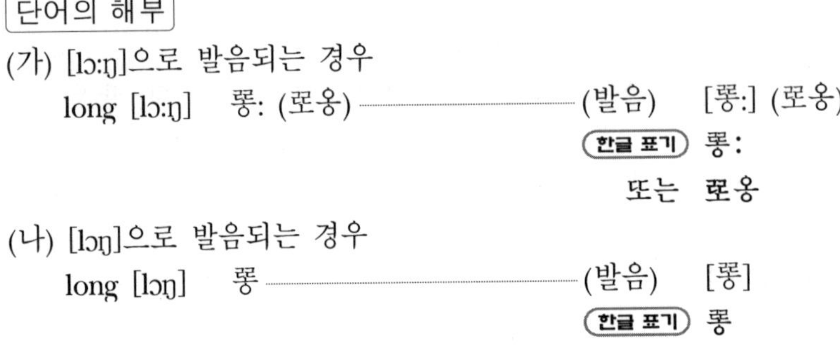

단어의 해부

(가) [lɔ:ŋ]으로 발음되는 경우

long [lɔ:ŋ] 롱: (로옹) ──────── (발음) [롱:] (로옹)

한글 표기 롱:

또는 로옹

(나) [lɔŋ]으로 발음되는 경우

long [lɔŋ] 롱 ──────── (발음) [롱]

한글 표기 롱

해 설

두 가지로 발음되기는 하지만 모음의 변화는 없고 다만 장음으로 발음하느냐, 또는 단음으로 발음하느냐의 문제이므로 큰 문제는 없다. 다만 [롱]으로 표기한다면 'wrong'의 발음기호가 [rɔ:ŋ]이 되는 경우도 있으므로 구별할 수 없는 것이 흠이다. 따라서 'long'과 'wrong'을 구별하려면 된소리 'ㄹㄹ'은 반드시 되살려 써야만 한다. 일본 사람들은 [론구(ロング)]라고 발음한다.

Ma*cao [məka'u]

단어의 해부				
Ma [mə]	머		(발음)	[머카우]
cao [ka'u]	카우		(한글 표기)	머카우

해 설

요즘 일부 청소년들이 성한 옷을 일부러 찢어서 입고 다니는 것이 유행이다. 예전에는 말쑥한 양복에 중절모를 삐딱하게 눌러 쓰고 다니는 차림이 유행인 적도 있었는데 그런 사람을 [마카오 신사]라며 부러워하던 시절이 있었다. 이 [마카오]라는 말이 일본식 발음인 [마까오(マカオ)]를 모방해서 쓴 영어인 것이다.

mac*a*ro*ni, mac*ca*ro*ni [mǽkəróuni]

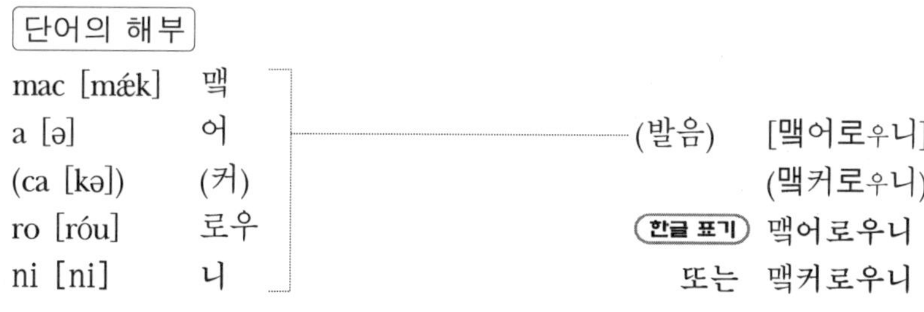

단어의 해부			
mac [mǽk]	맥		
a [ə]	어	(발음)	[맥어로우니]
(ca [kə])	(커)		(맥커로우니)
ro [róu]	로우	(한글 표기)	맥어로우니
ni [ni]	니		또는 맥커로우니

해 설

일본식 발음 [마까로니(マカロニ)]를 모방해서 [마카로니]로 쓰고 있다. 일본 사람들은 [애]와 [어] 소리를 내지 못하니까 [아]로 발음하는 것을 그대로 따라 하고 있는 것이다.

Mac*e*do*nia [mǽsədóuniə, mǽsədóunjə]

단어의 해부

(가) [mǽsədóuniə]로 발음되는 경우

Mac [mǽs]	매ㅅ		(발음)	[매서도우니어]
e [ə]	ㅓ		(한글 표기)	매서도우니어
do [dóu]	도우			
nia [niə]	니어			

(나) [mǽsədóunjə]로 발음되는 경우

Mac [mǽs]	매 ㅅ	
e [ə]	ㅓ	(발음) [매서도우녀]
do [dóu]	도우	한글 표기 매서도우녀
nia [njə]	녀	

해 설

우리는 학교에서 서양사를 공부할 때 [마케도니아]라고 배웠다. 필자도 이 단어의 발음기호를 보고 심히 놀랐는데 이 단어를 어느 나라에서 [마케도니아]라고 발음하는지는 모르겠지만 적어도 영어 발음으로는 첫 음절의 철자 'c'가 [ㅋ]이 아니고 [ㅅ]으로 발음된다는 것이다. 일본식 발음으로는 [마께도니아(マケドニア)]일 것으로 본다면 이것도 일본식 발음을 모방한 것임에 틀림없다.

ma*chine [məʃíːn]

단어의 해부

ma [mə]	머	(발음) [머쉰]
chine [ʃíːn]	쉰	한글 표기 머쉰

해 설

일본 사람들은 재봉틀을 말할 때는 [미신(ミシン)]이라 하고, 일반적인 기계 등을 말할 때는 [마신(マシン)]이라고 한다. 그러나 [미신]이든 [마신]이든 모두가 발음기호와는 거리가 먼 발음이다.

이처럼 일본 사람들은 자기네들의 언어와 문자를 최대한 이용하여 영어를 자기네들 생리에 맞추려는 경향이 짙다. 그러므로 일본 사람들의 영어 발음은 자기네들끼리만 통하는 발음이며 다른 나라 사람들은 알아듣지 못하는 그들만의 영어인 것이다.

Ma*don*na [mədánə, mədɔ́'nə]

단어의 해부

(가) [mədánə]로 발음되는 경우

Ma [mə]	머	
don [dá(n)]	단	(발음) [머단너]
na [nə]	녀	한글 표기 머단너

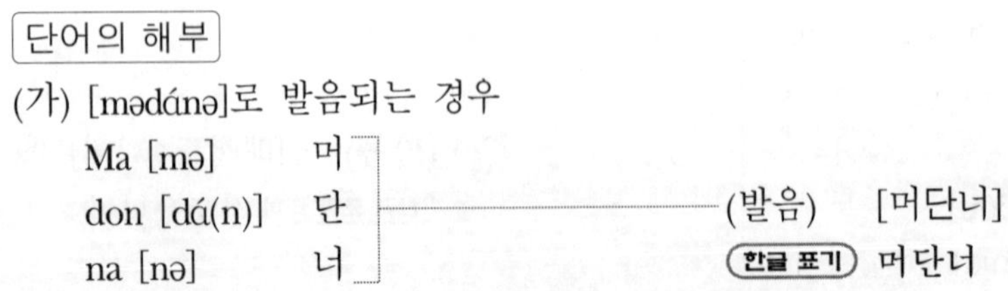

(나) [mədɔ́ːnə]로 발음되는 경우

Ma [mə]	머		
don [dɔ́ː(n)]	돈	(발음)	[머돈너]
na [nə]	너	**한글 표기**	머돈너

해   설

최근에 출판된 국어사전(이희승 박사 감수)에는 놀랍게도 이 단어가 [마돈나]라고 표기되어 있다. 어원이 'Italy' 말이기는 하지만 영어 발음으로 표기한다면 [마돈나]라는 표기는 잘못된 표기인 것이다. 이 단어의 일본식 발음이 [마돈나(マドンナ)]임을 감안한다면 일본식 발음을 모방한 것이다.

mag*net [mǽgnit]

단어의 해부

mag [mæg]	매그	(발음)	[매그닡]
net [nit]	닡	**한글 표기**	매그닡

해   설

일본식 발음인 [마구넷도(マグネット)]를 그대로 모방해서 [마그넷트]로 쓰고 있다. 첫 음절의 철자 'a'가 [애]로 발음되고 마지막 음절의 'e'가 [이]로 발음되어야 하는 것을 발음기호를 무시하고 철자 중심으로 발음하는 일본식을 흉내냈기 때문이다.

Ma*lac*ca [məlǽkə]

단어의 해부

Ma [mə]	머		
lac [lǽ(k)]	랙	(발음)	[머랙커]
ca [kə]	커	**한글 표기**	머랙커

해   설

모음 철자가 모두 'a'로 구성되어 있으므로 일본 사람들은 [마랏가(マラッカ)]로 쓰고 있는 것을 그대로 모방해서 [말라카]로 쓰고 있다. 발음기호는 모두

[어]나 [애]로 발음한다고 명기되어 있는데 이것을 무시해 버리고 전부 [아]로 발음하고 있다.

Ma*la*wi [məlɑ́:wi]

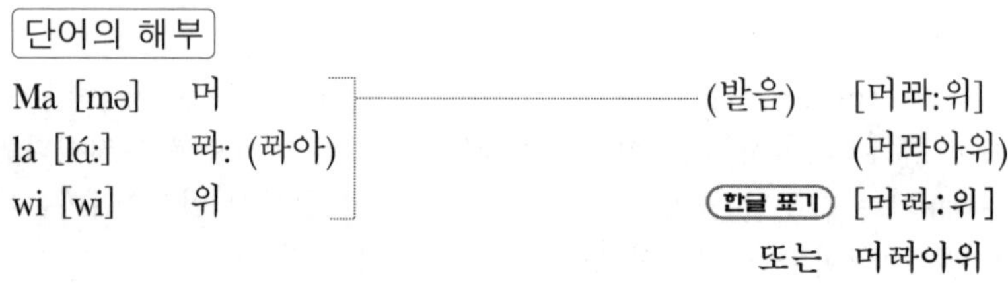

해   설

우리는 [말라위]로 쓰고 있는데 이것도 일본식 발음 [마라위(マラウィ)]를 모방한 것이다. 이것 역시 첫 음절의 철자 'a'가 [어]로 발음된다는 것을 무시하였다.

Ma*lay [məléi, méilei]

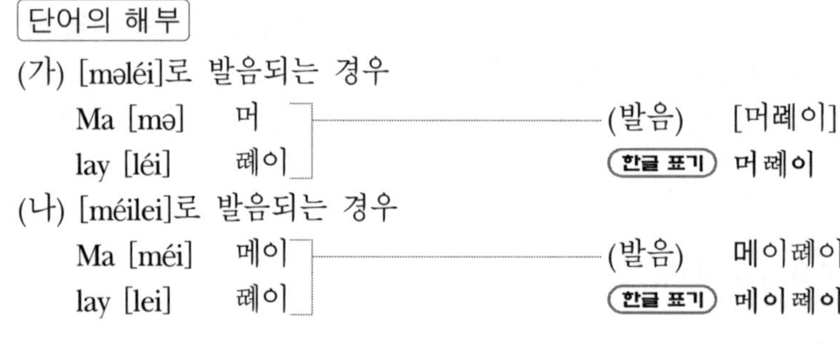

해   설

첫 음절의 모음이 [어]나 [에이]로 발음되어야 하는데도 우리는 [말레이]로 쓰고 있다. 이 단어의 일본식 발음이 [마레-(マレー)]이므로 이를 모방하였다는 것은 금방 알 수 있다.

Ma*laya [məléiə]

단어의 해부

Ma [mə]   머
laya [léiə] 레이어

(발음)   [머레이어]
한글 표기 머레이어

해   설

이 단어를 일본 사람들의 방식대로 발음해 본다면 먼저 첫 음절이 'Ma'이므로 [마], 마지막 음절이 'laya'이므로 'la'는 [라], 'ya'는 [야]가 될 것이다. 따라서 이 단어의 일본식 발음은 [마라야(マ ラ ヤ)]가 되는데 우리는 이것을 모방해서 [말라야]로 쓰고 있다. 여기에서 철자 'a'가 세 개 나오는데, 가운데 철자 'a'는 [ei]로 발음되어야 하고, 첫 번째와 마지막의 것들은 모두 [ə]로 발음되어야 한다.

Ma*lay*sia [məléiʒə, məléiʃə]

단어의 해부

(가) [məléiʒə]로 발음되는 경우

Ma [mə]   머
lay [léi]   레이
sia [ʒə]   저

(발음)   [머레이저]
한글 표기 머레이저

(나) [məléiʃə]로 발음되는 경우

Ma [mə]   머
lay [léi]   레이
sia [ʃə]   쉬

(발음)   [머레이쉬]
한글 표기 머레이쉬

해   설

[말레지아] 또는 [말레시아]라는 말로 쓰고 있는 이 단어도 결국은 일본식 발음인 [마레-시아(マ レ -シ ア)]를 모방한 발음인 것이다.

mam*moth [mǽməθ]

단어의 해부

mam [mǽ(m)]   맴
moth [məθ]   머스

(발음)   [맴머스]
한글 표기 맴머스

우리는 이 단어를 [맘모스]라고 표기하는데, [매머드]라고 하는 사람도 있다.
전자는 일본식 발음인 [만모스(マンモス)]를 모방한 것을 그대로 쓰는 것이고,
[매머드]라고 하는 사람은 그런대로 영어 발음에 접근하려고 애쓴 흔적이 있
다.

Man*a*slu [mǽnəslu:]

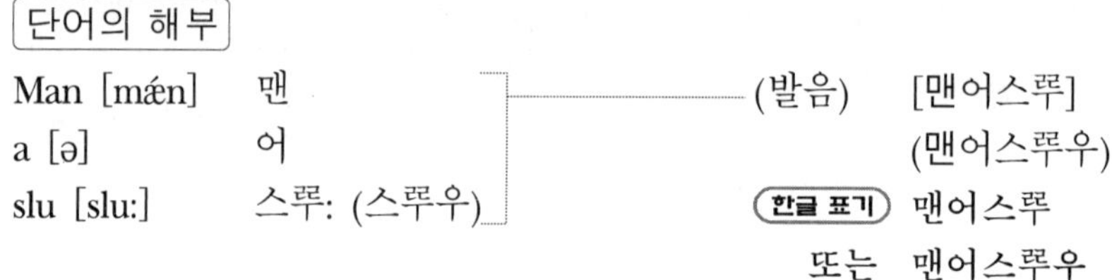

TV 방송이나 신문기사에 누가 [마나슬루]봉을 정복하였다라는 보도나 기사
가 실리는 경우를 보는데 이것도 [마나스루(マナスル)]라는 일본식 발음을 그대
로 모방한 것이다. 첫 음절이 'Man'이므로 [맨]으로 발음하고, 그 다음 [어]로 받
침인 [ㄴ]이 옮겨지는 듯한 기분으로 [맨어]하는 것이 옳은 발음이다.

Man*hat*ten [mænhǽtən]

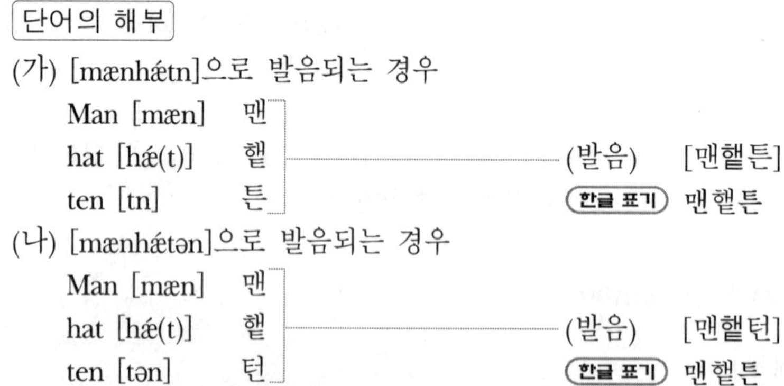

일본식 발음인 [만핱단(マンハッタン)]의 모방인 [만하탄]이 옳은 줄 알고 쓰고 있는 것이다.

ma*nia [méiniə, méinjə]

(가) [méiniə]로 발음되는 경우

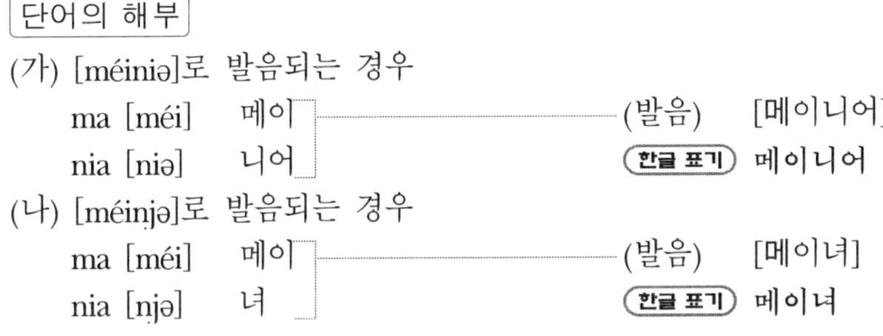

(나) [méinjə]로 발음되는 경우

무슨무슨 [마니아] 또는 [매니아]라고는 해도 [메이니어]나 [메이녀]라고 하는 사람은 찾아보기 힘들다. 이들은 모두 발음기호를 무시한 발음이므로 전부 틀린 발음이다. 이것은 일본식 발음 [마니아(マニア)]를 모방한 발음이다.

Ma*nila, Ma*nil*la [mənílə]

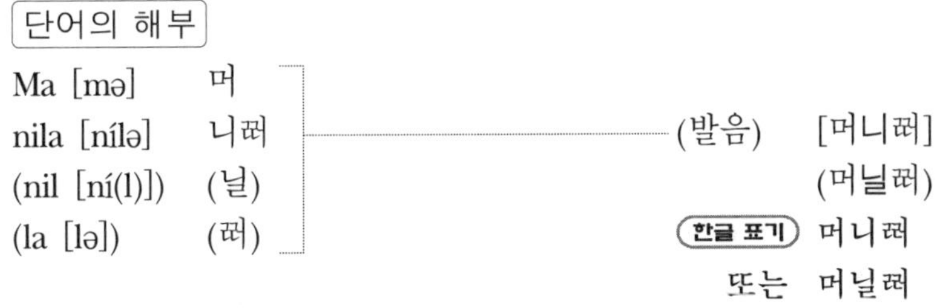

우리 귀에는 [마닐라]라는 말이 익숙한데 그것은 [마니라(マニラ)]라는 일본식 발음에 젖어 있기 때문이다. 발음기호를 무시하고 철자를 중심으로 발음하기 때문인데, 우리 외래어 표기법을 따른다면 [머닐러]로 되었을 것이다.

man*sion [mǽnʃən]

단어의 해부

(가) [mǽnʃn]으로 발음되는 경우

    man [mǽn]   맨   (발음)   [맨슌]

    sion [ʃn]   슌   한글 표기 맨슌

(나) [mǽnʃən]으로 발음되는 경우

    man [mǽn]   맨   (발음)   [맨숸]

    sion [ʃən]   숸   한글 표기 맨숸

해 설

  일본식 발음으로 [만숀(マンション)]인데 우리는 [맨숀] 이라고 한다. 여기에서 문제가 되는 것은 마지막 음절의 [숀]이라는 발음인데, 이것이 일본식 발음인 것이다. 원래 일본 사람들은 'sion'의 'si'는 [시(シ)]로 보고, 'o'는 [오]로 보아서 [시]와 [오]가 결합하여 [쇼(ショ)]로, 여기에 'n'을 받침으로 생각해서 [숀]으로 발음하는 것이다. 일본 사람들도 [슌(シュン)]이라는 발음을 할 수 있지만 굳이 [숀]이라고 하는 이유는 자기네들 나름대로의 법칙을 지키겠다는 고집인 것이다.

mar*a*thon [mæ̀rəθán, mǽrəθ ən]

단어의 해부

(가) [mæ̀rəθán]으로 발음되는 경우

    mar [mǽr] 매 ㄹ

    a [ə]   ㅓ   (발음)   [매러싼]

    thon [θán]   싼   한글 표기 매러싼

(나) [mæ̀rəθn]으로 발음되는 경우

    mar [mǽr] 매 ㄹ

    a [ə]   ㅓ   (발음)   [매러슨]

    thon [θn]   슨   한글 표기 매러슨

(다) [mæ̀rəθən]으로 발음되는 경우

    mar [mǽr] 매 ㄹ

    a [ə]   ㅓ   (발음)   [매러선]

    thon [θən]   선   한글 표기 매러선

해   설

우리 민족이 일본 제국주의 밑에서 신음하던 때에 치러진 [버ᵣ:뢴(Berlin)] [오우륌픽(Olympic)]의 [매러선(marathon)]에서 우리의 손기정 선수가 감격의 우승을 하자 우리의 민족 신문 동아일보에는 손기정 선수의 앞가슴에 있는 일장기를 말살한 화보를 실은 사건이 있었고, 그 당시 수상대의 손 선수의 표정은 우승의 기쁨에 찬 표정이 아니라 나라 없는 슬픔에 찬 표정이었다. [버ᵣ:서로우너(Barcelona)] [오우륌픽(Olympic)]의 [매러선(marathon)]에서 우승한 황영조 선수의 수상대에서 보여준 표정과는 아주 대조적인 것이었다. 이 단어의 일본식 발음은 [마라돈(マラトン)] 또는 [마라손(マラソン)]으로 발음하는데 [마라손(マラソン)]은 장거리 육상을 말하는 것이고, [마라돈(マラトン)]은 도시 이름을 표기할 때에 쓰는 말이다. 우리는 이것을 모방해서 [마라톤]으로 쓰고 있다.

mar*ga*rine, mar*ga*rin [máːrʤərin, máːrʤəriːn]

단어의 해부

(가) [máːrʤrin]으로 발음되는 경우

mar [máːr]	마ᵣ: (마아ᵣ)		(발음)	[마ᵣ:쮀린]
ga [ʤ]	쮀			(마아ᵣ쮀린)
rin, rine [rin]	린		한글 표기	마ᵣ:쮀린
				또는 마아ᵣ쮀린

(나) [máːrʤərin]으로 발음되는 경우

mar [máːr]	마ᵣ: (마아ᵣ)		(발음)	[마ᵣ:쮀려린]
ga [ʤə]	쮀려			(마아ᵣ쮀려린)
rin, rine [rin]	린		한글 표기	마ᵣ:쮀려린
				또는 마아ᵣ쮀려린

(다) [máːrʤriːn]으로 발음되는 경우

mar [máːr]	마ᵣ: (마아ᵣ)		(발음)	[마ᵣ:쮸린:]
ga [ʤ]	쮸			(마아ᵣ쮸리인)
rin, rine [riːn]	린: (리인)		한글 표기	마ᵣ:쮸린:
				또는 마아ᵣ쮸리인

(라) [máːrʤəriːn]으로 발음되는 경우

mar [máːr]	마ᵣ: (마아ᵣ)		(발음)	[마ᵣ:쮀려린:]
ga [ʤə]	쮀려			(마아ᵣ쮀려리인)
rin, rine [riːn]	린: (리인)			

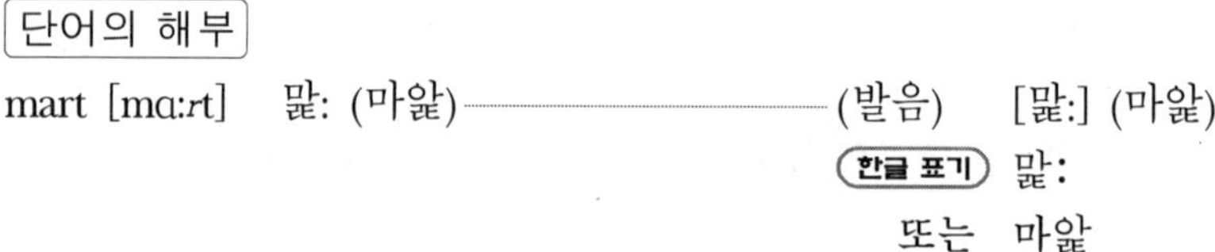

(한글 표기) 마ᵣ:줘린:
또는 마아ᵣ줘리인

[해   설]

　일본식 발음이 [마-가린(マーガリン)]인데, 이러한 발음은 둘째 음절의 'ga'에서 'g'가 [ʤ]로 발음되어야 한다는 사실을 무시하였기 때문에 생긴 일이다. 아마도 이 단어를 [마가린]이라고 발음하는 사람들은 우리와 일본 사람들뿐일 것이다.

mart [mɑːrt]

[단어의 해부]

mart [mɑːrt]　맡: (마앝)──────── (발음)　[맡:] (마앝)
　　　　　　　　　　　　　　　　(한글 표기) 맡:
　　　　　　　　　　　　　　　　또는 마앝

[해   설]

　어떤 단어든 마지막의 't'를 [트] 하고 발음하는 것은 일본식 발음이므로 주의해야 한다. 여기에서도 [마트]라고 발음하는 것은 일본식 발음 [마-또(マ-ト)]를 모방해서 [마트]로 발음하는 것이므로 [마트]라고 하지 말고 [맡:] 하고 끊어서 철자 't'를 받침으로 써서 발음하는 것이 원칙이다.

Mary*land [mérələnd]

[단어의 해부]

Mary [mérə]　메러 ┐
land [lənd]　런드 ┘─────── (발음)　[메러런드]
　　　　　　　　　　　　(한글 표기) 메러런드

[해   설]

　우리는 [메릴랜드]로 표기하고 있는데, 이것은 일본식 발음 [메리-란도(メリ-ランド)]를 모방한 것이다. 첫 음절의 철자 'y'는 [ə]로 발음되어야 하는데도 불구하고 [이]로 발음하는 것은 발음기호를 무시한 일본식 발음이다. 그리고 마지막 음절의 철자 'a'도 [ə]로 발음되어야 하는데 [애]로 발음하는 것도 발음기호를 무시한 틀린 발음이다.

mas*cara [mǽskǽrə, mǽskɑ́:rə]

[단어의 해부]

(가) [mǽskǽrə]로 발음되는 경우

mas [mǽs]　매스
cara [kǽrə]　캐러　　　　　　　　　(발음)　[매스캐러]
　　　　　　　　　　　　　　　　　　(한글 표기) 매스캐러

(나) [mǽskɑ́:rə]로 발음되는 경우

mas [mǽs]　매스
cara [kɑ́:rə]　카:러 (카아러)　　　　(발음)　[매스카:러]
　　　　　　　　　　　　　　　　　　(매스카아러)
　　　　　　　　　　　　　　　　　　(한글 표기) 매스카:러
　　　　　　　　　　　　　　　　　　또는　매스카아러

[해　　　설]

여성들이 많이 쓰는 용어인데, 일본식 발음 [마스까라(マスカラ)]를 모방하여 [마스카라]라고 쓰고 있다. 이 단어도 철저하게 발음기호가 무시된 채로 변조된 일본식 영어라는 것을 인식하고 고쳐 써 주기를 모든 한국 여성들에게 부탁한다. 우리 한국 여성들이 앞장서서 일본의 언어 식민지로부터 벗어나는 운동을 전개한다면 단시일 내에 성공할 수 있을 것으로 확신한다.

mas*cot [mǽskət, mǽskɑt]

[단어의 해부]

(가) [mǽskət]으로 발음되는 경우

mas [mǽs]　매스
cot [kət]　컽　　　　　　　　　　　(발음)　[매스컽]
　　　　　　　　　　　　　　　　　　(한글 표기) 매스컽

(나) [mǽskɑt]로 발음되는 경우

mas [mǽs]　매스
cot [kɑt]　캍　　　　　　　　　　　(발음)　[매스캍]
　　　　　　　　　　　　　　　　　　(한글 표기) 매스캍

[해　　　설]

우리 한글사전(이희승 박사 감수)에 보면 [마스코트]라고 해 놓고 '행운을 가져온다고 믿어 고이 간직하거나 위하는 상징물 또는 사람'이라고 되어 있다. 이 표기도 역시 [마스곳도(マスコット)]를 모방한 것이다. 발음기호를 무시하고 철자를 중심

으로 발음한 것이므로 첫 음절의 철자 'a'가 [애]로, 마지막 음절의 철자 'o'가 [어]나 [아]로 발음되어야 하는데도 [아]와 [오]로 발음하는 것은 옳은 발음이 아니다.

Mas*sa*chu*setts [mǽsəʧúːsits]

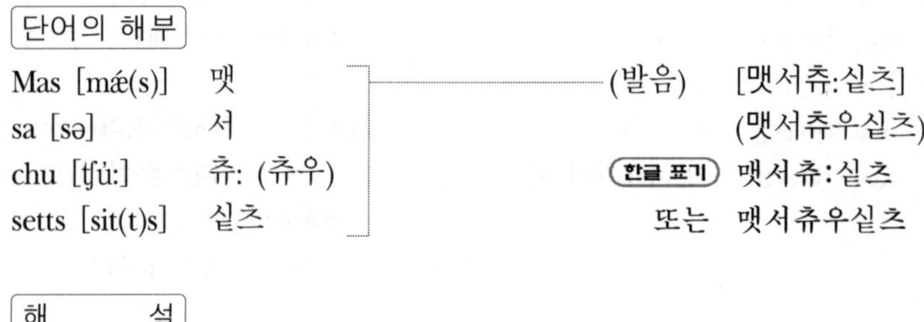

우리 사전에는 [매사추세츠]로 표기되어 있는데, 일본식 발음이 [마사쮸−셋쯔(マサチュセッツ)]인 것과 비교해 보면 아주 닮은꼴이다. 둘째 음절과 마지막 음절에서 완전히 일본식 발음을 모방하였음을 드러내고 있는데 [어]와 [이]로 발음되어야 할 것들이 [아]와 [에]로 발음된 것이다.

mas*sage [məsáːʤ, mǽsɑːʒ]

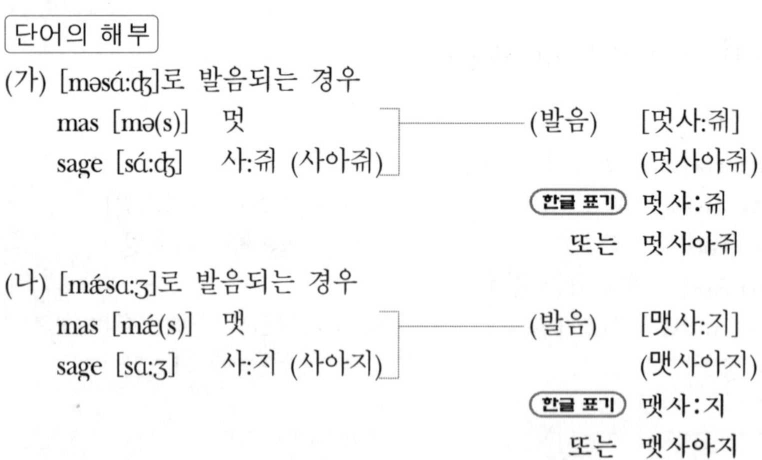

이 단어도 일본식 발음인 [맛사−지(マッサージ)]를 모방해서 [맛사지]로 쓰고

있는데 첫 음절의 발음이 틀린다. 발음기호상으로 보면 첫 음절은 [멋] 또는 [맷]으로 발음되어야 하며 [맛]으로 발음하는 것은 [머]나 [매] 소리를 내지 못하는 언어 불구자들인 일본 사람들이나 [마]로 발음하는 것이지 우리는 그것을 흉내낼 필요가 없는 것이다.

med*al [médl]

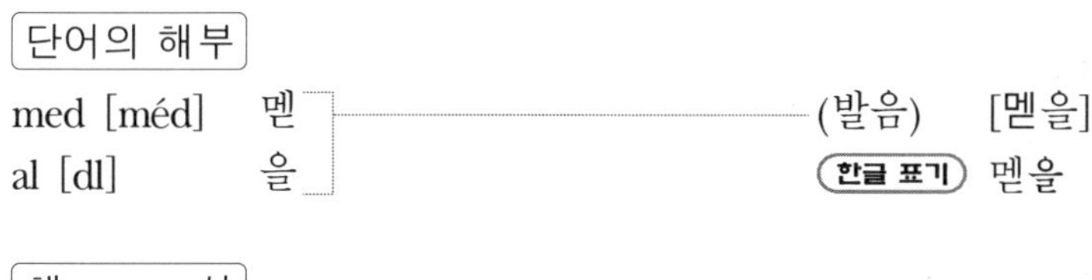

단어의 해부		
med [méd]	멛	(발음) [멛을]
al [dl]	을	한글 표기 멛을

해   설

금메달, 은메달, 동메달 등등으로 우리는 이 단어를 잘못 발음하면서도 마치 우리의 발음이 맞는 것처럼 쓰고 있는데, [메달]이라고 하는 발음은 일본식 발음 [메다루(メダル)]를 모방한 발음인 것이다. 마지막 음절의 철자 'a'는 발음되지 않고 아예 바람과 함께 사라져(Gone with the wind) 버리므로 모음으로서의 역할을 하지 못하는데도 일본 사람들은 발음기호는 무시하고 이 철자를 발음하기 때문에 이러한 현상이 생기는 것이다.

Mes*o*po*ta*mia [mésəpətéimiə]

단어의 해부

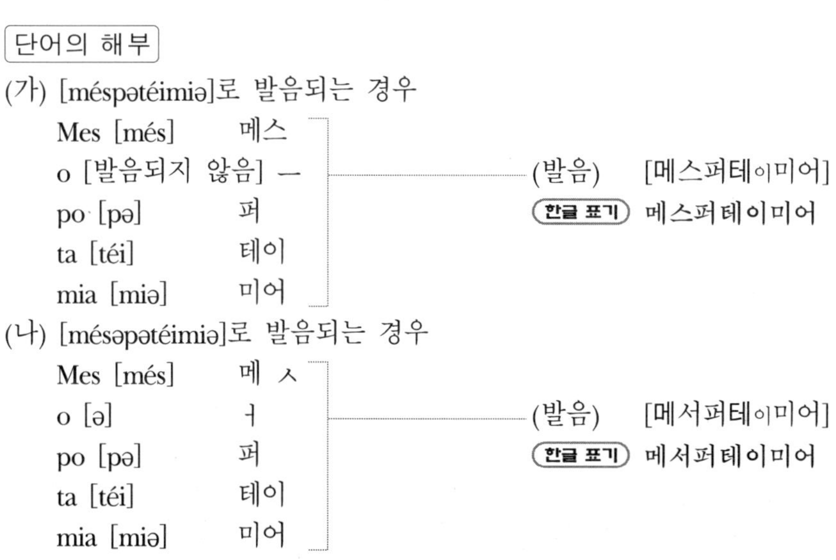

(가) [méspətéimiə]로 발음되는 경우

Mes [més]	메스	
o [발음되지 않음] —		(발음) [메스퍼테이미어]
po· [pə]	퍼	한글 표기 메스퍼테이미어
ta [téi]	테이	
mia [miə]	미어	

(나) [mésəpətéimiə]로 발음되는 경우

Mes [més]	메 ㅅ	
o [ə]	ㅓ	(발음) [메서퍼테이미어]
po [pə]	퍼	한글 표기 메서퍼테이미어
ta [téi]	테이	
mia [miə]	미어	

우리는 학교에서 서양사를 공부할 때 이 단어를 [메소포타미아]로 배웠는데 이것은 [메소뽀따미아(メソポタミア)]라는 일본식 발음을 그대로 모방한 것이라는 사실을 아는 학생은 한 사람도 없을 것이다. 철저하게 발음기호가 무시된 이 단어를 우리 외래어 표기법에 따라 표기한다면, (가)는 [메스퍼테이미어]이고, (나)는 [메서포테이미어]가 되었을 것인데 어이없게도 [메소포타미아]로 가르치고 배우고 있다.

감수성이 예민한 우리 새 세대들에게만은 올바른 우리의 표기법으로 가르치도록 제도적 뒷받침을 하여야 할 것으로 생각한다.

mes*sage [mésiʤ]

보통 일본식 발음인 [멧세一지(メッセージ)]를 모방해서 우리들 대부분은 [멧세지]로 쓰고 있으며, 올바른 영어 발음을 하는 사람들은 [멧시지]로 쓰고 있고, 간혹 [멧시쥐]로 쓰는 사람도 있다.

Mex*i*co [méksikóu]

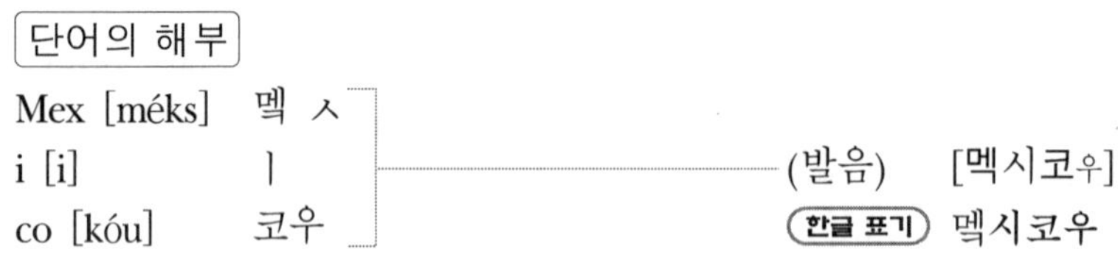

이 단어를 일본 사람들은 [메기시고(メキシコ)]라고 발음하는데, 비록 받침말의 사용이 어색하지만 어느 정도 원래의 발음에 가깝게 발음할 수 있어 별로 문제되지는 않을 것이다. 우리는 [멕시코]라로 쓰고 있는데, 여기에서 발음이 약간 잘못되었다. 즉 마지막 음절이 중모음으로 발음되어야 하는데 이 점을 소

홀히 여긴 것이다.

Mich*i*gan [míʃigən]

영 단어의 해부

Mich [míʃ] 미슈
i [i] ㅣ
gan [gən] 건
(발음) [미쉬건]
(한글 표기) 미쉬건

영 해　　　설

우리말 사전에는 [미시간]으로 표기되어 있는데 이것은 일본식 발음 [미시간 (ミシガン)]을 그대로 모방한 것이다. 첫 음절과 둘째 음절이 연결되는 과정에서 첫 음절만 보면 [미슈]라는 소리를 내야 하는데, 이 [슈]가 다음의 모음 [ㅣ]와 결합되어서 [쉬]라는 소리로 변질되는 것이다.

Mil*wau*ki [milwɔ′:ki]

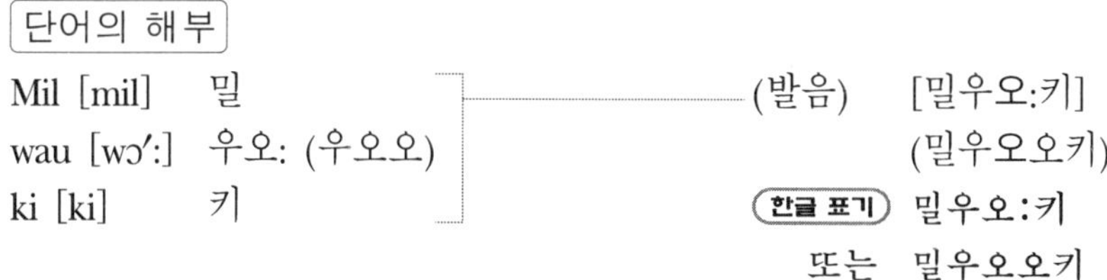

영 단어의 해부

Mil [mil] 밀
wau [wɔ′:] 우오: (우오오)
ki [ki] 키
(발음) [밀우오:키]
(밀우오오키)
(한글 표기) 밀우오:키
또는 밀우오오키

영 해　　　설

영어 발음 중에서 한글 표기와 발음이 가장 힘든 것이라 생각되는 것이 [wɔ]이다. 이 소리는 [우]와 [오]가 결합되는 형태의 소리인데, 그렇다고 [워]도 아니고, 또한 [와] 소리도 아니어서 한글로 표기하기에는 까다로운 발음이다. 정확한 소리는 [우] 소리와 [오] 소리가 따로따로 나오는 소리가 아니라 [우]와 [오]의 소리가 짧은 순간에 결합되어 나오는 소리다.

따라서 이 소리는 [워] 소리도 아니고 [와] 소리도 아니지만, 우리는 지금 일본식 발음 [미루와끼(ミルワキ)]를 모방해서 [밀워어키]로 쓰고 있으나 모두 틀린 발음이다. [wɔ]라는 발음기호를 만나면 [우오]로 발음하는 습관을 기르도록 하여야 한다.

min*er*al [mínərəl]

> 단어의 해부

(가) [mínrəl]로 발음되는 경우

min [mín]	민	
er [r]	으 ㄹ	
al [əl]	ㄹ	

(발음)　[민으럴]
> 한글 표기　민으럴

(나) [mínərəl]로 발음되는 경우

min [mín]	민	
er [ər]	어 ㄹ	
al [əl]	ㄹ	

(발음)　[민어럴]
> 한글 표기　민어럴

> 해　　설

　발음기호를 무시하고 철자 중심으로 발음하는 일본 사람들의 관습에 따라 표기해 보면 [미네라루(ミネラル)]가 되는데 우리는 이것을 그대로 모방해서 [미네랄]로 쓰고 있다. 이것을 다시 발음기호에 따른 우리 외래어 표기법으로 고친다면, (가)는 [미느럴]이 되고, (나)는 [미너럴]로 표기되어야 마땅한 것이다. 여기에서 현재 우리가 쓰고 있는 [미네랄]과 우리 표기법에 따른 [미너럴] 또는 [미느럴]과 그 발음을 비교해 보기 바란다.

mini*skirt [minəskə′:rt]

> 단어의 해부

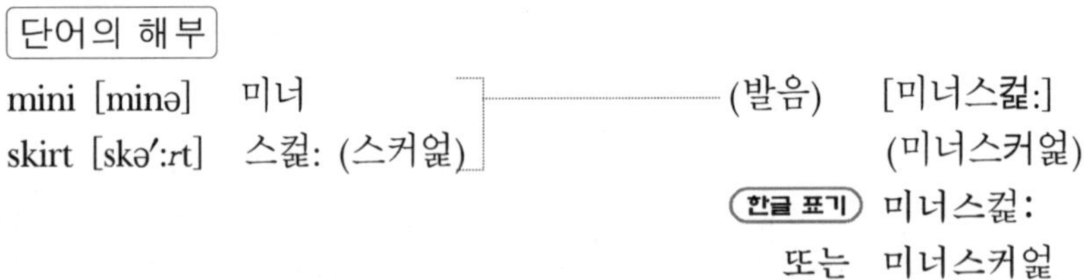

| mini [minə] | 미너 | |
| skirt [skə′:rt] | 스커ㅌ: (스커엍) | |

(발음)　[미너스컽:]
　　　　(미너스커엍)
> 한글 표기　미너스컽:
　　　　　　또는　미너스커엍

> 해　　설

　요즘 같은 세상에서는 배꼽까지 나오는 옷을 입고 다녀도 누가 뭐라고 할 사람이 없으나, 한때는 이 미너스컽:(miniskirt)으로 인해서 수난을 당한 적도 있었다. 이 단어를 우리는 [미니스카트]라는 말로 사용하고 있는데 이 발음도 [미니스가-도(ミニスカート)]라는 일본식 발음을 그대로 모방한 것이다. 첫 음절에

서 철자 'i'가 두 개 나오는데 첫 번째 것은 [이]로 발음되고 두 번째 것은 [어]로 발음되어야 하는데도 일본 사람들은 발음기호를 무시해 버리고 모두 [이]나 [아]로 발음하는 것을 모 방하고 있는 것이다. 마지막 음절도 [스컽] 하고 철자 't'를 받침으로 써서 끊어주어야 옳은 발음이며, [스커트] 하고 발음하는 것은 일본 사람들이나 하는 발음이다.

Min*ne*so*ta [mínəsóutə]

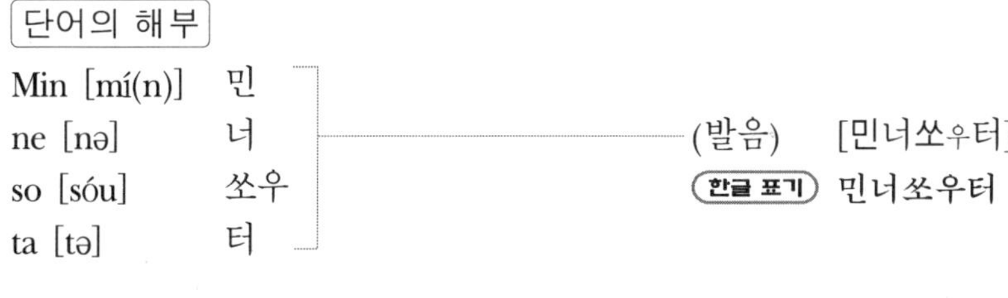

이 단어의 발음기호만 본다면 [mínəsóutə]로 철자 'n'이 한 개이고, 철자를 보면 'Minnesota'로 'n'이 두 개 겹쳐 있고, 이것을 음절별로 나누면 'Min'과 'ne'로 나뉘어진다. 이것은 'Min' 소리와 'ne' 소리가 서로 독립된 소리를 낸다는 뜻이므로 [민]과 [너] 소리를 따로따로 내어야 한다는 의미인 것이다. 그러나 우리는 단순히 [미네소타]라고 해서 쓰고 있는데 그것은 [미네소따(ミネソタ)]라는 일본식 발음을 모방한 것이다. 특히 셋째 음절의 'so'는 철자 'o'가 중모음으로 변하여 [오우]로 발음되므로 그냥 [오]가 아니 라 [오] 소리를 내면서 [우]로 옮겨 가는 듯한 소리를 내야 하는 것에 주의해야 한다.

Mis*sis*sip*pi [misəsípi]

나이 많은 세대를 쉰세대라고 부르고, 세대 차이에 따라 'Y'세대니 'N'세대니 하는 말을 쓰는데, 지리 시간에 [미시시피]라고 배운 점에 있어서는 세대 차이가 없을 것이다. 일본식 발음이 [미시싯비(ミ シ シ ッ ピ)]인데 그대로 따라하는 안일한 생각으로 인해서 오늘날과 같이 무의식 속에서 일본의 언어 식민지로 빠져 들어간 것이다.

Mis*sou*ri [mizúəri]

단어의 해부

(가) [mizúri]로 발음되는 경우

Mis [mi(z)]	미 ス	
sou [zú]	주	(발음) [미쭈리]
ri [ri]	리	한글 표기 미쭈리

(나) [mizúəri]로 발음되는 경우

Mis [mi(z)]	미 ス	
sou [zúə]	쥬	(발음) [미쮀리]
ri [ri]	리	한글 표기 미쮀리

해   설

우리말 사전에는 [미주리]라고 표기되어 있지만 실제로는 [미조리]라고 쓰는 경우가 많다. 일본식 발음은 [미주-리(ミ ズ-リ)]이다.

mo*bile [móubəl, móubi:l, móubil, móubil]

단어의 해부

(가) [móubəl]로 발음되는 경우

| mo [móu] | 모우 | (발음)   [모우벌] |
| bil [bəl] | 벌 | 한글 표기 모우벌 |

(나) [móubi:l]로 발음되는 경우

mo [móu]	모우	(발음) [모우빌:]
bil [bi:l]	빌: (비일)	(모우비일)
		한글 표기 모우빌:
		또는 모우비일

(다) [móubil]로 발음되는 경우

| mo [móu] | 모우 | | (발음) | [모우바일] |
| bil [bail] | 바일 | | 한글 표기 | 모우바일 |

(라) [móubil]로 발음되는 경우

| mo [móu] | 모우 | | (발음) | [모우빌] |
| bil [bil] | 빌 | | 한글 표기 | 모우빌 |

해   설

첫 음절의 'mo'는 중모음으로 [ou]로 발음되므로 그냥 [모]라고 발음하지 않고, [모] 하면서 가볍게 [우] 소리로 옮기면서 발음하는 것이다. 이 단어에서 가장 중요한 것은 철자 'i'가 무려 네 가지로 발음된다는 것이다. 즉, [어], [이: (이이)], [아이]와 [이] 등으로 발음된다. 단음으로 발음할 때는 별문제가 없겠으나, 장음이나 중모음으로 발음할 때에는 그 발음기호에 따라 발음해야 한다. 사소한 것 같으면서도 매우 중요한 것이 장음, 또는 중모음에 대한 발음이다. 일본식 발음은 [모비－루(モービル)]이다.

여기에서 한 가지 알아두어야 할 것이 있는데, 우리는 현재 휴대전화를 핸드폰(handphone)이라고 하는데 이 말은 일본 사람들이 만들어낸 신조어로 보이나 확인되지는 않고 있다. 영어로 휴대전화를 말할 때는 mobile phone(모우바일폰)이라고 해야 알아들을 수 있다.

mod*el [mádl, mɔ́dl]

단어의 해부

(가) [mádl]로 발음되는 경우

| mod [mád] | 맏 | | (발음) | [맏을] |
| el [l] | 을 | | 한글 표기 | 맏을 |

(나) [mɔ́dl]로 발음되는 경우

| mod [mɔ́d] | 몯 | | (발음) | [몯을] |
| el [l] | 을 | | 한글 표기 | 몯을 |

해   설

이 말은 마치 우리말처럼 익숙해진 단어인데 일본식 발음 [모데루(モデル)]를 모방해서 [모델]이라고 해서 쓰고 있다. [모델]이라고 하면 발음기호가 무시되

고 철자 중심으로 발음하는 것이기 때문에 일본 사람과 우리나라 사람들이나 알아듣는 말이지 미국 사람들은 전혀 알아들을 수 없는 발음이다. 우리는 [모델]이라는 소리에 익숙해 있기 때문에 미국 사람들이 [만을]이나 [몬을]이라 하면 귀에 익숙하지 않은 소리이므로 무슨 말인지 알아듣지 못하는 것이다.

Mon*a*co [mánəkóu, mɔ'nəkóu]

단어의 해부

(가) [mánəkóu]로 발음되는 경우

Mon [mán]	만		
a [ə]	어	(발음)	[만어코우]
co [kóu]	코우	한글 표기 만어코우	

(나) [mɔ'nəkóu]로 발음되는 경우

Mon [mɔ'n]	몬		
a [ə]	어	(발음)	[몬어코우]
co [kóu]	코우	한글 표기 몬어코우	

해　　　설

　　[모나코]라는 표기도 발음기호는 무시되고 철자 중심으로 된 일본식 발음 [모나꼬(モナコ)]를 모방한 것이다. 여기에서 [마너코우] 또는 [모너코우]로 발음하여도 무방하지 않느냐 하는 문제가 제기될 수 있는데, [만어코우] 또는 [몬어코우]로 첫 음절을 [만] 또는 [몬]으로 발음하고 연이어 다음 음절로 받침인 [ㄴ]이 옮겨가는 듯한 기분으로 발음하면 마치 [마너], 또는 [모너] 소리로 들리도록 발음해야 된다.

mono*dra*ma
[mánədrá:mə, mánədrǽmə, mɔ'nədrá:mə, mɔ'nədrǽmə]

단어의 해부

(가) [mánədrá:mə]로 발음되는 경우

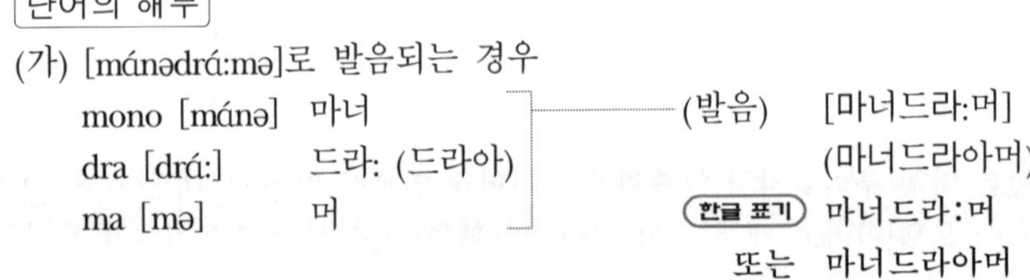

mono [mánə]	마너		
dra [drá:]	드라: (드라아)	(발음)	[마너드라:머]
ma [mə]	머		(마너드라아머)
		한글 표기	마너드라:머
			또는　마너드라아머

(나) [mánədrǽmə]로 발음되는 경우

mono [mánə]	마너		(발음)	[마너드래머]
dra [drǽ]	드래		(한글 표기)	마너드래머
ma [mə]	머			

(다) [mɔ'nədrá:mə]로 발음되는 경우

mono [mɔ'nə]	모너		(발음)	[모너드라:머]
dra [drá:]	드라: (드라아)			(모너드라아머)
ma [mə]	머		(한글 표기)	모너드라:머
				또는 모너드라아머

(라) [mɔ'nədrǽmə]로 발음되는 경우

mono [mɔ'nə]	모너			
dra [drǽ]	드래		(발음)	[모너드래머]
ma [mə]	머		(한글 표기)	모너드래머

> **해   설**

무려 네 가지로 발음되기는 하지만 그 어느 것도 [모노드라마]로 발음되는 경우는 없는데, 우리는 일본식 발음 [모노도라마(モノドラマ)]를 모방해 쓰고 있다. 이것을 발음기호를 중심으로 우리 외래어 표기법으로 표기해 본다면, (가)는 [마너드라:머]로, (나)는 [마너드래머]로, (다)는 [모너드라:머]이고, (라)는 [모너드래머]로 표기되는 것이 옳다. 이 단어가 네 가지로 발음되기는 하지만 우리 한글로 정확한 발음을 표기할 수 있음에도 불구하고 [모노드라마]로 쓰고 있다. 일본의 언어 식민지로부터 벗어나는 운동을 성공적으로 달성하기 위해서는 방송국이나 신문사들의 적극적인 협조와 끊임없는 노력이 절대로 필요한 것이다.

mor*a*to*ri*um [mɔ':rətɔ':riəm, mǽrətɔ':riəm]

> **단어의 해부**

(가) [mɔ':rətɔ':riəm]으로 발음되는 경우

mor [mɔ':r]	모: ㄹ (모오 ㄹ)			
a [ə]	ㅓ		(발음)	[모:러토:리엄]
to [tɔ':]	토: (토오)			(모오러토오리엄)
ri [ri]	리		(한글 표기)	모:러토:리엄
um [əm]	엄			또는 모오러토오리엄

(나) [mɑ́rətɔ':riəm]으로 발음되는 경우

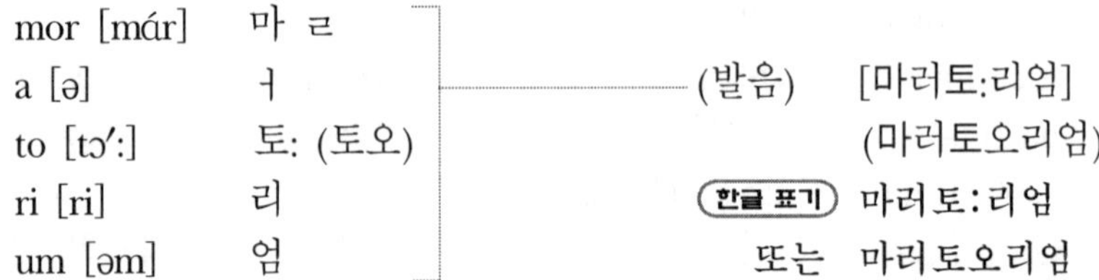

mor [mɑ́r]	마 ㄹ	
a [ə]	ㅓ	
to [tɔ':]	토: (토오)	(발음) [마러토:리엄]
ri [ri]	리	(마러토오리엄)
um [əm]	엄	(한글 표기) 마러토:리엄

또는 마러토오리엄

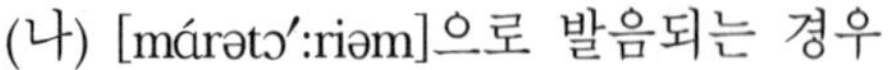

해   설

문민 정부가 초래하여 놓은 IMF 환란이라는 무거운 짐을 지고 대통령에 당선된 김대중 대통령이 당선자 시절에 국민과의 대화를 하는 석상에서 [모라토리움]이라는 용어를 썼는데, 김대통령이야 일제 시대에 교육을 받았기 때문에 일본식으로 발음하였을 것이지만 그 이튿날 모든 신문에는 [모라토리움]이라는 용어를 써서 기사화했었다. 만일 그 당시 대통령이 [모:러토:리엄]이나, 아니면 [마러토:리엄]이라고 정확한 발음을 썼더라면 신문 기사나 방송 용어도 전부 [모:러토리엄]이나 아니면 [마러토:리엄]으로 되었을 것이다. 이처럼 한 나라의 최고 지도자의 언어는 국민에게 커다란 영향력을 줄 수 있는 것이다. 김대중 대통령은 미국에서 수년간 망명 생활을 하였고, 영어의 본고장인 영국에서도 짧지 않은 세월을 보냈는데도 영어 발음을 고치지 못하였다는 것은 그만큼 발음의 기초가 중요하다는 것을 나타내는 것이라고 생각한다. 이 단어의 일본식 발음은 [모라도리아무(モラトリアム)]이다.

Mo*roc*co [mərɑ́kou, mərɔ́'kou]

단어의 해부

(가) [mərɑ́kou]로 발음되는 경우

Mo [mə]	머	
roc [rɑ́(k)]	락	(발음) [머락코우]
co [kou]	코우	(한글 표기) 머락코우

(나) [mərɔ́'kou]로 발음되는 경우

Mo [mə]	머	
roc [rɔ́'(k)]	록	(발음) [머록코우]
co [kou]	코우	(한글 표기) 머록코우

우리가 현재 쓰고 있는 [모로코]라는 표기는 [모롯고(モロッコ)]라는 일본식
발음의 모방이다. 발음기호를 존중한다면 첫 음절이 [머]로 발음되어야 하는 것
이고 [모]로 발음되지는 않는다.

mor*phine [mɔ′:rfiːn]

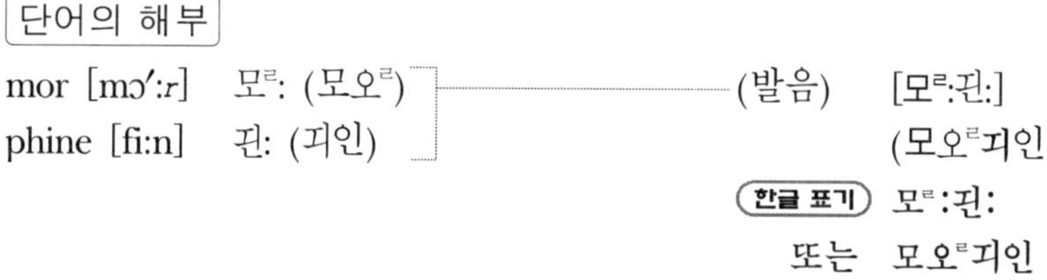

철자 'r'은 결코 어떤 말의 받침이 되지 않는다는 규칙을 어기고 [몰핀]이라고
쓰고 있는데, 이것은 일본식 발음 [모루후인(モルフィン)]을 모방한 것이다. 철자
'r'은 'r 모음화 음색 변화'로 반모음이 되는 경우와, 어떤 모음과 결합하여 [ㄹ]이
라는 자음으로 되는 경우의 두 가지 역할밖에 없으며 자음으로서 다른 말의 받
침이 되는 경우는 결코 없다는 것을 잊지 말아야 한다.

mo*sa*ic [mouzéiik]

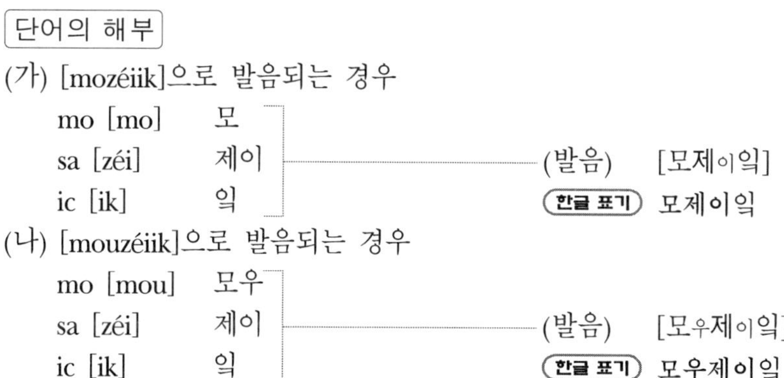

해 설

일본식으로 발음기호를 무시하고 철자를 중심으로 표기하여 본다면 [모자이꾸(モザイク)]인데 이것을 모방한 것이 [모자이크]라는 현재 우리가 쓰고 있는 말이다. 이것을 우리 외래어 표기법으로 표기한다면 [모제이크], 또는 [모우제이크]가 되어 원음에 훨씬 가까운 발음이 되었을 것이다. 여기에서도 문제가 되는 것은 마지막에 [크]로 발음하는 것이다. 마지막에 [크]로 발음하는 것은 일본식 발음이므로 틀린 발음이며 [읶] 하고 [k] 소리를 받침으로 해서 끊어주어야 하는 것이다.

mo*tion [móuʃən]

단어의 해부

(가) [móuʃn]으로 발음되는 경우

mo [móu]	모우	(발음)	[모우슌]
tion [ʃn]	슌	한글 표기	모우슌

(나) [móuʃən]으로 발음되는 경우

mo [móu]	모우	(발음)	[모우숸]
tion [ʃən]	숸	한글 표기	모우숸

해 설

일본 사람들은 철자 'io'를 무조건 [요(ョ)]로 발음하는 습관이 있어서 이 단어에서뿐만 아니라 철자 'io'가 되는 모든 단어를 [요(ョ)]로 발음하는 것이다. 철자 'io'는 대부분의 경우 발음되지 않는 경우가 많으며, 발음되는 경우에도 [요(ョ)]가 아니라 [ə]로 발음되는 것이다.

이 단어의 일본식 발음은 [모-숀(モーション)]이며 우리는 이것을 그대로 모방해서 쓰고 있는데 우리말 사전에는 [모우션]으로 표기되어 있다.

Mo*zam*bique [móuzəmbí:k]

단어의 해부

mo [móu]	모우	(발음)	[모우점빅:]
zam [zəm]	점		(모우점비읶)
bique [bí:k]	빅: (비읶)	한글 표기	모우점빅:
		또는	모우점비읶

[해   설]

　우리 외래어 표기법에 따라 표기하면 다소 미흡한 점이 있지만 [모점비크]로 되었을 것인데, 일본식 발음 [모잔비-구(モザンビーク)]를 모방해 [모잠비크]로 쓰고 있는 것이다. 이 단어도 마지막에 [크]로 발음하는 것은 받침말을 쓰지 못하는 일본 사람들의 습관이므로 흉내내면 안된다.

muf*fler [mʌ'flər]

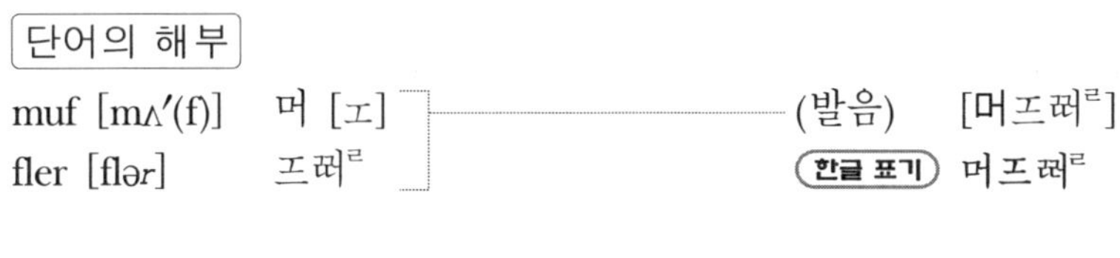

[단어의 해부]

muf [mʌ'(f)]　머 [ㅍ]　┐
fler [flər]　프뤄ʳ　┘

(발음)　[머ㅍ뤄ʳ]

(한글 표기) 머ㅍ뤄ʳ

[해   설]

　우리의 공군 조종사들을 빨간 '마후라'라고 하는데, 이 [마후라]라는 말은 일본식 발음 [마후라-(マフラー)]를 한 자도 바꾸지 않고 따라한 것이다. 차라리 [마플라]라고 하든가, 아니면 우리 외래어 표기법대로 [머플러]라고 썼더라면 그런대로 비슷은 할 터인데도 한 자도 틀리지 않고 그대로 따라해서 영화 제목도 만들고 영화 주제가의 노랫말도 [마후라]로 쓰고 있는 것이다.

mus*tang [mʌ'stæŋ]

[단어의 해부]

mus [mʌ's]　머스　┐
tang [tæŋ]　탱　┘

(발음)　[머스탱]

(한글 표기) 머스탱

[해   설]

　모 TV 방송에서 사회자와 출연자들간에 이야기를 주고받다가 어느 출연자가 [무스탕]이라는 말을 했다. 그 자리에는 우리나라 국민으로 귀화한 미국 사람이 있었는데, [무스탕]이라는 소리를 들은 이 출연자는 재빨리 '[무스탕]이 아니고 [머스탱]입니더'라고 발음을 정확하게 교정을 해주는 모습을 본 적이 있다. 그 사람은 다른 사람이 아닌 영도 하씨의 시조인데, 영도 하씨의 입장이 되어 생각해 본다면 '어째서 한국 사람들은 영어를 옳게 발음할 능력이 있는데도 전부 일본식으로 발음을 하는 것일까?' 하고 의아하게 생각할는지도 모를 일이다.

mys*tery [místəri]

(가) [místri]로 발음되는 경우
    mys [mís]   미스 ┐
    tery [tri]   트리 ┘   (발음)   [미스트리]
                                   (한글 표기) 미스트리

(나) [místəri]로 발음되는 경우
    mys [mís]   미스 ┐
    tery [təri]   터리 ┘   (발음)   [미스터리]
                                   (한글 표기) 미스터리

어째서 일본 사람들을 언어 불구자들이라고 하는가에 대해서 이 단어의 둘째 음절을 가지고 증명해 보겠다.

둘째 음절의 'tery'에서 철자 'e'가 발음되는 경우와 발음되지 않는 경우가 있는데 발음되는 경우든 발음되지 않는 경우든 이에 상응하는 소리와 글자가 없다는 것이다. 즉 발음되지 않는 경우에는 [트리]로 발음하여야 하는데 [도리(トリ)]로 발음을 하는 수밖에 없는 것이고, 발음이 되는 경우에는 [터리]로 발음해야 하는데 [어] 소리를 낼 수 없고, [아]나 [에] 소리 중에서 선택하자면 역시 철자가 'e'로 되어 있으므로 [아]를 택하지 못하고 [에]를 선택해서 [테리]로 발음하는 수밖에는 별다른 도리가 없는 것이다. 일본 사람들은 발음기호는 그다지 중요하게 생각하지 않고 철자 중심으로 발음하기 때문에 철자 'e'가 발음되지 않는 경우인 [미스도리(ミストリ)]라는 발음은 쓰지 않으며, 발음되는 경우로서 [미스테리-(ミステリー)]를 쓰는데 우리는 이와 같은 언어 불구로 인한 불완전한 영어 발음을 모방한 [미스테리]라는 표기로 쓰고 있는 것이다.

Nai*ro*bi [nairóubi]

nai [nai]   나이 ┐
ro [róu]   로우 ┤   (발음)   [나이로우비]
bi [bi]   비 ┘   (한글 표기) 나이로우비

해　　　설

　여기에서는 크게 문제될 것은 없으나, 다만 철자 'o'가 중모음으로 발음되는 것에 주의를 기울여야 한다. 발음기호도 일본 사람들의 생리에 맞는 발음이므로 이 단어에 한해서는 일본 사람들도 [나이로비(ナイロビ)]로 해서 아주 정확하게 발음할 수가 있는 것이다.

nap*kin [næpkin]

단어의 해부

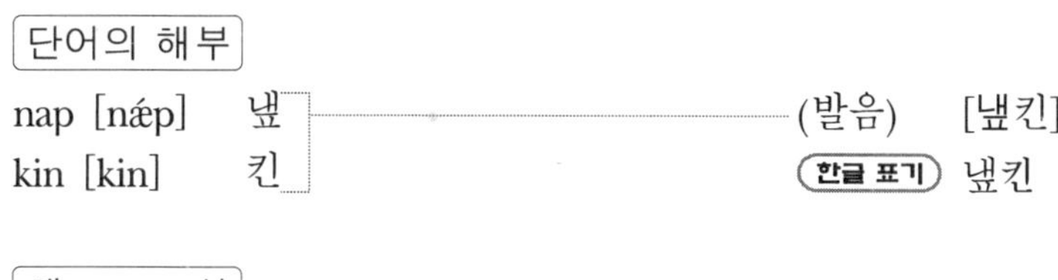

nap [næp]　넾┐
kin [kin]　킨┘　　　　　　　　　　　　　　　　(발음)　[냎킨]
　　　　　　　　　　　　　　　　　　　　　　(한글 표기) 냎킨

해　　　설

　일본식 발음 [나뿌낀(ナプキン)]을 모방하여 [나프킨]이라고 말하기도 하지만 우리말 사전에는 [냅킨]으로 표기하고 있다. 첫 음절의 'nap'은 [내프]가 아니라 [냎]으로, 철자 'p'를 받침으로 하여 끊어서 발음해야 옳으며 [내프]로 발음하는 것은 받침 발음을 구사하지 못하는 일본 사람들이나 하는 발음이므로 피해야 한다. 일본어 사전에 보면 [나후긴(ナプキン)]도 수록되어 있다.

Na*po*le*on [nəpóuliən, nəpóuljən]

단어의 해부

(가) [nəpóuliən]으로 발음되는 경우
　　Na [nə]　　너
　　po [póu]　포우
　　le [li]　　뤼　　　　　　　　　　　(발음)　[너포우뤼언]
　　on [ən]　　언　　　　　　　　　　(한글 표기) 너포우뤼언

(나) [nəpóuljən]으로 발음되는 경우
　　Na [nə]　　너
　　po [póu]　포우
　　le [lj]　　뤼　　　　　　　　　　　(발음)　[너포우뤈]
　　on [ən]　　ᄅᅠ　　　　　　　　　　(한글 표기) 너포우뤈

해　　　　설

　우리 국어사전 (이희승 박사 감수)에는 [나폴레옹]으로 표기되어 있는데 이것도 역시 일본식 발음 [나뽀레온(ナポレオン)]을 모방한 것임에 틀림없다. 이토록 우리나라의 저명한 인사이며 우리 외래어 표기법을 만드는데 일조를 했을 국어학자조차 일본식 발음에 젖어 우리의 외래어 표기법을 무시하고 일본식 발음을 쓰는 것을 묵인한 것에 대해서는 서글픔에 앞서 분노를 느끼게 한다. 솔선수범해서 외래어 한글 표기법이라는 우리 것을 이용해서 쓰도록 권장해야 할 사람들이 일본식 발음으로 된 낱말들을 버젓이 국어사전에 표기한 것을 감수하였다는 것은 도저히 용납될 수 없는 것이다. [감수]라는 말은 '책의 저술이나 편찬을 지도, 또는 감독함'이라고 국어사전에는 해설되어 있는데, 그렇다면 이희승 박사는 과연 [감수]의 책임을 어떻게 질 것인가.

nar*ra*tor, nar*ra*ter [næréitər]

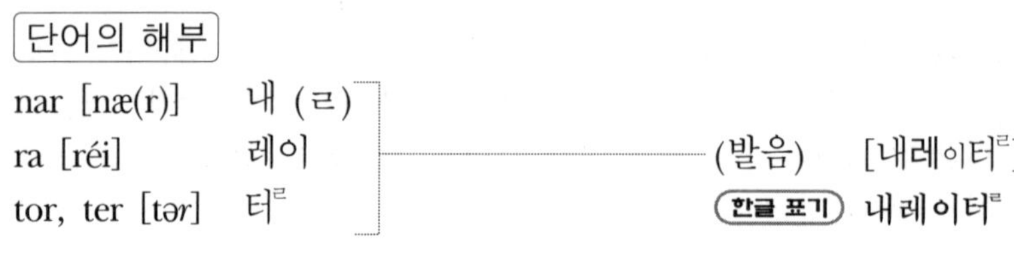

해　　　　설

　일본 사람들은 [애] 소리를 내지 못하며, 또한 [어] 소리도 내지 못하는 언어 불구자들이므로 [애]나 [어]를 모두 [아]로 발음해서 [나레-다-(ナレーター)]라고 발음하는데 우리는 이것이 옳은 줄 알고 [나레이터]라고 해서 쓰고 있는 것이다. 이 단어를 우리 외래어 표기법에 따라 표기해 보면 마지막 음절의 'r 모음화 음색 변화'의 처리가 미숙하게 되었지만 [내레이터]로 되었을 것이다.

Ne*bras*ka [níbræskə]

[해   설]

　일본 사람들이 발음기호를 무시하고 철자 중심으로 [네부라스까(ネブラスカ)]
로 발음하기 때문에 이런 발음이 되었다. 우리도 발음기호를 무시한 일본식 발
음을 모방해서 [네브래스카]로 쓰고 있는데 하루 속히 언어 불구자들의 흉내내
는 습관을 버려야 한다.

ne*on-sign [ní:ɑnsa′in, ní:ɔnsa′in]

[단어의 해부]

(가) [ní:ɑnsa′in]으로 발음되는 경우
```
ne [ní:]      니: (니이)                    (발음)    [니:안싸인]
on [ɑn]       안                                     (니이안싸인)
sign [sa′in]  싸인                          [한글 표기] 니:안싸인
                                                    또는  니이안싸인
```

(나) [ní:ɔnsa′in]으로 발음되는 경우
```
neon [ní:]    니:                          (발음)    [니:온싸인]
on [ɔn]       온                                     (니이온싸인)
sign [sa′in]  싸인                          [한글 표기] 니:안싸인
                                                    또는  니이안싸인
```


[해   설]

　이 단어는 'neon'과 'sign'이라는 두 개의 단어가 결합된 것이다. 여기에서 일
본 사람들은 첫 음절의 'ne'가 [ní:]으로 발음되어야 하는데도 불구하고 [네(ネ)]
로 발음하는 것은 자기네들 습관대로 발음기호를 무시하고 철자 중심으로 발음
한 것이다. 그래서 일본 사람들은 [네온사인(ネオンサイン)]으로 발음하는데 이
것을 따라해서 우리도 [네온사인]으로 쓰고 있는 것이다.

Ne*pal [nipɔ′:l, nipá:l, nipǽl]

[단어의 해부]

(가) [nipɔ′:l]로 발음되는 경우
```
Ne [ni]      니                            (발음)    [니폴:]
pal [pɔ′:l]  폴: (포올)                               (니포올)
```

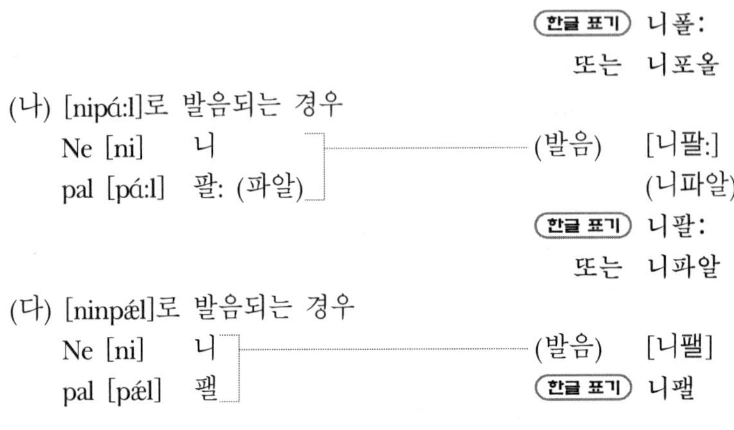

(나) [nipá:l]로 발음되는 경우

| Ne [ni] | 니 | (발음) | [니팔:] |
| pal [pá:l] | 팔: (파알) | | (니파알) |

(한글 표기) 니팔:
또는 니파알

(다) [ninpǽl]로 발음되는 경우

| Ne [ni] | 니 | (발음) | [니팰] |
| pal [pǽl] | 팰 | (한글 표기) | 니팰 |

해 설

네팔이라고 하는 나라 이름인데 바로 앞에서와 마찬가지로 첫 음절의 'ne'에서 모음인 'e'가 [에]가 아니고 [이]로 발음되어야 한다. (가)는 [니폴:], (나)는 [니팔:], (다)는 [니팰]로 아주 완벽하게 표기할 수가 있는 것이다.

Neth*er*lands [néðərləndz]

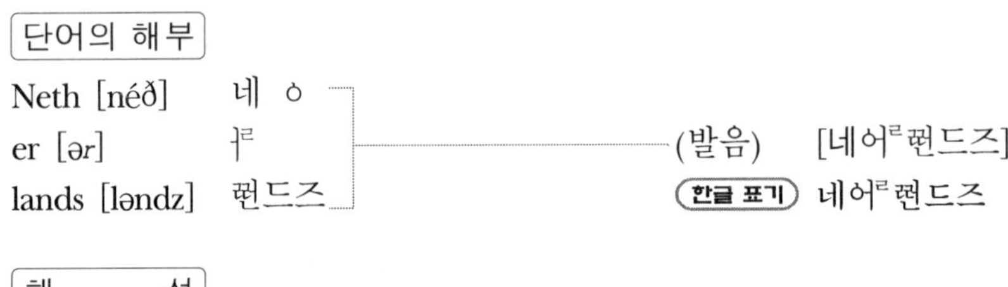

단어의 해부

Neth [néð]	네 ㅇ		
er [ər]	ㅓㄹ	(발음)	[네어ʳ런드즈]
lands [ləndz]	런드즈	(한글 표기)	네어ʳ런드즈

해 설

우리 영한사전에는 [네덜란드]로 표기되어 있는데, [네-데루란도(ネーテルランド)]가 일본식 발음이다. 분명히 마지막 음절에서 철자 'ds'가 [dz]로 발음되어야 하므로 [드즈]로 발음하는 것이 옳다고 본다.

net*work [nétwə:rk]

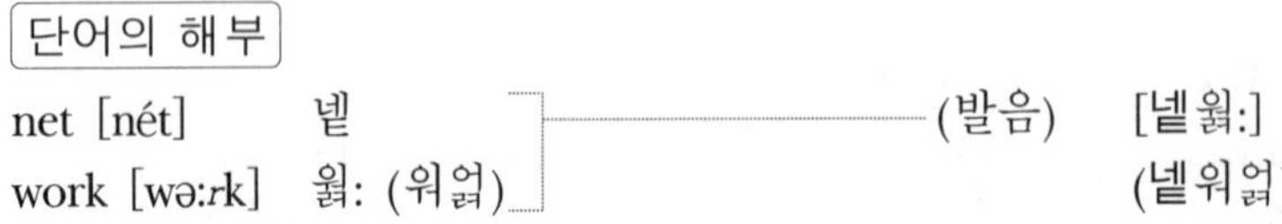

단어의 해부

| net [nét] | 넽 | (발음) | [넽웕:] |
| work [wə:rk] | 웕: (워얽) | | (넽워얽) |

(한글 표기) 넽웕:
또는 넽워억

[해   설]

　방송인들이 흔히 [네트워크]라고들 하는데 이것은 [넷도와-구(ネットワーク)]라는 일본식 발음을 모방한 말이다. 이 단어의 발음에서 주의해야 할 점은 [트]니 [크]니 하고 또박또박 발음하는 것은 받침 발음에 부자연스러운 일본 사람들이나 내는 소리이므로 굳이 [트]니 [크]니 하는 소리를 내지 말고 철자 't'나 'k'를 받침으로 써서 [넽]이니 [웕]으로 끊어주는 것이 옳은 발음이다.

Ne*va*da [nivǽdə, nivɑ:də]

[단어의 해부]

(가) [nivǽdə]로 발음되는 경우

Ne [ni]　니
va [vǽ]　배　　　　　　　　　　　　(발음)　　[니배더]
da [də]　더　　　　　　　　　　　　(한글 표기) 니배더

(나) [nivɑ:də]로 발음되는 경우

Ne [ni]　니
va [vɑ:]　마: (마아)　　　　　　　　(발음)　　[니바:더]
da [də]　더　　　　　　　　　　　　　　　　(니바아더)
　　　　　　　　　　　　　　　　　　　(한글 표기) 니바:더
　　　　　　　　　　　　　　　　　　　또는 니바아더

[해   설]

　이번에도 'Ne'가 [ne]가 아니라 [ni]로 발음되어야 하는데, 철자 'ne'는 받침을 가질 때는 [ne]로 발음되고, 받침을 가지지 않을 경우에는 [ni]로 발음된다는 것에 주의해야 한다. 일본 사람들이 [네바다(ネバタ)]라고 하니까 우리도 [네바다]라고 하여 글자 한 자 틀리지 않는 기가 막힌 모방어가 탄생한 것이다. 일본어 사전에 보면 'v'의 발음을 가름하는 [ヴ]자를 써서 [네바다(ネヴタ)]라고 한 것도 있다.

news [nju:z]

> 단어의 해부

(가) [nju:z]로 발음되는 경우

    news [nju:z] 뉴:즈 (뉴우즈) ──────── (발음) [뉴:즈]
                                             (뉴우즈)

                                         (한글 표기) 뉴:즈
                                                또는 뉴우즈

(나) [nu:z]로 발음되는 경우

    news [nu:z] 누:즈 (누우즈) ──────── (발음) [누:즈]
                                             (누우즈)

                                         (한글 표기) 누:즈
                                                또는 누우즈

> 해   설

일본식 발음이 [뉴-스(ニュ-ス)]이지 영어 발음으로는 결코 [뉴스]가 아닌데도 우리는 [뉴스]라고 쓰고 있다. 마지막 철자 's'가 [s]로 발음되는 것이 아니고 탁음인 [z]로 발음되어야 하는데도 불구하고 [s]로 해서 [스]로 발음하는 것은 발음기호는 무시하고 철자 's'를 그대로 발음하는 일본 사람들의 억지인 것이다. 일본 사람들이 철자보다 발음기호를 중요하게 생각했다면 [뉴즈(ニュズ)]로 발음했을 것이다.

New*ton [nju:tn]

> 단어의 해부

(가) [nju:tn]으로 발음되는 경우

    New [nju:] 뉴: (뉴우) ┐
                       ├──── (발음) [뉴:튼]
    ton [tn]   튼 ┘   (뉴우튼)

                                         (한글 표기) 뉴:튼
                                                또는 뉴우튼

(나) [nu:tn]으로 발음되는 경우

    New [nu:] 누: (누우) ┐
                      ├──── (발음) [누:튼]
    ton [tn]   튼 ┘   (누우튼)

(한글 표기) 누:튼
또는   누우튼

해   설

일본 사람들은 [뉴-돈(ニュートン)]이라고 하고 있는데, 우리말 사전에는 [뉴턴]으로 표기되어 있다. [뉴톤]으로 쓰는 경우에는 일본식 발음을 모방한 것임이 틀림없는데 [뉴턴]이라는 표기는 발음기호를 따른 것도 아니고 어떤 근거에서 나온 말인지 이해할 수가 없다. 만일 이 단어의 발음기호에 따라 우리 외래어 표기법으로 표기한다면, (가)는 [뉴:튼]으로, (나)는 [누:튼]으로 표기되었어야 하는 것이다.

New*York [njuːjɔːɾk]

단어의 해부

(가) [njuːjɔːɾk]으로 발음되는 경우

| New [njuː] | 뉴: (뉴우) | (발음) | [뉴:욹:] |
| York [jɔːɾk] | 욹: (요욹) | | (뉴우요욹) |

(한글 표기) 뉴:욹:
또는   뉴우요욹

(나) [nuːjɔːɾk]으로 발음되는 경우

| New [nuː] | 누: (누우) | (발음) | [누:욹:] |
| York [jɔːɾk] | 욹: (요욹) | | (누우요욹) |

(한글 표기) 누:욹:
또는   누우요욹

해   설

현재 쓰고 있는 [뉴욕]이라는 표기가 'r 모음화 음색 변화'의 규칙이 개발되기 이전까지는 표기법으로는 큰 잘못이 없었으나 이것이 개발된 지금에 와서는 'r 모음화 음색 변화'를 쓰는 것이 올바른 발음을 하기 위해서는 훨씬 원래의 발음에 접근할 수 있으므로 주의를 기울여야 한다. 일본 사람들은 [뉴-요-구(ニュ-ク-ク)]라고 하는데 제법 'r 모음화 음색 변화'를 살려보려고 애쓴 흔적이 엿보인다.

New*Zea*land [nju:zí:lənd]

단어의 해부

(가) [nju:zí:lənd]로 발음되는 경우

New [nju:]   뉴: (뉴우) ┐
Zea [zí:]   찌: (찌이) ├─ (발음)   [뉴:찌:런드]
land [lənd]   런드   ┘   (뉴우찌이런드)

한글 표기 뉴:찌:런드
          또는 뉴우찌이런드

(나) [nu:zí:lənd]로 발음되는 경우

New [nu:]   누: (누우) ┐
Zea [zí:]   찌: (찌이) ├─ (발음)   [누:찌:런드]
land [lənd] 런드   ┘   (누우찌이런드)

한글 표기 누:찌:런드
          또는 누우찌이런드

해 설

우리가 지금 쓰고 있는 표기법은 [뉴질랜드]인데, 언뜻 봐서는 일본식 발음인 [뉴-지-란도(ニュージーランド)]와는 차이가 있어서 모방한 것이 아닌 것 같이 생각되는 듯하지만, 사실은 발음기호를 무시한 흔적이 뚜렷하므로 일본식 발음을 모방하지 않았다고 단정하기는 어려운 면이 있다. 만약, 발음기호를 무시하지 않았다면 [뉴질런드]로 되어야 마땅한데 발음기호를 무시했기 때문에 [뉴질랜드]가 된 것이다.

Ni*ag*a*ra [naiǽgərə]

단어의 해부

(가) [naiǽgərə]로 발음되는 경우

Ni [nai]   나이   ┐
ag [ǽg]   애 ㄱ ├─ (발음)   [나이애거러]
a [ə]   ㅓ   │   한글 표기 나이애거러
ra [rə]   러   ┘

(나) [naiǽgrə]로 발음되는 경우

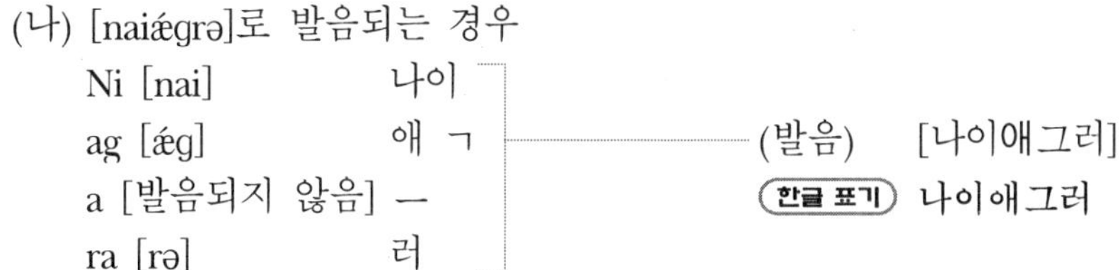

Ni [nai]	나이	
ag [ǽg]	애 ㄱ	(발음)　[나이애그러]
a [발음되지 않음]	─	(한글 표기)　나이애그러
ra [rə]	러	

해　　　설

　필자가 캔어더(Canada)에서 살고 있을 때 한국에서 손님이 오면 반드시 관광을 시키는 곳이 'Niagara' 폭포이다. 우리는 이 단어를 [나이아가라]라고 하는데 이것이 [나이아가라(ナイアガラ)]라는 일본식 발음을 고스란히 모방한 발음이라는 것을 뒤늦게 알게 되었다. 캔어더는 수많은 인종의 이민자들로 구성된 나라이며, 영국 연방에 속한 나라이므로 영어도 정통 영어를 쓰는데, 이 단어의 발음을 유심히 들어보니 우리처럼 [나이아가라]라고 하는 사람들은 한 사람도 없었다. [나이아가라]라고 발음하는 사람들은 우리 한국 사람과 일본 사람들뿐이라는 사실을 알게 되었다.

Nic*a*ra*gua [níkərá:gwə]

단어의 해부

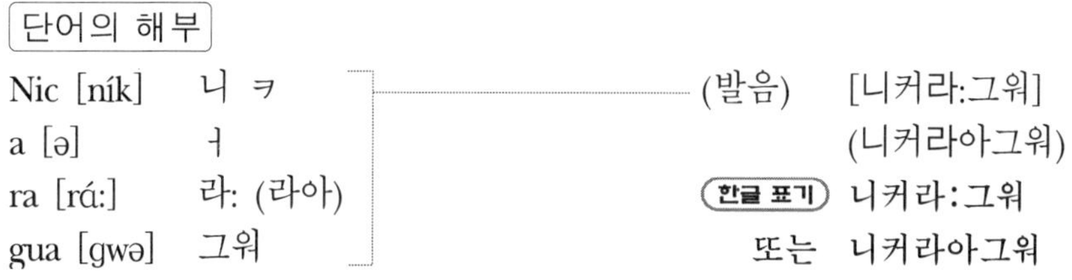

Nic [ník]	니 ㅋ	(발음)　[니커라:그워]
a [ə]	ㅓ	(니커라아그워)
ra [rá:]	라: (라아)	(한글 표기)　니커라:그워
gua [gwə]	그워	또는　니커라아그워

해　　　설

　우리 사전에는 [니카라과]로 표기되어 있는데 [니까라구아(ニカラグア)]라는 일본식 발음의 모방인 것이다. 발음기호에 충실하고 우리 외래어 표기법을 준수하였더라면 이것의 정확한 표기는 [니커라궈]로 되었을 것이다.

nick*el [níkəl]

단어의 해부

(가) [níkəl]로 발음되는 경우

| nick [ní(k)] | 닉 | | (발음) | [닉컬] |
| el [kəl] | 컬 | | 한글 표기 | 닉컬 |

(나) [níkl]로 발음되는 경우

| nick [ní(k)] | 닉 | | (발음) | [닉클] |
| el [kl] | 클 | | 한글 표기 | 닉클 |

해   설

우리가 [닉켈]이라고 하는 표기는 일본식 발음 [닛게루(ニッケル)]라는 말을 모방한 것이다. 철자 'e'가 발음되는 경우와 발음되지 않는 경우가 있는데, 발음되는 경우에도 [ə]인 [어]로 발음되므로 [닉컬]이 되어야 하며, 더구나 발음되지 않는 경우에는 그냥 [클]로 발음되므로 [닉클]로 되어야 한다. 따라서 [닉켈]이라고 해서 철자 'e'를 [에]로 발음하는 것은 발음기호를 무시하고 철자 중심으로 발음하는 결과가 되는 것이므로 잘못된 발음이다.

Ni*ge*ria [naiʤíəriə]

단어의 해부

(가) [naiʤíəriə]로 발음되는 경우

Ni [nai]	나이			
ge [ʤíə]	쮀어		(발음)	[나이쮀어리어]
ria [riə]	리어		한글 표기	나이쮀어리어

(나) [naiʤíriə]로 발음되는 경우

Ni [nai]	나이			
ge [ʤí]	쮀		(발음)	[나이쮀리어]
ria [riə]	리어		한글 표기	나이쮀리어

해   설

우리 표기법으로는 [나이지리아]로 사전에 표기되어 있는데 이것은 일본식 발음 [나이제리아(ナイジェリア)]를 모방한 것이다. 이왕이면 [나이지리어]로

했더라면 모방했다는 비판은 모면했을 것인데 마지막의 [아]라는 소리는 아무래도 일본 냄새가 난다.

night*club [naitklʌ′b]

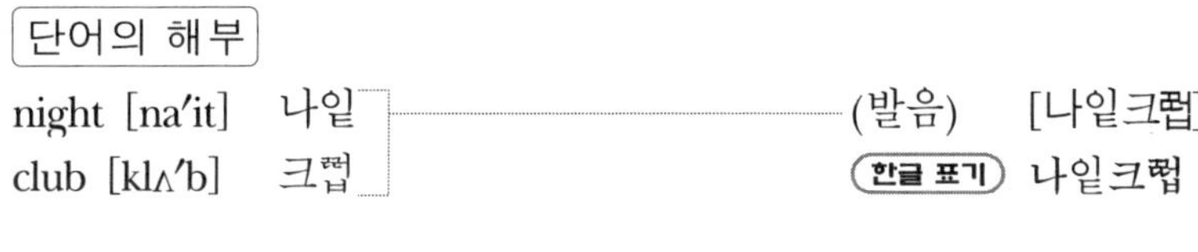

단어의 해부			
night [na′it]	나잍	(발음)	[나잍크럽]
club [klʌ′b]	크럽	(한글 표기)	나잍크럽

해   설

이 단어는 'night'이라는 단어와 'club'이라는 두 개의 단어가 복합된 것이다. 첫 음절에서 [나이트]라고 해서 [트] 소리를 내는 것은 일본 사람들이 받침말을 잘 구사하지 못하기 때문에 [나이도(ナイト)]하고 발음하는 것을 [트] 하고 따라하는 습관이 있는데 이것은 잘못된 것이다. 일본식 발음은 [나이도구라부(ナイトクテブ)]이다.

non*sense [nánsens, nɔ′nsəns, nɔ′nsens]

단어의 해부

(가) [nánsens]로 발음되는 경우

non [nán]	난	(발음)	[난센스]
sense [sens]	넨스	(한글 표기)	난센스

(나) [nɔ′nsəns]로 발음되는 경우

non [nɔ′n]	논	(발음)	[논선스]
sense [səns]	선스	(한글 표기)	논선스

(다) [nɔ′nsns]로 발음되는 경우

non [nɔ′n]	논	(발음)	[논슨스]
sense [sns]	슨스	(한글 표기)	논슨스

(라) [nɔ′nsens]로 발음되는 경우

non [nɔ′n]	논	(발음)	[논센스]
sense [sens]	센스	(한글 표기)	논센스

어디에서 근거한 것인지는 모르겠으나 우리는 [넌센스]라고 표기하고 있는데 일본식 발음인 [난센스(ナンセンス)]를 모방한 것이다. 일본 사람들이 첫 음절 의 'non'을 [난]으로 발음하니까 [넌]으로 바꾼 것으로 여겨진다. 일본어 사전에 는 [논센스(ノンセンス)]라고도 표기되어 있다.

Nor*way [nɔ'ːrwei]

Nor [nɔ'ːr]　노ᴿ　　　　　　　　　　　　　　(발음)　　　[노ᴿ웨이]
way [wei]　웨이　　　　　　　　　　　　　한글 표기　노ᴿ웨이

비영어권에서는 철자 'r'의 'r 모음화 음색 변화'가 없어서 자음으로 발음하여 첫 음절의 'Nor'를 발음할 때 [노르]로 발음하는 나라도 있겠으나, 영어에서는 이 철자 'r'의 발음을 자음으로 발음하는 경우와 반모음으로 발음하는 경우가 있기 때문에 영어 발음이 어렵다는 말을 하게 되는 것이다. 여기에서도 일본 사람들 이 [노루웨-(ノルウェ-)]로 발음하니까 우리도 이것을 모방해서 [노르웨이]로 하여 이 철자 'r'을 자음으로 생각해서 [르]로 발음하는 것이다. 여기에서의 'r'은 자음이 아니고 반모음이기 때문에 결코 소리를 내서는 안되는 것이다.

No*tre-Dame [nóutrə-dáːm, nóutrə-déim]

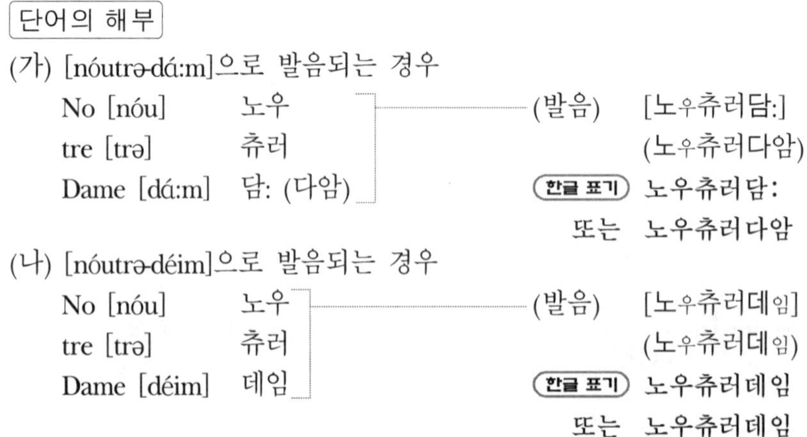

(가) [nóutrə-dáːm]으로 발음되는 경우
　　　No [nóu]　　　노우　　　　　　　　　(발음)　　[노우츄러담ː]
　　　tre [trə]　　　츄러　　　　　　　　　　　　　　(노우츄러다암)
　　　Dame [dáːm]　담ː (다암)　　　　　한글 표기　노우츄러담ː
　　　　　　　　　　　　　　　　　　　　　　또는　노우츄러다암

(나) [nóutrə-déim]으로 발음되는 경우
　　　No [nóu]　　　노우　　　　　　　　　(발음)　　[노우츄러데임]
　　　tre [trə]　　　츄러　　　　　　　　　　　　　　(노우츄러데임)
　　　Dame [déim]　데임　　　　　　　　한글 표기　노우츄러데임
　　　　　　　　　　　　　　　　　　　　　　또는　노우츄러데임

해   설

둘째 음절이 'ter'이 아니고 'tre'이고, 더군다나 이것의 발음기호가 [trə]인데도 [테르]로 발음하는 것은 일본식이다.

nu*ance [nju:a:ns]

단어의 해부

(가) [njú:a:ns]로 발음되는 경우
    nu [njú:]   뉴: (뉴우)   ─── (발음)   [뉴:안:스]
    ance [a:ns]   안:스 (아안스)   (뉴우아안스)

(한글 표기) 뉴:안:스
        또는 뉴우아안스

(나) [nú:a:ns]로 발음되는 경우
    nu [nú:]   누: (누우)   ─── (발음)   [누:안:스]
    ance [a:ns]   안:스 (아안스)   (누우아안스)

(한글 표기) 누:안:스
        또는 누우아안스

해   설

우리 사전에는 [뉘앙스]로 표기되어 있는데 [뉴안스(ニュアンス)]라는 일본식 발음과는 달리 표기되어 있다. 그러나 이 표기만은 일본식 발음이 원음에 가깝다.

ny*lon [na′ilɑn, na′ilɔn]

단어의 해부

(가) [na′ilɑn]으로 발음되는 경우
    ny [na′i]   나이   ─── (발음)   [나이롼]
    lon [lɑn]   롼   (한글 표기) 나이롼

(나) [na′ilɔn]으로 발음되는 경우
    ny [na′i]   나이   ─── (발음)   [나이론]
    lon [lɔn]   론   (한글 표기) 나이론

우리는 이 단어를 [나일론]으로 표기하며, 일본식 발음은 [나이론(ナイロン)]
이다. 첫 음절이 [nai]로 발음되어야 하기 때문에 [나일]이라는 발음은 어감에
있어서 잘못된 발음이고 [나이]로 발음해야 한다. [나일]과 [나이]는 발음상으
로는 분명한 차이가 있는 것이므로 [나일론]으로 발음하는 것은 잘못된 발음이
다.

Oak*land [óuklənd]

'land'는 단독으로 쓰일 때는 그 발음기호가 [lænd]로 'a'가 [æ]로 발음되지만,
앞에 다른 말과 연결되어 쓰일 때에는 [ə]로 발음된다는 것은 여러 번 설명했다.
그리고 첫 음절에서 [óuk]는 [오우크]로 발음하는 것이 아니라 [오욱]하고 'k'를
받침으로 발음하여야 하며, [크] 소리는 가볍게 튀어나오는 정도로 발음해야 하
는 것이다.

oa*sis [ouéisis]

첫 음절의 'oa'는 전부 철자대로 발음된다. 즉 철자 'o'는 [ou]로 발음되고, 'a'는
[éi]로 발음되어서 [오우에이]로 발음되어야 하는 것을 일본 사람들은 발음기호를
무시해가면서 [오아시스(オアシス)]로 발음하는 것이다. 이것을 모방해서 우리도
똑같이 [오아시스]라고 해서 쓰고 있는 것이다. 만일 일본 사람들이 발음기호를
중요하게 여긴다면 충분히 이 발음에 충실하여 [오우에이시스(オゥエィシス)]로
정확한 발음을 할 수 있는데도 불구하고 굳이 [오아시스(オアシス)]로 쓰는 이유

는 그들에게는 발음기호가 그다지 중요하지 않기 때문일까?

oat*meal [óutmí:l]

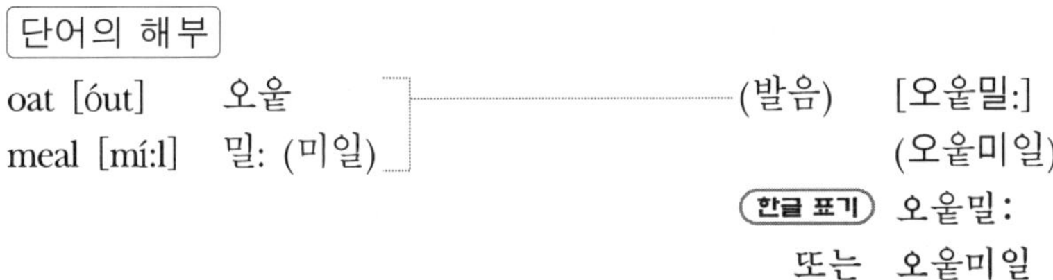

우리 사전에는 [오트밀]로 표기되어 있는데 첫 음절의 'oat'에서 't'는 [트]로
발음하지 않고 받침으로 써서 [오울]하면서 다음의 [밀]로 연결하여 발음하는
것인데, 이때 가볍게 [트] 소리가 나올 수는 있지만 일부러 [트] 하고 발음하는
것은 잘못이다.

ob*serv*er [əbzə':rvər]

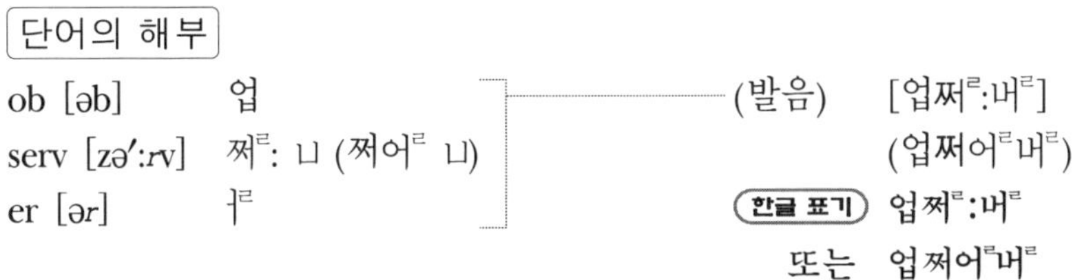

우리 외래어 표기법에 따라 표기한다면 [업저버]가 되었을 것인데 우리 것을
무시하고 일본 사람들이 [오부자ー바ー(オブザーバー)]라고 하니까 이것을 모방
해서 [옵서버] 또는 [옵서바]라고 쓰는 것이다. 흔히 첫 음절이 'ob'이므로 [옵]
으로 착각하기 쉬운데 [옵]으로 생각하는 것은 발음기호를 무시한 것이므로 잘
못된 것이다. 둘째 음절의 'serv'에서도 's'가 [z]로 발음된다는 사실을 무시하게
되어 [ㅅ]으로 발음하는 잘못을 저지르고 있는 것이다.

oc*tane [áktein, ɔ́ktein]

단어의 해부

(가) [áktein]으로 발음되는 경우

    oc [ák]   악   (발음)   [악테인]

    tane [tein]   테인   한글 표기 악테인

(나) [ɔ́ktein]으로 발음되는 경우

    oc [ɔ́k]   옥   (발음)   [옥테인]

    tane [tein]   테인   한글 표기 옥테인

해 설

　우리가 쓰고 있는 표기는 [옥탄]인데 이것은 [오구단(オクタン)]이라는 일본식 발음을 모방한 것이다. 만일 일본 사람들이 철자보다는 발음기호를 중요하게 생각해서 발음한다면 [오구데인(オクテイン)]으로 해서 어느 정도 발음에 접근하는 방법도 있지만 그들은 발음기호를 중요하게 여기지 않기 때문에 실로 엉뚱하게 발음하는 것이다.

off*side [ə:fsáid, ɑfsáid, ɔfsáid]

단어의 해부

(가) [ə:fsáid]로 발음되는 경우

    off [ə:f]   어:프 (어어프)   (발음)   [어:프싸이드]

    side [sáid] 싸이드   (어어프싸이드)

           한글 표기 어:프싸이드

           또는 어어프싸이드

(나) [ɑfsáid]로 발음되는 경우

    off [ɑf]   아프   (발음)   [아프싸이드]

    side [sáid] 싸이드   한글 표기 아프싸이드

(다) [ɔfsáid]로 발음되는 경우

    off [ɔf]   오프   (발음)   [오프싸이드]

    side [sáid] 싸이드   한글 표기 오프싸이드

해 설

　TV에서 한일 축구 중계하는 것을 보고 있었는데 한 선수가 'goal' 문을 향해

멋지게 공을 찼다. 이때 언나운서ᄅ(announcer)가 '슛! 꼬-올-!' 하고 외치다가 '아! 이게 웬일입니까? 주심이 [업싸이드]를 선언하는군요'라고 하였다. 차라리 [어 프싸이드]라고 하였던들 그 언나운서ᄅ(announcer)가 덜 가엾게 보였을 터인데 [업싸이드]라고 하니까 왜 그런지 불쌍해 보이더라구요!

[업싸이드]라면 'upside'라는 말인데 'off'와 'up'은 분명하게 구별되어야 한다. 이런 각종 경기 용어를 우리말로 바꾸어 쓸 수는 없는 것일까? 북한에서는 코ᄅ: 너ᄅ-킥(corner-kick)을 [구석 차기]라는 우리말로 바꾸어서 쓰고 있는데 아주 좋은 현상이라고 본다. 이처럼 우리도 외래어로 되어 있는 경기 용어들을 우리말로 바꿔 써서 우리말을 사랑하는 정신을 기르는 것이 마땅하다고 생각한다.

Okla*ho*ma [óukləhóumə]

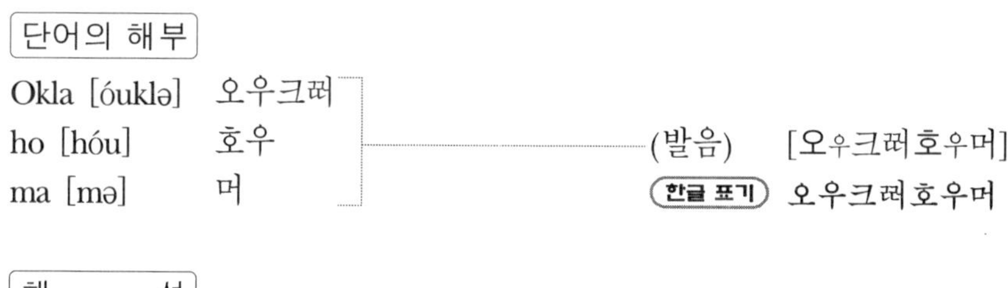

우리 사전에는 [오클라호마]로 표기되어 있는데 [오구라호마(オクラホマ)]라 는 일본식 발음을 모방한 것이다. 첫 음절에서 철자 'a'는 [ɑ]로 발음되는 것이 아니고 [ə]로 발음되어야 하는데 [아]로 발음하는 것은 발음기호를 무시한 일본 식 발음이다.

Olym*pic [əlímpik, oulímpik]

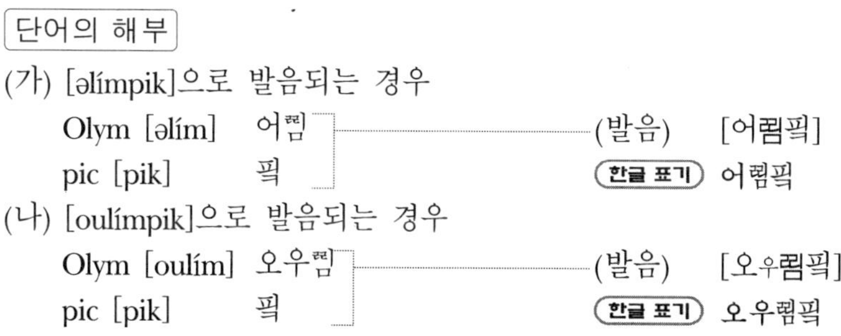

우리가 현재 쓰고 있는 [올림픽]이라는 표기도 틀리는 것은 아니지만 엄격한 의미에서 본다면 첫 음절이 [올림]이 아니라 [오우렘]으로 철자 'O'가 중모음인 [ou]로 발음되어야 하는 것은 물론이거니와 [올]이 아니고 [오우]로 발음해야 하는 것이다. [올]이라고 하는 것은 된소리를 내기 위한 방편인 것이다. [올림]이라고 발음하는 것과 [오우렘]이라고 발음하는 것은 어감이 전혀 다른 것이다.

om*e*lete [áməlit, ɔ'məlit]

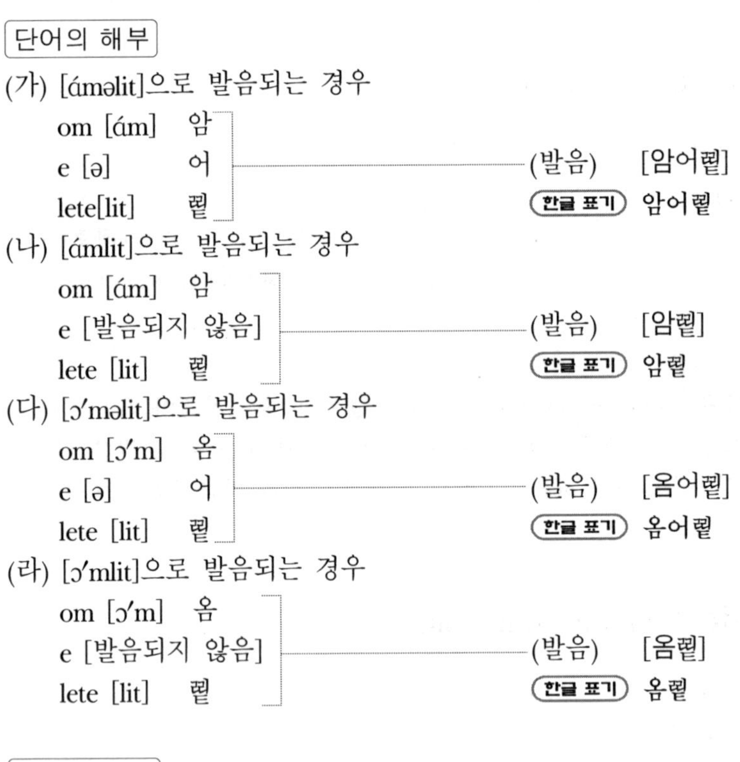

이 단어의 일본식 발음은 [오무레쯔(オムレツ)]이고, 우리는 [오믈렛]으로 쓰고 있다. 이것을 발음기호에 따라 우리 외래어 표기법으로 한다면, (가)는 [아멀릿]이고, (나)는 [아믈릿]이며, (다)는 [오멀릿]이고, (라)는 [오믈릿]으로 되었을 것이다.

on*ion [ʌ′njən]

단어의 해부

on [ʌ′n]	언	(발음)　[언연]
ion [jən]	연	한글 표기　언연

해　　설

양파라는 뜻의 이 단어 역시 일본식 발음 [오니온(オニオン)]을 그대로 모방해서 쓰고 있다. 발음기호를 무시하고 오로지 철자 중심으로 발음하기 때문에 이처럼 엉뚱한 발음이 되는 것이다. 첫 음절이 'on'이지만 [온]이 아니고 [언]으로 발음되어야 하며, 마지막 음절의 'ion'도 [이온]이 아니고 [연]으로 발음되어야 하는 것이다.

On*tar*io [ɑntɛ′əriou]

단어의 해부

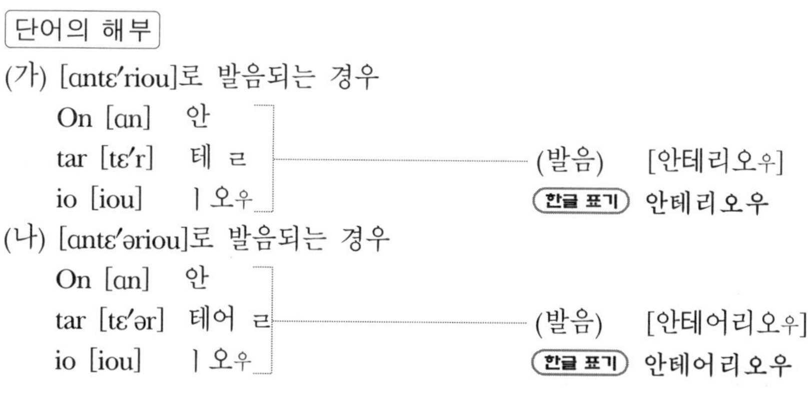

(가) [ɑntɛ′riou]로 발음되는 경우

On [ɑn]	안	
tar [tɛ′r]	테 ㄹ	(발음)　[안테리오우]
io [iou]	ㅣ오우	한글 표기　안테리오우

(나) [ɑntɛ′əriou]로 발음되는 경우

On [ɑn]	안	
tar [tɛ′ər]	테어 ㄹ	(발음)　[안테어리오우]
io [iou]	ㅣ오우	한글 표기　안테어리오우

해　　설

우리는 일본식 발음인 [온따리오(オンタリオ)]를 모방해서 [온타리오]라고 쓰고 있다. 이 단어를 발음기호에 따라 우리 외래어 표기법으로 표기해 보면, (가)는 [안테리오]이고, (나)는 [안테어리오]로 표기될 것이다. 비록 중모음 처리를 하지 않았더라도 거의 원래의 발음에 근접한 표기가 되었을 것이다.

244

op*era [ápərə, ɔ´pərə]

(가) [áprə]로 발음되는 경우

op [áp]　아 ㅍ ┐
era [ərə]　ㅓ 러 ┘　　　　　　　　(발음)　　[아퍼러]
　　　　　　　　　　　　　　　　　　한글 표기　아퍼러

(나) [áprə]로 발음되는 경우

op [áp]　아프 ┐
era [rə]　러 ┘　　　　　　　　　　(발음)　　[아프러]
　　　　　　　　　　　　　　　　　　한글 표기　아프러

(다) [ɔ´pərə]로 발음되는 경우

op [ɔ´p]　옾 ┐
era [ərə]　어러 ┘　　　　　　　　　(발음)　　[옾어러]
　　　　　　　　　　　　　　　　　　한글 표기　옾어러

(라) [ɔ´prə]로 발음되는 경우

op [ɔ´p]　옾으 ┐
era [rə]　러 ┘　　　　　　　　　　(발음)　　[옾으러]
　　　　　　　　　　　　　　　　　　한글 표기　옾으러

일본식 발음 [오뻬라(オペラ)]를 모방해서 [오페라]로 쓰고 있는 이 단어는 비록 첫 음절의 'op'에서 'o'가 [오]로 발음되는 경우도 있긴 하지만, 둘째 음절의 철자 'e'는 [에]가 아니고 [어]로 발음되어야 하는 것이다. 그리고 마지막 철자 'a'도 [아]가 아니고 [어]로 발음되어야 하는데 [아]로 발음하는 것은 잘못된 발음이다. 원래의 발음과는 너무나 큰 차이가 있는 것이다.

op*tion [ápʃən, ɔ´pʃən]

(가) [ápʃən]으로 발음되는 경우

op [áp]　앞 ┐
tion [ʃən]　쉰 ┘　　　　　　　　　(발음)　　[앞쉰]
　　　　　　　　　　　　　　　　　　한글 표기　앞쉰

(나) [ápʃn]으로 발음되는 경우

op [áp]　앞 ┐
tion [ʃn]　슌 ┘　　　　　　　　　(발음)　　[앞슌]
　　　　　　　　　　　　　　　　　　한글 표기　앞슌

(다) [ɔ′pʃən]으로 발음되는 경우

op [ɔ′p]	옾	(발음)　[옵쉰]
tion [ʃən]	쉰	한글 표기 옵쉰

(라) [ɔ′pʃn]으로 발음되는 경우

op [ɔ′p]	옾	(발음)　[옵슌]
tion [ʃn]	슌	한글 표기 옵슌

<u>해　　설</u>

일본 사람들은 'tion'을 [숀(ション)]으로 발음하기 때문에 이 단어는 자동적으로 [오뿌숀(オプション)]으로 발음하는데 우리는 이것을 그대로 모방해서 [옵숀]이라고 한다. 첫 음절이 [앞]으로 발음되는 경우와 [옾]으로 발음되는 경우가 있어서 어느 것이든 상관없으나 다만 마지막 음절의 'tion'은 [ʃən]으로 발음되는 경우와 [ʃn]으로 발음되는 경우가 있어서, [ʃən]으로 발음되는 경우에는 [슈언]으로 발음해서, 이것을 줄이면 [쉰]이라는 소리가 나오는 것이고, [ʃn]으로 발음되는 경우에는 그냥 [슌]이라는 소리가 나와야 하는 것이다.

or*ange [ɔ′:rindʒ, árindʒ, ɔ′rindʒ]

<u>단어의 해부</u>

(가) [ɔ′:rindʒ]로 발음되는 경우

or [ɔ′:r]	오ː ㄹ (오오 ㄹ)	(발음)　[오ː린쥐]
ange [indʒ]	ㄴ쥐	（오오린쥐）
		한글 표기 오ː린쥐
		또는　오오린쥐

(나) [árindʒ]로 발음되는 경우

or [ár]	아 ㄹ	(발음)　[아린쥐]
ange [indʒ]	ㄴ쥐	한글 표기 아린쥐

(다) [ɔ′rindʒ]로 발음되는 경우

or [ɔ′r]	오 ㄹ	(발음)　[오린쥐]
ange [indʒ]	ㄴ쥐	한글 표기 오린쥐

<u>해　　설</u>

우리나라 사람들에게 [오린쥐]라고 한다면 잘 알아듣지 못하고 [오렌지]라고

하면 금방 알아들을 것이다. 더구나 [아린쥐]라고 한다면 더더욱 이 말을 알아
듣지 못할 것이다. 이것은 [오렌지(オレンジ)]라는 일본식 발음에 익숙해 있기
때문이다.

or*ches*tra [ɔ'ːrkistrə]

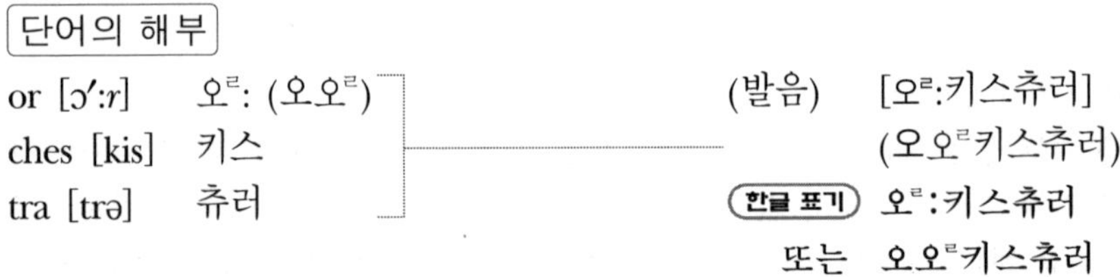

해   설

　우리 사전에는 [오케스트라]로 표기되어 있고, 또한 [오케스트라]라고 해야
알아듣고 [오오키스츄러]라고 발음하면 잘 알아듣지 못할 것이다. 일본 사람들
도 발음기호에 따라서 [오-기스도라(オーキストラ)]라고 발음할 수 있는데도
굳이 [오-게스도라(オーケストラ)]라고 하는 것은 그들에게는 역시 발음기호는
그다지 중요하지 않다는 것을 보여주는 것이라고 생각한다.

or*gan [ɔ'ːrgən]

단어의 해부

or [ɔ'ːr]   오ㄹ: (오오ㄹ)
gan [gən]   건
(발음)   [오ㄹ:건]
         (오오ㄹ건)
한글 표기   오ㄹ:건
         또는 오오ㄹ건

해   설

　지금은 웬만한 초등학교에는 오ㄹ:건(organ) 대신에 피애노우(piano)가 놓여 있
지만, 우리가 어렵게 살던 시절에는 오ㄹ:건(organ) 소리에 맞춰 노래를 배우던
때가 있었다. 우리말로는 풍금이라고 하는 이 단어를 [오르간]이라고 하였는데,
이것은 일본식 발음인 [오루간(オルガン)]을 그대로 모방한 말이다. 여기에서 문
제가 되는 것은 [르]라는 소리인데 여기의 철자 'r'은 자음으로서 발음되는 것이

아니고 'r 모음화 음색 변화'이므로 반모음으로 발음되어야 하는 것이다. 따라서 [르] 소리가 나오도록 발음하는 것이 아니고 [ㄹ]의 여운을 남기면서 발음해야 하는 것이다.

or*gasm [ɔ'ːrgæzəm]

단어의 해부

(가) [ɔ'ːrgæzəm]으로 발음되는 경우
| or [ɔ'ːr] | 오ᵣ: (오오ᵣ) | (발음) | [오ᵣ:개점] |
| gasm [gæzəm] | 개점 | | (오오ᵣ개점) |

한글 표기 오ᵣ:개점
또는 오오ᵣ개점

(나) [ɔ'ːrgæzm]으로 발음되는 경우
| or [ɔ'ːr] | 오ᵣ: (오오ᵣ) | (발음) | [오ᵣ:개즘] |
| gasm [gæzm] | 개즘 | | (오오ᵣ개즘) |

한글 표기 오ᵣ:개즘
또는 오오ᵣ개즘

해   설

이 단어 역시 'r 모음화 음색 변화'를 무시하고 [오르가슴]이라고 해서 쓰거나, [올개즘]이라고 쓰는 경우도 있다. 그것은 일본식 발음 [오루가스무(オルカスム)]를 그대로 모방한 것이다.

Ori*on [əraʹiən]

단어의 해부

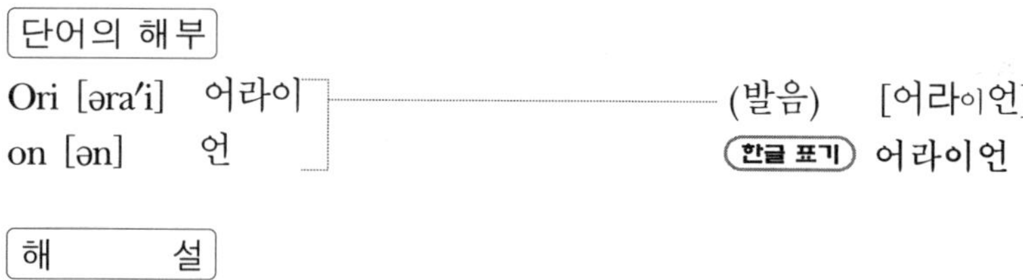

| Ori [əraʹi] | 어라이 | (발음) | [어라이언] |
| on [ən] | 언 | 한글 표기 어라이언 |

해   설

첫 음절의 'Ori'에서 첫 번째 철자가 'O'이므로 [오]로 발음하기 쉬운데 발음기호를 보면 [ə]로 발음되어야 하는 것이다. 우리는 일본식 발음을 모방해서 [오리온(オリオン)]이라고 쓰고 있는데 이것은 잘못된 발음이다. 우리나라의 유명

한 제과 회사 이름도 [오리온 제과]라고 쓰고 있는데 이것은 일본식 발음이므로 [어라이언]으로 고쳐 써야 한다.

Os*car [ɔ´:skər, áskər, ɔ´skər]

단어의 해부

(가) [ɔ´:skər]로 발음되는 경우

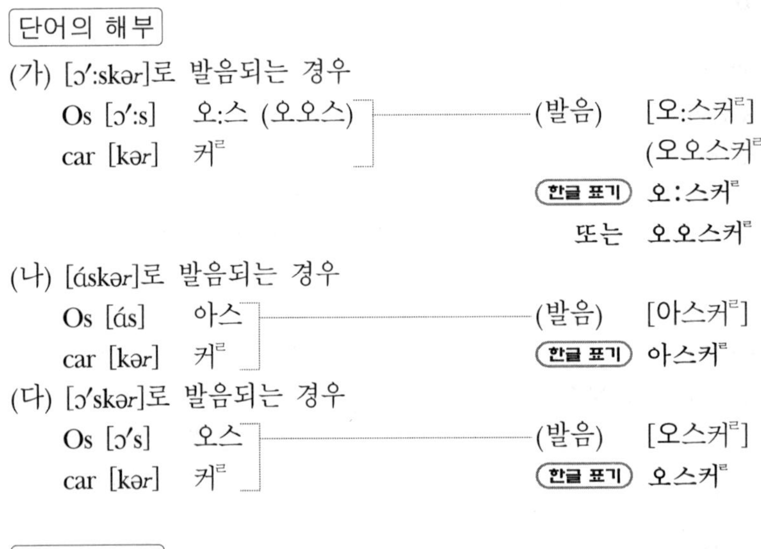

해   설

첫 음절은 [오스] 또는 [아스]로 발음되므로 [오스]로 발음하는데는 문제가 없겠으나 마지막 음절에서 발음기호를 무시하고 [카]로 발음하는 것은 잘못된 발음이다. 일본 사람들은 [어] 소리를 내지 못하며 또한 [어]라는 글자도 없기 때문에 하는 수 없이 [아]로 하여 [오스가-(オスカ-)]로 발음하는 것을 우리는 [오스카]로 해서 쓰고 있는 것이다.

Ot*ta*wa [átəwə, átəwá:, ɔ´təwə]

단어의 해부

(가) [átəwə]로 발음되는 경우

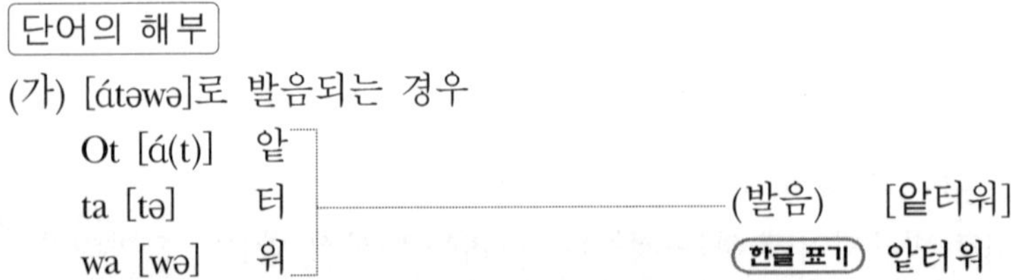

(나) [átəwá:]로 발음되는 경우

Ot [á(t)]	앝		(발음)	[앝터와:]
ta [tə]	터			(앝터와아)
wa [wá:]	와: (와아)		(한글 표기) 앝터와:
				또는 앝터와아

(다) [ɔ′təwə]로 발음되는 경우

Ot [ɔ′(t)]	옽		(발음)	[옽터워]
ta [tə]	터		(한글 표기) 옽터워
wa [wə]	워		

(해   설)

우리가 현재 쓰고 있는 표기는 일본식 발음 [옷다와(オッタワ)]를 모방해서 [오타와]라고 해서 쓰고 있는데 이 발음에서 문제가 되고 있는 것은 역시 일본 사람들이 [어] 소리를 내지 못하기 때문에 [터]라고 못하고 [다]로 발음하는 것이며, 더구나 [워] 소리도 내지 못하고 [와]로 발음하는 것이다.

ounce [auns]

(단어의 해부)

ounce [auns] 아운스 ────────────── (발음) [아운스]
(한글 표기) 아운스

(해   설)

우리나라의 계량 단위는 'meter 법'을 쓰기 때문에 이 파운드(pound) 단위는 별로 필요치 않을 것으로 생각되지만 영국이나 미국 쪽에서는 미:터ʳ(meter)법 보다는 이 단위를 많이 쓰고 있다. 우리는 이 단위를 [온스]라고 하여 쓰고 있는데 사실 이것은 [온스(オンス)]라는 일본식 발음을 그대로 모방한 발음이다. 이것을 발음기호에 따라 우리 외래어 표기법으로 한다면 [아운스]로 되어서 영어 발음과 아주 꼭 맞는 표기가 된다.

out*line [a′utla′in]

> 단어의 해부

out [a′ut]　아웉
line [la′in]　롸인

(발음)　[아웉롸인]
한글 표기　아웉롸인

> 해　　설

이 단어는 'out'과 'line'이라는 두 개의 단어가 복합된 말인데 일본 사람은 받침말의 구사 능력이 부족하기 때문에 'out'이라는 말을 [아우또(アウト)]라고밖에는 하지 못한다. 따라서 그들은 이 단어를 [아우또라인(アウトライン)]이라고 하는데, 우리도 덩달아서 [아우트라인]이라고 해서 쓰고 있는 것이다.

over*coat [óuvərkóut]

> 단어의 해부

over [óuvər]　오우버ʳ
coat [kóut]　코웉

(발음)　[오우버ʳ코웉]
한글 표기　오우버ʳ코웉

> 해　　설

이 단어 역시 일본 사람들은 [오-바고-도(オーバコート)]로 발음하는데, 그들은 [어] 소리를 내지 못하기 때문에 [오버] 소리 대신에 [오바]라고 하며, [코웉]처럼 받침말을 쓰지 못하므로 [고-도]라고 하는 것이다.

over*night [óuvərna′it]

> 단어의 해부

over [óuvər]　오우버ʳ
night [na′it]　나잍

(발음)　[오우버ʳ나잍]
한글 표기　오우버ʳ나잍

> 해　　설

'over'에 대해서는 앞에서 설명했으며, 'night'은 일본 사람들이 받침말을 구사하지 못하므로 [나이도(ナイト)]라는 소리밖에는 내지 못하기 때문에 이 단어를 [오-바나이도(オーバナイト)]라고 하는데 우리는 이것을 모방해서 [오버나이트]라고 하는 경우가 많다.

over*pass [óuvərpǽs, oʹuvərpɑːs]

단어의 해부

(가) [óuvərpǽs]로 발음되는 경우
  over [óuvər] 오우버ㄹ ┐
  pass [pǽs] 패스 ┘ ────────── (발음) [오우버ㄹ패스]
  　　　　　　　　　　　　　　　　　　　　　한글 표기 오우버ㄹ패스

(나) [oʹuvərpɑːs]로 발음되는 경우
  over [oʹuvər] 오우버ㄹ ┐
  pass [pɑːs] 파:스 (파아스) ┘ ──── (발음) [오우버ㄹ파:스]
  　　　　　　　　　　　　　　　　　　　　　　　　　(오우버ㄹ파아스)
  　　　　　　　　　　　　　　　　　　　한글 표기 오우버ㄹ파:스
  　　　　　　　　　　　　　　　　　　　　또는 오우버ㄹ파아스

해　　　설

  각종 운동 경기 중계를 볼 때면 항상 느끼는 일인데 경기 해설자나 경기를 중계하는 언나운서ㄹ(announcer)가 쓰는 용어의 하나가 [오바패스]라는 말이다. [오바]라고 하는 발음은 일본 사람들이나 쓰는 발음이지 우리처럼 언어 구사 능력이 뛰어난 사람들이 써서는 안될 말이다. 일본 사람들은 이 단어를 [오-바빠스(オーバパス)]로밖에는 발음할 수 없으며, 우리처럼 [오우버ㄹ패스]라고는 발음할 수가 없다.

Ox*bridge [ǽksbridʒ, ɔʹksbridʒ]

단어의 해부

(가) [ǽksbridʒ]로 발음되는 경우
  Ox [ǽks] 악스 ┐
  bridge [bridʒ] 브릳쥐 ┘ ─────── (발음) [악스브릳쥐]
  　　　　　　　　　　　　　　　　　　　한글 표기 악스브릳쥐

(나) [ɔʹksbridʒ]로 발음되는 경우
  Ox [ɔʹks] 옥스 ┐
  bridge [bridʒ] 브릳쥐 ┘ ─────── (발음) [옥스브릳쥐]
  　　　　　　　　　　　　　　　　　　　한글 표기 옥스브릳쥐

해　　　　설

우리 표기는 [옥스부릿지]인데 첫 음절의 'Ox'는 [옥스]로 발음되는 경우도 있기 때문에 큰 문제는 없겠으나 마지막 음절인 'bridge'가 [부릿지]로 발음해야 하는지, [브릳쥐]로 발음해야 하는지에 대한 논란이 생길 수 있다. 이에 대하여 [브릳쥐]가 옳다고 주장하고 싶은데, 그 이유는 'bridge'에서 'brid'과 'ge'로 나누어 생각하여, 'brid'은 [bri(d)]으로 되어서 [브릳]으로, 'ge'는 [ʤ]가 되어서 이 [ʤ]가 말 끝에 오면 [쥐]로 발음되어야 한다는 원칙에 따라 [브릳쥐]가 옳은 발음이라고 본다.

Ox*ford [ɑ́ksfərd, ɔ́ksfərd]

단어의 해부

(가) [ɑ́ksfərd]로 발음되는 경우

| Ox [ɑ́ks] | 악스 | | (발음) | [악스ㅍㄹ드] |
| ford [fərd] | ㅍㄹ드 | | (한글 표기) | 악스ㅍㄹ드 |

(나) [ɔ́ksfərd]로 발음되는 경우

| Ox [ɔ́ks] | 옥스 | | (발음) | [옥스ㅍㄹ드] |
| ford [fərd] | ㅍㄹ드 | | (한글 표기) | 옥스ㅍㄹ드 |

해　　　　설

이 단어의 발음에 대해서는 마지막 음절이 [ㅍㄷ]으로 발음하여야 하느냐, 또는 [ㅍㄹ드]로 발음하여야 하느냐 하는 문제가 제기된다. 이것은 [ㅍㄹ]하면서 가볍게 [드] 소리를 내는 것이 옳다고 본다. 왜냐하면, [t]와 같이 탁한 소리는 가급적이면 내지 않으려는 것이 요즘의 경향이고, [d]와 같은 연한 소리는 가볍게 내는 둥 마는 둥 하는 것이다.

ox*y*gen [ɑ́ksiʤən, ɔ́ksiʤən]

단어의 해부

(가) [ɑ́ksiʤən]으로 발음되는 경우

ox [ɑ́ks]	악 ㅅ			
y [i]	ㅣ		(발음)	[악시줜]
gen [ʤən]	줜		(한글 표기)	악시줜

(나) [ǽksiʤn]으로 발음되는 경우

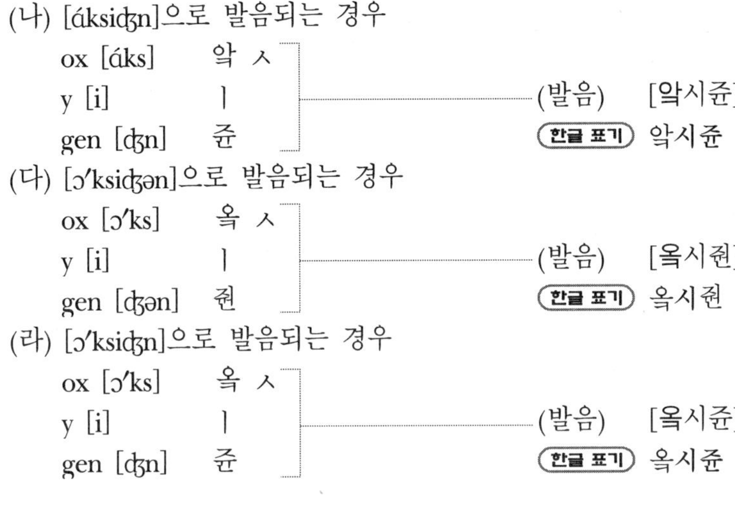

(다) [ɔ'ksiʤən]으로 발음되는 경우

(라) [ɔ'ksiʤn]으로 발음되는 경우

해　　설

　우리가 쓰고 있는 표기는 [옥시간], 또는 [옥시건]으로 쓰고 있는데 원래의 발음과는 거리가 먼 표기이다. 왜냐하면, 'gen'에서 철자 'g'는 [g]로 발음되는 것이 아니라 [ʤ]로 발음되어야 하는 것이다.

pa*go*da [pəgóudə]

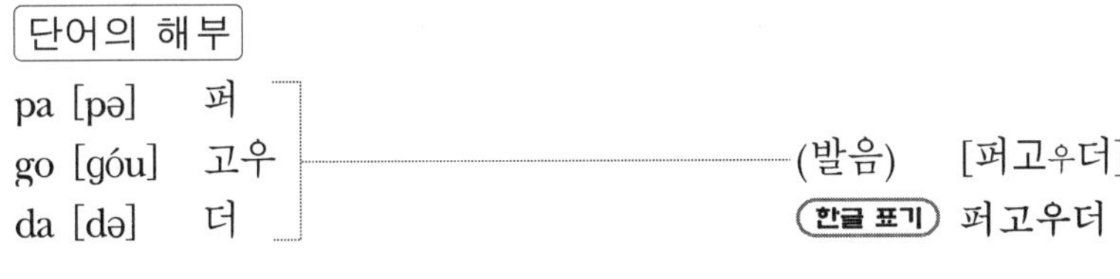

해　　설

　우리의 자주독립을 선언하는 독립선언문을 낭독한 장소인 공원을 일제하에서는 [빠고다(パコダ)]공원이라고 했고, 해방된 이후에도 오랫동안 그렇게 불러왔으며, 나중에 [파고다]라고도 하였는데 이것도 잘못된 표기이다. 이 단어를 발음기호에 따라 우리의 외래어 표기법에 따라 표기한다면 [퍼고다]로 표기되어야 마땅한 것이다. 우리 민족의 얼이 담겨 있는 이 공원을 일본식 발음으로 불렀던 것부터가 자존심 상하는 일이다.

pa*jam*as, 《영》 py*jam*as [pədʒǽməz, pədʒá:məz]

 단어의 해부

(가) [pədʒǽməz]로 발음되는 경우

pa, py [pə]	퍼	
jam [dʒǽm]	쨈	─── (발음) [퍼쨈어즈]
as [əz]	어즈	─── 한글 표기 퍼쨈어즈

(나) [pədʒá:məz]로 발음되는 경우

pa, py [pə]	퍼	
jam [dʒá:m]	쨤: (쮜암)	─── (발음) [퍼쨤:어즈]
as [əz]	어즈	(퍼쨤암어즈)
		한글 표기 퍼쨤:어즈
		또는 퍼쨤암어즈

 해   설

둘째 음절 'jam'의 발음기호가 [dʒǽm]인데 이것을 [dʒ]와 [ǽm]으로 나누어보자. 먼저 [dʒ]는 [쥬]라는 소리고, [ǽm]은 [앰]이라는 소리이므로, 이것이 연결되어 [쥬앰]이라는 소리를 내어야 한다는 뜻이다. 그런데 강음 부호가 붙음으로 인해서 [쮜앰]인데 이것을 줄여서 [쨈]으로 발음해야 하는 것이다. 마찬가지로, (나)의 [dʒá:m]도 [쮜암:]을 줄여서 [쨤:]이 되는 것이다. 일본 사람들은 아예 발음기호는 생각하지 않고 철자를 중심으로 해서 [빠쟈마(パジャマ)]라고 하는데 우리는 이것을 모방해서 [파자마]라고 쓰고 있는 것이다. 이 단어는 복수 명사이므로 단수 명사는 존재하지 않고 반드시 마지막의 [z] 소리를 내어야 한다.

Pa*ki*stan [pá:kistá:n, pǽkistǽn]

 단어의 해부

(가) [pá:kistá:n]으로 발음되는 경우

Pa [pá:]	파: (파아)	─── (발음) [파:키스탄:]
ki [ki]	키	(파아키스타안)
stan [stá:n]	스탄: (스타안)	─── 한글 표기 파:키스탄:
		또는 파아키스타안

(나) [pǽkistǽn]으로 발음되는 경우

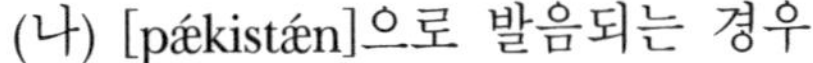

Pa [pǽ]	패	
ki [ki]	키	(발음)　　[패키스탠]
stan [stǽn]	스탠	(한글 표기) 패키스탠

해　　　설

우리가 현재 쓰고 있는 [파키스탄]이란 표기는 비록 [빠기스단(パキスタン)]이라는 일본식 발음을 모방한 것이기는 하지만 우리의 표기가 옳다. 다만 장음을 살리지 않은 것이 아쉽다. 철자 'a'를 모두 [아]로 발음하려면 장음으로 발음해야 하며, 단음으로 발음하려면 [아]가 아니라 [애]로 발음해야 하는 것이다.

Pal*es*tine [pǽləsta′in]

단어의 해부

Pal [pǽl]	팰 ㄹ	
es [əs]	ㅓ스	(발음)　　[팰러스타인]
tine [ta′in]	타인	(한글 표기) 팰러스타인

해　　　설

우리의 모든 사전과 시사 보도 시간에는 모두 다 [팔레스타인]이라고 쓰고 있는데 이것은 [빠레스다인(パレスタイン)]이라는 일본식 발음을 모방한 것이다. 이것을 우리 외래어 표기법에 따라 표기해 본다면 [팰러스타인]이 되는데 원래의 발음을 우리 한글로 아주 정확하게 표기할 수 있음을 보여 주고 있다.

pam*phlet [pǽmflit]

단어의 해부

| pam [pǽm] | 팸 | (발음)　　[팸프맅] |
| phlet [flit] | 프맅 | (한글 표기) 팸프맅 |

해　　　설

일본 사람들이야 [애] 소리를 내지 못하기 때문에 'a'라는 철자를 대부분 [아]

로 발음해서 [빤후렛도(パンフレット)]라고 하지만, 우리는 [애] 소리를 낼 수 있는데도 불구하고 [팜플렛]이라고 해서 쓰고 있는 것은 일본식 발음을 모방했기 때문이다. 그리고 마지막 음절의 철자 'ph'가 [f]로 발음되는데 지금까지 우리는 이 [f]에 상당하는 글자가 없었으므로 [ㅍ]으로 사용하여 왔다. 그러나 [ㅍ]은 [p]에 상당하는 것이지 결코 [f]에 상당하는 소리가 아니다.

Pan*a*ma [pǽnəmá:]

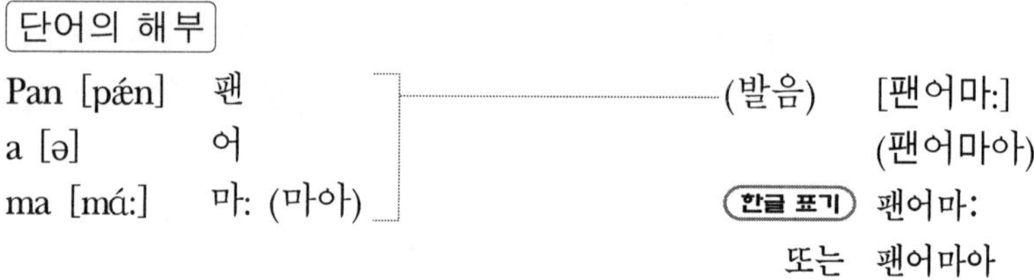

해설

일본 사람들은 발음기호와는 관계없이 거의 모든 'a'라는 철자를 [아]로 발음하므로 이 단어도 예외 없이 [빠나마(パナマ)]라고 한다. 우리도 발음기호를 무시하고 이것을 모방해서 [파나마]라고 하여 쓰고 있는데, 우리 외래어 표기법에 따라 표기한다면 [패너마]가 될 것이다.

pan*cake [pǽnkéik]

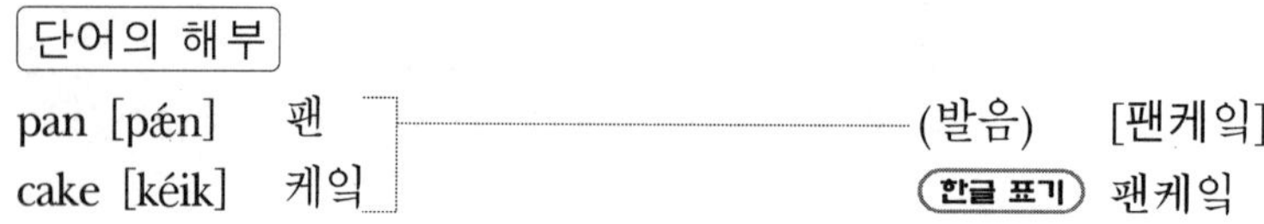

해설

일본 사람들은 [빤게-기(パンケーキ)]라고 발음하는데, 우리는 이것을 모방하여 [판케이크]라고 쓰는 경우도 있는가 하면, [판케익]으로 쓰는 경우도 있으며, [팬케이크]라고 쓰는 경우가 더 많다.

pan*o*rama [pǽnərǽmə, pǽnərá:mɑ]

단어의 해부

(가) [pǽnərǽmə]로 발음되는 경우

pan [pǽn]	팬	
o [ə]	어	
rama [rǽmə]	래머	

(발음)　[팬어래머]

한글 표기　팬어래머

(나) [pǽnərá:mɑ]로 발음되는 경우

pan [pǽn]	팬	
o [ə]	어	
rama [rá:mɑ]	라:마 (라아마)	

(발음)　[팬어라:마]
　　　　(팬어라아마)

한글 표기　팬어라:마
　　　　또는　팬어라아마

해　　　설

발음기호를 무시하고 철자를 중심으로 [파노라마]로 쓰고 있는 것이 우리들의 현실이다. 그것은 일본식 발음 [빠노라마(パノラマ)]를 모방한 것에 지나지 않는다. 물론 마지막 음절의 'rama'가 [래머]와 [라:마]로 발음되므로 [라마]에 대해서는 이론의 여지가 없겠지만 첫 음절은 반드시 [pǽn]으로 발음되어야 하므로 [판]으로 발음하는 것은 잘못된 것이다.

pan*ta*loon [pǽntəlu:n]

단어의 해부

(가) [pǽntəlu:n]으로 발음되는 경우

pan [pǽn]	팬	
ta [tə]	터	
loon [lu:n]	룬: (루운)	

(발음)　[팬터룬:]
　　　　(팬터루운)

한글 표기　팬터룬:
　　　　또는　팬터루운

(나) [pǽntlu:n]으로 발음되는 경우

pan [pǽn]	팬	
ta [t]	트	
loon [lu:n]	룬: (루운)	

(발음)　[팬트룬:]
　　　　(팬트루운)

한글 표기　팬트룬:
　　　　또는　팬트루운

우리는 한때 [빤따롱] 바지를 입고 유행을 뽐내던 시절이 있었다. 이 [빤따롱(パンタロン)]이라는 말이 영어 'pantaloon'의 일본식 발음인데, 그 당시 이 단어를 [팬터룬:] 또는 [팬트룬:]으로 발음한 사람이 있었다면 상당히 미친 사람이라고 놀림을 받았을 것이다.

pan*to*mime [pǽntəmaʹim]

단어의 해부

pan [pǽn]	팬	
to [tə]	터	(발음)　[팬터마임]
mime [maʹim]	마임	한글 표기　팬터마임

해   설

일본 사람들의 발음으로 한다면 첫 음절의 'pan'에서 'a'가 [아]로 발음되어서 [빤], 둘째 음절은 'to'이므로 철자 'o'는 [오]로 발음되어서 [또]로 발음되고, 마지막 음절의 'mime'은 발음기호대로 [마이무]가 된다. 따라서, [빤또마이무(パント マイム)]로 되는 것이 일본 사람들의 발음인 것이다. 이것을 모방해서 [판토마임]으로 쓰고 있는 것이 우리의 현실이다. 첫 음절에서 철자 'a'는 [애]로 발음되어야 하고, 둘째 음절의 철자 'o'는 [어]로 발음되어야 하는데, 일본 사람들은 [애]나 [어] 소리를 내지 못하기 때문에 [아]나 [오]로 발음하는 것을 그대로 흉내를 내고 있는 것이다.

para*chute [pǽrəʃúːt]

단어의 해부

para [pǽrə]	패러	(발음)　[패러슡:]
chute [ʃúːt]	슡: (슈웉)	（패러슈웉）
		한글 표기　패러슡:
		또는　패러슈웉

해   설

낙하산이란 뜻의 이 말의 일본식 발음이 [빠라슈-도(パラシュート)]인데 우

리는 이것을 모방해서 [파라숫]이라고 해서 쓰고 있다. 첫 음절의 'para'는 그 발음기호가 [pǽrə]이므로 [패러]라고 발음해야 하는데도 이것을 무시하고 [파라]라고 하는 것은 일본식 발음이다.

par*a*dise [pǽrəda′is, pǽrəda′iz]

우리가 흔히 쓰고 있는 표기는 [파라다이스]인데, [빠라다이스(パラダイス)]라는 것에서 [빠]를 [파]로 바꾼 것 이외에는 일본식 발음과 그대로 닮았다.

par*af*fin, par*af*fine [pǽrəfin, pǽrəfi:n]

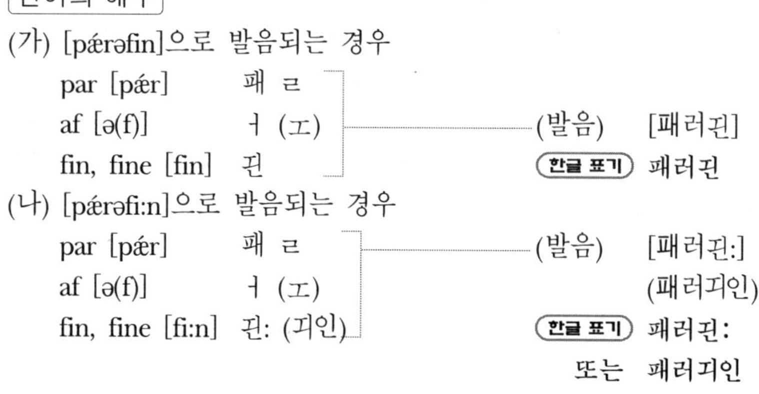

일본식 발음 [빠라후인(パラフィン)]을 모방해서 [파라핀]으로 표기한다. 이 것은 [애]나 [어] 발음을 하지 못하는 일본 사람들이 자기들 편의대로 [아] 로 발음하는 것을 그냥 모방한 것이다.

Par*a*guay [pǽrəgwɑi, pǽrəgwéi]

(가) [pǽrəgwɑi]로 발음되는 경우

Par [pǽr]	패 ㄹ	
a [ə]	ㅓ	(발음)　[패러그와이]
guay [gwɑi]	그와이	한글 표기　패러그와이

(나) [pǽrəgwéi]로 발음되는 경우

Par [pǽr]	패 ㄹ	
a [ə]	ㅓ	(발음)　[패러그웨이]
guay [gwéi]	그웨이	한글 표기　패러그웨이

지금 우리가 가장 심각하게 생각해야 될 문제는 모든 교과서에 표기되어 있 는 용어들이 일본식 발음으로 되어 있어서 어린 학생들이 본의 아니게 일본식 발음에 젖어들고 있다는 것이다. 이 단어에서 보듯이 우리는 [파라과이]라고 표기하는데 이것은 일본식 발음 [빠라구와이(パラクヮイ)]를 그대로 모방한 발음이다. 마지막 음절의 'guay'는 [과이]와 [궤이]로 발음되므로 [과이]라고 하 여도 되지만, 첫 음절과 둘째 음절의 철자 'a'가 하나는 [æ]로, 다른 하나는 [ə]로 발음되어야 하는데도 전부 [아]로 발음하는 것은 [애]나 [어] 소리를 내지 못하 는 일본 사람들이나 하는 발음인 것이다. 그리고 [과이]냐 [귀이]냐 하는 문제 인데 [gwɑi]의 정확한 발음은 [구와이]가 옳은 발음이다. 이것을 줄여서 [귀이] 로 발음하는 것이 옳은 발음이다.

par*a*mount [pǽrəmaʹunt]

[단어의 해부]

par [pǽr]	패 ㄹ	
a [ə]	ㅓ	(발음)　[패러마운트]
mount [maʹunt]	마운트	한글 표기 　패러마운트

[해　　　설]

최고 권위자라는 뜻의 이 말은 [파라마운트]라고 영화계에서 많이 쓰이는
말인데 이것은 일본식 발음 [빠라마운또(パラマウント)]를 모방한 말이다.

par*a*sol [pǽrəsɔʹ:l, pǽrəsál, pǽrəsɔʹl]

[단어의 해부]

(가) [pǽrəsɔʹ:l]로 발음되는 경우

par [pǽr]	패 ㄹ	
a [ə]	ㅓ	(발음)　[패러쏠:]
sol [sɔʹ:l]	쏠: (쏘올)	(패러쏘올)
		한글 표기 　패러쏠:
		또는　패러쏘올

(나) [pǽrəsál]로 발음되는 경우

par [pǽr]	패 ㄹ	
a [ə]	ㅓ	(발음)　[패러쌀]
sol [sál]	쌀	한글 표기 　패러쌀

(다) [pǽrəsɔʹl]로 발음되는 경우

par [pǽr]	패 ㄹ	
a [ə]	ㅓ	(발음)　[패러쏠]
sol [sɔʹl]	쏠	한글 표기 　패러쏠

[해　　　설]

첫 음절과 둘째 음절의 발음은 변하지 않고 다만 마지막 음절의 발음이 세 가지로
발음이 변한다. 일본 사람들은 [빠라소루(パラソル)]로 발음하는데 우리는 이것을
모방해서 [파라솔]이라고 해서 쓰고 있다. 첫 음절이 [패]로 발음되어야 하는데도
[빠]로 발음할 수밖에 없는 일본 사람들을 모방해서 [파]로 발음하는 것은 잘못이다.

Par*is [pǽris]

단어의 해부

| Par [pǽr] 패 ㄹ | (발음) [패리스] |
| is [is] ㅣ 스 | 한글 표기 패리스 |

해   설

프랜스(France) 수도 이름인 이 말을 우리는 [파리]로 발음하는데 영어 발음으로는 맞지 않는다. 일본 사람들이 [빠리(パリ)]로 발음하니까 우리는 그것을 모방해서 [파리]로 쓰는 것이라고 여겨진다. 이 단어를 발음기호에 따라 우리 외래어 표기법으로 표기한다면 원음과 똑같은 [패리스]로 표기되었을 것이다.

park [pɑːrk]

단어의 해부

park [pɑːrk] 팕: (파앍) ——————— (발음) [팕:] (파앍)

한글 표기 팕:
또는 파앍

해   설

일본식 발음이 [빠-구(パーク)]인데 우리는 [파크]로 발음하고 있다.

우리나라의 박씨 성을 가진 사람들은 성을 영문으로 표기할 경우에 'Park'으로 쓰는 사람들이 대다수를 차지한다. 미국에서 활약하고 있는 유명한 직업 야구 선수의 박찬호 선수와 직업 골프(golf) 선수인 박세리 선수를 보면, 박찬호 선수는 자기 성을 [Park]으로, 박세리 선수는 [Pak]으로 쓰고 있는데 필자가 보기에는 아주 대조적으로 보인다. 두 사람 모두가 옳은 표기법은 아니지만 박찬호 선수보다는 박세리 선수의 표기가 조금 나은 편이라고 생각된다. '박'은 그 자음이 [ㅂ]이므로 [P]가 아니고 [B]라야 옳은 것이다. 따라서 [Pak]이 아니라 [Bak]이라야 옳은 것이다. 이 [B]라는 소리는 때로는 된소리 [ㅃ] 소리를 내는 경우도 있으므로 이런 경우를 대비해서 부드러운 소리를 내기 위해서 'B' 다음에 'h'를 붙여서 [Bhak]으로 하면 정확하게 박씨 성을 나타낼 수가 있는 것이다. 영어를 아는 외국인들이 우리의 박씨를 [Park]으로 쓰는 것을 볼 때 정확하게 [박]이라고 불러 주지 못할 뿐만 아니라 공원

지기의 후손인가 하는 웃지 못할 상상도 할 수 있는 것이다.

pen*al*ty [pénəlti]

단어의 해부

(가) [pénəlti]로 발음되는 경우

pen	[pén]	펜
al	[əl]	얼
ty	[ti]	티

(발음) [펜얼티]
한글 표기 펜얼티

(나) [pénlti]로 발음되는 경우

pen	[pén]	펜
al	[l]	을
ty	[ti]	티

(발음) [펜을티]
한글 표기 펜을티

해　　　설

운동 경기 중계방송을 보노라면 [페널티]라는 용어를 자주 듣게 된다. 이것은 일본식 발음 [뻬나루디-(パナルティ-)]를 모방한 것인데 첫 음절이 'pen'이므로 [펜]으로 발음하는 것이 옳은 발음이다.

Penn*syl*va*nia [pénsilvéiniə, pénsilvéinjə]

단어의 해부

(가) [pénsilvéiniə]로 발음되는 경우

Penn	[pén]	펜
syl	[sil]	실
va	[véi]	베이
nia	[niə]	니어

(발음) [펜실베이니어]
한글 표기 펜실베이니어

(나) [pénsilvéinjə]로 발음되는 경우

Penn	[pén]	펜
syl	[sil]	실
va	[véi]	베이
nia	[njə]	녀

(발음) [펜실베이녀]
한글 표기 펜실베이녀

우리의 표기는 [펜실베이니아]인데 [뻰시루바니아(ペンシルヴァニア)]라는
일본식 발음을 모방하고 있다. 왜냐하면 셋째 음절과 마지막 음절의 철자 'a'를
모두 [아]로 발음하는 것을 그대로 따라서 쓰고 있기 때문이다.

pen*pal [pénpæl]

일본 사람들의 [애] 소리를 내지 못하는 고질적인 병으로 인해서 [아]로 발음하
는 일본식 발음 [뻰빠루(ペンパル)]를 모방해서 [펜팔]이라고 해서 쓰는 것이다.

Per*sia [pə′:r3ə]

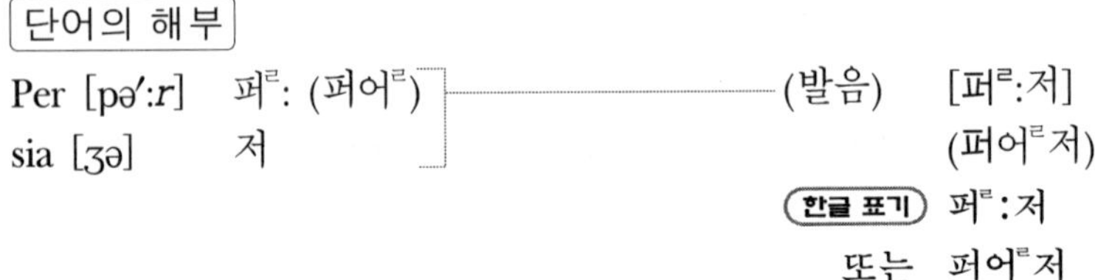

일본 사람들은 이 단어를 [뻬루시아(ペルシア)]라고 발음하고 있는데 우리는
이것을 모방해서 [페르시아]라고 하여 쓰고 있으며, 경우에 따라서는 [페르샤]
라고 표기하는 경우도 있다.

Pe*ru [pəru:]

(한글 표기) 퍼루:
또는 퍼루우

[해   설]

이 단어도 일본 사람들은 [뻬루-(ペル-)]라고 발음하고 있는데 우리는 이것을 모방해서 [페루]라고 한다.

Phil*a*del*phia [filədelfiə, filədelfjə]

[단어의 해부]

(가) [filədelfiə]로 발음되는 경우

Phil [fil]	필 ㄹ
a [ə]	ㅓ
del [del]	델 (ㄹ)
phia [fiə]	괴어

(발음) [필러델괴어]
(한글 표기) 필러델괴어

(나) [filədelfjə]로 발음되는 경우

Phil [fil]	필 ㄹ
a [ə]	ㅓ
del [del]	델 (ㄹ)
phia [fjə]	겨

(발음) [필러델겨]
(한글 표기) 필러델겨

[해   설]

철자 'ph'는 [p] 소리가 아니라 [f] 소리를 내어야 하는데 안타깝게도 이제까지 우리 한글에는 이 [f]에 상당하는 글자가 없었다. 우리는 이 [f] 소리를 낼 수는 있는데 그 소리를 나타낼 글자가 없어서 [ㅍ]으로 써 왔다.

Phil*ip*pine [filəpí:n, filəpí:n]

[단어의 해부]

(가) [filəpí:n]으로 발음되는 경우

Phil [fil]	필 ㄹ
ip [əp]	ㅛ
pine [pí:n]	핀: (피인)

(발음) [필롶핀:]
(필롶피인)
(한글 표기) 필롶핀 :
또는 필롶피인

(나) [filəpí:n]으로 발음되는 경우

Phil [fil]	필 ㄹ		(발음)	[필렆핀:]
ip [əp]	겂			(필렆피인)
pine [pí:n]	핀: (피인)		(한글 표기) 필렆핀:
			또는 필렆피인

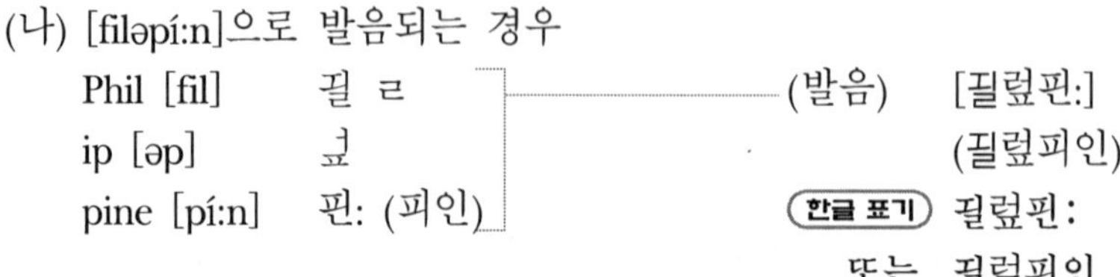

해 설

일본식 발음은 [휘릿삔(フィリピン)]이고 우리는 이것을 모방해서 [필리핀]이라고 해서 쓰고 있다. 둘째 음절의 철자 'i'가 [ə]로 발음되는 것을 [이]로 발음하는 것은 일본 사람들이 [어] 소리를 내지 못하기 때문에 [이]로 발음하는 것을 모방해서 쓰고 있는 것이다.

pi*an*ist [piǽnist, pí:ənist, pjǽnist]

단어의 해부

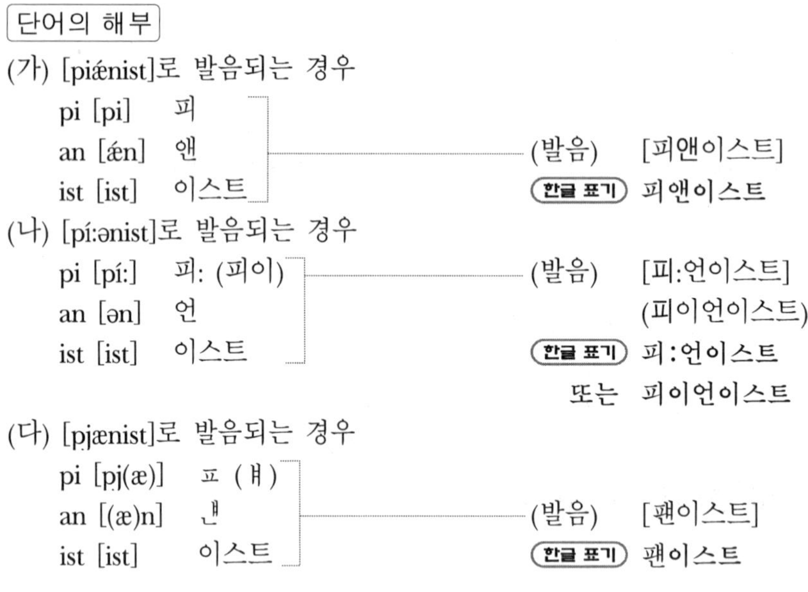

(가) [piǽnist]로 발음되는 경우

pi [pi]	피			
an [ǽn]	앤		(발음)	[피앤이스트]
ist [ist]	이스트		(한글 표기) 피앤이스트

(나) [pí:ənist]로 발음되는 경우

pi [pí:]	피: (피이)			
an [ən]	언		(발음)	[피:언이스트]
ist [ist]	이스트			(피이언이스트)
			(한글 표기) 피:언이스트
			또는 피이언이스트

(다) [pjǽnist]로 발음되는 경우

pi [pj(æ)]	ㅍ (ㅐ)			
an [(æ)n]	낸		(발음)	[팬이스트]
ist [ist]	이스트		(한글 표기) 팬이스트

해 설

이 단어는 무려 세 가지로 발음되는데 아주 단순한 것처럼 보이면서도 (다)의 발음이 약간 어렵다. 일본식 발음은 [삐아니스또(ピアニスト)]인데 우리는 이것을 [피아니스트]라고 모방하여 쓰고 있다. 둘째 음절의 'an'이 (가)에서는 [앤]으

로, (나)에서는 [언]으로, (다)에서는 [앤]으로 발음되는데 일본 사람들은 이들 세 가지 소리를 모두 낼 수가 없는 언어 불구자이다. 이것들을 우리 외래어 표기법으로 한다면, (가)는 [피앤이스트]이고, (나)는 [피언이스트]이며, (다)는 [팬이스트]로 되어 아주 훌륭한 표기가 되는 것이다.

pi*lot [pa′ilət]

해 설

일상적으로 우리가 쓰고 있는 이 말의 발음은 [빠이롯도(パイロット)]라는 일본식 발음을 그대로 써서 [빠이롯트]라고 하는 사람도 있고, [파일롯] 또는 [파일로트]라고 하는 사람도 있으나 우리말 사전에는 [파일럿]으로 표기되어 있다.

pipe [paip]

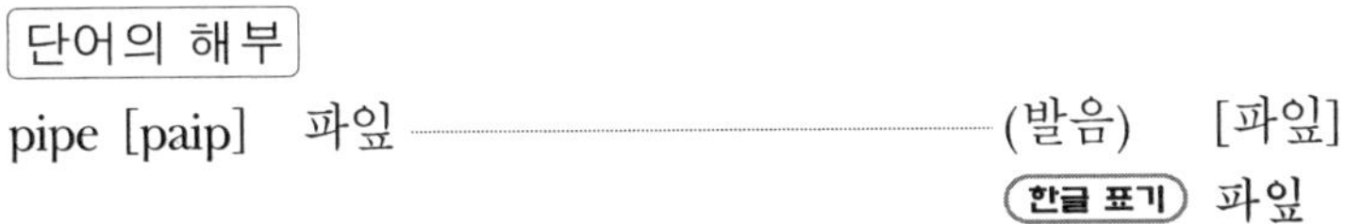

해 설

우리 귀에는 [빠이뿌(パイプ)]라는 일본식 발음에 익숙해져 있고 [파이프]라고 표기하고 있다. [파잎]하면 귀에 익숙하지 않으므로 무슨 말인지 얼른 알아듣지 못하는 것이 지금 우리의 현실이다.

우리가 일본 제국주의자들로부터 광복된 지 반세기가 지났지만 지금 우리들 주변에는 일본 말이 아직까지도 산재해 있다는 사실을 깨달아야 한다. 모 TV 방송국에서 북한의 유리 공장을 취재한 것을 방영하였는데 그때 북한의 언나운서(Announcer)가 작업을 하고 있는 한 여성 근로자에게 지금 무슨 작업을 하고 있느냐고 물으니까 이 여성 근로자의 대답이 지금 포도 '다마'를 조각하고 있다고 하는 대답을 듣고 깜짝 놀랐다. 이 '다마(タマ)'라는 것은 순수한 일본말이며 우리말로는 [구슬] 또는 [알]이라고 하는데, 북한에서도 이러한 기초적인 것조

차 아직 정리되지 않은 것이 아닌가 하는 걱정이 앞선다. 우리는 포도알이라고 하지 포도 '다마'라고 하는 사람은 없을 것으로 믿어 의심치 않는다. 그렇다고 우리는 문제가 없다고 하는 말은 아니다. 오히려 북한보다는 우리에게 더 많은 문제가 있다는 사실을 깨달아야 할 것이다.

모 식품 제조 회사의 광고 방송에서 두 사람의 대화하는 장면이 있는데, 한 사람이 '라면이야!' 하니까 다른 한 사람이 '아니야, [우동]이야!' 하면서 서로 다투는 듯한 말을 주고 받는 [라우동]이라는 식품이 있는데, [우돈(ウトン)]이라는 말이 과연 우리말일까요? 한술 더 떠서 아예 [우동]이라는 상품 이름도 있으니 일본 사람들이 과연 우리를 어떤 눈으로 볼 것인가!

pis*tol [pístl]

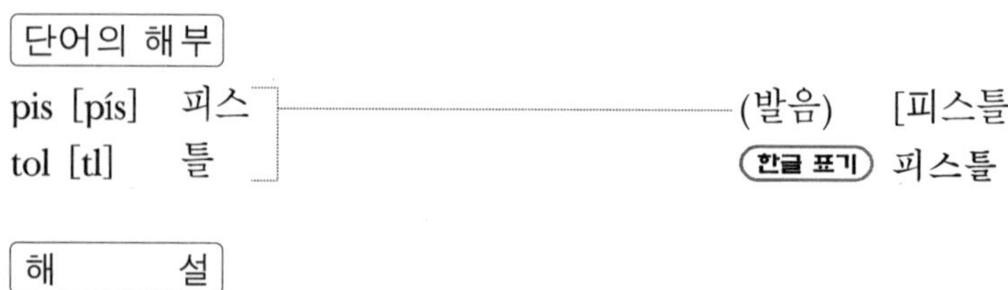

일본식 발음 [삐스또루(ピストル)]를 모방해서 [피스톨]이라고 한다. 일본 사람들이야 마지막 음절에 철자 'o'가 있으므로 당연히 이것을 [오]로 발음하겠지만, 우리는 이 철자 'o'가 발음되지 않는다는 사실을 존중해야 한다.

Pitts*burgh [pítsbə:rg]

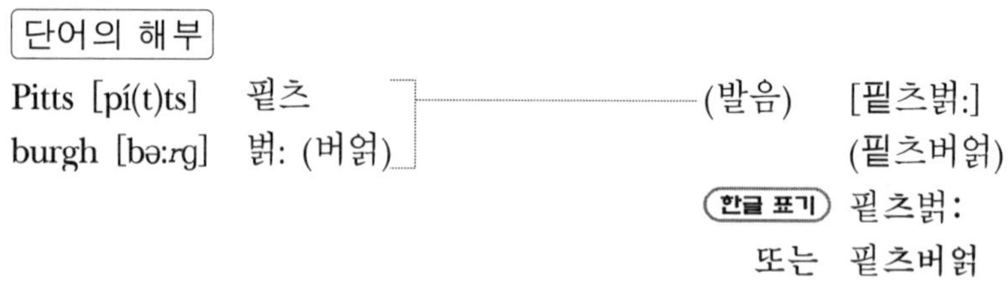

일본식 발음은 [삣즈바-구(ピッツバーグ)]이며 우리는 [피츠버그]로 쓰고 있는데, 이 표기는 완전하게 우리 외래어 표기법에 충실하였다. 다만 'r 모음화 음색 변화'가 표기될 수 없었던 때이므로 이것은 어쩔 수 없다고 하더라도 마지막 음절이 장음으로 발음되어야 하는데 이것을 무시한 것은 잘못된 것이다.

piz*za [pí:tsə]

해설

일본 사람들이 [삐자(ピザ)]라고 하니까 이것을 모방해서 [피자]라고 하는 것 같다. 이 단어의 발음의 특징은 철자 'z'가 [ㅈ]으로 발음되는 것이 아니고 [ㅊ]으로 발음되는 것이다. 이 단어의 발음을 [피:처]라고 하면, 'pitcher'와 비슷한데, 'pitcher'의 발음기호는 [pítʃər]이므로 이것은 [피춰ʳ]가 되어서 마지막 음절이 'r 모음화 음색변화'인 점이 다른 것이다.

[tsə]는 그냥 [처]이고, [tʃər]는 [춰ʳ]로서 완연히 구별되어야 하는 것이다.

plas*tic [plǽstik]

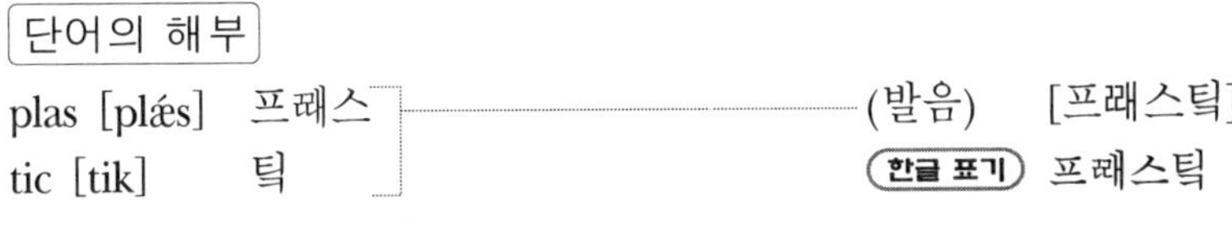

해설

이 단어를 발음기호에 따라 우리 외래어 표기법으로 표기한다면 [플래스틱]으로 되어서 아주 훌륭한 표기가 되었을 것이다. 그런데 우리는 일본식 발음 [뿌라스찟구(プラスチック)]를 모방해서 [플라스틱]으로 표기하고 있다.

pla*za [plá:zə, plǽzə]

단어의 해부

(가) [plá:zə]로 발음되는 경우

pla [plá:]	프라: (프라아)		(발음)	[프라:저]
za [zə]	저			(프라아저)

(한글 표기) 프라:저

또는 프라아저

(나) [plǽzə]로 발음되는 경우

pla [plǽ]	프래		(발음)	[프래저]	
za [zə]	저		(한글 표기) 프래저		

[해   설]

　어떤 커다란 건물에 'xx 프라자'니 하면서 쓰고 있는데, 이 단어의 참뜻을 이해하고 그렇게 쓰는지 이해가 가지 않는다. 필자가 캔어더(Canada)에 살고 있을 때 이 프래저(plaza)라는 말을 무수히 많이 들었다. 캔어더에서의 이 프래저라는 개념은 동네의 복합 구멍가게를 나타내는 것으로 단층짜리 긴 일자형 또는 'ㄱ'자형 건물에 넓은 주차장을 구비하고 각기 다른 종목의 가게들이 독립적으로 장사를 하는 곳을 뜻하는 말이었다. 그런데 우리나라에서는 고층 건물을 지어놓고 'xx 프라자'니 하면서 쓰고 있는 것을 보니 아무래도 그 개념을 잘 이해하지 못하고 있는 것이 아닌가 하는 의심이 든다. 우리나라에서처럼 고층 건물에 여러 가지 종목의 가게를 가지고 독립적으로 영업을 하는 곳을 캔어더나 미국에서는 몰:(또는 맬/mall)이라고 한다. 덮어놓고 외래어를 쓰지 말고 그 뜻을 완전히 알고 썼으면 좋겠다.

Po*land [póulənd]

[단어의 해부]

Po [póu]	포우		(발음)	[포우런드]	
land [lənd]	런드		(한글 표기) 포우런드		

[해   설]

　마지막 음절이 [랜드]로 발음될 것이라고 지레짐작할 사람도 있겠지만 'land'가 단독으로 발음되는 경우에는 [랜드]로 발음되지만 다른 말과 합성되어 어미가 되는 경우에는 [런드]로, 철자 'a'가 [ɑ]가 아니라 [ə]로 발음된다는 사실은 앞에서도 여러 번 설명하였다. 일본식 발음이 [뽀-란도(ポーランド)]이므로 이것을 모방해서 [폴란드]로 표기하고 있다.

po*lice [pəlíːs]

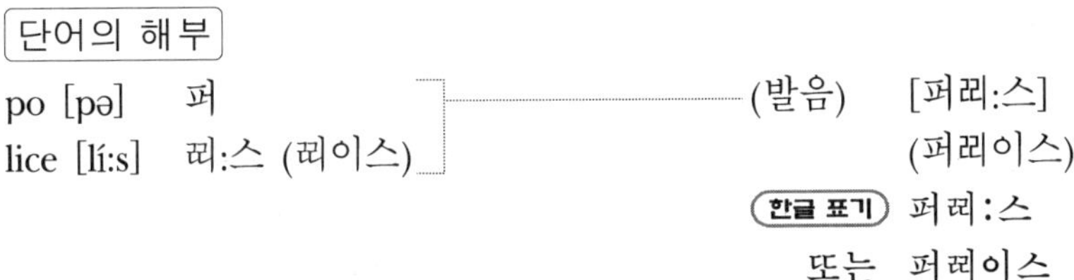

해   설

첫 음절이 'po'로 되어 있으므로 당연히 [포]로 발음될 것이라고 생각할 수도 있겠지만, 여기에서 철자 'o'는 [o]가 아니라 [ə]로 발음된다. 일본 사람들이야 발음기호를 무시하고 철자 중심으로 발음하기 때문에 당연히 [뽀리스(ポリス)]로 발음하지만 그렇다고 우리도 덩달아 [폴리스]라고 발음하면 안된다.

po*lice*man [pəlíːsmən]

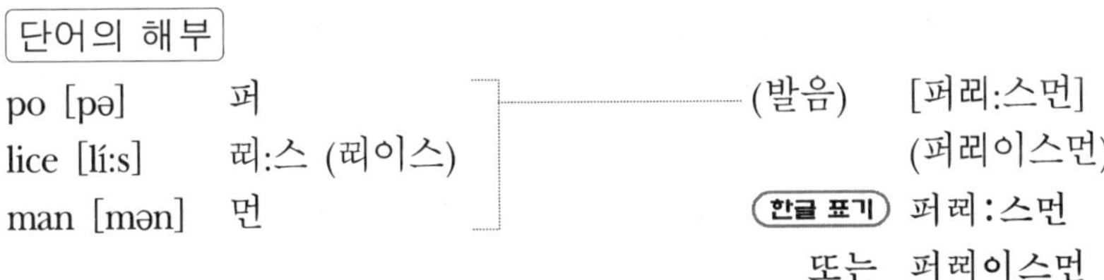

해   설

첫 음절과 둘째 음절은 앞의 'police'와 같은 발음이고, 마지막 음절인 'man'은 단독으로 발음할 경우에는 [맨]으로 발음하는 것이 옳으나, 다른 말과 합성어를 이루어 말 끝에 오는 경우에는 대체적으로 [먼]으로 발음된다. 일본 사람들은 발음기호에 관계없이 [어] 발음을 하지 못하니까 이것을 [아]로 발음해서 [뽀리스만(ポリスマン)]으로 발음하지만 우리는 [어] 발음을 할 수 있으므로 [퍼뤼:스먼]으로 발음해야 할 것인데 [폴리스맨]이라고 한다.

pop*corn [pápkɔ́ːrn, pɔ́pkɔ́ːrn]

단어의 해부

(가) [pápkɔ́ːrn]으로 발음되는 경우
    pop [páp]   팦   (발음)   [팦콘ː]
    corn [kɔ́ːrn] 콘 (코옾)   (팦코옾)

                                              한글 표기 팦콘ː
                                                      또는 팦코옾

(나) [pɔ́pkɔ́ːrn]으로 발음되는 경우
    pop [pɔ́p]   퐆   (발음)   [퐆콘ː]
    corn [kɔ́ːrn] 콘ː (코옾)   (퐆코옾)

                                              한글 표기 퐆콘ː
                                                      또는 퐆코옾

해　설

  우리는 [팝콘]이라고 해서 일본 사람들보다는 원래의 발음에 가깝게 표기하고 있지만, 일본 사람들은 기껏해야 [빠뿌꼰(パプコン)]이거나 [빱꼰(パッコン)]으로 밖에는 표기할 수 없다. 마지막 음절의 corn은 'r 모음화 음색 변화'로 단순히 [콘]이라고 발음하는 것이 아니라 [코ː]하면서 혀를 위쪽으로 감아 올리면서 받침 [ㄴ]을 붙여서 발음하면 자연히 [콘]하는 소리가 나오는 것이다.

por*no [pɔ́ːrnou]

단어의 해부

por [pɔ́ːr] 포ʳ   (발음)   [포ʳː노우]
no [nou] 노우   (포오ʳ노우)

                                            한글 표기 포ʳː노우
                                                     또는 포오ʳ노우

해　설

  일본식 발음으로는 [뽀루노(ポルノ)]이고, 이것을 모방한 [포르노]가 우리가 쓰고 있는 말이다. 'r 모음화 음색 변화'인 철자 'r'이 [르]라는 소리로 발음되는 것은 잘못된 발음인 것이다. 차라리 [포노]라고 하는 편이 [포르노]라는 발음보다는 원래의 발음에 가까울 것이다.

Por*tu*gal [pɔ':rtʃəgəl]

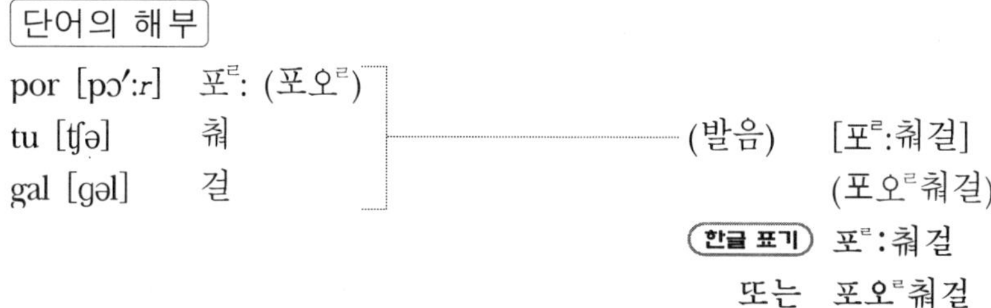

해설

우리말 사전에는 [포르투갈]로 표기되어 있는데 이것은 일본식 발음인 [뽀루또가루(ポルトガル)]를 그대로 모방해서 쓰고 있는 것이다. 첫 음절의 철자 'r'은 자음으로 발음되는 것이 아니라 'r 모음화 음색 변화'로서 반모음이다. 따라서 이것을 [르]로 발음하는 것은 잘못된 발음이다. 그리고 둘째 음절의 'tu'는 [tu]가 아니고 [tʃə]로 발음되어야 하는 것인데 발음기호를 무시하고 철자 중심으로 발음하였기 때문에 [투]로 발음하게 되는 것이다. 또한 마지막 음절의 'gal'도 일본 사람들이 [어] 소리를 내지 못하기 때문에 [아]로 발음하는 것을 그대로 모방해서 [갈]로 발음한 것은 잘못이다.

po*ta*to [pətéitou]

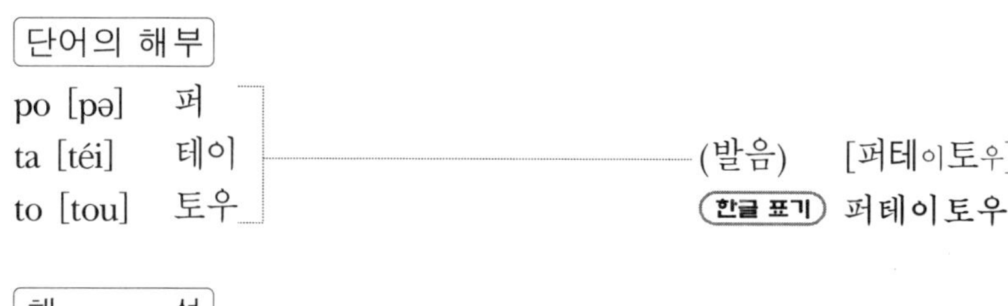

해설

일본 사람들처럼 발음기호를 무시하고 철자를 중심으로 발음해 본다면, 우선 첫 음절이 'po'이므로 [포]인데, 일본 사람들은 [포] 소리를 내지 못하므로 [뽀]로 발음하는 수밖에 없으며, 둘째 음절의 'ta'에서 'a'를 [아]가 아니라 철자 소리인 [에이]를 써서 [테이]가 되는데, 일본 사람들은 [ㅌ] 소리를 내지 못하기 때문

에 [데이]로 발음할 수밖에 없으며, 마지막 음절의 'to'는 그대로 [토]로 해야 되는데 이것 역시 [ㅌ] 소리를 내지 못하므로 [또]로 발음해서 [뽀데도(ポテト)]로 발음하는 것이다. 우리는 이것을 모방해서 [포테이토]라고 해서 쓰고 있다.

pro*ject [prádʒekt, prɔ'dʒekt]

┌─────────────┐
│ 단어의 해부 │
└─────────────┘

(가) [prádʒekt]로 발음되는 경우

| pro [prá] | 프라 | | (발음) [프라줵트] |
| ject [dʒekt] | 줵트 | | 한글 표기 프라줵트 |

(나) [prɔ'dʒekt]로 발음되는 경우

| pro [prɔ'] | 프로 | | (발음) [프로줵트] |
| ject [dʒekt] | 줵트 | | 한글 표기 프로줵트 |

┌─────────────┐
│ 해   설 │
└─────────────┘

첫 음절이 [프라]와 [프로]의 두 가지로 발음되어서 어느 것이든 상관이 없겠으나, 마지막 음절이 [젝트]냐 [줵트]냐 하는 것은 논란의 여지가 있다. [dʒ]가 단독으로 발음되는 경우는 [쥬]라는 소리이고, 이것이 어떤 모음과 결합하게 되면 [쥬]에다가 그 모음을 결합시켜서 나오는 소리가 된다. 즉 [dʒekt]에서 [쥬엑트]라는 공식이 나오는데 이것에서 [쥬]와 [ㅖ]이라는 모음이 결합되어서 [줵]이라는 소리로 변하는 것이다.

pro*le*tar*i*at(e) [próulitɛ'əriət]

┌─────────────┐
│ 단어의 해부 │
└─────────────┘

(가) [próulitɛ'əriət]으로 발음되는 경우

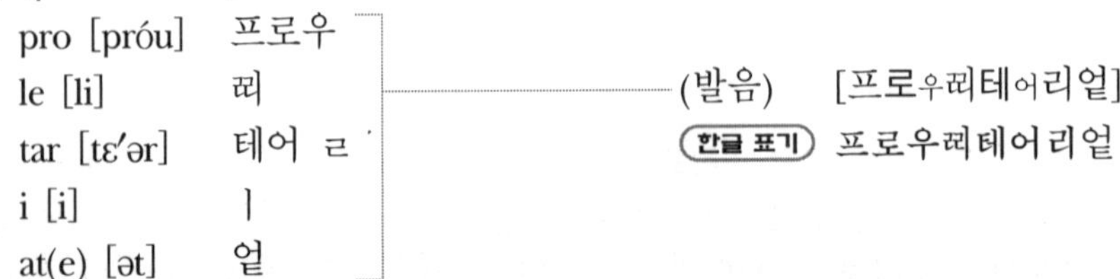

pro [próu]	프로우	
le [li]	리	
tar [tɛ'ər]	테어 ㄹ	(발음) [프로우러테어리얼]
i [i]	ㅣ	한글 표기 프로우러테어리얼
at(e) [ət]	얼	

(나) [próulitɛ′riət]으로 발음되는 경우

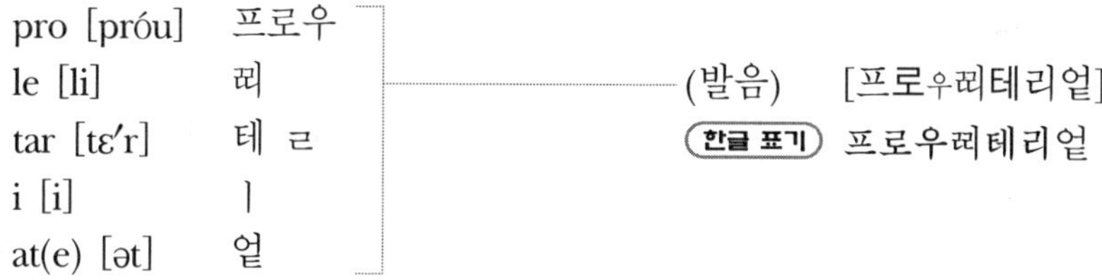

pro [próu]	프로우
le [li]	뤼
tar [tɛ′r]	테 ㄹ
i [i]	ㅣ
at(e) [ət]	엍

(발음) [프로우뤼테리얼]
한글 표기 프로우뤼테리얼

[해   설]

무산 계급이라는 뜻의 이 단어가 [프롤레타리아]로 표기되고 발음되고 있는데, 일본 사람들이 [뿌로레따리아(プロレタリア)]로 발음하는 것을 모방해서 쓰고 있는 것이다. 이것을 발음기호에 맞추어 우리 외래어 표기법에 따라 표기해 본다면, (가)는 [프롤리테어리엇]이 될 것이고, (나)는 [프롤리테리엇]으로 되어서 거의 완벽한 발음이 되었을 것이다.

pro*pose [prəpóuz]

[단어의 해부]

| pro [prə] | 프러 |
| pose [póuz] | 포우즈 |

(발음) [프러포우즈]
한글 표기 프러포우즈

[해   설]

이 단어는 첫 음절이 'pro'에서 'o'가 모음이므로 [프로]로 발음될 것 같으나 'o'는 [오]로 발음되는 것이 아니라 [어]로 발음되어야 하는데, 역시 일본 사람들은 [어] 소리를 내지 못하므로 [오]로 발음해서 [뿌로뽀-즈(プロポーズ)]라고 하며, 우리는 이것을 모방해서 [프로포즈]라고 해서 쓰고 있다.

Puer*to - Ri*co [pw′ɛərtərikou, pwə′ːrtərikou]

[단어의 해부]

(가) [pw′ɛərtərikou]로 발음되는 경우

Puer [pw′ɛər]	프웨어ᄅ
to [tə]	터
Ri [ri]	리
co [kou]	코우

(발음) [프웨어ᄅ터리코우]
한글 표기 프웨어ᄅ터리코우

(나) [pwə′:rtərikou]로 발음되는 경우

Puer [pwə′:r]	프워ᵣ
to [tə]	터
Ri [ri]	리
co [kou]	코우

(발음) [프워ᵣ터리코우]
(한글 표기) 프워ᵣ터리코우

해   설

이 단어의 발음에서 주의해야 할 점은 첫 음절인데, [pw′ɛər]와 [pwə′:r]에서 [w]를 모음으로 생각한다면 [풰어ᵣ] 또는 [풔ᵣ]로 착각할 수도 있다. 그러나 [w]는 어디까지나 자음이기 때문에 자음인 [p]와는 결합할 수 없고 [w] 다음에 오는 모음과 결합하여야 하는 것이다. 따라서 자음인 'p'는 모음이 없으므로 그냥 [프]로 발음되는 것이고, [w]는 그 다음에 오는 [ɛ]나 [ə]라는 모음과 결합하여 [웨]나 [워]로 발음되어야 하는 것이다. 그러나 일본 사람들은 이러한 개념을 무시하고 [뿌에루도리코(プエルトリコ)]로 발음하는데 우리는 이것을 모방해서 [푸에르토리코]라고 해서 쓰고 있다.

Py*thag*o*ras [piθǽgərəs]

단어의 해부

Py [pi]	피
thag [θǽg]	쌔 ㄱ
o [ə]	ㅓ
ras [rəs]	러스

(발음) [피쌔거러스]
(한글 표기) 피쌔거러스

해   설

우리 학생들에게 '[피타고라스]의 정리'라고 하면 금새 알아듣지만 이것을 '[피쌔거러스]의 정리'라고 한다면 고개를 갸웃둥거리면서 웃기는 사람이라고 이상한 눈초리로 바라볼 것이다. 우리 학생들은 자기도 모르는 사이에 일본식 발음인 [삐따고라스(ピタコラス)]를 모방한 [피타고라스]라는 발음이 귀에 익었기 때문인 것이다.

ques*tion [kwésʧən]

단어의 해부

ques [kwés]	크웨스	(발음)	[크웨스쳔]
tion [ʧən]	쳔	한글 표기	크웨스쳔

해 설

일본 사람들은 거의 대부분의 경우 'tion'은 [숀(ション)]으로 발음하는데 이 단어만은 [tion]을 [숀(ション)]으로 발음하지 않는다. 이 단어를 [구에스죤(クエスチョン)]으로 해서 [죤(チョン)]으로 발음하는데 우리는 [퀘숀]이라고 하는 경우도 있고 또한 [퀘스천]이라고 발음하는 경우도 있다. 앞에서도 설명했지만 [w]는 모음이 아니고 자음이므로 [퀘]로 발음하여서는 안된다.

rack*et [rǽkit]

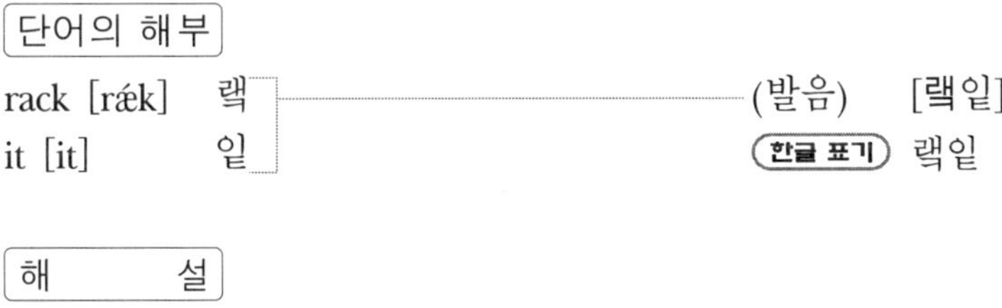

단어의 해부

rack [rǽk]	랙	(발음)	[랙잍]
it [it]	잍	한글 표기	랙잍

해 설

이 단어의 일본식 발음이 [라겟도(ラケット)]인데 우리는 [라켓]으로 쓰는 경우도 있고 [라킷]으로 쓰는 경우도 있다. 어떤 근거에서 [라켓]이라는 발음이 나오게 되었는지는 분명치 않으나 일본식 발음에 영향을 받은 것만은 틀림없다.

ra*di*a*tor [réidièitər]

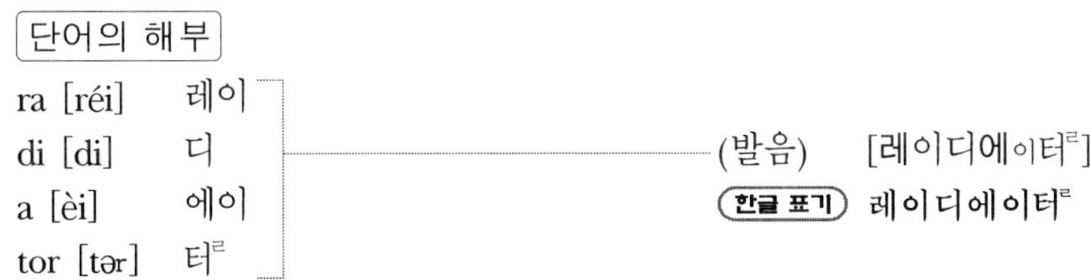

단어의 해부

ra [réi]	레이		
di [di]	디	(발음)	[레이디에이터ᴿ]
a [èi]	에이	한글 표기	레이디에이터ᴿ
tor [tər]	터ᴿ		

해   설

우리는 [라디에이터]라고 하는데 이것은 일본식 발음 [라지에-다-(ラジェータ-)]를 모방한 것이다. 이 단어의 발음에서는 철자 'a'가 모두 철자 발음인 [에이]로 발음되는 것이 특징이다.

ra*dio [réidiòu]

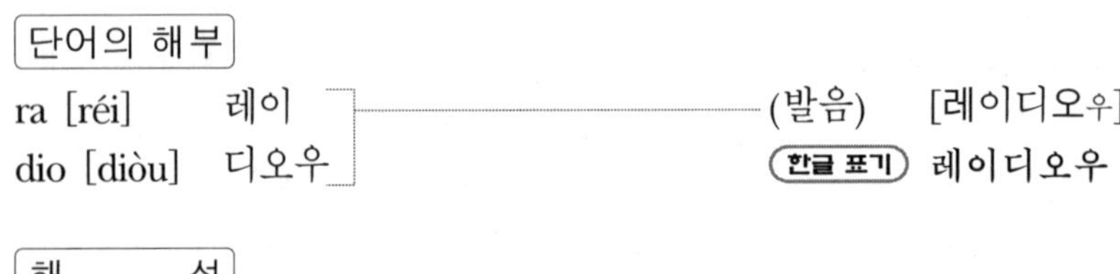

단어의 해부

ra [réi]   레이   (발음)   [레이디오우]
dio [diòu]   디오우   한글 표기   레이디오우

해   설

일본식 발음이 [라지오(ラジオ)]이고, 이것을 모방한 우리의 표기법은 아주 다양하다. 즉 [라지오], [라디오] 또는 [라듸오] 등등으로 다양하다.

ra*di*um [réidiəm]

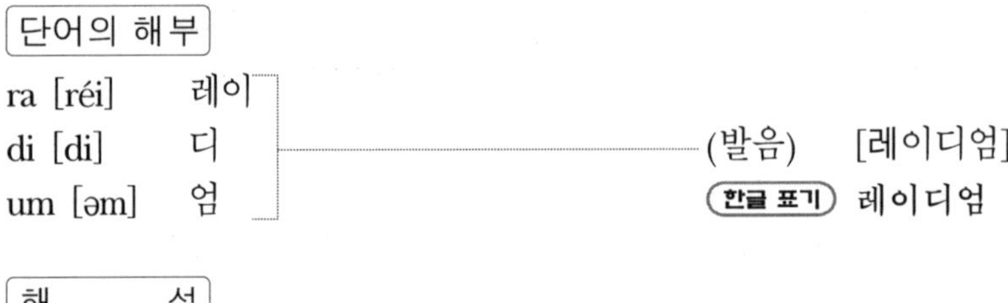

단어의 해부

ra [réi]   레이
di [di]   디   (발음)   [레이디엄]
um [əm]   엄   한글 표기   레이디엄

해   설

우리가 현재 쓰고 있는 표기법은 [라듐] 또는 [라디움]인데 이것은 일본식 발음인 [라지우무(ラジウム)]에서 비롯된 모방된 표기이다. 이것을 발음기호에 맞추어 우리의 외래어 표기법으로 표기하면 [레이디엄]으로 완벽한 발음이 될 수 있는 것을 일본 사람들 흉내를 내다보니까 엉터리 발음이 되어 버렸다.

ref*er*ee [rèfərí:]

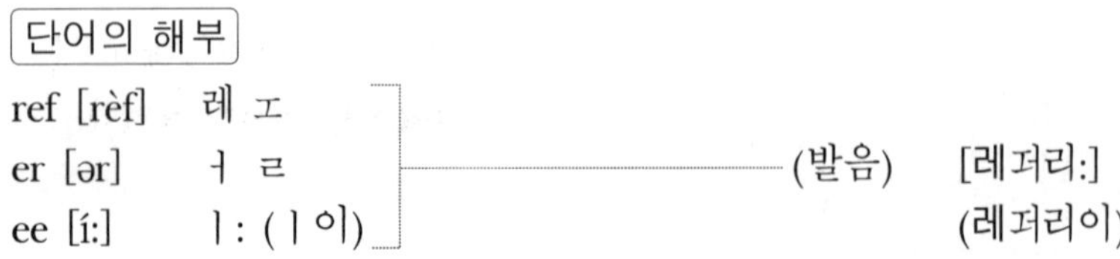

단어의 해부

ref [rèf]   레 ㅍ
er [ər]   ㅓ ㄹ   (발음)   [레퍼리:]
ee [í:]   ㅣ: (ㅣ이)   (레퍼리이)

(한글 표기) 레꺼리 :
또는   레꺼리이

[해   설]

　운동 경기 중계를 보노라면 [레프리]라는 말을 자주 듣게 되는데 [심판]이라는
우리말을 놔두고 되지도 않는 외래어 발음을 쓰고 있는 것이다. 이 [레프리]란
발음은 일본식 발음인 [레훼리-(レフュリ-)]를 모방한 발음이다. 원래의 발음
은 [레꺼리:]인데, 둘째 음절의 'er'에서 철자 'e'가 [어]로 발음되어야 하는데도 발
음되지 않는 것처럼 처리한 것은 잘못된 것이다. 이와 같이 우리 주변에는 일본
식으로 잘못된 발음을 아무렇지도 않게 자연스럽게 쓰고 있는 것이다.

ren*ais*sance [rènəsá:ns, rènəzá:ns, rinéisəns]

[단어의 해부]

(가) [rènəsá:ns]로 발음되는 경우

ren [rèn]	렌		(발음)	[렌어싼:스]
ais [ə(s)]	어 ㅅ			(렌어싸안스)
sance [sá:ns]	산:스 (싸안스)		(한글 표기)	렌어싼:스
				또는 렌어싸안스

(나) [rènəzá:ns]로 발음되는 경우

ren [rén]	렌		(발음)	[렌어짠:스]
ais [ə(z)]	어 ㅈ			(렌어짜안스)
sance [zá:ns]	잔:스 (자안스)		(한글 표기)	렌어짠:스
				또는 렌어짜안스

(다) [rinéisəns]로 발음되는 경우

ren [rin]	린			
ais [éi(s)]	에이 (ㅅ)		(발음)	[린에이선스]
sance [səns]	선스		(한글 표기)	린에이선스

(라) [rinéisns]로 발음되는 경우

ren [rin]	린			
ais [éi(s)]	에이 (ㅅ)		(발음)	[린에이슨스]
sance [sns]	슨스		(한글 표기)	린에이슨스

해   설

문예부흥을 말할 때 [르네쌍스]라고 말한다. 이 단어의 일본식 발음이 [루네 상스(ルネサンス)]이므로 이것을 모방해서 쓰고 있는 것이다.

re*sist*ance [rizístəns]

단어의 해부

(가) [rizístəns]로 발음되는 경우

re [ri]	리		
sist [zíst]	지스 ㅌ		(발음)　[리지스턴스]
ance [əns]	넌스		(한글 표기)　리지스턴스

(나) [rizístns]로 발음되는 경우

re [ri]	리		
sist [zíst]	지스 ㅌ		(발음)　[리지스튼스]
ance [ns]	ㄷ스		(한글 표기)　리지스튼스

해   설

제2차 세계대전 중에 독일의 점령지에서 지하 저항 운동을 일컬은 단어인데 우리 귀에는 [레지스탕스]라는 발음이 익숙하다. 이것은 일본식 발음인 [레찌스 당(レジスタン)]을 모방한 것이다.

res*tau*rant [réstərənt, réstərà:nt, restərɔ′:ŋ]

단어의 해부

(가) [réstrənt]로 발음되는 경우

res [rés]	레스		
tau [t]	트		(발음)　[레스트런트]
rant [rənt]	런트		(한글 표기)　레스트런트

(나) [réstərənt]로 발음되는 경우

res [rés]	레스		
tau [tə]	터		(발음)　[레스터런트]
rant [rənt]	런트		(한글 표기)　레스터런트

(다) [réstrà:nt]로 발음되는 경우

res [rés]	레스		
tau [t]	트	(발음)	[레스트란:트]
rant [rà:nt]	란:트 (라안트)		(레스트라안트)

(한글 표기) 레스트란:트
또는 레스트라안트

(라) [réstərà:nt]로 발음되는 경우

res [rés]	레스		
tau [tə]	터	(발음)	[레스터란:트]
rant [rà:nt]	란:트 (라안트)		(레스터라안트)

(한글 표기) 레스터란:트
또는 레스터라안트

(마) [restrɔ́:ŋ]으로 발음되는 경우

res [res]	레스		
tau [t]	트	(발음)	[레스트롱:]
rant [rɔ́:ŋ]	롱: (로옹)		(레스트로옹)

(한글 표기) 레스트롱:
또는 레스트로옹

(바) [restərɔ́:ŋ]으로 발음되는 경우

res [res]	레스		
tau [tə]	터	(발음)	[레스터롱:]
rant [rɔ́:ŋ]	롱: (로옹)		(레스터로옹)

(한글 표기) 레스트롱:
또는 레스트로옹

> 해   설

원래는 프랜스(France) 말인데 영어 발음으로는 [레스토랑]이 될 수가 없다.
왜냐하면 일본 사람들은 이 단어를 [레스또란(レストラン)]이라 발음하기 때문
에 우리는 이것을 모방해서 [레스토랑]이라고 하는 것이다.

ri*val [ra′ivəl]

> 단어의 해부

(가) [ra′ivl]로 발음되는 경우

ri [ra′i]	라이	(발음)	[라이블]
val [vl]	블		

(한글 표기) 라이블

(나) [ra′ivəl]로 발음되는 경우
    ri [ra′i]   라이   (발음)   [라이벌]
    val [vəl]   벌   (한글 표기) 라이벌

[해   설]

우리말 표기로는 [라이벌]이라고 잘 표기되어 있는데 실제 대화에서는 [라이발]이라고 발음하는 경우도 있다. 그것은 일본식 발음인 [라이바루(ライバル)]를 모방한 발음으로 영어 발음으로는 잘못된 것이다.

rock*et [rάkit, rɔ′kit]

[단어의 해부]

(가) [rάkit]으로 발음되는 경우
    rock [rάk]   락   (발음)   [락잍]
    et [it]   잍   (한글 표기) 락잍
(나) [rɔ′kit]으로 발음되는 경우
    rock [rɔ′k]   록   (발음)   [록잍]
    et [it]   잍   (한글 표기) 록잍

[해   설]

첫 음절이야 [락]이든 [록]이든 모두 맞는 발음이지만, 마지막 음절을 [켓]으로 발음하는 것은 잘못된 발음이다. 그것은 일본 사람들이 발음기호를 무시하고 철자 'e'를 살려서 [에]로 발음하기 때문에 생긴 현상이다. 일본 사람들은 이 단어를 [로껫또(ロケット)]로 발음하는데, 이것을 모방하다 보니까 [로켓]으로 된 것이다.

Rome [roum]

[단어의 해부]

Rome [roum]   로움   (발음)   [로움]
                                      (한글 표기) 로움

[해   설]

영어 발음으로는 [로마]라고 발음되지는 않는다. 일본 사람들이 [로-마(ロー

マ)]라고 하니까 우리도 [로마]라고 하는 것이 아닐까?

Roo*se*velt [róuzəvèlt, róuzvelt]

단어의 해부

(가) [róuzəvèlt]로 발음되는 경우

Roo [róu]	로우
se [zə]	저
velt [vèlt]	벨트

(발음)　[로우저벨트]

한글 표기　로우저벨트

(나) [róuzvelt]로 발음되는 경우

Roo [róu]	로우
se [z]	즈
velt [velt]	벨트

(발음)　[로우즈벨트]

한글 표기　로우즈벨트

해　설

철자 'o'가 두 개 겹쳐서 'oo'가 되면 [u]로 발음되는 것이 보통인데, 이 단어에서는 의외로 중모음 [ou]로 발음되는 것이다. 일본 사람들이 첫 음절이 'Roo'로 되어 있으니까 당연히 [루]로 발음되는 것으로 오인하고 [루즈베루도(ルズヴェルト)]로 발음하는 것을 모방해서 우리는 [루즈벨트]로 쓰고 있는 것이다.

ro*ta*ry [róutəri]

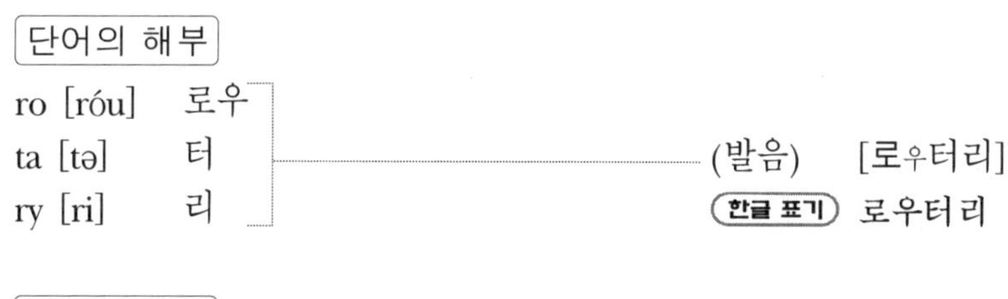

단어의 해부

ro [róu]	로우
ta [tə]	터
ry [ri]	리

(발음)　[로우터리]

한글 표기　로우터리

해　설

일본 사람들이 [로-다리-(ロータリー)]라고 하니까 우리는 [로타리]라고 쓰는 것이다. 첫 음절의 중모음과 둘째 음절의 철자 'a'의 발음에 주의해야 한다.

Rou*ma*nia [ru(:)méiniə, ru(:)méinjə]

단어의 해부

(가) [ruméiniə]로 발음되는 경우

Rou [ru]	루	
ma [méi]	메이	(발음) [루메이니어]
nia [niə]	니어	한글 표기 루메이니어

(나) [ru:méiniə]로 발음되는 경우

Rou [ru:]	루: (루우)	(발음) [루:메이니어]
ma [méi]	메이	(루우메이니어)
nia [niə]	니어	한글 표기 루:메이니어
		또는 루우메이니어

(다) [ruméinjə]로 발음되는 경우

Rou [ru]	루	
ma [méi]	메이	(발음) [루메이녀]
nia [njə]	녀	한글 표기 루메이녀

(라) [ru:méinjə]로 발음되는 경우

Rou [ru:]	루: (루우)	(발음) [루:메이녀]
ma [méi]	메이	(루우메이녀)
nia [njə]	녀	한글 표기 루:메이녀
		또는 루우메이녀

해 설

첫 음절의 'Rou'는 모음이 'ou'로 되어 있는데, 이것을 철자 'oo'로 보아서 [u]로 발음하느냐, 아니면 첫 철자 'o'가 발음되지 않는 것으로 생각하고 철자 'u'만 [u]로 발음하느냐 하는 것인데 어떻게 하든 결과는 마찬가지다. 둘째 음절의 철자 'a'는 철자 발음인 [éi]로 발음되어야 하는데도 일본 사람들은 발음기호를 무시하고 [아]로 발음하고, 마지막 음절의 철자 'a'도 [어]나 [녀]로 발음되어야 하는데도 모두 [아]로 발음해서 [루—마니아(ルーマニア)]로 발음하는 것을 우리는 한 자도 틀리지 않고 똑같이 [루마니아]로 쓰고 있는 것이다.

roy*al [rɔ´iəl]

단어의 해부

roy [rɔ´i] 로이
al [əl] 얼

(발음) [로이얼]
한글 표기 로이얼

해   설

일본 사람들은 철자 'ya'를 연결시켜서 생각하기 때문에 [로이야루(ロイヤル)]로 발음하는데 우리는 이것을 그대로 따라서 [로얄]이라고 쓰고 있다. 그러나 이것을 각 음절로 나누어 생각한다면 첫 음절은 'roy'이기 때문에 [rɔ´i]로 발음해야 하므로 [로이]가 되며, 둘째 음절의 'al'은 [əl]이므로 [얼]로 발음해야 하는 것이다. 따라서 [로얄]이라는 발음은 일본식 발음이고 [로이얼]이 옳은 발음이다.

roy*al*ty [rɔ´iəlti]

단어의 해부

roy [rɔ´i] 로이
al [əl] 얼
ty [ti] 티

(발음) [로이얼티]
한글 표기 로이얼티

해   설

첫 음절과 둘째 음절인 'royal'은 앞에서 자세히 설명하였으므로 생략하고 여기에다가 철자 'ty'의 발음인 [ti]를 붙이면 되는 것이다. 앞에서 설명한 대로 일본 사람들은 [로이야루디-(ロイヤルティー)]라고 발음하는데 우리는 이것을 흉내내 [로얄티]라고 쓰고 있다.

Ru*an*da [ru(:)á:ndə]

단어의 해부

(가) [ruá:ndə]로 발음되는 경우

Ru [ru] 루
an [á:n] 안: (아안)
da [də] 더

(발음) [루안:더]
(루아안더)

(한글 표기) 루안:더

또는　루아안더

(나) [ru:á:ndə]로 발음되는 경우

Ru [ru:]　루: (루우)　┐

an [á:n]　안: (아안)　├─────── (발음)　[루:안:더]

da [də]　더　┘　　　　　　　　　　　　(루아안더)

(한글 표기) 루:안:더

또는　루우아안더

해	설

우리 외래어 표기법으로 한다면 [루안더]로 되어서 원래의 발음에 아주 꼭 맞는 표기가 되었을 것인데 일본식 발음 [루완다(ルワンタ)]를 모방해서 쓰다 보니까 [루안다]로 되어 버렸다.

ruck*sack [rʌ′ksæk, rúksæk]

단어의 해부

(가) [rʌ′ksæk]으로 발음되는 경우

ruck [rʌ′k]　럭　┐

sack [sæk]　쌕　┘　── (발음)　[럭쌕]

　　　　　　　　　　(한글 표기) 럭쌕

(나) [rúksæk]으로 발음되는 경우

ruck [rúk]　룩　┐

sack [sæk]　쌕　┘　── (발음)　[룩쌕]

　　　　　　　　　　(한글 표기) 룩쌕

해	설

일본 사람들은 이 단어를 [륫구삿구(リユックサック)]로밖에는 발음을 하지 못한다. 우리말로 [배낭]이라는 말이 널리 사용되기 이전까지 우리는 [니꾸사꾸]라는 말을 쓴 적도 있다. (가)에서 첫 음절이 [럭]으로 발음되어야 하는데 일본 사람들은 [어] 소리를 내지 못하고, 더구나 받침말 구사능력이 부족하기 때문에 [리꾸(リク)]로밖에는 소리를 내지 못한다.

Rus*sia [rʌʹʃə]

발음기호를 보지 않고 철자만을 본다면 'Russia'이므로 [루시아]나 [러시아]로 되는 것이 일본식 발음인 것이다. 일본 사람들은 [로시아(ロシア)]라고 하는데 우리는 [러시아]로 쓰고 있다. 이것은 첫 음절은 발음기호에 따라 발음하였지만 마지막 음절에서는 발음기호를 무시하고 일본식으로 철자 중심으로 발음하였기 때문에 이런 얼토당토않은 발음인 [러시아]로 변해버린 것이다. 만일 마지막 음절만이라도 발음기호에 충실했더라면 최소한 [셔] 정도는 되어서 [러셔]로 되었을 것이다.

sac*cha*rin [sǽkərin]

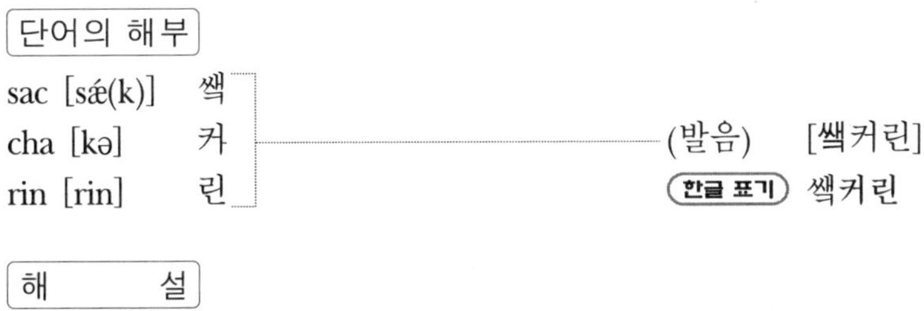

5.16 후에 일어난 소위 '삼분 사건'이라는 정치 밀수 사건에서 이 [삭카린]이라고 하는 흰 가루가 말썽을 일으킨 적이 있다. 이 말은 [삿가린(サッカリン)]이라는 일본식 영어 발음이다.

Sa*ha*ra [səhάːrə, səhɛʹərə]

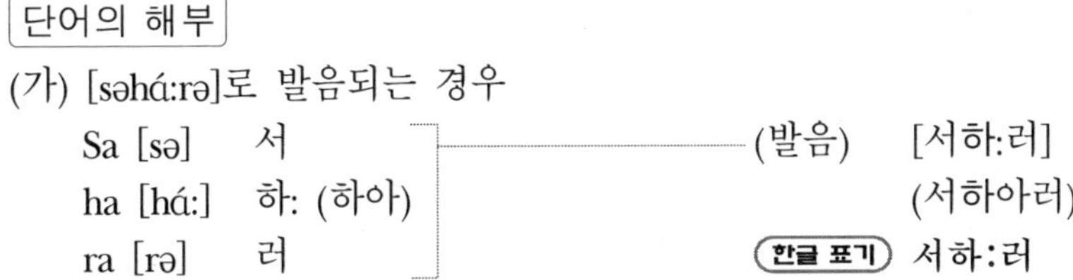

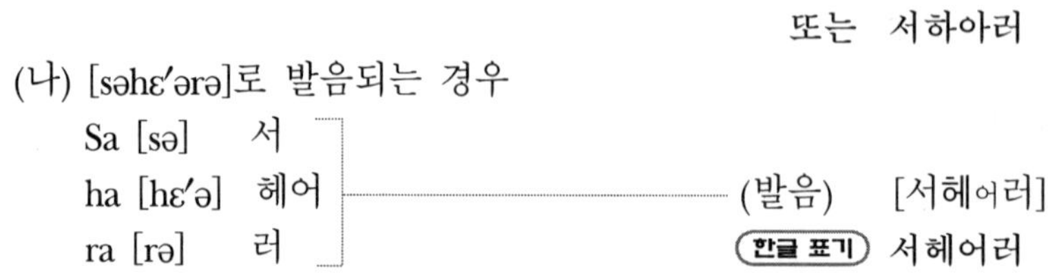

(나) [səhɛ'ərə]로 발음되는 경우

또는 서하아러

Sa [sə]	서	
ha [hɛ'ə]	헤어	(발음) [서헤어러]
ra [rə]	러	(한글 표기) 서헤어러

[해 설]

일본 사람들이 [사하라(サハラ)]라고 하는 것을 한 글자도 틀리지 않고 그대로 옮겨서 쓰고 있다.

Sa*kha*lin [sǽkəli:n]

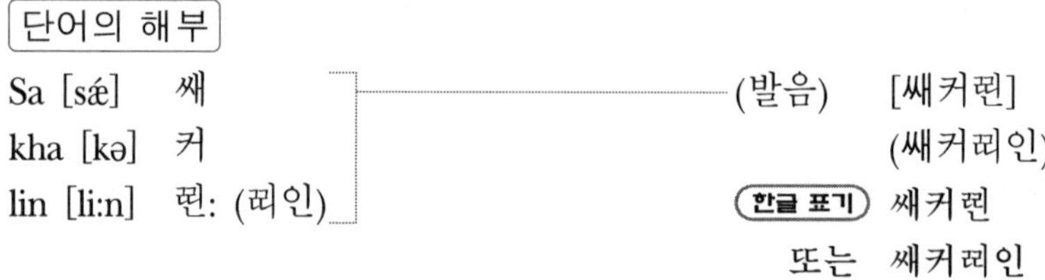

[단어의 해부]

Sa [sǽ]	쌔	(발음) [쌔커린]
kha [kə]	커	(쌔커리인)
lin [li:n]	린: (리인)	(한글 표기) 쌔커린
		또는 쌔커리인

[해 설]

앞에서 설명한 'saccharin'과 발음기호를 비교해 보자. 먼저 'saccharin'의 발음기호는 [sǽkərin]이고, 이 단어는 [sǽkəli:n]이다. 이 두 단어의 발음기호를 비교해 보면 자음이 'r'과 'l'만 다르며, 모음의 발음이 단음과 장음으로 다를 뿐이다. 그런데 이 단어들을 발음기호를 중심으로 해서 일본식 발음으로 정확히 표기한다면 [sǽkərin]은 [사까린(サカリン)]이고, [sǽkəli:n]도 [사까린(サカリン)]이 된다. 첫째 음절에서 일본 사람들은 [애] 발음을 하지 못하므로 [아]로 발음해서 [사(サ)]가 되고, 둘째 음절의 [kə]도 일본 사람들은 [어] 발음을 하지 못하므로 또다시 [까(カ)]가 되는 수밖에 없으며, 마지막 음절의 [rin]과 [li:n]은 [린]과 [린]으로 구별되어야 하는데, 일본 글자에는 된소리 'ㄹㄹ'이 없기 때문에 다같이 [린(リン)]으로 발음하는 수밖에 없는 것이다.

따라서 똑같은 발음이 되는데, 자기네 영토 이름이 마치 식품 이름과 같아지는 것이 싫어서인지는 몰라도 'Sakhalin'에서 철자 'k'의 발음을 빼 버리고 철자 'h'만을 살려서 [사하린(サハリン)]이라고 발음하는 것 같다.

우리는 이것을 그대로 따라서 [사할린]이라고 하는데, 일본 지명이므로 [사하린]이 옳은 발음이라 할지라도 이것의 영문 표기를 발음함에 있어서는 영어 발음기호에 맞추어 발음하는 것이 옳다.

sal*mo*nel*la [sælmənélə]

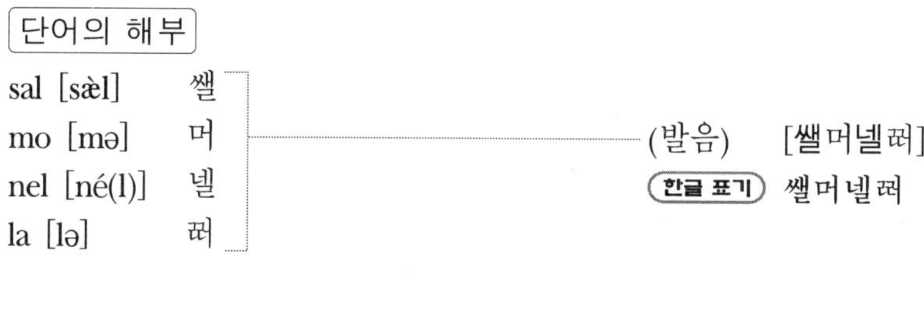

sal [sæl]	쌜		(발음)	[쌜머넬러]
mo [mə]	머		(한글 표기) 쌜머넬러	
nel [né(l)]	넬			
la [lə]	러			

해 설

여름철에 가끔 [살모넬라]균에 감염된 환자가 어떻고 하는 보도에 접하는 경우가 많다. 이것은 일본식 발음 [사루모네라(サルモネラ)]를 모방한 발음인 것이다. 첫 음절의 'a'라는 모음이 [애]로 발음되어야 하고, 둘째 음절의 'o'라는 모음이 [어]로 발음되어야 하는데도 일본 사람들이 [애]나 [어] 소리를 내지 못하기 때문에 철자 'a'를 [아]로, 철자 'o'를 [오]로 발음하는 것인데 우리는 그대로 모방해서 쓰고 있다.

sa*lon [səlán, sələ′n]

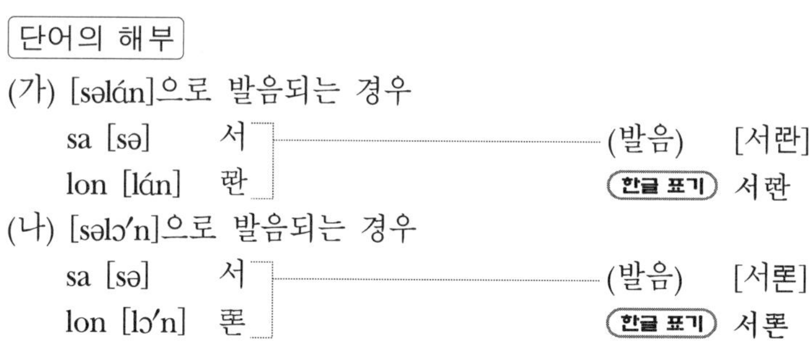

단어의 해부

(가) [səlán]으로 발음되는 경우

sa [sə]	서		(발음)	[서란]
lon [lán]	란		(한글 표기) 서란	

(나) [sələ′n]으로 발음되는 경우

sa [sə]	서		(발음)	[서론]
lon [lə′n]	론		(한글 표기) 서론	

해 설

이 단어는 일본의 영향을 많이 받은 결과로 [사롱(サロン)]인 일본식 발음을 따라서 우리는 [쌀롱]이니, [살롱]이니, 또는 [싸롱] 등등으로 쓰고 있다. 이 단어의 발음기호를 보면 두 가지로 발음되기는 하지만 그 어느 것도 첫 음절의

철자 'a'가 [아]로 발음되는 경우는 없다.

sam*ba [sǽmbə]

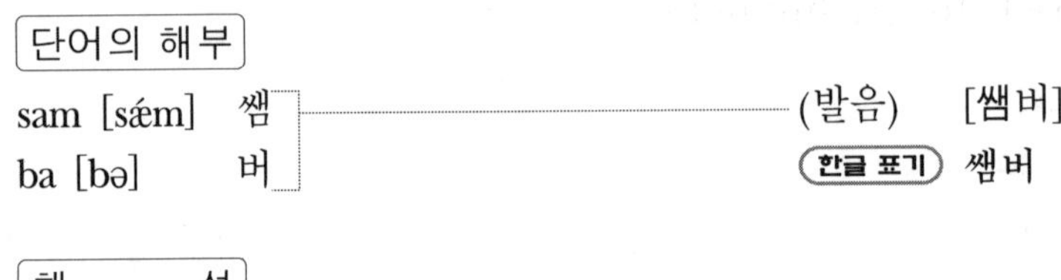

단어의 해부

sam [sǽm] 쌤
ba [bə] 버

(발음) [쌤버]
한글 표기 쌤버

해　　　설

[쌈바, 쌈바, 쌈바……]라고 하는 대중 가요가 있는데 이 노래도 최근에 작사된　노래인데 일본식 발음으로 [산바(サンバ)]인 것을 모방한 발음이다.

So*moa [səmóuə]

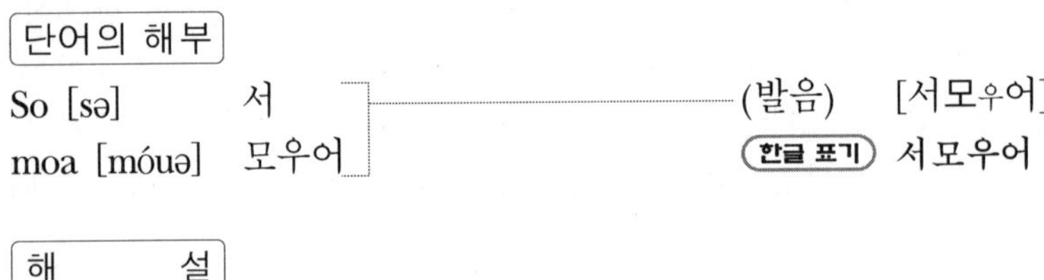

단어의 해부

So [sə] 　서
moa [móuə] 모우어

(발음) [서모우어]
한글 표기 서모우어

해　　　설

이 단어에 대해서만은 일본 사람들도 어느 정도 발음기호에 충실하려는 노력이 보인다. 왜냐하면 일본 사람들이 [사모아(サモア)]라고 발음하는데 보통 철자 'o'는 무조건 [오]로 발음하는 관례를 깨고 이것만은 [아]로 발음한 것이다. 그것은 아무래도 미국 사람들이 [소]로 발음하지 않고 [서]로 발음하는 것을 자기네들은 [어] 소리를 내지 못하니까 아예 [아]로 발음한 것으로 보여진다. 이처럼 일본 사람들도 때에 따라서는 철자보다는 소리를 중요하게 여기는 경우도 있는 것을 보면, 언어는 소리의 정확성이 가장 중요한 요소라는 사실을 일깨워 주는 것이다.

San-Di*e*go [sǽndiéigou]

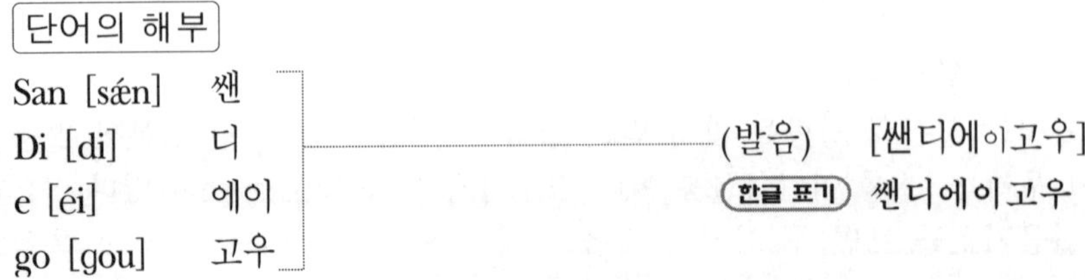

단어의 해부

San [sǽn] 쌘
Di [di] 디
e [éi] 에이
go [gou] 고우

(발음) [쌘디에이고우]
한글 표기 쌘디에이고우

해　　　　설

일본 사람들은 [산찌아고(サンチアゴ)]라고 하는데 우리는 [쌘디에고]로 쓰고 있으므로 별로 문제될 것은 없지만, 셋째 음절의 철자 'e'와 마지막 음절의 철자 'o'의 발음에 주의해야 한다. 철자 'e'의 발음기호를 보면 [éi]로, 철자 'o'의 발음 기호는 [ou]로 되어 중모음으로 발음되어야 하는 것이다.

San-Fran*cis*co [sǽnfrənsískòu, sǽnfrənsískou]

단어의 해부

(가) [sǽnfrənsískòu]로 발음되는 경우

(나) [sǽnfrənsískou]로 발음되는 경우

해　　　　설

이 단어를 일본 사람들은 [산후란시스꼬(サンフランシスコ)]라고 발음하는데 우리는 [쌘프라시스코우]라고 한다. 우리의 발음 중에서 둘째 음절의 'Fran'을 [프란]이라고 해서 일본식 발음을 모방하지 않고 우리 외래어 표기법에 따라 [프런]으로 했었더라면 아주 완벽한 발음이 되었을 것이다.

San*ta-Claus [sǽntəklɔ́:z]

단어의 해부

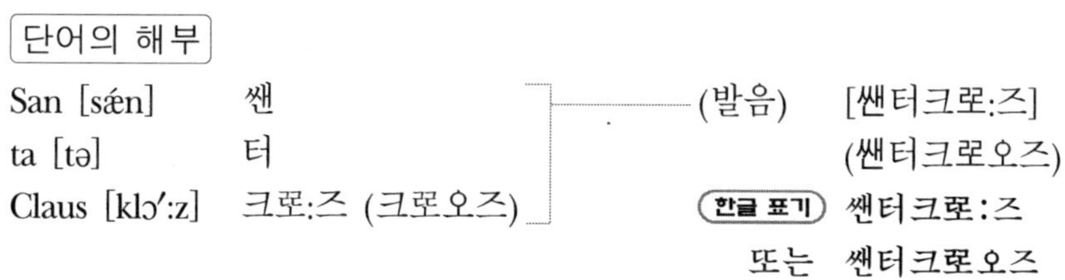

해　　　　설

　연말이 되면 어린이들에게는 [산타클로스] 할아버지가 가슴설레게 만든다. 이 [산타클로스]라는 말은 일본 사람들의 [산다구로―스(サンタクロース)]를 모방한 말이다. 실제 발음에서는 [싼타클로스]라고도 하는데 첫 음절은 [애]로 발음되어야 하는데 일본 사람들이 [애] 소리를 내지 못하므로 [아]로 발음하는 것이고, 둘째 음절이 [어]로 발음되어야 하는데 이것 역시 [어] 소리가 없으므로 또다시 [아]로 발음한 것이다. 그리고 마지막 음절에서 철자 's'가 [즈]로 발음되어야 하는데 [스]로 발음한 것은 역시 발음기호를 무시한 결과인 것이다.

sap*phire [sǽfaˈiər]

해　　　　설

　우리는 [사파이어]로 쓰고 있는데 이것은 [사후아이아(サファイア)]라는 일본식 발음을 따라한 것이다. 이것을 우리 외래어 표기법에 따라 표기해 보면 [쌔파이어]로서 [f]의 글자와 'r 모음화 음색 변화'의 표기가 불완전한 것 이외에는 완벽한 표기가 될 수 있는 것이다.

sash [sæʃ]

해　　　　설

　일본 사람들이 [삿슈(サッシュ)]라고 하는데 우리가 쓰고 있는 [샤시]라고 발음하는 것은 잘못된 발음이며 일본식 발음을 따라한 발음이다. 우리 외래어 표기법으로 표기한다면 적어도 [새시] 정도로는 되어서 어느 정도 원래의 발음에 접근할 수 있었을 것이다.

Sau*di-Ara*bia [saʹudiəréibiə, sɑːúːdiəréibiə, sɔʹːdiəréibiə]

단어의 해부

(가) [saʹudiəréibiə]로 발음되는 경우

Sau [saʹu]	싸우	
di [di]	디	
Ara [əréi]	어레이	
bia [biə]	비어	

(발음)　[싸우디어레이비어]
(한글 표기)　싸우디어레이비어

(나) [sɑːúːdiəréibiə]로 발음되는 경우

Sau [sɑːúː]	사:우: (사아우우)	
di [di]	디	
Ara [əréi]	어레이	
bia [biə]	비어	

(발음)　[사:우:디어레이비어]
　　　　(사아우우디어레이비어)
(한글 표기)　사:우:디어레이비어
또는　사아우우디어레이비어

(다) [sɔʹːdiəréibiə]로 발음되는 경우

Sau [sɔʹː]	쏘:	
di [di]	디	
Ara [əréi]	어레이	
bia [biə]	비어	

(발음)　[쏘:디어레이비어]
　　　　(쏘오디어레이비어)
(한글 표기)　쏘:디어레이비어
또는　쏘오디어레이비어

해　　　설

셋째 음절과 마지막 음절인 'Arabia'는 앞에서 설명하였다. 일본 사람들은 [사우지아라비아(サウジアラビア)]로 발음하고 있는데 우리는 이것을 따라해서 [사우디아라비아]로 쓰고 있다. 'Arabia' 항목에서 설명했듯이 이 단어의 발음은 잘못된 것이다.

sau*na [saʹunə, sɔʹːnə]

단어의 해부

(가) [saʹunə]로 발음되는 경우

sau [saʹu]	싸우	
na [nə]	너	

(발음)　[싸우너]
(한글 표기)　싸우너

(나) [sɔ':nə]로 발음되는 경우

sau [sɔ':]	쏘: (쏘오)		(발음)	[쏘:너]
na [nə]	너			(쏘오너)

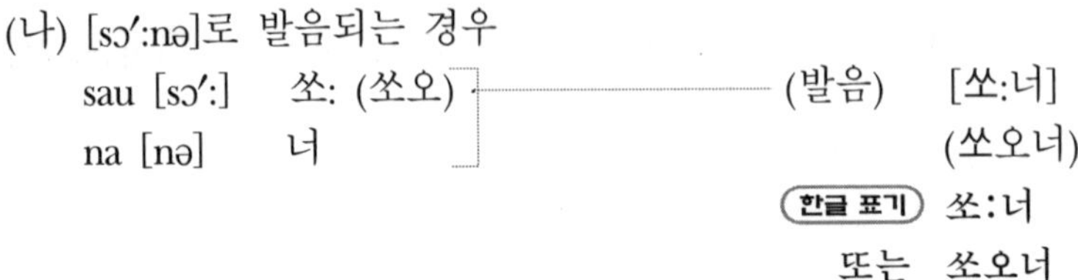

(한글 표기) 쏘:너

또는 쏘오너

[해   설]

발음기호에 충실하고 우리의 외래어 표기법에 따라 이 단어를 표기한다면, (가)는 [사우너]일 것이고, (나)는 [소너]로 되었을 것이다. 우리가 현재 쓰고 있는 [사우나]라는 발음은 [사우나(サウナ)]라는 일본식 발음을 그대로 따라한 것이다. 마지막 음절의 'na'에서 'a'를 [아]로 발음하는 것은 [어] 소리를 내지 못하는 일본 사람들이나 하는 발음인데 우리는 그것을 그대로 따라하고 있는 것이다.

sau*sage [sɔ':sidʒ, sɔ'sidʒ]

[단어의 해부]

(가) [sɔ':sidʒ]로 발음되는 경우

sau [sɔ':]	쏘: (쏘오)		(발음)	[쏘:시쥐]
sage [sidʒ]	시쥐			(쏘오시쥐)

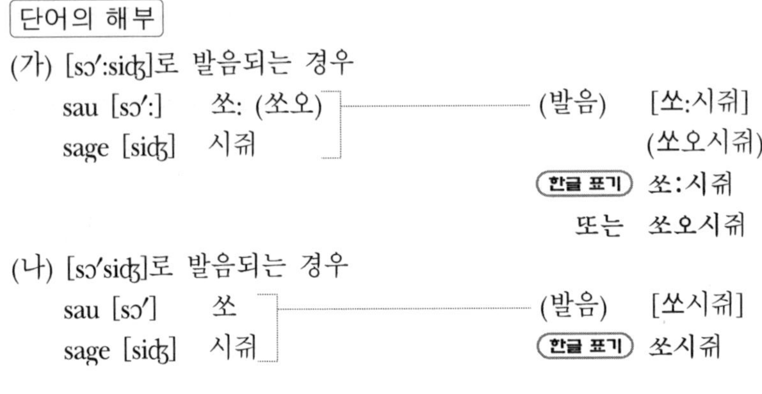

(한글 표기) 쏘:시쥐

또는 쏘오시쥐

(나) [sɔ'sidʒ]로 발음되는 경우

sau [sɔ']	쏘		(발음)	[쏘시쥐]
sage [sidʒ]	시쥐		(한글 표기)	쏘시쥐

[해   설]

[소시지]로 표기되고 있는 이 말은 일본식 발음 [소ー세ー지(ソーセージ)]를 따라한 발음이다. 이 단어의 발음에서 가장 주의해야 할 점은 마지막 음절의 [dʒ]의 발음이다. 우리의 외래어 표기법에 따르면 이 [dʒ]가 말 끝에 오는 경우에는 [지]로 표기한다라고 되어 있는데 [dʒ]는 단순한 [지]의 소리가 아닌 것이다.

Scan*di*na*via [skǽndənéiviə]

단어의 해부

Scan [skǽn] 스캔
di [də] 더
na [néi] 네이   (발음) [스캔더네이비어]
via [viə] 비어   한글 표기 스캔더네이비어

해   설

일본 사람들은 [스간지나비아(スカンジナヴィア)]로 발음하는데 우리는 이것을 따라서 [스칸디나비아]로 쓰고 있다. 일본 사람들이야 [애] 소리나 [어] 소리를 내지 못하기 때문에 발음을 제대로 할 수 없지만 우리는 [애] 발음을 할 수 있으므로 [스캔]으로 발음할 수 있고, 또한 [어] 발음을 할 수 있으므로 [디]가 아니고 [더]가 되어서 [스캔더]로 발음할 수 있는 것이다. 일본 사람들도 [에이] 소리를 낼 수 있는데도 불구하고 [네이] 가 아니고 [나]로 발음하는 것은 발음기호를 무시한 결과인 것이다. 그러나 우리는 발음기호에 따라 [네이]로 발음해서 [스캔더네이]로 발음하고 마지막 음절도 [비아]가 아니라 [비어]로 발음해서 [스캔더네이비어]로 한다면 아주 완벽한 발음이 되는 표기가 될 수 있을 것이다. 게다가 [v =ㅸ]라는 새로운 글자를 대입한다면 완벽한 표기가 된다.

Schu*bert [ʃúːbərt]

단어의 해부

Schu [ʃúː] 쓔: (쓔우)   (발음) [쓔:뷀]
bert [bərt] 뷀   (쓔우뷀)
                              한글 표기 쓔:뷀
                              또는 쓔우뷀

해   설

일본식 발음 [슈베―루또(シューベルト)]의 영향을 많이 받은 우리는 [슈벨트]라고 쓰고 있다. 그러나 영어의 발음기호를 보면 마지막 음절의 철자 'r'은 자음이 아니라 반모음인 'r 모음화 음색 변화'이므로 [르]로 발음되거나, 다른 말의 받침이 될 수 없는 것이다.

296

Schweit*zer [ʃvaˈitsər]

Schweit [ʃvaˈi(t)]   슈바잍 ┐
zer [tsər]   처ᴿ ┘ ────────── (발음)   [슈바잍처ᴿ]
(한글 표기) 슈바잍처ᴿ

우리가 쓰고 있는 [슈바이처]라는 표기는 [v]에 대응할 문자가 없었다는 것과 'r 모음화 음색 변화'에 대한 표기가 부족하였을 뿐 대체적으로 올바른 표기로 생각된다. 일본 사람들은 [슈바이쯔아-(シュバイツァー)]로 쓰고 있다. 비록 [v]에 대응하는 글자가 없고, 'r 모음화 음색 변화'에 대응하는 방법이 없었더라도 이 단어의 발음을 원래의 발음에 가깝게 표기할 수 있다는 것을 보면 우리 한글이 얼마나 우수한 문자인가를 알 수 있다.

Scot*land [skátlənd, skɔ́tlənd]

(가) [skátlənd]로 발음되는 경우
  Scot [skát]   스캍 ┐
  land [lənd]   런드 ┘ ────────── (발음)   [스캍런드]
  (한글 표기) 스캍런드
(나) [skɔ́tlənd]로 발음되는 경우
  Scot [skɔ́t]   스콭 ┐
  land [lənd]   런드 ┘ ────────── (발음)   [스콭런드]
  (한글 표기) 스콭런드

우리가 쓰는 발음은 [스코틀랜드]인데 이처럼 [트] 소리를 내는 것은 일본 사람들이 받침말을 자유롭게 구사하지 못해서 [또(ㅏ)] 소리를 내서 [스곳도란도 (スコットランド)]라고 발음하는 것을 따라하는 것과 같은 결과를 초래하는 것이므로 [스코트]라고 하지 말고 [스콭] 하고 철자 't'를 받침으로 써서 끊어주는 것이 바람직한 발음이다.

Se*at*tle [síːætl]

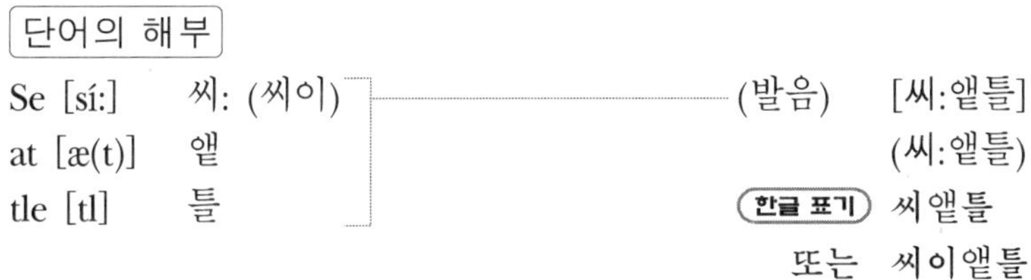

단어의 해부		
Se [síː]	씨: (씨이)	
at [æ(t)]	앨	(발음) [씨:앨틀]
tle [tl]	틀	(씨:앨틀)

(한글 표기) 씨앨틀
또는 씨이앨틀

해　　설

우리가 쓰고 있는 [시애틀]도 완전히 틀린 발음이라고는 할 수 없겠으나 엄밀한 의미에서는 완벽한 발음이라고도 할 수 없다. 그 이유는 강음 부호가 붙기 때문에 [시]라는 연음이 아니라 [씨]라는 강음으로 발음해야 하는 것이다. 둘째 음절에서 철자 ‘t’로 끊어지므로 그냥 [애]가 아니라 [앨]으로 ‘t’가 받침의 역할을 하는 것이다. 일본 사람들은 [시아또루(シアトル)]로밖에는 발음할 수가 없는데 우리는 [씨앨틀] 하고 아주 완벽하게 발음하고 표기할 수가 있다.

se*dan [sidǽn]

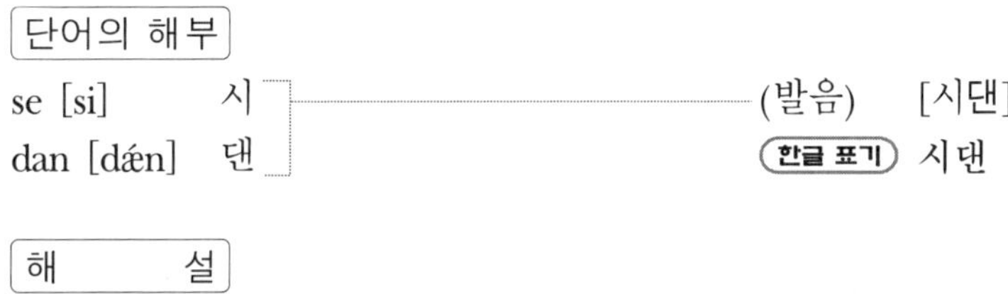

단어의 해부	
se [si]	시
dan [dǽn]	댄

(발음) [시댄]
(한글 표기) 시댄

해　　설

이 [세단]이라는 말은 영어인 ‘sedan’을 일본식으로 발음된 [세단(セダン)]이라는 발음을 그대로 모방한 말인 것이다. 이것을 우리 외래어 표기법에 따라 표기한다면 [시댄]으로 되어서 아주 완벽한 표기가 되었을 것이다.

sen*ti*men*tal [sèntəméntl]

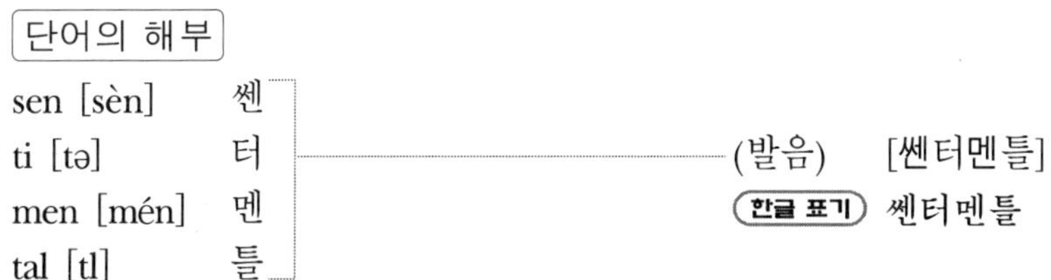

단어의 해부	
sen [sèn]	쎈
ti [tə]	터
men [mén]	멘
tal [tl]	틀

(발음) [쎈터멘틀]
(한글 표기) 쎈터멘틀

   일본 사람들이 영어의 발음기호를 중요시한다면 이 단어의 표기를 최소한도
[센찌멘쯔루(センチメンツル)] 정도로 발음할 수도 있는데도 굳이 [센찌멘다루(セ
ンチメンタル)]라고 하는 이유는 발음기호를 무시하고 철자를 중요시하였기 때
문이다. 그것은 둘째 음절이 [어]로 발음되어야 하는데 [이]로 발음하는 것은
일본 사람들이 [어] 소리를 내지 못하기 때문에 어쩔 수 없이 철자를 중심으로
해서 [찌]로 발음하는 것은 그렇다고 하더라도, 마지막 음절에서 철자 'a'가 아예
발음되지 않는데도 [아]로 발음해서 [다루]로 발음하는 것은 철자를 중요하게
생각했기 때문인 것이다.

Ser*bia [sə'ːrbiə]

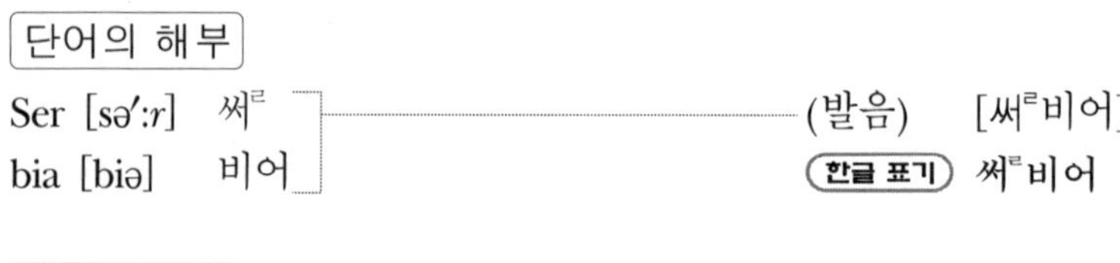

   우리는 [세르비아]라고 쓰고 있는데 이것은 [세루비아(セルビア)]라는 일본식
발음을 모방한 발음이다. 'r 모음화 음색 변화'를 생각하지 않고 우리 외래어 표
기법에 따라 표기하더라도 [서비어]로 표기되었을 것이다. 여기에다 'r 모음화
음색 변화'를 첨가하면 훌륭한 표기가 되는 것이다.

ser*e*nade [sérənéid]

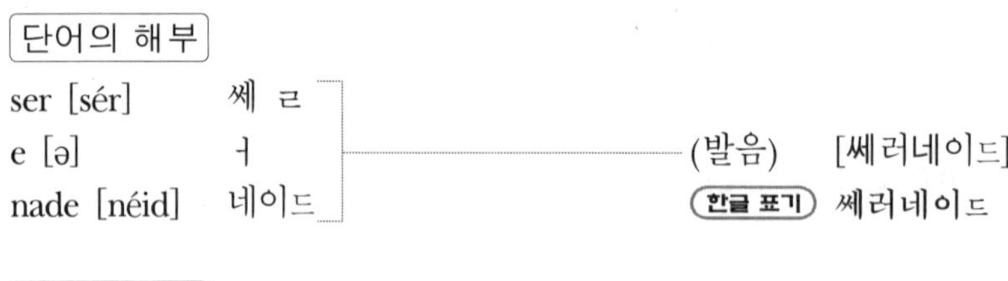

   이 단어도 일본 사람들이 [세레나ー데(セレナーテ)]라고 하는 것을 그대로 모
방해서 쓰고 있는 것이다. 둘째 음절의 'e'가 [어]라는 모음으로 발음되어야 하
는데, 이 [어] 발음을 하지 못하므로 'e'를 살려서 [에]로 발음한 것과 마지막 음

절에서 'a'가 [에이]로 발음되어야 하는데, 일본 사람들도 [에이] 발음을 할 수 있는데도 [아]로 발음하고, 특히 철자 'e'가 발음되지 않는데도 [에]로 발음한 것은 발음기호를 완전히 무시한 것이다.

Shang*hai [ʃæŋha'i]

해   설

첫 음절의 발음기호가 [ʃæŋ]으로 되어 있는데, [ʃ]의 소리는 우리말의 [슈]에 해당하는 소리며, 그 다음 [æŋ]은 [앵]에 해당되는 소리이므로 [슈앵]인데 이것이 줄어서 [쉥]으로 발음되어야 하는 것이 옳은 발음이다. 일본 사람들이 [샹하이(シャンハイ)]로 발음하는데 우리는 이것을 따라하고 있는 것이다.

Si*be*ria [saibíəriə]

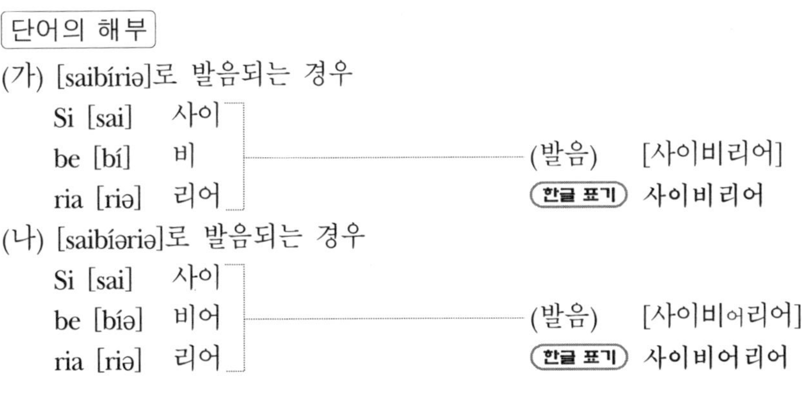

해   설

일본 사람들이 [시베리아(シベリア)]라고 하는데 우리는 [시베리아]라고 따라하고 있다. 그러나 영어의 발음기호를 보면 전연 이러한 발음이 나오지 않는다.

Sic*i*ly [sísəli]

단어의 해부

(가) [sísli]로 발음되는 경우

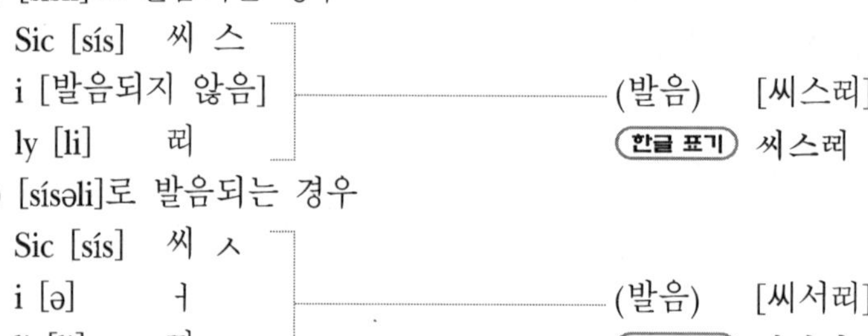

Sic [sís]　씨 스
i [발음되지 않음]
ly [li]　리

(발음)　[씨스리]
한글 표기　씨스리

(나) [sísəli]로 발음되는 경우

Sic [sís]　씨 ㅅ
i [ə]　ㅓ
li [li]　리

(발음)　[씨서리]
한글 표기　씨서리

해　설

　우리는 일본식 발음인 [시시리-(シシリー)]를 모방해서 [시실리]라고 하며, [시칠리]라고 하는 경우도 있다. 어느 것이든 모두 영어 발음으로는 옳은 발음이 아니므로 고쳐야 한다.

sil*i*con [sílikən]

단어의 해부

sil [síl]　씰 ㄹ
i [i]　ㅣ
con [kən]　컨

(발음)　[씰리컨]
한글 표기　씰리컨

해　설

　일본식 발음인 [시리꼰(シリコン)]을 모방해서 [실리콘]이라고 쓰고 있다. 마지막 음절의 'o'가 [오]로 발음되는 것이 아니라 [어]로 발음되어야 하는데 [오]로 발음하는 것은 역시 발음기호를 무시한 일본 사람들의 발음이다.

sil*i*cone [sílikóun]

단어의 해부

sil [síl]	씰 ㄹ	
i [i]	ㅣ	(발음) [씰리코운]
cone [kóun]	코운	**한글 표기** 씰리코운

해   설

바로 앞의 'silicon'과 같은 말이지만 마지막에 'e'가 더 붙음으로 인해서 그 발음이 변한다. 철자 'e'가 없을 때에는 [컨]으로 발음되던 것이 'e'가 붙음으로서 'o'가 중모음으로 변하여 [오우]로 발음되어 [코운]으로 발음되는 것이다.

sing*er [síŋər]

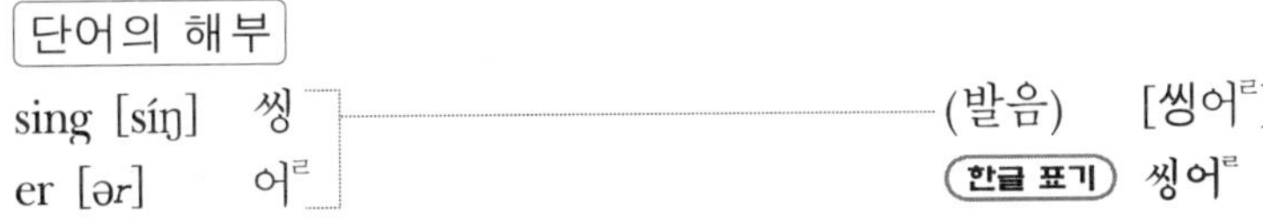

단어의 해부

sing [síŋ]	씽	(발음) [씽어ㄹ]
er [ər]	어ㄹ	**한글 표기** 씽어ㄹ

해   설

어떤 책을 읽다가 [싱어]라는 표기를 보고 우리가 일본의 언어 식민지로부터 벗어나고 있구나 하고 기뻐한 적도 있다. 우리말 사전에는 [싱거]라고 표기하고 있는데, 일본식 발음은 [싱가(シンガ)]이다. [싱어]라고 표기하는 사람은 웬만한 각오가 아니면 도저히 불가능한 것이 현재 우리 사회의 현실이다.

si*ren [saʹiərən]

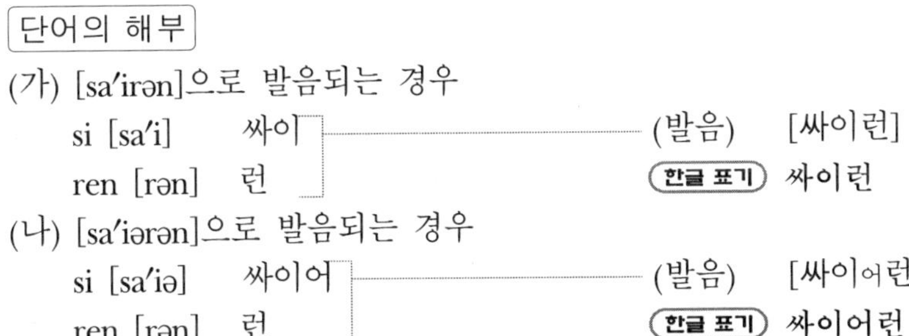

단어의 해부

(가) [saʹirən]으로 발음되는 경우

si [saʹi]	싸이	(발음) [싸이런]
ren [rən]	런	**한글 표기** 싸이런

(나) [saʹiərən]으로 발음되는 경우

si [saʹiə]	싸이어	(발음) [싸이어런]
ren [rən]	런	**한글 표기** 싸이어런

[해   설]

일본 사람들은 [사이렌(サイレン)]이라고 발음하는데 우리는 [싸이렌]으로 쓰고 있다. 여기에서도 철자 'e'가 [어]로 발음되어야 하는데 [에]로 발음하는 것은 발음기호를 무시하고 철자 'e'를 의식했기 때문이다.

Slo*va*kia [slóuvá:kiə, slóuvǽkiə]

[단어의 해부]

(가) [slóvá:kiə]로 발음되는 경우

Slo [sló]	스로		(발음)	[스로바:키어]
va [vá:]	바: (마아)			(스로바아키어)
kia [kiə]	키어		(한글 표기) 스로바:키어
			또는 스로바아키어

(나) [slóuvá:kiə]로 발음되는 경우

Slo [slóu]	스로우		(발음)	[스로우바:키어]
va [vá:]	바: (마아)			(스로우바아키어)
kia [kiə]	키어		(한글 표기) 스로우바:키어
			또는 스로우바아키어

(다) [slóvǽkiə]로 발음되는 경우

Slo [sló]	스로		
va [vǽ]	배		(발음)	[스로배키어]
kia [kiə]	키어		(한글 표기) 스로배키어

(라) [slóuvǽkiə]로 발음되는 경우

Slo [slóu]	스로		
va [vǽ]	배		(발음)	[스로우배키어]
kia [kiə]	키어		(한글 표기) 스로우배키어

[해   설]

첫 음절의 'Slo'에서 'o'가 단모음 [o]로 발음되는 경우와 중모음 [ou]로 발음되는 경우의 두 가지와, 둘째 음절의 'a'가 장모음 [á:]로 발음되는 경우와 단모음 [ǽ]로 발음되는 경우로 모두 네 가지로 발음된다. 그런데 우리는 일본식 발음인 [스로바기아(スロヴァキア)]를 그대로 모방해서 [슬로바키아]로 쓰고 있다. 물론 둘째 음절이 [á:]로 발음되는 경우가 있으므로 [바]로 발음해도 되지만, 마지

막 음절의 'a'는 [아]가 아닌 [어]로 발음되어야 하는 것에 주의해야 한다. 그리고 [v]의 발음은 [ㅂ]의 소리가 아니고, [v=ㅂ]라는 새로운 소리로 발음하면 훌륭한 표기가 된다.

Slo*ve*nia [slóuví:niə, slóuvínjə]

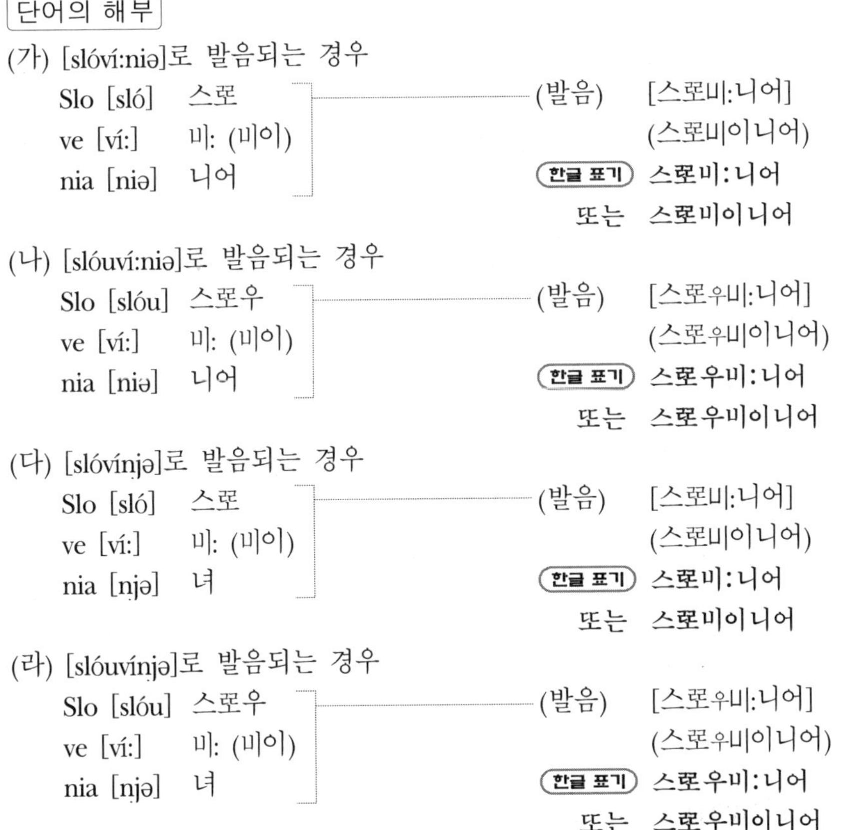

해   설

첫 음절의 'Slo'에 대해서는 바로 앞에서 설명하였고, 마지막 음절의 'nia'가 이번에는 [니어]가 아니라 [녀]로 발음되는 것에 주의해야 한다. 일본 사람들은 [스로베니아(スロベニア)]로 발음하고 있으며, 우리는 이것을 모방해서 [슬로베니아]라고 쓰고 있다.

so*fa [sóufə]

단어의 해부

so [sóu]   쏘우 ─────────────────────── (발음)   [쏘우풔]
fa [fə]   풔   한글 표기 쏘우풔

해   설

우리는 [소파]라고 표기하고 있는데 일본 사람들이 [소후아−(ソファー)]로 발음하는 것을 보면 이것도 일본 사람들의 발음을 따라한 것이다. 마지막 음절을 [파]로 발음하는 것은 일본 사람들이 [어] 소리를 내지 못하기 때문에 [아]로 발음하는 것이며, 동시에 발음기호를 무시하고 철자 중심으로 발음한다는 사실이다.

so*lar [sóulər]

단어의 해부

so [sóu]   쏘우 ─────────────────────── (발음)   [쏘우풔ㄹ]
lar [lər] 풔ㄹ   한글 표기 쏘우풔ㄹ

해   설

우리는 [솔라]라고 쓰고 있는데 이것도 역시 [소−라−(ソーラー)]라는 일본식 발음 따라한 결과이다. 마지막 음절의 'lar'는 [라]가 아닌 [풔ㄹ]로 발음되어야 한다. 즉 [풔] 하면서 혀를 뒤쪽으로 말아 올리면 자연히 [풔ㄹ]하는 소리가 나오는 것이다.

Sol*o*mon [sáləmən, sɔ'ləmən]

단어의 해부

(가) [sáləmən]으로 발음되는 경우

Sol [sál]   쌀 ㄹ ┐
o [ə]   ㅓ   ├───────────── (발음)   [쌀러먼]
mon [mən]   먼   ┘   한글 표기 쌀러먼

(나) [sɔ'ləmən]으로 발음되는 경우

Sol [sɔ'l] 쏠 ㄹ
o [ə] ㅓ
mon [mən] 먼
(발음) [쏠러먼]
한글 표기 쏠러먼

해 설

우리 외래어 표기법에 따라 이 단어를 표기해 보면, (가)는 [살러먼]이 되며, (나)는 [솔러먼]으로 될 것이다. 그런데 우리는 [소로몬(ソロモン)]이라는 일본식 발음을 모방해서 [솔로몬]이라고 해서 쓰고 있다. 모두가 발음기호를 무시하고 철자 중심으로 발음하기 때문이다.

So*ma*lia [soumɑ́:liə, soumɑ́:ljə]

단어의 해부

(가) [somɑ́:liə]로 발음되는 경우

So [so] 소
ma [mɑ́:] 마: (마아)
lia [liə] ㄹ리어
(발음) [소마:ㄹ리어]
(소마아ㄹ리어)
한글 표기 소마:ㄹ리어
또는 소마아ㄹ리어

(나) [soumɑ́:liə]로 발음되는 경우

So [sou] 소우
ma [mɑ́:] 마: (마아)
lia [liə] ㄹ리어
(발음) [소우마:ㄹ리어]
(소우마아ㄹ리어)
한글 표기 소우마:ㄹ리어
또는 소우마아ㄹ리어

(다) [somɑ́:ljə]로 발음되는 경우

So [so] 소
ma [mɑ́:] 마: (마아)
lia [ljə] ㄹ려
(발음) [소마:ㄹ려]
(소마아ㄹ려)
한글 표기 소마:ㄹ려
또는 소마아ㄹ려

(라) [soumɑ́:ljə]로 발음되는 경우

So [sou] 소
ma [mɑ́:] 마: (마아)
lia [ljə] ㄹ려
(발음) [소우마:ㄹ려]
(소우마아ㄹ려)
한글 표기 소우마:ㄹ려
또는 소우마아ㄹ려

첫 음절의 철자 'o'가 단음 [o]나 또는 중모음 [ou]로 발음되는 경우의 두 가지로 발음되고, 마지막 음절의 'lia'가 [liə]로 발음되는 경우와 [ljə]로 발음되는 경우의 두 가지로 발음되어서 모두 네 가지로 발음된다. 일본 사람들은 [소마리아(ソマリア)]로 발음하는데 우리는 [소말리아]로 하여 일본식 발음을 모방하여 쓰고 있다.

so*na*ta [sənáːtə]

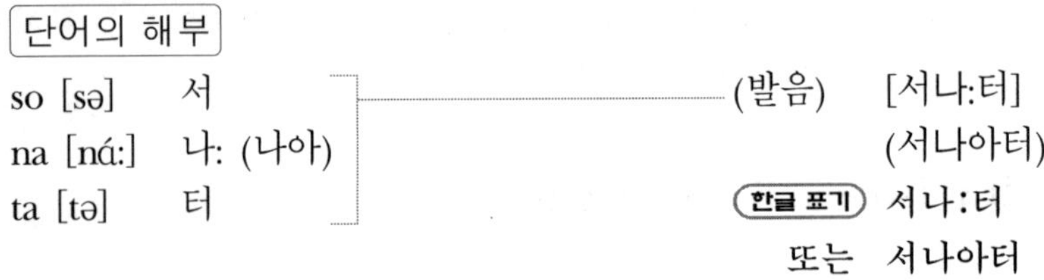

┌──────────┐
│ 단어의 해부 │
└──────────┘

so [sə]	서		(발음)	[서나:터]
na [náː]	나: (나아)			(서나아터)
ta [tə]	터		한글 표기 서나:터
				또는 서나아터

우리는 [소나타] 또는 [쏘나타]라고 발음하는데 이것은 [소나따(ソナタ)]라는 일본식 발음을 모방한 것이다. 첫 음절이 'so'이기 때문에 철자 중심으로 본다면 [오]로 발음하게 되고, 발음기호를 중심으로 본다면 [어]로 발음하게 될 것이다. 마찬가지로 마지막 음절의 'ta'가 철자를 중심으로 본다면 [아]로 발음하게 되고, 발음기호를 중심으로 본다면 [어]로 발음하게 될 것이다.

so*pra*no [səprǽnou, səpráːnou]

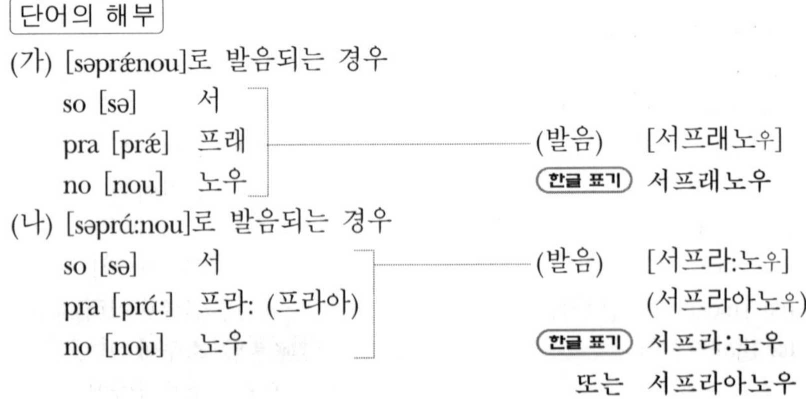

┌──────────┐
│ 단어의 해부 │
└──────────┘

(가) [səprǽnou]로 발음되는 경우

so [sə]	서			
pra [prǽ]	프래		(발음)	[서프래노우]
no [nou]	노우		한글 표기 서프래노우

(나) [səpráːnou]로 발음되는 경우

so [sə]	서			
pra [práː]	프라: (프라아)		(발음)	[서프라:노우]
no [nou]	노우			(서프라아노우)
			한글 표기 서프라:노우
				또는 서프라아노우

이 단어도 우리는 [소프라노]라고 해서 쓰고 있는데 이것도 일본식 발음인 [소뿌라노(ソプラノ)]를 따라한 것이다. 첫 음절 'so'는 [sə]로, 마지막 음절 'no'는 [nou]로 발음되지만 둘째 음절 'pra'의 발음이 [præ]와 [prɑ́:]의 두 가지로 발음된다.

source [sɔ:rs]

source [sɔ:rs] 소ᵉ:스 (소오ᵉ스) ⋯⋯⋯⋯⋯⋯ (발음) [소ᵉ:스]
                                                    (소오ᵉ스)

  소ᵉ:스
                또는 소오ᵉ스

현재 우리는 [소스]로 쓰고 있는데, 발음상으로는 다소 불완전한 상태이지만 'r 모음화 음색 변화'를 나타낼 방법이 없었던 경우로서는 최선의 표기 방법이었다. 일본 사람들도 [소-즈(ソ-ス)]라고 발음해서 이 단어의 발음만큼은 거의 완벽하게 발음에 충실하고 있다.

So*vi*et [sóuviét, sóuviət]

(가) [sóuviét]으로 발음되는 경우
    So [sóu] 쏘우
    vi [vi]   비   ⋯⋯⋯⋯⋯⋯⋯⋯⋯ (발음) [쏘우비엩]
    et [ét]   엩   쏘우비엩

(나) [sóuviət]으로 발음되는 경우
    So [sóu] 쏘우
    vi [vi]   비   ⋯⋯⋯⋯⋯⋯⋯⋯⋯ (발음) [쏘우비엍]
    et [ət]   엍   쏘우비엍

지금은 이 지구촌에서 사라진 나라 이름이다. [소비에또(ソビエト)]라는 일본

308

식 발음을 모방해서 우리는 [소비에트]로 써 오고 있다. 비록 없어진 나라이지만 이 단어가 역사 속에서는 계속 쓰여질 것이다.

spar*ta [spάːrtə]

단어의 해부

spar [spάːr] 스파ʳ (스파아ʳ) ┐
ta [tə]   터   ┘ ────────── (발음) [스파ʳː터]
                                              (스파아ʳ터)

한글 표기 스파ʳː터
          또는 스파아ʳ터

해   설

일본식 발음 [스빠루따(スパルタ)]를 모방해서 [스파르타]라고 쓰고 있는 이 단어를 발음기호에 따라 표기한다면 'r 모음화 음색 변화'의 표기를 할 수 없는 상황에서는 [스파터]라고밖에는 표기할 수가 없었다. 철자 'r'은 발음되지 않는 반모음이므로 [르]로 발음하여서는 안된다.

sports [spɔːrts]

단어의 해부

sports [spɔːrts] 스포ʳː츠 ─────────── (발음) [스포ʳː츠]
                  (스포오ʳ츠)   (스포오ʳ츠)

한글 표기 스포ʳː츠
          또는 스포오ʳ츠

해   설

현재 쓰고 있는 [스포츠]라는 표기는 'r 모음화 음색 변화'의 표기를 제외하고는 아주 완벽한 발음이다. 일본 사람들의 [스뽀-쯔(スポーツ)]보다는 우리의 [스포츠]가 훨씬 영어 발음에 가깝다. 여기서 주의해야 할 점은 [ts]는 우리 한글의 [ㅊ]에 해당하며, [트스]가 아니라는 것이다.

sports*man [spɔ:rtsmən]

단어의 해부

sports [spɔ:rts]	스포ʳ:츠 (스포오ʳ츠)	(발음) [스포ʳ:츠먼]
man [mən]	먼	(스포오ʳ츠먼)

한글 표기 스포ʳ:츠먼
또는 스포오ʳ츠먼

해   설

첫 음절의 'sports'는 앞에서 설명하였고, 'man'의 발음은 'land'와 마찬가지로 단독으로 발음할 때에는 [mæn]으로 발음되지만 다른 말과 결합되어 어미로 쓰는 경우에는 [mən]으로 발음된다. 일본 사람들은 [스뽀-쯔만(スポーツマン)]이라고 하는데 우리는 [스포츠맨]이라고 달리 발음해 보지만 [맨]은 잘못된 발음이다.

spot*light [spɑtla′it, spɔtla′it]

단어의 해부

(가) [spɑtla′it]으로 발음되는 경우

spot [spɑt]	스팥	(발음) [스팥롸잍]
light [la′it]	롸잍	한글 표기 스팥롸잍

(나) [spɔtla′it]으로 발음되는 경우

spot [spɔt]	스폽	(발음) [스폽롸잍]
light [la′it]	롸잍	한글 표기 스폽롸잍

해   설

일본 사람들이 [스뽓도라이도(スポットライト)]라고 발음하는 것은 받침말을 쓰지 못하기 때문이다. 이처럼 받침말을 쓰지 않는 것을 따라해 우리는 [스포트라이트]라고 쓰고 있다.

sta*di*um [stéidiəm]

단어의 해부

sta [stéi]   스테이
di [di]   디
um [əm]   엄

(발음)   [스테이디엄]
한글 표기 스테이디엄

해 설

일본 사람들의 [스다지아무(スタジアム)]를 따라해서 [스타디움]이라고 쓰고 있다. 첫 음절의 'a'가 [아]가 아니고 철자 발음인 [에이]로 발음되어야 하는데도 [아]로 발음하는 것은 발음기호를 무시한 것이다.

star*dom [stá:rdəm]

단어의 해부

star [stá:r]   스타ʳ: (스타아ʳ)
dom [dəm]   덤

(발음)   [스타ʳ:덤]
(스타아ʳ덤)
한글 표기 스타ʳ:덤
또는 스타아ʳ덤

해 설

첫 음절의 'star'의 발음은 지금 우리가 쓰고 있는 발음 [스타]에다 'r 모음화 음색 변화'만 더하면 완벽한 발음이 되는 것이다. 일본식 발음은 [스타-다무(スター ダム)]로서 'dom'을 [도무(トム)]가 아니고 [다무(ダム)]로 발음한다. [덤]으로 [어] 소리를 내지 못하니까 이런 현상이 일어나는 것이다.

sta*tion [stéiʃən]

단어의 해부

(가) [stéiʃn]으로 발음되는 경우

sta [stéi]   스테이
tion [ʃn]   슌

(발음)   [스테이슌]
한글 표기 스테이슌

(나) [stéiʃən]으로 발음되는 경우

sta [stéi]   스테이 ┐
tion [ʃən] 쉰 ┘   (발음) [스테이쉰]
                              (한글 표기) 스테이쉰

──해   설──

일본 사람들이 [스테-숀(ステーション)]이라고 한다고 우리도 [스테이숀]으로 하는 것은 일본식 발음을 따라한 것이다. 마지막 음절의 'tion'에서 'io'가 발음되느냐 안되느냐에 따라 [슌]이나 [쉰]으로 발음되지만, 결코 [숀]이라는 발음은 나오지 않는다.

ster*eo [stérióu, stíərióu]

단어의 해부

(가) [stérióu]로 발음되는 경우

ster [stér] 스테 ㄹ ┐
eo [ióu]   ㅣ오우 ┘   (발음)   [스테리오우]
                              (한글 표기) 스테리오우

(나) [stírióu]로 발음되는 경우

ster [stír] 스티 ㄹ ┐
eo [ióu]   ㅣ오우 ┘   (발음)   [스티리오우]
                              (한글 표기) 스티리오우

(다) [stíərióu]로 발음되는 경우

ster [stíər] 스티어 ㄹ ┐
eo [ióu]   ㅣ오우   ┘   (발음) .[스티어리오우]
                              (한글 표기) 스티어리오우

──해   설──

일본 사람들도 발음기호를 중심으로, (가)를 [스떼리오우(ステリオウ)]로 발음할 수 있고, (나)를 [스디리오우(スヴィリオウ)]로 발음할 수 있는데도 굳이 철자를 중심으로 해서 [스떼레오(ステレオ)]로 발음하는데 우리는 그것을 따라 해서 [스테레오]라고 한다.

su*per [sú:pər]

단어의 해부

su [sú:] 쑤: (쑤우) ┐
per [pər] 퍼ㄹ   ┘   (발음) [쑤:퍼ㄹ]
                              (쑤우퍼ㄹ)

한글 표기 쑤:퍼ᄅ
또는 쑤우퍼ᄅ

해 설

첫 음절의 'su'의 발음기호를 보면 [sú:]이므로 [슈]가 아니고 [수]인데, 강음부호가 붙으므로 강하게 [쑤]로 발음되어야 하는 것이다. 그런데 일본 사람들은 [수] 소리를 내지 못하고 그것에 비슷한 소리로 [스(ス)]나 [슈(シュ)] 소리밖에는 없기 때문에 별 수 없이 [스-빠-(スーパー)]라고 하는 것을 모방해서 우리는 [슈퍼]라고 쓰고 있다.

su*per*mar*ket [sú:pərmá:rkit]

단어의 해부

su [sú:]	쑤: (쑤우)	(발음)	[쑤:퍼ᄅ마ᄅ:킽]
per [pər]	퍼ᄅ		(쑤우퍼ᄅ마아ᄅ킽)
mar [má:r]	마ᄅ: (마아ᄅ)	한글 표기	쑤:퍼ᄅ마ᄅ:킽
ket [kit]	킽	또는	쑤우퍼ᄅ마아ᄅ킽

해 설

두 개의 단어가 결합된 복합어인데, 'super'에 대해서는 바로 앞에서 설명하였고, 'market'에서 'ket'가 [켓]으로 발음되는 것은 잘못된 것이다. 이것은 일본 사람들이 [마-겟도(マーケット)]라고 하는 것을 그대로 모방한 것이다. 일본 사람들도 [마-깃또(マーキット)]라고 해서 어느 정도 발음기호에 따를 수 있는데도 [마-겟도(マーケット)]라고 하는 것은 발음기호를 무시하고 철자 중심으로 발음한 것이다.

su*per*vi*sor [sú:pərva'izər]

단어의 해부

su [sú:]	쑤: (쑤우)	(발음)	[쑤:퍼ᄅ바이저ᄅ]
per [pər]	퍼ᄅ		(쑤우퍼ᄅ바이저ᄅ)
vi [va'i]	바이	한글 표기	쑤:퍼ᄅ바이저ᄅ
sor [zər]	저ᄅ	또는	쑤우퍼ᄅ바이저ᄅ

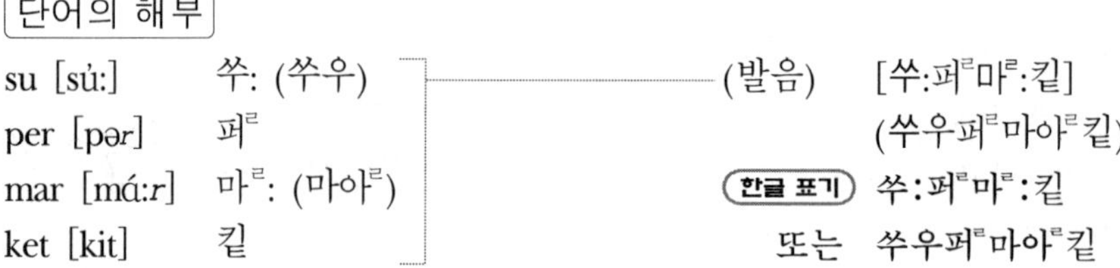

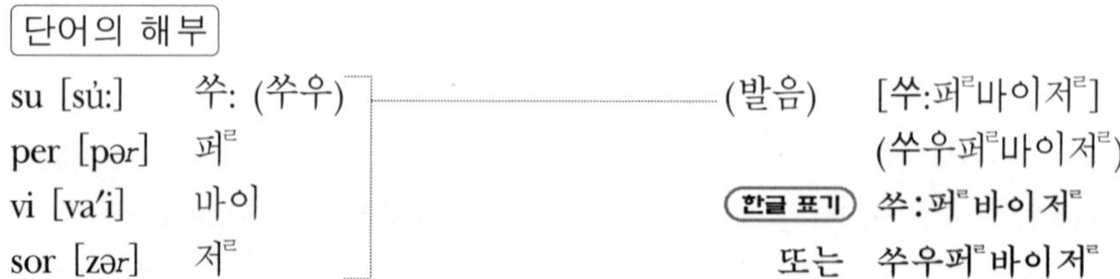

　관리자라는 뜻의 이 단어의 발음에 있어서 첫 음절이 앞에서와 마찬가지로 [슈퍼바이저]로 발음하는데 이것은 [스-빠-바이자(ス-ペ-ヴァイザ)]라는 일본식 발음을 따라한 것이다.

sweat*er [swétər]

[단어의 해부]

　첫 음절의 발음이 가장 틀리기 쉬운데, 그것은 [sw]에서 [w]를 모음으로 생각해서 [수]로 발음하는 경우이다. [w]는 모음이 아니고 자음이므로 이 경우에는 [s]와 [w]는 결합될 수 없어서 [s]는 [스]로 발음되고, [w]는 모음 [é]와 결합하여 [웨]로 발음되는 것이다. 일본 사람들은 [세-다-(セ-タ-)]라고 발음하는데 우리는 [쉐타]또는 [세타]라고 한다.

Swe*den [swí:dn]

[단어의 해부]

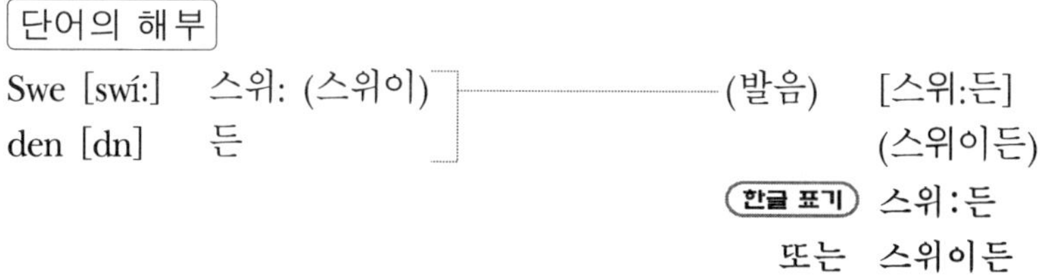

　일본 사람들은 [스웨-덴(スウェ-デン)]으로 발음하는데, 이것은 발음기호를 무시하고 철자 중심으로 발음하기 때문이다. 즉 ‘we’의 발음기호를 보면 [wi]로 발음되어야 하는데 이를 무시하고 [we]로 생각해서 [웨]로 발음한 것이고, ‘den’에서 발음기호상으로는 ‘e’가 발음되지 않는데도 [e]로 발음한 것이다. 이것을 우리 외래어 표기법에 따라 표기해 보면 [스위든]이 되어야 하는데 우리는 현재 일본식 발음을 완전하게 모방한 [스웨덴]으로 쓰고 있는 것이다.

Switz*er*land [swítsərlənd]

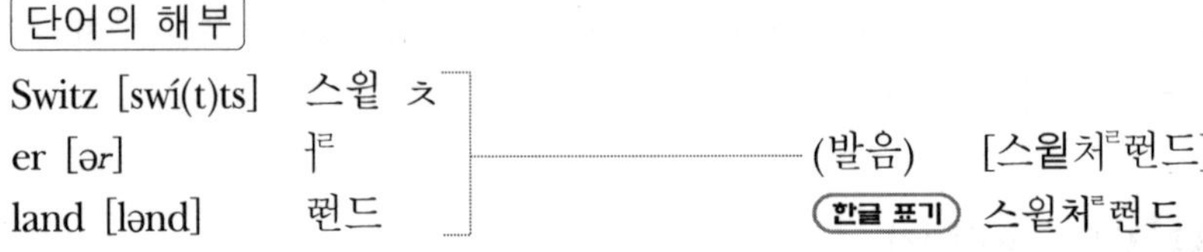

단어의 해부

Switz [swí(t)ts]	스윝ㅊ	
er [ər]	ㅓᵣ	(발음)　[스윝처ᵣ런드]
land [lənd]	런드	한글 표기　스윝처ᵣ런드

해　　설

첫 음절의 'Switz'에서 발음기호상으로는 [swits]로 되어 있는 것을 [swí(t)ts]로 생각한 이유는 'Swit'과 철자 'z'를 따로따로 생각하였다는 것이다. 즉 먼저 'Swit' 을 [swít]으로 생각하고, 철자 'z'를 [ts]로 생각한다는 뜻이다.

sym*bol [símbəl]

단어의 해부

(가) [símbl]로 발음되는 경우

sym [sím]	씸	(발음)　[씸블]
bol [bl]	블	한글 표기　씸블

(나) [símbəl] 발음되는 경우

sym [sím]	씸	(발음)　[씸벌]
bol [bəl]	벌	한글 표기　씸벌

해　　설

우리가 쓰고 있는 표기는 [심볼]이나 [심벌]이라고도 쓴다. [심볼]의 경우에 는 일본식 발음 [신보루(シンボル)]를 따라한 것이고, [심벌]은 발음기호에 충실 한 발음이다.

sym*pho*ny [símfəni]

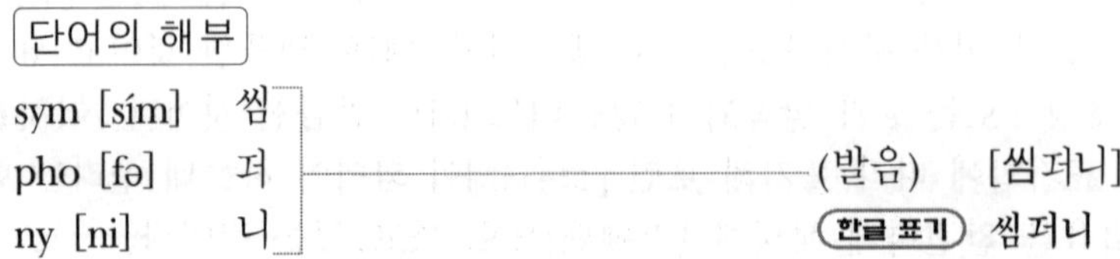

단어의 해부

sym [sím]	씸	
pho [fə]	풔	(발음)　[씸풔니]
ny [ni]	니	한글 표기　씸풔니

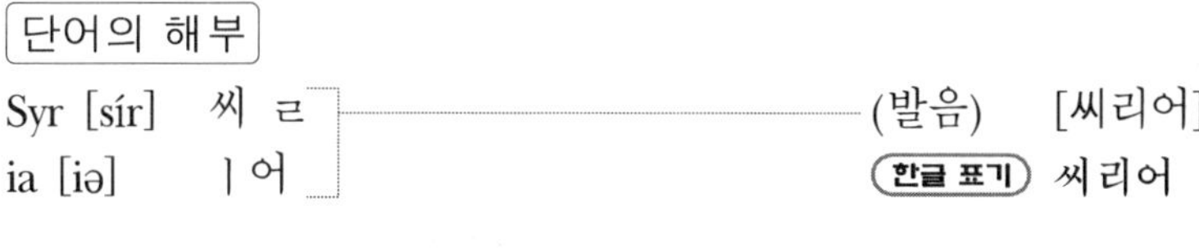

우리는 [시리아]라고 해서 [시리아(シリア)]라는 일본식 발음을 글자 한 자도 틀리지 않고 따라서 쓰고 있다.

sys*tem [sístəm]

우리는 이 단어를 [시스템]이라고 표기하고 있다. 만일 [시스텀]이라고 표기한다면 그 표기는 우리 외래어 표기법에 충실한 것은 물론이거니와 특히 발음기호에 충실한 표기인 것이다. 그러나 우리는 일본식 발음인 [시스데무(システム)]를 모방해서 [시스템]으로 표기하고 있다.

tal*ent [tǽlənt]

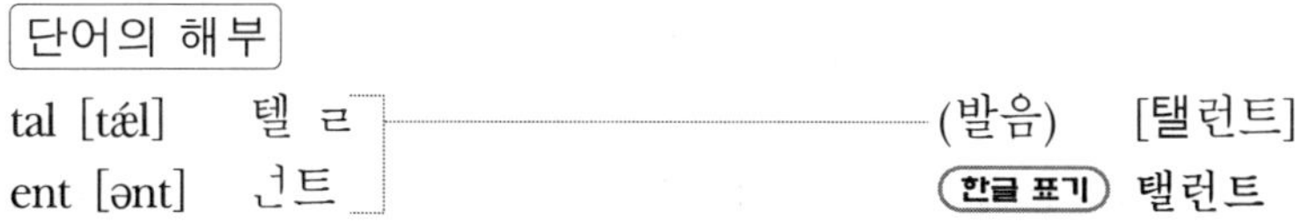

우리말 사전에는 [텔런트]라고 정확하게 표기되어 있는데도 [탈렌트]라는 말이 귀에 더 익숙하다. 이 [탈렌트]라는 발음은 [다렌또(タレント)]라는 일본식 발음이지 영어 발음은 아닌 것이다.

Tan*za*nia [tǽnzəní:ə]

Tan [tǽn]	탠		
za [zə]	저	(발음)	[탠저니어]
nia [ní:ə]	니어	한글 표기	탠저니어

일본 사람들은 철자 'a'를 거의 대부분 [아]로 발음하고, 특별한 경우에 [에이]로 발음하는데 그것은 'a'가 [애], [아]. [어] 또는 [에이] 등등으로 다양하게 발음되는 것을 일일이 표현 할 수 없기 때문에 아예 'a'는 [아]로 발음하기로 규정을 지은 것 같다. 이 단어에서 보듯이 'a'는 [애]와 [어]의 두 가지로 발음되는데 일본 사람들은 [애]나 [어] 소리를 내지 못하므로 모두 [아]로 발음해서 [단자니아(タンザニア)]로 발음하는 것이다. 그런데 우리는 이것을 모방해서 [탄자니아]로 쓰고 있는 것이다.

tar*get [tá:ɾgit]

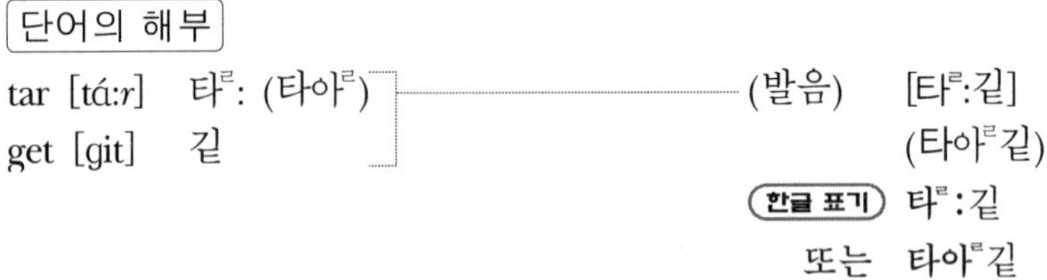

tar [tá:ɾ]	타ᵣ: (타아ᵣ)	(발음)	[타ᵣ:깉]
get [git]	깉		(타아ᵣ깉)
		한글 표기	타ᵣ:깉
		또는	타아ᵣ깉

첫 음절은 일본 사람들 발음대로 [아]로 맞게 발음하는데 마지막 음절의 'get'에서 'e'가 [에]가 아니고 [이]로 발음되는 것이다. 물론 일본 사람들도 [이] 소리를 낼 수 있어서 [다-깃도(ターギット)]로 발음할 수 있는데도 [다-겟도(ター

ケット)]라고 하는 것은 발음기호를 무시한 발음이다.

Tar*zan [tá:rzǽn, tá:rzən]

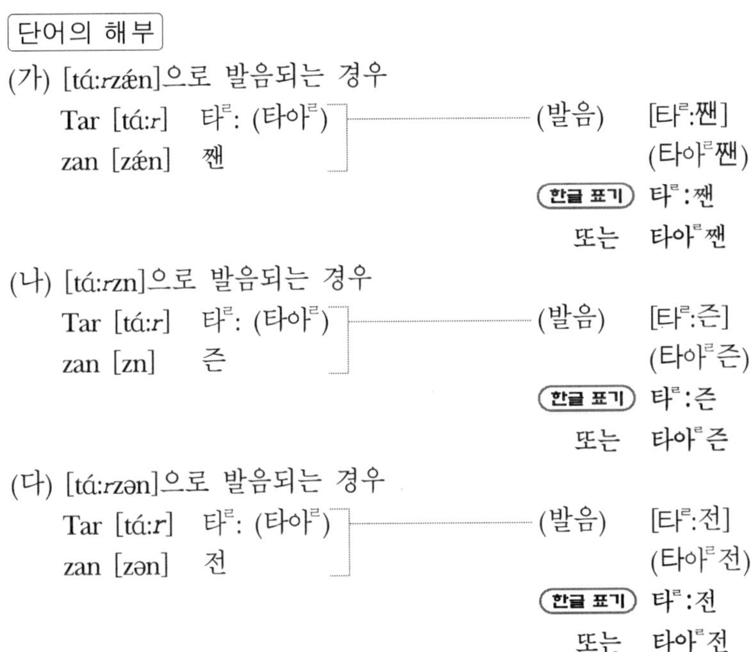

단어의 해부

(가) [tá:rzǽn]으로 발음되는 경우
　　Tar [tá:r]　타ᵣ: (타아ᵣ)　　　　　　　(발음)　[타ᵣ:짼]
　　zan [zǽn]　짼　　　　　　　　　　　　　　　　(타아ᵣ짼)
　　　　　　　　　　　　　　　　　　한글 표기　타ᵣ:짼
　　　　　　　　　　　　　　　　　　또는　타아ᵣ짼

(나) [tá:rzn]으로 발음되는 경우
　　Tar [tá:r]　타ᵣ: (타아ᵣ)　　　　　　　(발음)　[타ᵣ:즌]
　　zan [zn]　즌　　　　　　　　　　　　　　　　(타아ᵣ즌)
　　　　　　　　　　　　　　　　　　한글 표기　타ᵣ:즌
　　　　　　　　　　　　　　　　　　또는　타아ᵣ즌

(다) [tá:rzən]으로 발음되는 경우
　　Tar [tá:r]　타ᵣ: (타아ᵣ)　　　　　　　(발음)　[타ᵣ:전]
　　zan [zən]　전　　　　　　　　　　　　　　　　(타아ᵣ전)
　　　　　　　　　　　　　　　　　　한글 표기　타ᵣ:전
　　　　　　　　　　　　　　　　　　또는　타아ᵣ전

해　　　설

　우리 외래어 표기법에 따르는 경우에, (가)는 [타-짼]이고, (나)는 [타-즌], (다)는 [타-전]으로 되었을 것이므로 그 어느 것도 [타잔]으로는 발음되지 않는다. 일본 사람들은 이 단어를 [다-잔-(ターザンー)]이라고 발음한다. [타잔]이라는 발음과 [다-잔-(ターザンー)]이라는 발음은 꼭 닮은꼴이 아닌가.

tel*e*phone [téləfóun]

단어의 해부

tel [tél]　텔 ㄹ
e [ə]　ㅓ　　　　　　　　　　　　　　　　(발음)　[텔러포운]
phone [fóun]　포운　　　　　　　　　　　한글 표기　텔러포운

첫 음절과 둘째 음절에 철자 'e'가 하나는 [에]로, 다른 하나는 [어]로 다르게 발음되는데 일본 사람들은 모두 [에]로 발음해서 [데레후온(テレフォン)]으로 발음한다. 우리는 이것을 모방해서 [텔레폰]으로 발음하고 있다.

tel*e*vi*sion [téləvíʒ ən]

(가) [téləvíʒn]으로 발음되는 경우

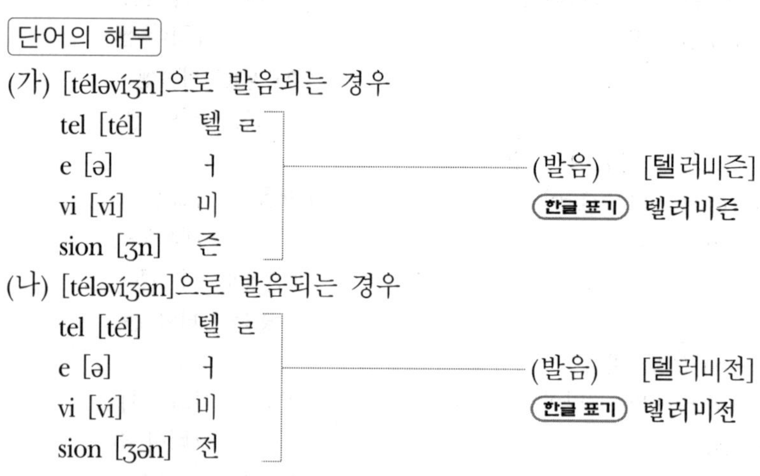

(나) [téləvíʒən]으로 발음되는 경우

일본 사람들은 이 단어를 줄여서 [데레비(テレビ)]라고 하는데 우리는 이것의 영향을 받아 보통 [테레비]라고 한다. [테레비]라는 말은 일본어화된 영어이므로 일본말이라고 해도 과언은 아닐 것이다. 만일 미국 사람들에게 [테레비]라고 하면 알아듣지 못할 것이다. 첫 음절과 둘째 음절은 앞의 'telephone'에서와 마찬가지로 [텔레]로 발음되는 것이 아니고 [텔러]로 발음되어야 하는 것이다. 이 단어를 일본 사람들의 발음으로 표기한다면 [데레비죤(テレビジョン)]이다. 마지막 음절의 'sion'의 발음을 [죤(ジョン)]으로 발음하는 것은 철자 중심으로 발음하기 때문에 일어나는 현상이다. 발음기호에 충실한다면 [즌]이나 [전]으로 발음되어야 하는 것이다.

Ten*nes*see [ténəsí:]

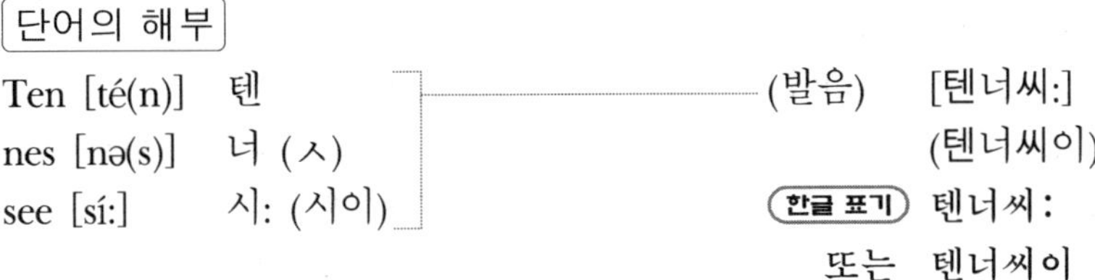

보기 단어의 해부

Ten [té(n)]	텐	
nes [nə(s)]	너 (ㅅ)	
see [sí:]	시: (시이)	

(발음)　[텐너씨:]
　　　　(텐너씨이)

한글 표기 텐너씨:
　　　또는　텐너씨이

보기 해　　　설

일본 사람들은 [데네시-(テネシー)]라고 발음하고, 우리는 [테네시]라고 발음하고 있다. 이와 같이 우리가 쓰고 있는 발음은 일본 사람들의 발음을 그대로 따라하고 있는 것이다.

ten*nis [ténis]

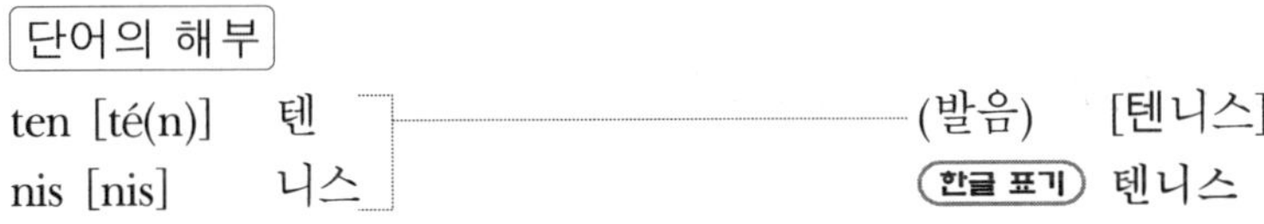

보기 단어의 해부

| ten [té(n)] | 텐 | |
| nis [nis] | 니스 | |

(발음)　[텐니스]
한글 표기 텐니스

보기 해　　　설

보통 철자가 겹쳐 있는 것을 무시하는 경우가 많은데, 철자가 두 개 겹쳐 있는 것은 그 나름대로 발음이 다르게 나는 것이므로 무시하면 안된다. 이 단어를 일본 사람들도 [덴니스(テンニス)]라고 발음할 수 있는데도 철자 'n'이 겹쳐 있는 것을 무시하고 [데니스(テニス)] 라고 발음하는 것이다. 우리는 이것을 따라해서 [테니스]라고 하는데 [텐니스]라고 하는 것과는 어감이 크게 다른 것이다.

ter*mi*nal [təˊ:rmənəl]

보기 단어의 해부

(가) [təˊ:rmənl]로 발음되는 경우

ter [təˊ:r]	타ᵉ: (터어ᵉ)	
mi [mə]	머	
nal [nl]	늘	

(발음)　[타ᵉ머늘]
　　　　(터어ᵉ머늘)

(한글 표기) 터ᄅ:머늘

또는 터어ᄅ머늘

(나) [təʹ:rmənəl]로 발음되는 경우

ter [təʹ:r]	터ᄅ: (터어ᄅ)		(발음)	[터ᄅ:머널]
mi [mə]	머			(터어ᄅ머널)
nal [nəl]	널			

(한글 표기) 터ᄅ:머널

또는 터어ᄅ머널

[해   설]

이 단어의 발음에서 아주 재미있는 현상이 나타났다. 모든 모음 철자가 'e, i, a' 등으로 서로 다른데, 마지막 음절의 철자 'a'가 발음되지 않는 (가)의 경우를 제외하고는 모두 똑같은 소리로 발음된다. 그런데 일본 사람들은 이것을 모두 다르게 발음해서 [다-미나루(ターミナル)]라고 발음하는데 우리는 이것을 모방해서 [터미널]이라고 쓰고 있다. 그러나 각기 다른 모음일지라도 모두 [어]로 발음해야 되는 것이다.

ter*mi*na*tor [təʹ:rmənéitər]

[단어의 해부]

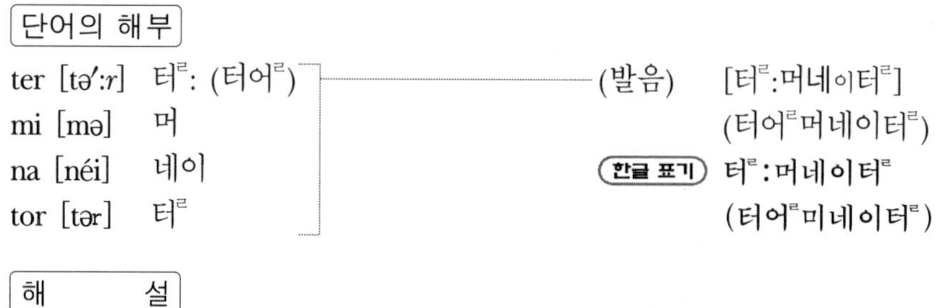

ter [təʹ:r]	터ᄅ: (터어ᄅ)		(발음)	[터ᄅ:머네이터ᄅ]
mi [mə]	머			(터어ᄅ머네이터ᄅ)
na [néi]	네이		(한글 표기)	터ᄅ:머네이터ᄅ
tor [tər]	터ᄅ			(터어ᄅ미네이터ᄅ)

[해   설]

이것을 발음기호에 따라 우리 외래어 표기법으로 한다면 [터머네이터]로 표기되었을 것이다. 비록 'r 모음화 음색 변화'의 표기가 부족하지만 원래의 발음에 가까운 표기가 된다.

ter*race [térəs]

[단어의 해부]

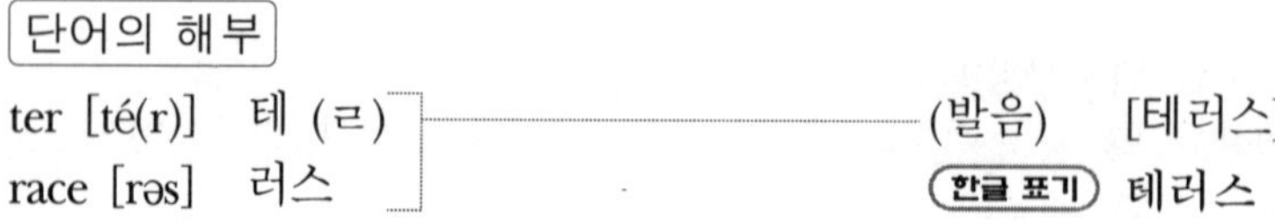

ter [té(r)]	테 (ㄹ)		(발음)	[테러스]
race [rəs]	러스		(한글 표기)	테러스

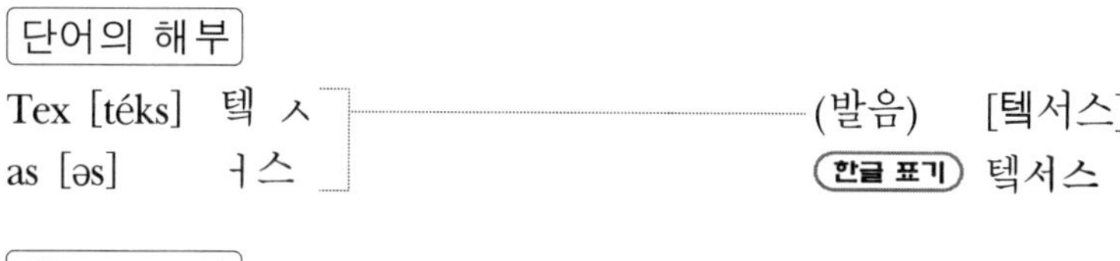

[해   설]

우리는 [테라스]라고 쓰고 있는데 이 말은 [데라스(テラス)]라는 일본식 발음을 그대로 따라한 말이다.

Tex*as [téksəs]

[단어의 해부]

Tex [téks] 텍 ㅅ ┐
as [əs]   ㅓ스 ┘

(발음)   [텍서스]
(한글 표기) 텍서스

[해   설]

우리가 쓰고 있는 [텍사스]라는 표기는 [데기사스(テキサス)]라는 일본식 발음을 모방한 것이다. 마지막 음절의 철자 'a'가 [어]로 발음되어야 한다.

Ti*bet [tibet]

[단어의 해부]

Ti [ti]   티 ┐
bet [bet] 벹 ┘

(발음)   [티벹]
(한글 표기) 티벹

[해   설]

이 단어를 발음함에 있어서 일본 사람들은 받침말을 제대로 구사할 수 없으므로 [찌벳도(チベット)]라고 하는 것을 모방해서 [티베트]라고 한다. 마지막의 철자 't'는 받침말로 [트] 하고 발음되어서는 안되는 소리이다.

tick*et [tíkit]

[단어의 해부]

tick [tí(k)] 틱 (ㅋ) ┐
et [it]   잍 ┘

(발음)   [틱잍]
(한글 표기) 틱잍

[해   설]

일본 사람들은 [찌켓또(チケット)]라고 하는데 이것을 모방해서 [티켓]이라고 쓰고 있다.

to*ma*to [təméitou, təmá:tou]

[단어의 해부]

(가) [təméitou]로 발음되는 경우

    to [tə]　　터

    ma [méi]　메이　　　　　　　　　(발음)　　[터메이토우]

    to [tou]　　토우　　　　　　　　　**한글 표기** 터메이토우

(나) [təmá:tou]로 발음되는 경우

    to [tə]　　터

    ma [má:]　마: (마아)　　　　　　(발음)　　[터마:토우]

    to [tou]　　토우　　　　　　　　　(터마아토우)

                           한글 표기 터마:토우

                             또는　터마아토우

[해　　설]

　남북 정상 회담 이후부터 북한 실상에 관한 보도가 심심치 않게 방송되므로 어느 정도 북한을 이해하게 되었다. 그런데 북한에서는 이 채소를 일본식 발음을 그대로 써서 [도마도(トマト)]라고 발음하고 있는 것이다. 북한 사회 체제는 배일 사상이 투철하여 친일 경향이 약할 것으로 생각했었는데 실망스러운 일이다. 우리는 그나마 [토마토]라고 해서 쓰고 있는데 북한에서는 일본말을 아무런 여과도 없이 그대로 써서 [도마도]라고 쓰고 있는 것이다. 우리들도 [도마도]로 쓰는 사람들이 많은 것은 사실이지만 그나마 한글학회에서 [토마토]로 표준화한 것은 다행한 일이다. 그러나 발음기호에 따라 우리 외래어 표기법을 준수하였더라면, (가)는 [터메이토]로, (나)는 [터마토]로 표기되었을 것인데 발음기호를 무시하고 철자 중심으로 발음하는 일본식 발음을 그대로 모방한 것이 아쉬운 점이다.

ton [tʌn]

[단어의 해부]

ton [tʌn]　턴　　　　　　　　　　　　　　　(발음)　　[턴]

                                 한글 표기 턴

[해　　설]

우리가 지금 쓰고 있는 표기는 [톤]인데 이것은 일본 사람들이 [어] 소리를

내지 못해서 발음기호를 따르지 않고 철자 중심으로 발음하려니까 [턴]이라고 하지 못하고 [돈(トン)]으로 발음하는 것을 우리는 그대로 모방해서 [톤]이라고 하는 것이다.

to*tal [tóutl]

해   설

우리는 이 단어를 흔히 [토탈]이고 발음하는데 이것은 [도-다루(トータル)]라는 일본식 발음을 따라한 것이다. 마지막 음절의 철자 'a'가 발음되지 않는데도 발음기호를 무시하고 [아]로 발음한 것은 잘못된 발음이다.

tour*na*ment [túərnəmənt, tə′:rnəmənt]

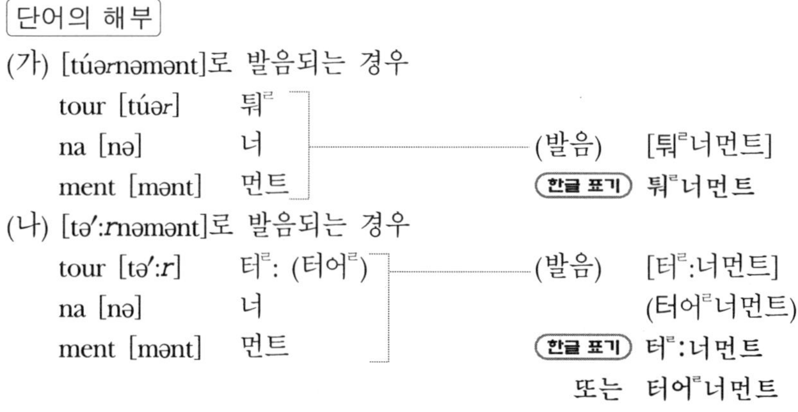

해   설

일본 사람들은 [튀] 소리를 내지 못할뿐더러 [어] 소리도 내지 못하므로, (가)의 [튀]나, (나)의 [터] 소리를 내지 못한다. 따라서 그들은 첫 음절의 'tour'의 발음을 철자를 중심으로 하여 [도-나멘도(トーナメント)]라고 발음하는데 우리는 이것을 모방해서 [토너멘트]라고 쓰고 있다.

trade*mark [tréidmá:rk]

[단어의 해부]

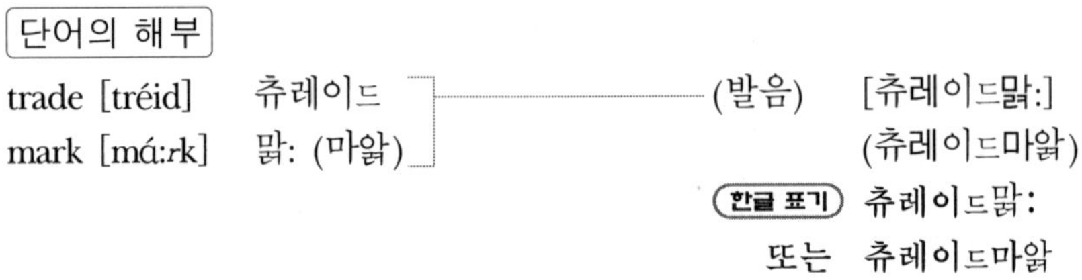

trade [tréid] 츄레이드 ┐
mark [má:rk] 맑: (마앍) ┘ ———— (발음) [츄레이드맑:]
(츄레이드마앍)

(한글 표기) 츄레이드맑:
또는 츄레이드마앍

[해   설]

'trade'라는 단어와 'mark'이라는 두 개의 단어가 결합하여 만들어진 복합어인데, 일본 사람들은 [도레–도마–구(トレートマーク)]라고 한다. 우리는 이것을 모방해서 [트레이드마크]라고 한다. 발음기호의 [tr]은 [트 ㄹ]가 아니라 [츄 ㄹ]라는 것은 어쩔 수 없는 시대의 흐름인데 이것을 거스르면 옳은 발음이 나오지 않는 것이다.

trail*er [tréilər]

[단어의 해부]

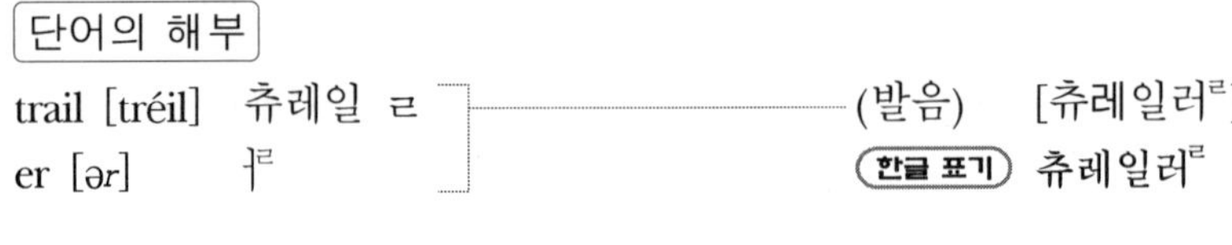

trail [tréil] 츄레일 ㄹ ┐
er [ər]   ㅓㄹ   ┘ ———— (발음) [츄레일러ㄹ]
(한글 표기) 츄레일러ㄹ

[해   설]

일본 사람들은 대부분의 경우 철자 't'를 뒤에 오는 모음에 관계없이 [도(ト)]로 생각해서 첫 음절의 'trail'을 [도레루(トレル)]로 발음하는 경우가 많다. 따라서 이 단어의 발음을 [도레–라–(トレーラー)]라고 하는데 우리는 이것을 따르지 않고 어느 정도 원래의 발음에 가깝게 [트레일러]라고 해서 쓴다. 그러나 [tr]은 [트 ㄹ]이 아니고 [츄 ㄹ]이라는 시대의 흐름을 따라야 할 것으로 생각한다.

Trip*o*li [trípəli]

[단어의 해부]

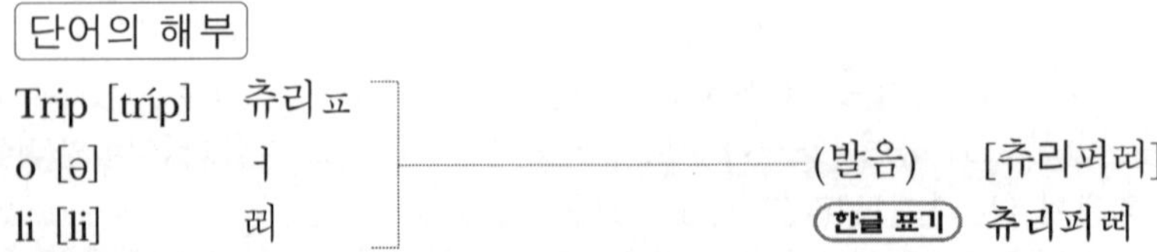

Trip [tríp] 츄리ㅍ ┐
o [ə]   ㅓ   ├ ———— (발음) [츄리퍼리]
li [li]   리   ┘ (한글 표기) 츄리퍼리

　일본 사람들은 철자 't'를 모음에 관계없이 [도(ト)]로 발음하는데, 여기에서도 'Tri'를 [쯔리(ツリ)]로 발음하는 것이 아니라 [도리(トリ)]로 발음해서 이 단어를 [도리뽀리(トリポリ)]라고 발음한다. 우리는 이것을 따라 해서 [트리폴리]라고 하는데, 둘째 음절의 철자 'o'가 [ə]로 발음되어야 하는데 [폴]이라고 [오]로 발음하는 것은 잘못된 발음이다.

troi*ka [trɔ′ikə]

　이 말도 앞에서와 마찬가지로 일본 사람들이 [도로이까(トロイカ)]로 발음하는 것을 모방해서 [트로이카]라고 쓰고 있다.

trot [trɑt, trɔt]

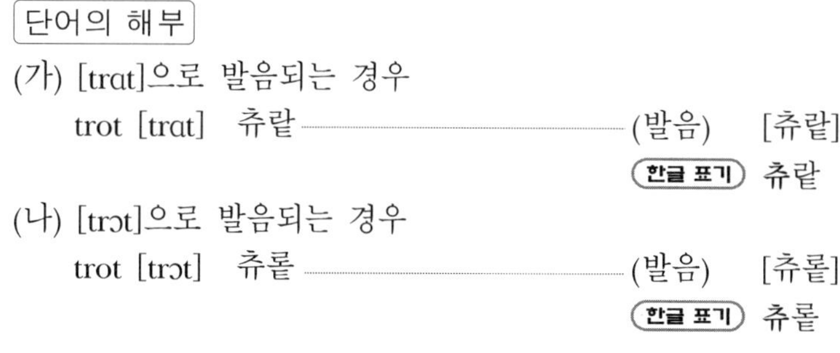

　지금은 'dance' 풍의 가요가 주류를 이루고 있지만, 한때는 많은 사람들의 사랑을 받았던 대중 가요의 대부분이 [츄롵] 곡이었다. [츄롵]이라고 하면 귀에 낯설은 데 일본식 발음은 [도롯도(トロット)]이고 우리말 표기는 [트롯]이다.

tung*sten [tʌ'ŋstən]

단어의 해부

tung [tʌ'ŋ]	텅	(발음)	[텅스턴]
sten [stən]	스턴	한글 표기	텅스턴

해　　　설

　일본 사람들의 발음은 [당구스덴(タングステン)]인데, 그들은 발음기호를 무시하고 철자 중심으로 영어를 발음하기 때문이다. 첫 음절 'tung'에서 발음기호를 보면 [tʌ'ŋ]이므로 [텅]으로 끝나야 하는데도 [단구(タンク)]로 발음하는 것은 철자만 보아서 'tun'으로 생각하고, 그리고 [ㅌ] 소리와 [어] 소리를 내지 못하므로 [단]으로 발음하고, 그 다음 철자 'g'를 따로 생각해서 [그]로 발음해야 하는데 [그] 소리를 내지 못하므로 [구]로 발음해서 [단구(タンク)]로 발음하는 것이다. 또한 마지막 음절의 'sten'에서 [스턴]으로 발음되어야 하는 것을 [스덴]으로 발음한 것은 [어] 소리를 내지 못할 뿐만 아니라 철자 'e'를 [에]로 발음해서 [스덴]으로 발음하는 것이다. 우리는 이것을 모방해서 [텅그스텐]으로 쓰고 있는데, 그냥 [텅스턴]으로 발음하는 것이 옳은 발음이며 [그] 소리를 내지 말아야 한다.

Tu*ni*sia [tju:ní(:)ʒə, tju:ní(:)ʃə]

단어의 해부

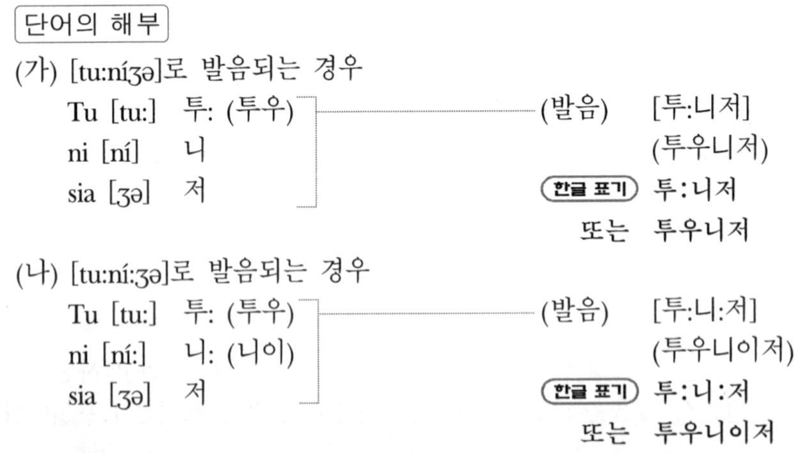

(가) [tu:níʒə]로 발음되는 경우

Tu [tu:]	투: (투우)	(발음)	[투:니저]
ni [ní]	니		(투우니저)
sia [ʒə]	저	한글 표기	투:니저
			또는　투우니저

(나) [tu:ní:ʒə]로 발음되는 경우

Tu [tu:]	투: (투우)	(발음)	[투:니:저]
ni [ní:]	니: (니이)		(투우니이저)
sia [ʒə]	저	한글 표기	투:니:저
			또는　투우니이저

(다) [tju:níʒə]로 발음되는 경우

(다) [tju:níʒə]로 발음되는 경우

Tu [tju:] 튜: (튜우) ──────── (발음) [튜:니저]
ni [ní] 니   (튜우니저)
sia [ʒə] 저   (한글 표기) 튜:니저
                          또는 튜우니저

(라) [tju:ní:ʒə]로 발음되는 경우

Tu [tju:] 튜: (튜우) ──────── (발음) [튜:니:저]
ni [ní:] 니: (니이)   (튜우니이저)
sia [ʒə] 저   (한글 표기) 튜:니:저
                          또는 튜우니이저

(마) [tu:níʃə]로 발음되는 경우

Tu [tu:] 투: (투우) ──────── (발음) [투:니쉬]
ni [ní] 니   (투우니쉬)
sia [ʃə] 쉬   (한글 표기) 투:니쉬
                          또는 투우니쉬

(바) [tu:ní:ʃə]로 발음되는 경우

Tu [tu:] 투: (투우) ──────── (발음) [투:니:쉬]
ni [ní:] 니: (니이)   (투우니이쉬)
sia [ʃə] 쉬   (한글 표기) 투:니:쉬
                          또는 투우니이쉬

(사) [tju:níʃə]로 발음되는 경우

Tu [tju:] 튜: (튜우) ──────── (발음) [튜:니쉬]
ni [ní] 니   (튜우니쉬)
sia [ʃə] 쉬   (한글 표기) 튜:니쉬
                          또는 튜우니쉬

(아) [tju:ní:ʃə]로 발음되는 경우

Tu [tju:] 튜: (튜우) ──────── (발음) [튜:니:쉬]
ni [ní:] 니: (니이)   (튜우니이쉬)
sia [ʃə] 쉬   (한글 표기) 튜:니:쉬
                          또는 튜우니이쉬

| 해   설 |

 무려 여덟 가지로 발음되는 이 단어를 일본 사람들은 [쮸니지아(チュニジア)]라고 발음하고 우리는 [튜니지아]로 모방해서 표기하고 있다.

Tur*key [tə′:rki]

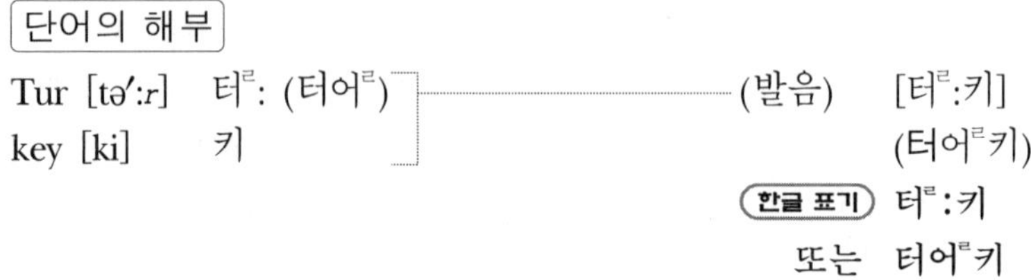

단어의 해부			
Tur [tə′:r]	터ᵉ: (터어ᵉ)	(발음)	[터ᵉ:키]
key [ki]	키		(터어ᵉ키)

한글 표기) 터ᵉ:키

또는 터어ᵉ키

해   설

우리가 지금 쓰고 있는 [터키]라는 발음은 'r 모음화 음색 변화'만 적용한다면 아주 완벽한 발음이 되었을 것이다. 일본 사람들은 [터]라는 소리를 내지 못하므로 첫 음절을 [다(夕)]로 발음하고, 또한 [키] 소리를 내지 못하므로 [끼(キ)]로 발음해서 이 단어를 [다-끼-(夕-キ-)]라고 발음한다.

Ugan*da [ju:gǽndə, u:gá:ndɑ:]

단어의 해부

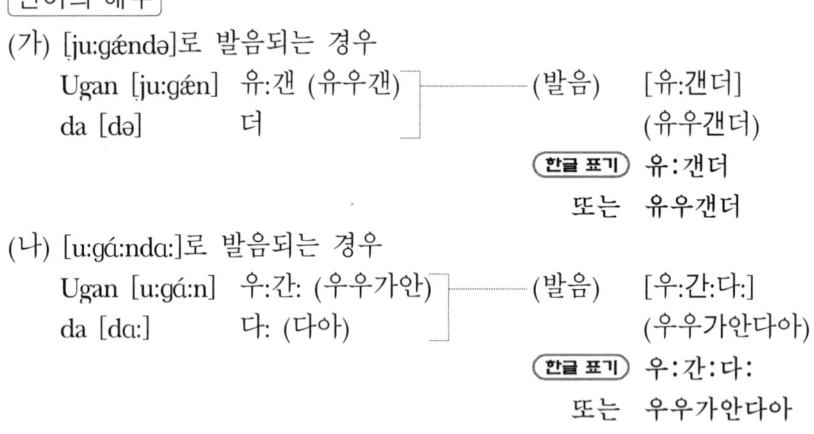

(가) [ju:gǽndə]로 발음되는 경우

Ugan [ju:gǽn]	유:갠 (유우갠)	(발음)	[유:갠더]
da [də]	더		(유우갠더)

한글 표기) 유:갠더

또는 유우갠더

(나) [u:gá:ndɑ:]로 발음되는 경우

Ugan [u:gá:n]	우:간: (우우가안)	(발음)	[우:간:다:]
da [dɑ:]	다: (다아)		(우우가안다아)

한글 표기) 우:간:다:

또는 우우가안다아

해   설

우리가 쓰고 있는 [우간다]라는 발음이 틀리지는 않지만, 그렇게 발음하려면 모두 장음으로 발음해서 [우우가안다아]라고 해야 옳은 발음이라고 본다. 장음으로 발음하지 않으려면 [우우갠더]로 해서 첫 음절만 장음으로 발음하고 나머지는 단음으로 발음하는 방법도 있다. 일본식 발음은 [우간다(ウガンダ)]이다.

Ukraine [ju:kréin, jukráin]

[단어의 해부]

(가) [ju:kréin]으로 발음되는 경우
  Ukraine [ju:kréin] 유:크레인 ──────── (발음) [유:크레인]
              (유우크레인)   (유우크레인)
                                [한글 표기] 유:크레인
                                      또는 유우크레인

(나) [jukráin]으로 발음되는 경우
  Ukraine [jukráin] 유크라인 ──────── (발음) [유크라인]
                                [한글 표기] 유크라인

[해   설]

우리는 [우꾸라이나(ウクライナ)]라는 일본식 발음을 모방해서 [우크라이나]
라고 하고 있다.
  일본 사람들도 [유(그)] 소리를 낼 수 있어서 [유꾸라인(ユクライン)]이라고 발음
할 수 있는데도 [우꾸라이나]로 발음하는 것은 철자 위주로 발음하기 때문이다.

un*bal*ance [ʌ′nbǽləns]

[단어의 해부]

un [ʌ′n]   언
bal [bǽl]   밸 ㄹ ──────── (발음) [언밸런스]
ance [əns] 런스   [한글 표기] 언밸런스

[해   설]

현재 우리는 [언밸런스]로 우리말 사전에 정확하게 표기해 놓고도 실제로는
[안바라스(アンバランス)]라는 일본식 발음을 그대로 이어받아 쓰기도 한다.

uni*form [jú:nəfɔ̀:rm]

[단어의 해부]

uni [jú:nə]   유:너 (유우너) ──────── (발음) [유:너폼:]
form [fɔ́:rm] 폼: (포옴)   (유우너포옴)

한글 표기 유:너폼:
또는 유우너포옴

해   설

일본 사람들이 [유니후오-무(ユニフォーム)]라고 한다고 해서 유명한 문학 박사께서 감수한 국어사전에 [유니폼]이라고 표기하고 있으니 그분은 우리 외래어 표기법이라는 것이 있는지 없는지 알지 못하고 있다는 말인가? 이처럼 솔선수범해서 우리 외래어 표기법을 지키도록 감독하고 선도해야 할 위치에 있는 사람이 표기법을 지키지 않은 책을 버젓이 출판하도록 묵인하여 모든 국민들이 보도록 하였으니 아무리 이해하려고 노력해도 필자의 눈에는 어용 친일학자로밖에는 보이지 않는다.

un*ion [júːnjən]

단어의 해부

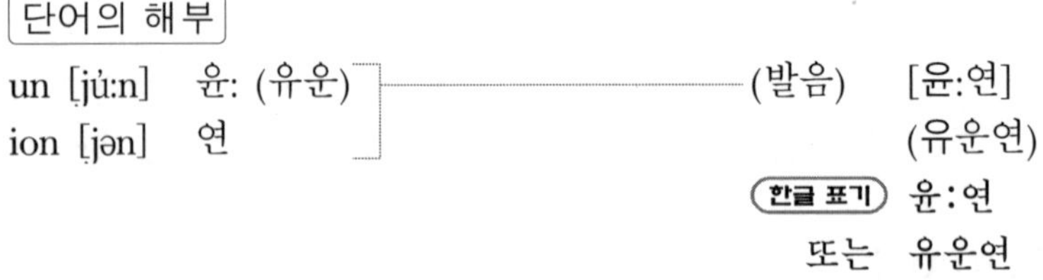

un [júːn] 윤: (유운) ┐
ion [jən] 연   ┘────────────── (발음) [윤:연]
                                           (유운연)

한글 표기 윤:연
또는 유운연

해   설

이 단어의 발음은 [유:년]이 아니라 [윤:연]이라고 발음해야 옳다고 본다. 첫 음절이 'un'으로 끊어지기 때문에 첫 음절은 [윤]으로 발음하고, 받침인 철자 'n'이 마치 마지막 음절 'ion'으로 옮겨지는 듯한 기분으로 발음하는 것이 옳은 발음이라고 본다. 일본 사람들은 발음기호를 무시하므로 [유니온(ユニオン)]이라고 발음하는 것을 우리는 한 글자 틀리지 않고 따라해서 [유니온]으로 쓰고 있다.

uni*ver*sal [júːnəvəˊːrsəl]

단어의 해부

(가) [júːnəvəˊːrsl]로 발음되는 경우
    uni [júːnə] 유:너 (유우너) ┐
    ver [vəˊːr] 버ᄅ: (버어ᄅ) ┼───── (발음) [유:너버ᄅ:슬]
    sal [sl] 슬   ┘   (유우너버어ᄅ슬)

(한글 표기) 유:너버:슬
또는 유우너버어ᵉ슬

(나) [júːnəvə′ːrsəl]로 발음되는 경우

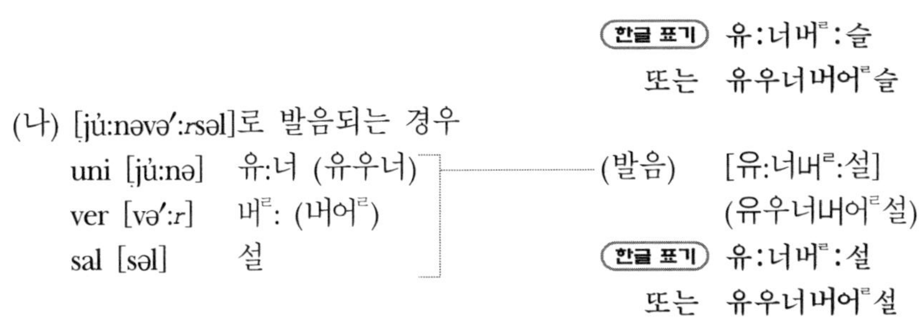

uni [júːnə]	유:너 (유우너)		(발음)	[유:너버:설]
ver [və′ːr]	버ᵉ: (버어ᵉ)			(유우너버어ᵉ설)
sal [səl]	설			

(한글 표기) 유:너버:설
또는 유우너버어ᵉ설

앞의 'union'과는 다르게 첫 음절이 'uni'로 끊어지므로 여기에서는 [윤:어]가 아니고 [유:너]로 발음되는 것이다. 일본 사람들은 [유니바-사루(ユニバーサル)]로 발음하는데, 모든 음절이 [어]로 발음되어야 하는데 [어] 소리를 내지 못하는데다가 첫 음절의 철자가 'i'이므로 [유니]로 발음하고, 나머지는 모두 [아]로 발음하는 것이다.

uni*ver*si*ty [júːnəvə′ːrsəti]

(가) [júːnəvəːrsti]로 발음되는 경우

uni [júːnə]	유:너 (유우너)		(발음)	[유:너버:스티]
ver [və′ːr]	버ᵉ: (버어ᵉ)			(유우너버어ᵉ스티)
si [s]	스			
ty [ti]	티			

(한글 표기) 유:너버:스티
또는 유우너버어ᵉ스티

(나) [júːnəvə′ːrsəti]로 발음되는 경우

uni [júːnə]	유:너 (유우너)		(발음)	[유:너버:서티]
ver [və′ːr]	버ᵉ: (버어ᵉ)			(유우너버어ᵉ서티)
si [sə]	서			
ty [ti]	티			

(한글 표기) 유:너버:서티
또는 유우너버어ᵉ서티

우리는 [유니버시티]라고 표기하고 있는데 이것은 일본식 발음인 [유니바-시디-(ユニバーシティー)]를 모방한 것이다. 우리 외래어 표기법을 적용했더라면, (가)는 [유니버스티]이었을 것이고, (나)는 [유니버서티]로 되었을 것이다. 비

록 ‘r 모음화 음색 변화’의 표기가 부족하지만 원래의 발음에 가까운 표기가 되었을 것이다.

up-to-date [ʌ′ptədéit]

해   설

이 단어의 철자를 보면 ‘up’, ‘to’와 ‘date’이라는 세 개의 단어가 결합된 단어로서 [업투데이트]라고 발음할 수가 있다. 이 단어의 발음에서 주의해야 할 것은 둘째 음절의 ‘to’의 발음이다. 이 ‘to’의 다음에 자음으로 된 말이 오는 경우에는 [tə] 로 발음되는 것이다. 따라서 [업터데이트]로 발음해야 한다. 마지막 음절의 발음은 ‘date’ 항에서 자세히 설명하였듯이 [데일]하고 끊어서 발음하는 것이 옳은 발음이고, [데이트] 하고 [트] 소리를 내는 것은 일본식 발음이므로 잘못된 발음이다. 일본 사람들은 이 단어를 [앗뿌-쯔-데-도(アップーツーデート)]로 발음하는 것이 그들 나름대로의 최선의 방법인 것이다.

Ural [júərəl]

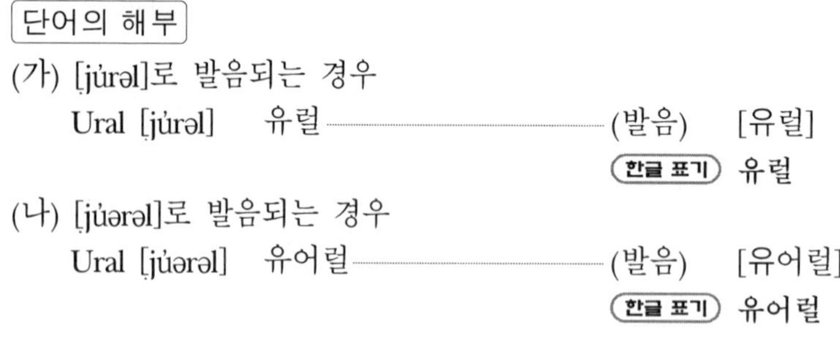

해   설

철자 ‘U’의 발음이 발음의 옳고 그름을 좌우하고 있다. 일본 사람들은 발음기호보다는 철자를 중심으로 해서 발음하기 때문에 이 단어의 발음을 [우라루(ウラ

ル)]라고 발음하는데 우리는 이것을 모방해서 [우랄]이라고 발음하는 것이다.

ura*ni*um [juréiniəm, juréinjəm]

단어의 해부

(가) [juréiniəm]으로 발음되는 경우

ura [juréi]	유레이	
ni [ni]	니	(발음) [유레이니엄]
um [əm]	엄	한글 표기 유레이니엄

(나) [juréinjəm]으로 발음되는 경우

ura [juréi]	유레이	
ni [nj]	ㄴ ㅣ	(발음) [유레이념]
um [əm]	ㅓㅁ	한글 표기 유레이념

해   설

일본 사람들의 발음은 [우라니우무(ウラニウム)]인데 앞의 'Ural'에서와 같이 철자 'u'를 [유]가 아닌 [우]로 발음한다는 것은 역시 발음기호를 무시한 발음이다. 그들도 [유(그)] 소리를 낼 수 있음에도 [우]로 발음하는 것은 철자 중심으로 발음한다는 일본 사람들의 잘못된 고집인 것이다.

Uru*guay [juərəgwái, juərəgwéi]

단어의 해부

(가) [uərəgwái]로 발음되는 경우

| Uru [uərə] | 워러 | (발음) [워러그와이] |
| guay [gwái] | 그와이 | 한글 표기 워러그와이 |

(나) [juərəgwái]로 발음되는 경우

| Uru [juərə] | 유러 | (발음) [유러그와이] |
| guay [gwái] | 그와이 | 한글 표기 유러그와이 |

(다) [urəgwái]로 발음되는 경우

| Uru [urə] | 우러 | (발음) [우러그와이] |
| guay [gwái] | 그와이 | 한글 표기 우러그와이 |

(라) [j̬uərəgwái]로 발음되는 경우

Uru [j̬uərə] 유어러	(발음)	[유어러그와이]
guay [gwái] 그와이	(한글 표기)	유어러그와이

(마) [uərəgwéi]로 발음되는 경우

Uru [uərə] 워러	(발음)	[워러그웨이]
guay [gwéi] 그웨이	(한글 표기)	워러그웨이

(바) [j̬urəgwéi]로 발음되는 경우

Uru [j̬urə] 유러	(발음)	[유러그웨이]
guay [gwéi] 그웨이	(한글 표기)	유러그웨이

(사) [urəgwéi]로 발음되는 경우

Uru [urə] 우러	(발음)	[우러그웨이]
guay [gwéi] 그웨이	(한글 표기)	우러그웨이

(아) [j̬uərəgwéi]로 발음되는 경우

Uru [j̬uərə] 유어러	(발음)	[유어러그웨이]
guay [gwéi] 그웨이	(한글 표기)	유어러그웨이

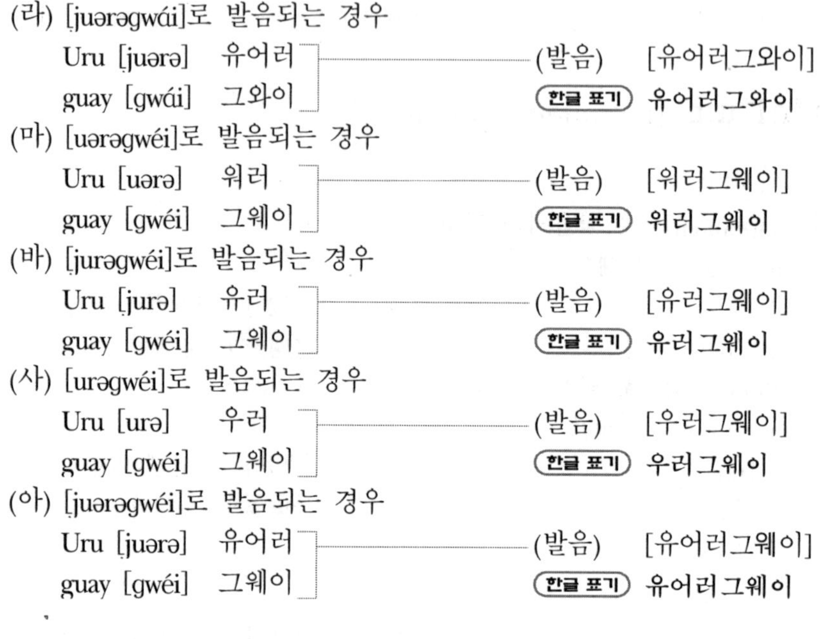

해   설

일본 사람들이야 발음기호와는 관계없이 철자로만 발음하기 때문에 그다지 발음에는 복잡함을 느끼지 못하겠지만, 무려 여덟 가지로 발음되므로 상당히 발음이 까다로운 단어이다.

일본 사람들은 [우루구아이(ウルグアイ)] 하고 철자대로 발음하고 있는데, 우리는 이것을 모방해서 [우루콰이]로 발음하고 있다.

Uz*bek [ʌ′zbek, úzbek]

단어의 해부

(가) [ʌ′zbek]으로 발음되는 경우

Uz [ʌ′z] 어즈	(발음)	[어즈벡]
bek [bek] 벡	(한글 표기)	어즈벡

(나) [úzbek]으로 발음되는 경우

Uz [úz] 우즈	(발음)	[우즈벡]
bek [bek] 벡	(한글 표기)	우즈벡

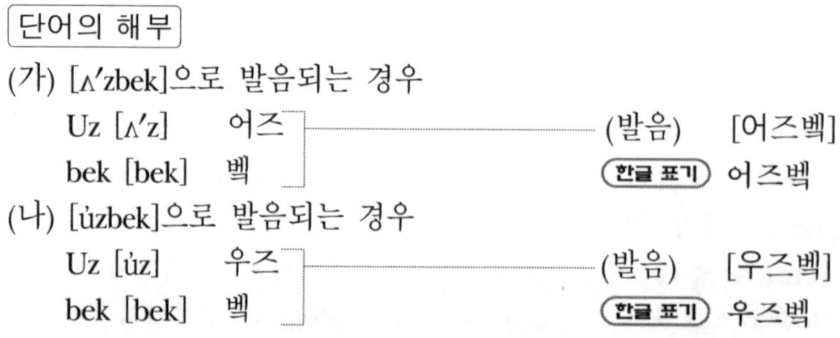

이 단어는 'Uzbeg'으로도 쓰는데, 이 경우에는 [우즈벡]으로 발음해서 [그] 하고 발음하지는 말아야 한다. 'Uzbek'으로 쓰는 경우에는 마지막에 [크] 발음을 해서 [우즈베크]라고 발음하기가 쉽다. 일본 사람들이 [우즈베꾸(ウズベク)]로 발음하므로 이것을 완전하게 모방하다가 [우즈베크]라고 하는 것이다.

valve [vǽlv]

[단어의 해부]

valve [vǽlv]　밸브 ─────────────────── (발음)　[밸브]
　　　　　　　　　　　　　　　　　　　　　(한글 표기)　밸브

[해   설]

철자 'v'에 대응하는 글자가 없었던 전에는 [밸브]라고 표기하거나 아니면 아예 일본식 발음인 [바루부(バルブ)]를 모방해서 [발브]로 쓰기도 했다. 이 책에서는 [b]와 [v]를 구별하지 않으면 발음에 혼란이 일어나기 때문에 [v=ㅸ]이라는 새로운 글자를 써서 철자 'b'와 구별하기로 한다. 철자 'b'와 철자 'v'는 완전히 다른 소리이므로 [b=ㅂ]으로 쓰고 [v=ㅸ]을 써서 소리를 구별해야 한다.

va*nil*la [vənílə]

[단어의 해부]

va [və]　　버
nil [níl]　닐 (ㄹ)　───────────── (발음)　[버닐러]
la [lə]　　러　　　　　　　　　　　 (한글 표기)　버닐러

[해   설]

이 단어에서도 일본 사람들은 중요한 발음기호를 무시하고 오로지 자기네들 식인 철자 중심으로 발음해서 [바니라(バニラ)]라고 발음하는데 이것을 알아들을 미국 사람들은 한 사람도 없을 것이다. 그렇다면 이것을 모방해서 우리가 [바닐라]라고 쓰고 있는 말도 알아들을 미국 사람은 없을 것이다.

vase [veis, veiz, vɑ:z]

단어의 해부

(가) [veis]로 발음되는 경우

    vase [veis]　베이스 ──────── (발음)　[베이스]

    한글 표기　베이스

(나) [veiz]로 발음되는 경우

    vase [veiz]　베이즈 ──────── (발음)　[베이즈]

    한글 표기　베이즈

(다) [vɑ:z]로 발음되는 경우

    vase [vɑ:z]　바:즈 (바아즈) ──────── (발음)　[바:즈]

    (바아즈)

    한글 표기　바:즈

    또는　바아즈

1

해　　설

여기에서 철자 'b'와 'v'의 발음이 구별되어야만 하는 이유를 따져 보자. 우리는 이 철자 'b'와 'v'를 구별하는 글자가 없어서 하는 수 없이 이 단어를 [베이스]로 표기하는 수밖에는 별 도리가 없었다. 그렇다면 이 소리는 'base'라는 단어의 발음과 같은 소리가 되므로 [베이스]라고 하면 'base'를 말하는 것인지, 아니면 'vase'를 말하는 것인지 분별할 수가 없는 것이다. 더구나 철자 'b'와 'v'는 그 소리를 내는 방법이 다르기 때문에 듣는 어감도 전혀 다른 것이므로 반드시 구별되어야만 하는 것이다. 글자란 기호를 써서 소리를 나타내는 수단이므로 필요에 따라 새로운 글자가 생길 수도 있고, 반대로 필요에 따라 없어질 수도 있는 것이다.

ve*neer [vəníər]

단어의 해부

ve [və]　　버　┐
            ├──────── (발음)　[버니어ʳ]
neer [níər]　니어ʳ ┘　　　　한글 표기　버니어ʳ

해　　설

우리가 보통 베니어합판이라고 하는 이 말을 일본 사람들은 [베니아(ベニア)]

라고 발음하는데 우리는 이것을 모방해서 [베니어]로 쓰고 있다.

Ven*e*zue*la [vénəzwéilə]

해설

우리 사전에 [베네수엘라]로 표기되어 있고 일본 사람들은 [베네즈에라(ベネズエラ)]로 발음한다. 셋째 음절의 발음이 약간 까다로운데, [zwéi]에서 [w]는 모음이 아니고 자음이므로 [z]와 결합해서 [주]로 발음하는 것은 잘못된 발음이다. [w]는 자음이므로 모음인 [é]와 결합되어서 [웨]로 발음하여야 하는 것이다. 따라서 [즈웨이]로 발음해야 되는 것이다.

Ven*ice [vénis]

해설

이 단어의 발음에 있어서 그냥 [베니스]로 발음하여도 무방하지 않을까라고 생각할 사람들도 있겠지만 [벤이스]로 발음하는 것과는 어감에 있어서 분명히 차이가 나는 것이다.

ven*ture [véntʃər]

김대중 대통령이 [벤춰ʳ]라는 단어를 [벤쨔]라고 발음하는 것을 가끔 듣는데 [벤짜(ベンチャ)]는 일본식 발음이다.

Ver*sailles [vərsaʹi, vɛərsaʹi]

(가) [vərsaʹi]로 발음되는 경우

    Ver [vər]   버ʳ   (발음)   [버ʳ싸이]

    sailles [saʹi] 싸이   (한글 표기) 버ʳ싸이

(나) [vɛərsaʹi]로 발음되는 경우

    Ver [vɛər]   메어ʳ   (발음)   [메어ʳ싸이]

    sailles [saʹi] 싸이   (한글 표기) 메어ʳ싸이

일본 사람들은 이 말을 [베루사이유(ベルサイユ)]라고 한다. 어떤 근거로 [saʹi]라는 발음기호가 [사유]로 발음되어야 하는지 모르지만 영어 발음으로는 잘못된 발음이다.

vet*er*an [vétərən]

(가) [vétrən]으로 발음되는 경우

    vet [vét]   베트

    er [r]   ㄹ   (발음)   [베트런]

    an [ən]   ㄴ   (한글 표기) 베트런

(나) [vétərən]으로 발음되는 경우

    vet [vét]   베ㅌ

    er [ər]   ㅓㄹ   (발음)   [메터런]

    an [ən]   ㄴ   (한글 표기) 메터런

일본 사람들의 전매 특허인 발음기호 무시하기의 전형적인 표본이 되는 것들

중의 하나인 [베떼랑(ベテラン)]을 그대로 모방해서 [베테랑]으로 쓰고 있는 것이다. 발음기호에 따라 우리 외래어 표기법으로 표기하면, (가)는 [베트런]이 될 것이고, (나)는 [베터런]으로 되어서 아주 완벽한 영어 발음이 된다.

비록 'v'와 'b'의 구별이 애매모호하지만……

vic*to*ry [víktəri]

해 설

이 단어를 일본식 발음인 [비구도리-(ビクトリー)]를 모방해서 [빅토리]라고 하는 사람이 100 퍼ᄅ쎈트(percent)이고, 아마도 [빅트리] 또는 [빅터리]라고 하는 한국 사람은 한 사람도 없을 것이다.

vid*eo [vídióu]

해 설

필자가 캔어더(Canada)에서 살고 있을 때 빋이오우 슈옾(video shop)을 경영하였는데, 어느 날 친구 아들이 교통 사고로 병원에 입원하고 있다는 연락을 받았다. 병원으로 문병을 가서 친구와 이야기를 주고받는데 자연히 사업관계 이야기가 자주 나오다 보니까 [비데오]라는 말이 자주 나왔다. 그러자 친구 아들 녀석이 '아저씨, [빈이오]로 발음하세요' 하는 것이었다. '그래, 알았다. [비디오]! 자, 어떠냐?' 하니까 그 녀석은 침대 위에서 고개를 설레설레 흔들면서 틀렸다는 것이었다. 그러더니 [빈], [이], [오]라고 한마디 한마디 끊어서 발음을 해 주는 것이었다. 그리고 나서 [빈이오] 하고 연속적으로 발음해 보이는데, 반복해서 들어 보니까 우리가 듣기에는 마치 [비디오]라고 하는 소리로 들리는 것이었다. 이와 같이 우리가 생각하기에는 아무것도 아닌 것 같아도 [빈]으로 발음하느냐, 아니면 그냥 [비]로 발음하느냐 하는 것에는 어감에 분명한 차이가 나는 것이다.

Vi*en*na [viénə]

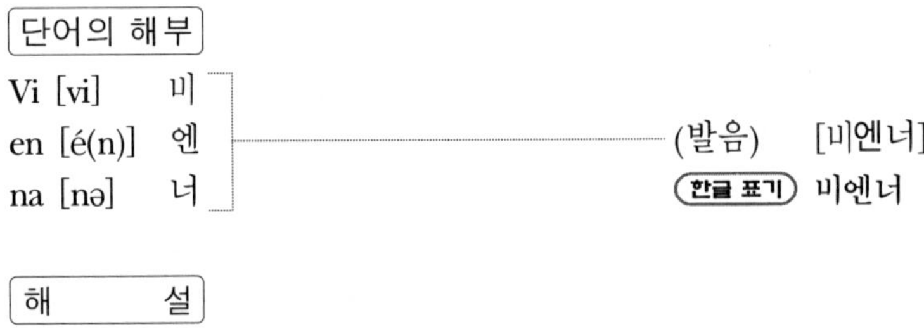

해설

우리는 [비엔나]라고 쓰고 있는데 이것도 역시 [비엔나(ヴィエンナ)]라는 일본식 발음을 한 자도 틀리지 않고 그대로 따라한 것이다. 우리 외래어 표기법에 따른다면 [비엔너]로 되어야 마땅한 것이다.

Vi*et*cong [vi:étkáŋ, vi:éitkɔ′:ŋ, vjétkɔ′:ŋ]

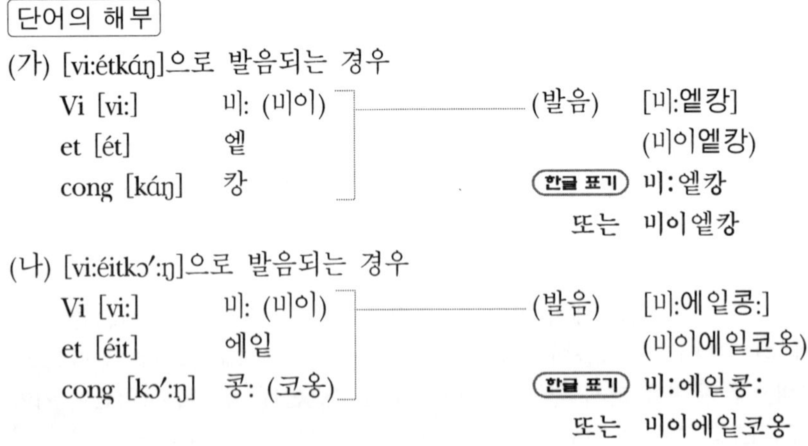

(다) [vjétkɔ':ŋ]으로 발음되는 경우

Vi [vj]	ㅂㅣ(j)		(발음)	[볖콩:]
et [ét]	엩			(볖코옹)
cong [kɔ':ŋ]	콩:		한글 표기 볖콩:	

또는 볖코옹

해 설

박정희 정권 때에 미국의 대리 전쟁터에서 우리 젊은이들이 꽃다운 나이에 [베트콩]들에게 무수한 생명을 잃었다. 세 가지로 발음되는 것 중에 가장 발음이 어려운 것은, (다)의 [볖콩]일 것이다. 첫 음절의 철자 'i'가 [j]라는 모음으로 변해서 다음에 오는 'e'와 결합하여 [ㅖ]라는 모음으로 변해 버리는 것이다.

Vi*et*nam [vi:étná:m, vjétná:m, vi:etnǽm, vjétnɑm]

단어의 해부

(가) [vi:étná:m]으로 발음되는 경우

Vi [vi:]	비: (비이)		(발음)	[비:엩남:]
et [ét]	엩			(비이엩나암)
nam [ná:m]	남: (나암)		한글 표기 비:엩남:	

또는 비이엩나암

(나) [vjétná:m]으로 발음되는 경우

Vi [vj]	ㅂㅣ		(발음)	[볖남:]
et [ét]	엩			(볖나암)
nam [ná:m]	남: (나암)		한글 표기 볖남:	

또는 볖나암

(다) [vi:etnǽm]으로 발음되는 경우

Vi [vi:]	비: (비이)		(발음)	[비:엩냄]
et [et]	엩			(비이엩냄)
nam [nǽm]	냄		한글 표기 비:엩냄	

또는 비이엩냄

(라) [vjétnɑm]으로 발음되는 경우

Vi [vj]	ㅂㅣ			
et [ét]	엩		(발음)	[볖남]
nam [nɑm]	남		한글 표기 볖남	

　세계 최강국인 미국과의 전쟁에서 승리한 세계의 유일한 나라가 'Vietnam'이
라는 나라이다. 우리도 미국의 요구로 인해서 참전하여 수많은 젊은이들이 생
명을 잃었지만 결국은 미국이 패전을 선언하게 되었던 역사가 있다. 일본식 발
음은 [베또나무(ベトナム)]인데 우리는 이것을 모방해서 [베트남]이라고 한다.
어떤 근거에서 첫 음절의 'Vi'가 [베]로 발음되는지 이해를 할 수 없다. 이것은
일본 사람들이 발음기호도 무시하고 철자도 무시하면서 오로지 자기네들 편의
대로 발음한 것으로 보여진다.

vil*la [vílə]

vil [ví(l)]	빌 (ㄹ)	(발음)	[빌러]
la [lə]	러	한글 표기	빌러

　서민들은 그냥 쳐다보기조차 힘든 초호화 주택을 OO[빌라]라든가 또는 XX
[빌라]라 하면서 많이 쓰여지고 있는 이 말도 역시 [비라(ビラ)]라는 일본식 발
음을 모방한 것이다. 마지막 음절의 철자 'a'가 [ə]로 발음되어야 하는데 [어] 소
리를 내지 못하는 일본 사람들이 [어] 대신에 [아]로 발음하는 것을 그대로 따라
한 것이다.

vi*o*lin [va′iəlin]

vi [va′i]	바이		
o [ə]	어	(발음)	[바이어린]
lin [lin]	린	한글 표기	바이어린

　이 말도 일본 사람들이 [어] 소리를 내지 못하므로 [바이오린(バイオリン)]이
라고 하는 것을 모방해서 우리도 [바이올린]이라 쓰고 있다.

Vir*gin*ia [vəːrʤínjə]

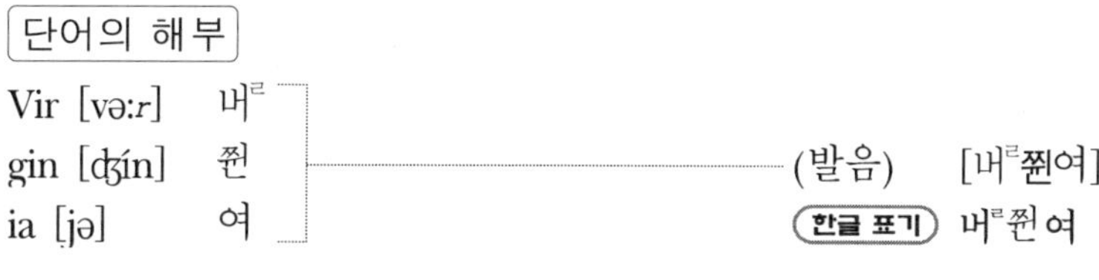

단어의 해부		
Vir [vəːr]	버ㄹ	
gin [ʤín]	쭨	(발음) [버ㄹ쮠여]
ia [jə]	여	(한글 표기) 버ㄹ쮠여

해   설

우리말 사전에는 [버지니아]로 표기되어 있는데, [바–지니아(ヴァージニア)]라는 일본식 발음을 모방한 것임에 틀림없다. 만일 그렇지 않고 우리 외래어 표기법을 따른 것이라면 [버지녀]로 표기되었어야 한다.

vi*sa [víːzə]

단어의 해부		
vi [víː]	비ː (비이)	(발음) [비ː저]
sa [zə]	저	(비이저)
		(한글 표기) 비ː저
		또는 비이저

해   설

외국 여행을 가려면 그 나라에 입국해도 좋다는 입국사증을 받아야 그 나라에 들어갈 수 있다. 그런데 우리는 보통 [비자] 받으로 간다고 말하는데, 이것은 일본식 발음인 [비자(ビザ)]를 그대로 따라한 말이다.

vi*ta*min, vi*ta*mine [vaˊitəmin, vítəmin]

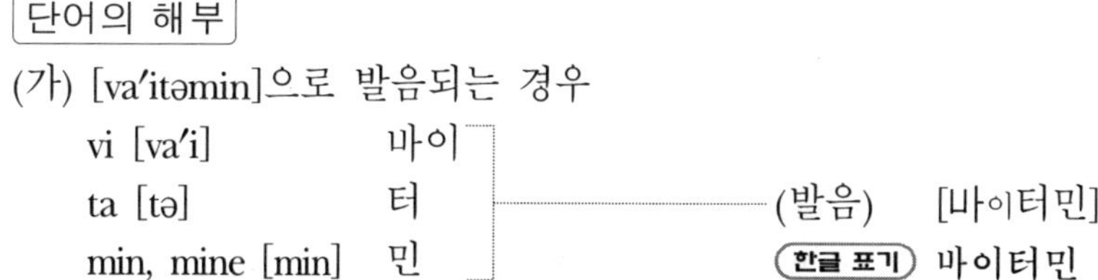

(가) [vaˊitəmin]으로 발음되는 경우

vi [vaˊi]	바이	
ta [tə]	터	(발음) [바이터민]
min, mine [min]	민	(한글 표기) 바이터민

(나) [vítəmin]]으로 발음되는 경우

vi [ví]	비		
ta [tə]	터	(발음)	[비터민]
min, mine [min]	민	한글 표기 비터민	

> **해   설**

첫 음절이 [비]로 발음되는 경우도 있지만, 둘째 음절을 [타]로 발음하는 것은 [비다민(ビタミン)]이라는 일본식 발음을 모방한 발음이다. 둘째 음절의 'ta'는 그 발음기호가 [tə]이므로 [터]로 발음되어야 하는 것이다.

wait*er [wéitər]

> **단어의 해부**

| wait [wéit] | 웨잍 | (발음) | [웨잍어ᴿ] |
| er [ər] | 어ᴿ | 한글 표기 웨잍어ᴿ | |

> **해   설**

이 단어는 'wait'이라는 동사에 명사 어미인 '-er'가 붙어서 이루어진 명사인데, 앞에서와 같이 'wait'과 '-er'를 따로따로라고 생각해서 발음하면 쉽게 이해가 간다. 그렇게 발음하면 마지막에 [터ᴿ]라는 소리가 나오지 않아서 마치 [어]라는 소리로 들리는 듯하게 발음하는 것이다. 그런데 우리는 일본식 발음인 [웨-다-(ウェーター)]를 모방해서 [웨이터]라고 하고 있다.

wait*ress [wéitris]

> **단어의 해부**

| wait [wéit] | 웨이츄 | (발음) | [웨이츄리쓰] |
| ress [ris] | 리쓰 | 한글 표기 웨이츄리쓰 | |

> **해   설**

앞의 'waiter'의 발음과는 차이가 많이 나는데 그것은 't' 다음에 'r'이 있기 때문에 't'가 [ㅌ]으로 발음되는 것이 아니라 [츄]로 발음이 변하기 때문에 받침이 될 수 없는 것이다. 일본 사람들이 [웨-도레스(ウェートレス)]로 발음하는데 우리

는 이것을 모방해서 [웨이트레스]라고 발음하고 있다.

waltz [wɔ:lts]

$\boxed{\text{단어의 해부}}$

(가) [wɔ:lts]로 발음되는 경우

　waltz [wɔ:lts]　　우올:츠 (우오올츠) ·········· (발음)　　[우올:츠]
　　　　　　　　　　　　　　　　　　　　　　　　　　　　(우오올츠)
　　　　　　　　　　　　　　　　　$\boxed{\text{한글 표기}}$ 우올:츠
　　　　　　　　　　　　　　　　　　또는　우오올츠

(나) [wɔ:ls]로 발음되는 경우

　waltz [wɔ:ls]　　우올:스 (우오올스) ·········· (발음)　　[우올:스]
　　　　　　　　　　　　　　　　　　　　　　　　　　　　(우오올스)
　　　　　　　　　　　　　　　　　$\boxed{\text{한글 표기}}$ 우올:스
　　　　　　　　　　　　　　　　　　또는　우오올스

$\boxed{\text{해　　　설}}$

　여기에서 나오는 [wɔ]라는 발음은 엄밀하게 따진다면 [우오]라는 소리이다. 그런데 이것을 우리말로 줄일 수가 없는 것이다. 즉, [wə]라든가, [we] 등과 같은 경우에는 [워]와 [웨] 등으로 줄여 쓸 수 있지만 [wɔ]는 아무리 우리 한글이 과학적인 문자라 하더라도 도저히 줄여 쓸 수 있는 방법이 없는 것이다. 이 책에서는 [wɔ]인 경우에는 [우오]로, [wa]의 경우에는 [와]로 표기하기로 한다. 일본 사람들도 발음기호를 중심으로 한다면 [우오루쯔(ウォルツ)]로 발음할 수 있는데도 [와루쯔(ワルツ)]라고 발음하는 것은 철자가 'wa'로 구성되어 있기 때문이라고 본다.

Wash*ing*ton [wάʃiŋtən, wɔ':ʃiŋtən, wɔ'ʃiŋtən]

$\boxed{\text{단어의 해부}}$

(가) [wάʃiŋtən]으로 발음되는 경우

　　Wash [wάʃ]　위슈　┐
　　ing [iŋ]　　　　ŋ　├········· (발음)　　[위슁턴]
　　ton [tən]　　　턴　┘　　　　$\boxed{\text{한글 표기}}$ 위슁턴

(나) [wɔ′:ʃiŋtən]으로 발음되는 경우

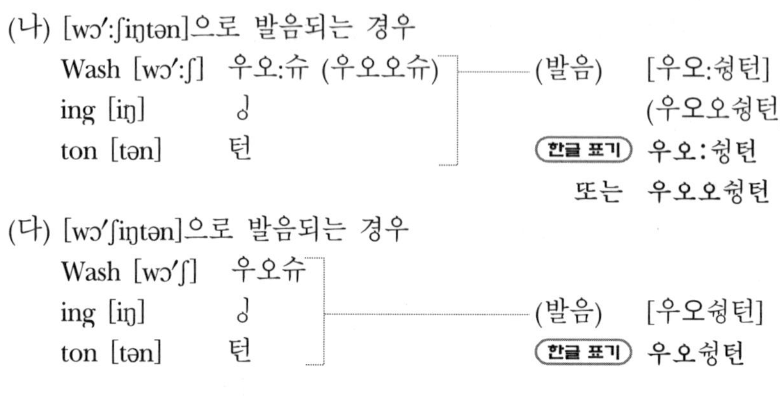

Wash [wɔ′:ʃ] 우오:슈 (우오오슈) ┐ (발음) [우오:쉥턴]
ing [iŋ] ʤ (우오오쉥턴)
ton [tən] 턴 (한글 표기) 우오:쉥턴
또는 우오오쉥턴

(다) [wɔ′ʃiŋtən]으로 발음되는 경우

Wash [wɔ′ʃ] 우오슈 ┐
ing [iŋ] ʤ (발음) [우오쉥턴]
ton [tən] 턴 (한글 표기) 우오쉥턴

(해 설)

우리 사전에는 [워싱턴]으로 표기되어 있다. 일본 사람들의 표기는 [와신똔 (ワシントン)]이다. 여기에서 [wa]와 [wɔ]의 발음에 대해 확실하게 구분해 보자. 앞에서도 간단히 설명했지만 [wa]는 우리말의 [우아]를 한 자로 줄이면 [위]라 는 소리인 것인데, 현재 우리는 이런 글자를 쓰지 않고 [와]로 인식하고 있다. 그렇다면 도대체 [위]와 [와]는 어떻게 다른 것일까?

먼저 [와]는 [오아]의 준말이고, [위]는 [우아]의 준말이라는 사실이다. 따라 서 [와]와 [위]는 그 소리 자체가 얼른 듣기에는 별로 차이가 없는 듯하지만 어 감의 차이가 큰 것이다. [우아, 우아…]를 빠르게 계속 반복해 보고, [오아, 오 아…]를 빠른 속도로 계속 반복해 보면 어감의 차이를 느낄 수 있다. 마찬가지 로 [wɔ]에 대해서 [우오]를 빠르게 반복하면 마치 [워] 소리에 가까운 감이 들지 만 실제로는 [워] 소리가 아닌 것이다. 따라서 [워싱턴]이라고 발음하는 것은 엄밀한 의미로서는 틀린 발음이다.

wed*ding [wédiŋ]

(단어의 해부)

wed [wé(d)] 웬 ┐ (발음) [웬딩]
ding [diŋ] 딩 (한글 표기) 웬딩

(해 설)

이 단어에서 첫 음절의 철자 'd'는 받침말이 되어서 [웬]으로 발음해야 하는 것이고, 마지막 음절의 'd'는 [ㄷ]이라는 모음으로 [ʤ]이라는 모음과 결합해서

[딩]이라는 소리를 내는 것이다. 따라서 이 단어의 발음은 그냥 [웨딩]이 아니라 [웰딩]으로 발음해야 옳은 발음이다.

이때에 [웰띵]으로 발음해서 마지막 음절을 된소리로 발음할 수도 있겠으나 그것은 잘못된 발음이다. 그냥 [웰] 하고 [ㄷ] 받침을 가볍게 [딩]으로 옮겨가는 듯하게 발음하는 것이지 결코 된소리로 [띵] 하고 소리를 내는 것은 아니다.

일본 사람들은 [웨딘구(ウェティンク)]라고 하는데 우리처럼 [딩] 하는 소리를 내지 못하고 [딘구(ティンク)]라는 소리밖에는 내지 못한다.

week*day [wíːkdéi]

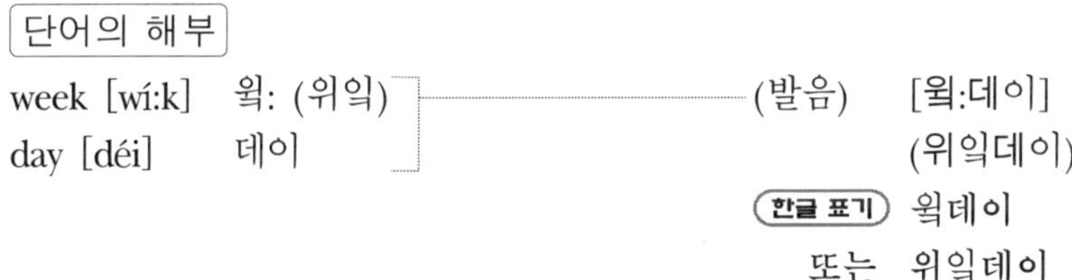

해설
첫 음절의 'week'을 [위크]라고 발음하는 경우가 많은데 그런 발음은 일본 사람들이 [우이-구(ウィーク)]라고 하는 소리를 듣고 마지막에 [크]라는 소리를 내어야만 되는 것으로 잘못 알고 따라서 발음한 것이다. 물론, [윅] 하고 철자 'k'의 소리를 받침으로 해서 끊어주는 것이 원칙인데 그 여음으로 가볍게 [크] 소리가 나오면서 다음 음절로 넘어가는 것이지 결코 [크] 하고 큰 소리로 발음하는 것은 아니다.

이 단어의 일본식 발음은 [우이-구데-(ウィークテー)]라고 한다.

writ*er [ráitər]

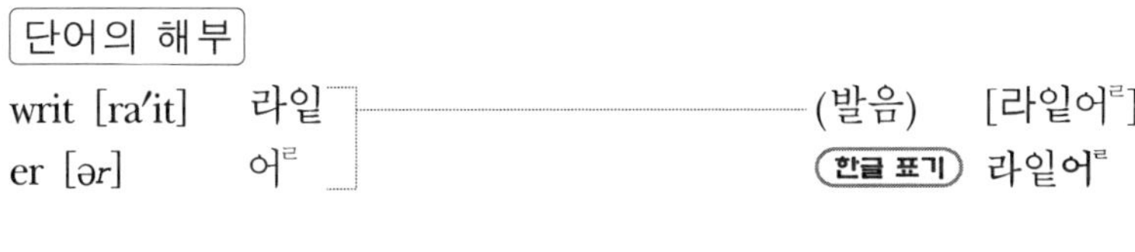

해설
앞의 'lighter' 항에서 설명을 하였지만 지금 우리는 친일 사이비 어용 한글학

자들에 의해서 없어져 버린 된소리 'ㄹㄹ'을 되살려야 하는 이유를 다시 한번 밝혀야 하겠다.

된소리 'ㄹㄹ'이 없어짐으로 인해서 우리는 'lighter'라는 단어를 [라이터]로 표기하는 수밖에는 별다른 방법이 없고, 또한 실제로 국어사전이나 한영 사전에는 [라이터]라고 표기해 놓고 괄호 안에다가 'lighter'라고 구분해 놓고 있는 것이다. 만일 외국인에게 [라이터]라고 말한다면 과연 그 사람들은 'lighter'로 알아들을 수 있을까?

한글학회는 된소리 'ㄹㄹ'을 지금이라도 되살려 쓰도록 하는 것이 우리 한글 발전에 도움이 된다는 사실을 깨닫기 바란다.

Xe*rox [zíərɑks, zíərɔks]

[단어의 해부]

(가) [zírɑks]로 발음되는 경우

| Xe [zí] | 지 | | (발음) | [지락스] |
| rox [rɑks] | 락스 | | 한글 표기 | 지락스 |

(나) [zíərɑks]로 발음되는 경우

| Xe [zíə] | 지어 | | (발음) | [지어락스] |
| rox [rɑks] | 락스 | | 한글 표기 | 지어락스 |

(다) [zírɔks]로 발음되는 경우

| Xe [zí] | 지 | | (발음) | [지록스] |
| rox [rɔks] | 록스 | | 한글 표기 | 지록스 |

(라) [zíərɔks]로 발음되는 경우

| Xe [zíə] | 지어 | | (발음) | [지어록스] |
| rox [rɔks] | 록스 | | 한글 표기 | 지어록스 |

[해 설]

그다지 많이 쓰여지는 말은 아니지만 세계적으로 유명한 상표이다. 복사기 하면 [제록스]라고 할 정도로 유명한 상표인데 그 발음이 잘못되었다. 첫 음절은 [지], 또는 [지어]로 발음되어야 하는데 [제]로 발음하는 것은 철자 중심으로 발음하는 일본식 발음을 모방한 것이다. 따라서 [제록스]는 [제롯구스(ゼロック 스)]라는 일본식 발음을 모방한 것이다. 일본 사람들도 발음기호를 중심으로 [지랏구스(ジラックス)]라든가, [지롯구스(ジロックス)] 등으로 발음할 수 있는

데도 발음기호를 무시하고 철자 중심으로 발음하는 것은 자기네들이 만들어 놓은 규칙은 무조건 지키겠다는 뜻이다. 좋은 규칙을 만들어 놓고도 지키지 않고 남의 흉내나 내고 있는 우리들이 반성할 문제라고 생각한다.

Yan*kee [jǽŋki]

해   설

일본 사람들은 [jæŋ]으로 발음되는 첫 음절을 [애] 소리를 내지 못하니까 아예 철자가 'Ya'이므로 [ja]로 생각해서 [야]로 발음하는 것이다. 그래서 일본 사람들이 [얀기-(ヤンキー)]라고 하는 것을 모방해서 [양키]라고 하는 것이다. 이것을 우리 외래어 표기법에 따라 표기해 보면 [앵키]가 되어 정확한 발음이 된다.

yo*ga [jóugə]

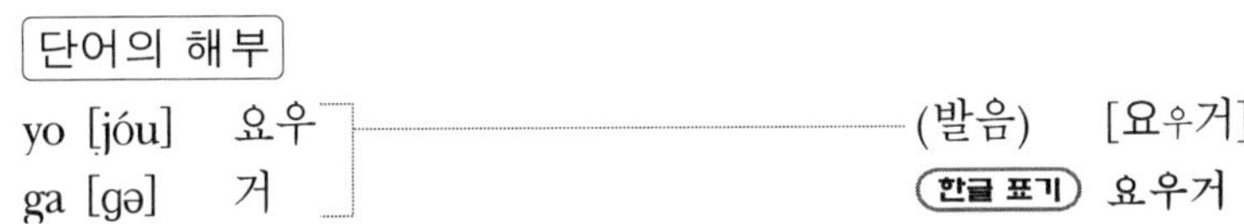

해   설

영어 발음으로는 마지막 음절이 [gə]이므로 [거]로 발음되어야 하는데 [가]로 발음한다는 것은 [어] 소리를 내지 못하는 일본 사람들의 발음이고, 더욱이 철자가 'a'이므로 [아]로 발음한다는 것이 그들의 규칙이기 때문이다.

일본식 발음은 [요-가(ヨーガ)]이다.

Yu*go*sla*via [ju:gouslá:viə]

단어의 해부

(가) [ju:goslá:viə]로 발음되는 경우

Yu [ju:]	유: (유우)		(발음)	[유:고스롸:비어]
go [go]	고			(유우고스롸아비어)
sla [slá:]	스롸: (스롸아)		(한글 표기)	유:고스롸:비어
via [viə]	비어			또는 유우고스롸아비어

(나) [ju:gouslá:viə]로 발음되는 경우

Yu [ju:]	유: (유우)		(발음)	[유:고우스롸:비어]
go [gou]	고우			(유우고우스롸아비어)
sla [slá:]	스롸: (스롸아)		(한글 표기)	유:고우스롸:비어
via [viə]	비어			또는 유우고우스롸아비어

해   설

모든 사전은 물론이거니와 모든 교과서, 또는 신문이나 잡지 등에는 [유고슬라비아]라고 표기되어 있다. 첫 음절에서 셋째 음절까지는 비교적 발음기호에 따른 발음이 되었으나, 문제가 되는 것은 역시 마지막 음절의 'via'에 있다. 발음기호를 보면 [viə]로 되어 있는데 이것을 [비아]로 발음한 것이다. 철자 'v'에 상당하는 글자가 없었기 때문에 [ㅂ]으로 쓰는 것은 어쩔 수 없었겠지만 모음 처리가 일본식으로 발음된 것이다. 우리 외래어 표기법에 따른다면 [비어]로 되었어야 마땅한 것인데 [비아]라고 한 것은 역시 [유－고스라비아(ユーゴスラビア)]라는 일본식 발음을 모방한 것이다.

Zam*bia [zǽmbiə]

단어의 해부

| Zam [zǽm] | 잼 | | (발음) | [잼비어] |
| bia [biə] | 비어 | | (한글 표기) | 잼비어 |

해   설

이 단어도 마지막 음절이 [비어]로 발음되어야 하는 것을 [비아]로 하였다. 일본식 발음 [자무비아(ザムビア)]를 모방해서 [잠비아]로 쓰고 있는 것이다. 이

것을 우리 외래어 표기법에 따라 표기한다면 [잼비어]로 되어서 아주 완벽한 발음이 된다.

zig*zag [zígzǽg]

해   설

일본 사람들은 [직]이나 [잭]처럼 받침말을 사용하지 못한다. 기껏해야 [지구(ジグ)]라든가 [자구(ザグ)]와 같은 소리밖에는 내지 못하기 때문에 이 단어를 [지구자구(ジグザグ)]로 발음한다. 그런데 우리는 이것을 모방해서 [지그자그]로 쓰고 있는 것이다.

zip*per [zípər]

해   설

이 단어에서 두 개의 자음이 겹쳐 있는 역할과 'r 모음화 음색 변화'에 대해서 마지막으로 복습하도록 한다. 비록 발음기호상으로는 철자 'p'가 한 개밖에 없지만, 이것은 철자 'p'의 중복을 피한 것이지 결코 발음되지 않는다는 뜻이 아니므로 첫째 음절의 'p'는 말의 받침이 되어 [찝]으로 발음하고, 뒤의 'p'는 모음 [어]와 결합하여 [퍼]라는 소리를 만들고 있는 것이다. 또한 철자 'r'은 결코 다른 말의 받침이 되지 않는다는 규칙을 상기하면 자음이 아닌 반모음으로 변하는 'r 모음화 음색 변화'라는 것을 알게 될 것이다.

'genom' 논쟁에 대하여

　최근 [genom]이라는 단어의 우리말 표기에 대해서 [지놈]이 옳다, 또는 [게놈]이 옳다 하고 신문사들끼리 주장을 달리 하고 있다. 이러한 현상은 아주 고무적이고 앞으로 자주 일으켜 정확한 외래어 표기를 하는 데 큰 도움이 되리라고 생각한다.

　이번 논쟁에서 대다수의 신문사에서는 'genom'이라는 이 단어를 [지놈]으로 표기하고 있지만 ㅈ, ㅁ 두 신문사에서만 [게놈]으로 표기하는데, 우선 [지놈]도 옳고 [게놈]도 옳다. [게놈]으로 쓰고 있는 신문사에서는 사고(社告)를 내면서 [게놈]도 틀리는 표기는 아니라고 하는데 물론 [게놈]도 발음상으로는 틀리는 것이 아닌 것만은 사실이다. 다만 [게놈]이라는 발음이 어느 나라 발음이냐 하는 것이 문제가 되는 것이다. 우리는 지금 영어권에서 생활하고 있기 때문에 [게놈]이라는 표기가 영어 발음이라고 한다면 [게놈]이라고 표기하고 있는 신문사의 표기는 잘못된 것이다.

　'genom'이라는 말의 어원은 그리:스(Greece) 말인데, 그리:스(Greece)어 사전을 찾아보아도 그 발음기호가 없어서 확인되지는 않았지만 독일어 사전에는 [geno:m]으로 되어 있으므로 독일 발음으로는 [게놈:]이며, 프랑스(France)어 사전을 보면 발음기호가 [ʒeno:m]으로 되어 있어서 [제놈]이다. 또한 영어 사전에는 그 발음기호가 [dʒi:noum]으로 되어서 [쥐:노움]으로 발음되는 것이다.

　일본어 외래어 사전에는 'genom'을 [게놈]이라고 표기하고 있고, 우리나라의 모든 국어사전이나 영한 또는 한영 사전에는 한결같이 [게놈]으로 표기되어 있다. 여기에서 한 가지 재미있는 현상이 발견되었는데, 제2차 세계대전 당시에 연합국이었던 영국, 미국, 프랑스는 [제놈:]과 [쥐:노움]으로 발음해서 철자 'g'를 [ㅈ]으로 발음하며, 군사 동맹국이었던 독일과 일본은 다같이 [게놈]으로 발음하여 'g'를 [ㄱ]으로 발음하고 있는데, 일본의 지배를 받았던 우리나라는 일본의 영향을 받아 일본식으로 [게놈]으로 쓰고 있는 것이다.

　굳이 [게놈]으로 표기하기를 고집한다면 [게놈] 다음에 오는 말은 영어를 쓰지 말아야 할 것이며, 독일어식 발음이라는 것을 알려서 【독】이라는 표기를 해주는 것이 독자들의 이해를 쉽게 해주는 것이라고 생각한다. 즉, 'genom project'라는 말을 기사로 쓰고 싶다면 [게놈 프러줵트]로 쓰는 것은 잘못이며, 반드시 [쥐:노움 프로줵트]로 표기해야만 되는 것이다.

　필자는 [게놈]으로 표기하고 있는 신문사에게 앞으로도 계속 [게놈]으로 표기할 것을 고집한다면 앞으로 그 신문에 게재할 모든 외래어들을 독일어나 일본 말로 쓰길 바란다. 지금 우리나라뿐만 아니라 전 세계는 영어권에서 생활하고 있으므로 그 표기법도 영어의 발음으로 표기하는 것이 옳다고 생각하며, 다른 나라 발음으로 표기하는 경우에는 그 나라 발음이라는 【독】과 같은 어원 표시를 해주는 것이 바람직하다고 생각한다.

맺음말

우리 주변에서 많이 쓰이고 있는 일본식 영어를 약 590단어를 선별해서 분석·확인해 보았다. 일본식으로 발음되는 영어가 비단 이 책에 수록된 단어뿐만이 아니며 모든 영어 단어가 거의 모두 일본식으로 발음되고 표기되고 있는 것이다.

그러한 의미에서 우리 한국은 일본의 언어 식민지인 것이다.

우리가 일본의 언어 식민지로부터 벗어나기 위해서는 우리 선조들이 독립운동을 한 숭고한 정신을 이어 받아 온 국민이 일치단결하여 아래의 사항들을 지키는 것이라 생각한다.

첫째, 모든 외래어를 표기함에 있어서 이 책에서 주장하는 '표준 외래어 표기법'이나, 또는 최소한 '한글 맞춤법 통일안'의 '외래어 표기법'을 준수한다.

이 외래어 표기법만이라도 준수한다면 80 내지 90 퍼쎈트(percent)는 일본식 발음에서 벗어날 수가 있는 것이다.

둘째, 모든 언론 매체에서는 일본식 발음으로 된 영어를 방송 용어나 기사로 쓰지 말고 우리말로 번역해서 방송하고 기사로 쓰도록 한다.

부득이 외래어를 써야 할 경우에는 그 단어의 발음기호에 따라 우리 외래어 표기법에 따른 표기법으로 된 발음으로 방송하거나 기사로 쓰도록 한다.

셋째, 모든 출판사는 일본식 발음으로 된 외래어를 쓴 글은 출판을 거부하거나, 발음기호에 따른 외래어 표기법으로 고치도록 저자에게 요구한다.

넷째, 교육부는 현재 일본식 발음으로 외래어를 표기한 모든 교과서를 폐기하고, 우리말로 번역하여 쓰도록 하고, 번역이 불가능한 인명이나 지명 등은 우리 외래어 표기법에 따른 표기법으로 고치도록 정책적인 일대 결단을 내린다.

물론 너무 엄청난 과업이고 막대한 예산이 소요되겠지만, 지금 당장의 고통으로 백년대계인 우리 후손들을 영원히 일본의 언어 식민으로 만들 수는 없는 것이 아닌가?

우리는 일본과 독립 전쟁을 한다는 비장한 각오를 가지고 언어 혁명을 일으키지 않는다면 우리는 영원히 일본의 언어 식민으로 전락하고 말 것이다.

2001년 10월 9일
저　자

한국은 일본의 언어 식민지다 !

2001년 11월 15일 초판 인쇄
2001년 11월 20일 초판 발행

지은이 최 성 철
발행인 김 범 수
발행처 문 무 사
　　　　서울시 용산구 서계동 47-3
　　　　전화 718-6146
　　　　팩스 718-6145
　　　　등록 제9-31호
　　　　1978년 10월 23일 등록

* 잘못된 책은 바꿔 드립니다.　　값11,000원

ISBN 89-86009-11-0　03710